영국과 중국의 공존:
광동어를 통해 홍콩의 문화를 읽다

영국과 중국의 공존
광동어를 통해 홍콩의 문화를 읽다

초판 1쇄 발행 2019년 10월 23일

지은이 조은정

펴낸이 김선기
펴낸곳 (주)푸른길
출판등록 1996년 4월 12일 제16-1292호
주소 (08377) 서울특별시 구로구 디지털로 33길 48 대륭포스트타워 7차 1008호
전화 02-523-2907, 6942-9570~2
팩스 02-523-2951
이메일 purungilbook@naver.com
홈페이지 www.purungil.co.kr

ISBN 978-89-6291-835-9 03910

*이 도서의 국립중앙도서관 출판예정도서목록(CIP)은 서지정보유통지원시스템 홈페이지 (http://seoji.nl.go.kr)와 국가자료공동목록시스템(http://www.nl.go.kr/kolisnet)에서 이용하실 수 있습니다.(CIP제어번호: CIP2019039759)

이 저서는 2015년 정부(교육부)의 재원으로 한국연구재단의 지원을 받아 수행된 연구임 (NRF-2015S1A6A4A01009229).

영국과 중국의 공존

광동어를 통해
홍콩의 문화를 읽다

푸른길

머리말

홍콩은 영국의 식민지였던 까닭에 서양과 중국의 문화가 오묘하게 어우러져 있는 곳입니다. 배우고 둘러볼 수 있는 문화유산이 많은 곳이지만, 한국 사람들은 대부분 홍콩이라고 하면 쇼핑이나 맛집 탐방만을 떠올립니다. 또한 홍콩에 관한 서적들도 대부분 여행 가이드북으로 관광객에게만 그 초점이 맞춰져 있습니다. 먹고 쇼핑하는 내용이 전부라고 해도 과언이 아니지요. 그렇기 때문에 몇 해 전까지만 하더라도 홍콩에 간다고 하면 제일 먼저 듣는 말이 "돈 쓰러 가는구나?"였습니다.

이와 같은 상황이 너무나도 안타까워 인문학적으로 접근할 수 있는 저서를 구상하게 되었습니다. 그뿐만 아니라 평소 홍콩에 대해 알고 싶었지만 기회가 없었던 일반 대중을 위해, 홍콩문화 전반에 대해 깊이 있는 정보를 제공하고자 본 저서를 집필하게 되었습니다.

저서는 모두 13개 챕터로, 홍콩의 역사, 언어, 음식, 교통, 사원, 명절, 시장, 박물관, 역사건축물 등 홍콩의 문화와 홍콩 사람들의 생활상을 그대로 보여 줄 수 있는 내용들로 구성되어 있습니다. 특히 고유명사는 이를 대부분 영어로만 표기한 시중의 책들과 달리, 홍콩의 언어인 광동어로 표기해 놓아 홍콩의 문화와 광동어를 함께 배울 수 있도록 했습니다. 본 저서의 제목인 '광동어를 통해 홍콩의 문화를 읽다'는 이러한 뜻을 담고 있습니다. 이와 같은 광동어 표기는 광동어 발음을 알고 싶은 분들에게 많은 도움을 줄 수 있을 것이라 생각됩니다.

또한 본문에는 사진 1,200여 장도 수록되어 있습니다. 사진을 보면서 글을 읽으면 훨씬 더 빨리 이해할 수 있기 때문입니다. 그중 1,100여 장은 제가 홍콩에서 직접 찍은 사진들입니다. 특히 홍콩의 거리 이름 표지판을 찍을 때는 신속 인적이 드문 곳의 거리를 제외하고는 홍콩의 모든 곳을 거의 다 돌아다녔습니다. 그 외의 사진들, 즉 홍콩의 역사와 관련된 옛날 사진이나 인물, 축제 등 직접 찍을 수 없는 사진들(홍콩의 명절 대부분이 한국의 수업기간과 겹쳐 사진을 찍으러 가기가 어려웠습니다)은 원고 맨 뒤에 그 출처를 모두 밝혀 놓았습니다.

부디 본 저서가 홍콩의 역사와 지리, 풍습, 생활 등 홍콩의 전반을 폭넓게 이해하는 데 도움이 되었으면 좋겠습니다. 그리하여 이제는 홍콩이 더 이상 쇼핑과 맛집 탐방의 도시가 아닌, 동서양의 문화가 조화롭게 융화되어 있는 문화유산의 도시로 인식될 수 있으면 좋겠습니다.

마지막으로 어려운 출판을 기꺼이 승낙해 주신 푸른길 출판사의 김선기 대표님께 감사드립니다. 또한 《장국영의 언어》에서부터 지금에 이르기까지 계속해서 아껴 주시고 응원해 주신 독자 여러분들께도 진심으로 감사드립니다.

조은정

•차 례•

01
홍콩의 지리와 자연환경

1. 홍콩 명칭의 유래

홍콩香港, 횅꽁은 원래 홍콩섬香港島, 횅꽁또우을 가리키는 명칭이었다. 그러나 1860년 구룡九龍, 까우롱반도가 영국에 할양된 이후 영국령 홍콩정부가 홍콩섬과 구룡반도를 묶어

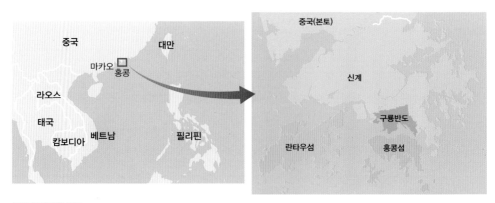

홍콩의 위치와 지도

영국과 중국의 공존: 광동어를 통해 홍콩의 문화를 읽다

홍콩이라 부르기 시작했다. 1898년에는 신계新界, 싼까이가 영국의 조차지(한 나라가 다른 나라로부터 빌려 통치하는 영토)가 되면서 신계까지 모두 홍콩으로 불리게 되었다. 이로 인해 홍콩은 홍콩섬만 가리키는 것이 아니라, 현재처럼 홍콩섬과 구룡반도, 신계 및 263개의 크고 작은 섬을 모두 포함하는 명칭이 되었다. 홍콩 명칭의 유래에는 다음과 같은 여러 가지 설이 있다.

(1) 향나무香木, 횅목설

사람들에게 가장 많이 알려진 것이 바로 이 향나무설이다. 홍콩은 과거 향나무를 수출하던 항구였기 때문에 향나무의 '향香'과 항구의 '항港'을 합해 '香港횅꽁'이라 불렸다고 한다. 홍콩과 광동성 일대에서 생산된 향나무는 맨 먼저 홍콩의 구룡반도에 위치한 침사추이로 운반되었고, 그다음 홍콩섬의 애버딘香港仔, 횅꽁짜이으로 운반된 뒤 동남아시아나 아랍 등지로 수출되었다. 이로 인해 침사추이는 향나무 부두로 불렸고, 애버딘은 향나무 항구로 불렸다. 향나무 항구라는 뜻의 '香港횅꽁'이라는 명칭은 바로 여기에서 비롯되었다.

(2) 향 판매賣香, 마이횅설

홍콩이 향나무를 수출하던 항구였다는 설도 있지만, 향(제사 때나 절에서 불에 태워 향기를 내는 물건)을 생산하는 항구였다는 설도 있다. 그렇기 때문에 '香港횅꽁'이라는 명칭은 향香을 생산하는 항구港에서 유래했다고도 전해진다.

(3) 향기로운 강香江, 횅꽁설

홍콩에는 주민들의 식수로 사용되던 물맛이 뛰어난 맑은 시냇물이 있었는데, 사람들은 이 시냇물을 향기로운香 강江이라는 뜻에서 '香江횅꽁'으로 불렀다고 한다(현재 이 시냇물은 존재하지 않는다). 이 향기로운 강이 항구 쪽으로 흘러들어 갔기 때문에 강江을 항구港로 바꾸어 '香港횡콩'이라고 부르기 시작했다. 하지만 당시의 '향기로운 강香江'이라는 명칭으로 인해 현재까지도 홍콩은 '香江횡콩'이라 불리기도 한다('강'이라는 뜻의 '江꽁'과 '항구'라는 뜻의 '港꽁'은 성조만 다를 뿐 발음은 서로 같다).

(4) 붉은 향로紅香爐, 홍횡로우설

아주 오래전, 퉁로완銅鑼灣의 바닷가 모래사장에 붉은 향로 하나가 떠내려왔다. 사람들은 이를 두고 바다의 여신 틴하우天后가 모습을 드러낸 것이라고 생각했고, 그곳에 작은 사원을 지은 뒤 붉은 향로를 가져다 놓았다. 현재 이 사원은 틴하우 사원天后廟, 틴하우미우이라고 불리지만, 당시 향로가 떠내려왔을 때는 '붉은紅 향로香爐의 사원廟'이라는 뜻으로 '紅香爐廟 홍횡로우미우'라고 불렀다. 또한 향로가 떠내려온 사원 앞의 항구는 '붉은紅 향로香爐의 항구港'라는 뜻에서 '紅香爐港홍횡로우꽁'이라고 했다. 후에 '붉은 향로의 항구'는 홍콩섬 일대를 가리키는 말로도 쓰이게 되었고, 이를 간단하게 줄여 '향로의 항구', 즉 '香港횡콩'이라 부르게 되었다.

붉은 향로설에 등장하는 붉은 향로

(5) 아콴의 길 안내阿群帶路, 아콴따이로우설

영국 군대가 맨 처음 홍콩에 상륙했을 당시, 그들은 홍콩섬의 스탠리赤柱, 첵취에 상륙하여 홍콩섬 북부로 이동하였다. 이때 찬콴陳群이라는 어민이 이들 영국군에게 길을 안내해 주었는데, 영국군은 그에게 이곳의 이름이 무엇인지 물어보았다. 찬콴은 '횡콩'이라고 대답해 주었고, 이를 '홍콩'으로 들은 영국 사람들은 그 이후부터 이곳의 이름을

'Hong Kong'으로 기재했다고 한다. 이는 '아쾬이 길을 안내阿群帶路, 아쾬따이로우'한 후 'Hong Kong'이라는 명칭이 생기게 되었다는 설로, 위의 여러 유래들과는 달리 영어 명칭이 생겨나게 된 이유에 대해 이야기하고 있다. 참고로 아쾬阿群은 찬쾬陳群을 친근하게 부르는 호칭이다. 광동어나 중국어에서는 누군가를 친근하게 부를 때 사람 이름 앞에 아阿를 붙인다. 그렇기 때문에 여기에서의 아쾬은 찬쾬을 가리킨다(아쾬이 길을 안내한 자세한 내용은 뒤의 '6. 홍콩기의 변천' 부분을 참고할 것).

홍콩의 명칭은 위와 같은 여러 가지 설에서 유래했다고 볼 수 있다. 이 밖에도 홍콩은 많은 별칭을 가지고 있다. 금융, 무역, 상업의 발달로 인해 얻게 된 '동방의 진주東方之珠, 똥퐁찌쮜'와 활기차고 현대적인 도시의 매력으로 인해 불리게 된 '아시아 월드 시티亞洲國際都會, 아짜우꿱짜이또우우이', 수많은 요리와 다양한 디저트로 사람들을 사로잡아 불리게 된 '미식 천국美食天堂, 메이쎅틴통', 홍콩 전역이 면세 지역인 데다 세계 유명 브랜드로 가득해서 얻게 된 '쇼핑의 천국購物天堂, 카우맛틴통'까지, 다채로운 특색을 지니고 있는 홍콩은 이렇듯 별칭도 여러 가지가 있다.

2. 홍콩의 지형

홍콩은 중국의 광동성廣東省, 궝똥쌍 남동부에 위치해 있으며, 홍콩의 최북단은 중국 심천의 최남단과 맞닿아 있다. 위도와 경도는 북위 22°08′~22°35′, 동경 113°49′~114°31′이다. 면적은 1,106㎢로 서울의 약 1.8배이며, 홍콩섬과 구룡반도, 신계 및 263개의 크고 작은 섬으로 이루어져 있다. 여러 섬들 가운데 란타우섬大嶼山, 따이위싼이 가장 크며, 홍콩섬이 두 번째로 크다. 홍콩섬 남서부에 위치한 압레이차우鴨脷洲, 압레이짜우는 세계에서 인구밀도가 가장 높은 섬이지만, 사람이 살지 않는 무인도도 많다.

홍콩은 산이 많고 평지가 적은 지역으로, 육지 총면적의 60%가량인 약 650㎢가 모두 산이다. 이 중에서 가장 높은 산은 신계 중부 지역에 위치한 따이모우산大帽山(해발 957m)이며, 두 번째로 높은 산은 란타우섬에 위치한 퐁웡산鳳凰山(해발 934m)이다.
홍콩의 대형 평야는 대부분 신계 북서부에 집중되어 있으며, 그중에서도 윈룽元朗과 판렝粉嶺 지역은 하천에 의해 운반된 모래나 진흙 등이 쌓여 이루어진 충적평야이다. 이곳 충적평야는 토지가 비옥하여 농사짓기에 적합하다.
세계적인 대도시로 발전한 홍콩섬 북부와 구룡반도는 원래 협소한 지역이었지만, 100여 년 동안 진행된 간척사업으로 인해 넓은 토지가 확보되었다. 1887년 이래로 확장된 토지는 68㎢에 달하는데, 이는 현재 토지 면적의 16분의 1에 해당한다.

홍콩 지도

빅토리아 항구에서 바라본 홍콩섬의 야경

홍콩섬과 구룡반도 사이에 위치한 빅토리아 항구는 수심이 깊어 대형 화물선이 정박할 수 있는 항구다. 2013년 자료에 의하면 빅토리아 항구의 면적은 41.17㎢이고 평균 수심은 12m라고 한다. 아름다운 풍경으로 유명한 이 항구는 홍콩의 경제발전과 관광산업을 주도해 왔다. 특히 빅토리아 항구 양쪽 해안에서 바라보는 야경은 백만 불짜리 야경으로 세계적으로 정평이 나 있다. 홍콩의 야경은 2012년에 개최된 '야경 서밋 2012 in 나가사키'에서 모나코 왕국, 일본의 나가사키와 함께 '세계 新 3대 야경'에 선정되었다.

3. 홍콩의 기후, 계절

아열대 기후에 속하는 홍콩은 연평균 기온이 22~23℃이며, 연평균 강우량은 2,214㎜다. 한국처럼 계절의 변화가 뚜렷하지는 않지만 사계절이 있으며, 계절별로 각각의 특징을 지니고 있다. 일반적으로 봄은 3~5월, 여름은 6~8월, 가을은 9~11월, 겨울은 12~2월로 구분하지만, 체감 온도로 구분하자면 봄은 3~4월, 여름은 5~9월, 가을은 10~11월, 겨울은 12~2월이라고 할 수 있다.

봄은 기온이 17~28℃ 정도로 따뜻하지만 습하며 안개가 많이 낀다. 4월 이후부터 더위가 본격적으로 시작된다. 여름은 기온이 26~33℃이지만 습도가 높기 때문에 푹푹 찌는 듯 무덥다. 비도 많이 오는 데다 습도가 90%를 넘는 경우가 허다하다. 눈이 따가울 정도로 강렬하게 내리쬐는 햇빛과 아스팔트에서 올라오는 열기, 그리고 자동차와 각 건물의 에어컨에서 내뿜는 열기 때문에 여름에는 거리를 걸어 다니기가 무척 힘들다.

특히 대낮에는 조금만 걸어도 기운이 빠진다. 또한 건물들이 밀집되어 있는 지역의 골목을 지날 때면, 에어컨 실외기에서 쉴 새 없이 뿜어져 나오는 더운 바람 때문에 숨 쉬기조차 힘들어진다. 하지만 건물 안은 건물 밖과는 완전히 다른 세상이다. 대부분 추울 정도로 에어컨을 세게 틀어 놓기 때문에, 건물 안에 오래 머무를 경우에는 냉방병에 걸리지 않도록 얇은 긴팔 옷을 준비해 다니면서 입는 것이 좋다.

여름의 기후 중, 엄청난 더위 이외에 사람을 또 한 번 놀라게 하는 것이 있다. 바로 태풍이다. 2017년 8월 23일, 태풍 중에서도 가장 강력하다는 10호 태풍이 홍콩 전역을 강타했다. 태풍이 몰아치기 전날 전조증상이 있었는데, 바로 엄청난 더위였다. 폭염과 불볕더위, 혹독한 더위를 모두 합쳐 놓은 듯 정말 그 어떤 말로도 표현이 안 될 정도로 무지막지하게 더웠다. 그날은 너무 더운 나머지 실외에서는 잠시도 숨을 쉴 수가 없었다. 당시에는 '이상하게 평소보다 훨씬 더 덥다'라고만 생각했다가, 나중에는 급기야 '너무 더워 내 몸에 이상이 생겼나'라는 생각까지 하게 되었다. 하지만 태풍이 오고 나서야 그게 바로 '태풍이 온다는 신호'였다는 걸 알게 되었다.

새벽부터 계속된 태풍은 점점 강도가 세지더니 오전 9시에는 급기야 최고 강도인 10호로 격상되었다. 비둘기자리라는 뜻의 태풍 하토天鴿, 틴깝는 그 위력이 정말 대단했다. 당시 머물렀던 홍콩의 숙소에는 커다란 창이 나 있었는데, 창밖으로 쉴 새 없이 몰아치는 비바람이 그대로 다 보였다. 잠시 후, 길가에 심어 놓은 가로수 가지가 바로 눈앞에서 후두두둑 부러져 나갔다. 내 팔뚝만 한 굵기의 기다란 가지들은 모두 힘없이 꺾여 도로 위에 어지럽게 널브러졌다. 그런 광경은 생전 처음인 데다, 바로 눈앞에서 일어난 일이라 너무나 크게 놀랐다. 게다가 태풍이 몰아치는 소리까지 계속해서 귓전을 때려 대니, 시각에 청각이 더해져 몇 배로 더 놀랐다. 그날 홍콩의 모든 학교와 회사에 휴교령과 휴무령이 내려졌고, 대중교통들도 전부 운행을 중단했다. 그리고 공항에서는 400여 편의 항공기가 결항했다. 몇 시간이 그렇게 흘러가고, 다행히도 비가 점점 잦아들기 시

❶ 10호 태풍을 알리는 쇼핑몰 안의 표지판
❷ 태풍에 쓰러진 길가의 쓰레기통. 노끈으로 묶어 두었지만 태풍 앞에서는 어쩔 수 없나 보다.
❸ 태풍에 부러진 가지들을 양옆으로 쓸어 낸 모습. 10호 태풍이 지나간 다음 날 홍콩 전역은 이렇게 부러진 가지들로 가득 차 있었다.
❹ 천장에 칠해진 흰 페인트가 태풍을 맞은 후 벗겨져 바닥에 떨어져 있다.
❺ 태풍을 정통으로 맞고 쓰러진 초록색 미니버스 표지판

작했다. 그러다 문득 아직 점심을 먹지 않았다는 것이 생각났다. 그대로 굶을 수는 없어서 무작정 밖으로 나갔다. 그런데 세상에! 길거리에는 나 말고는 아무도 없었다. 게다가 거리의 모든 상점들도 문을 닫았다. 밤낮을 가리지 않고 항상 수많은 사람들로 인산인해를 이루던 홍콩 시내 한복판이 이토록 한산하다니. 혹시나 문을 연 상점이 있나 걷다

보니 세븐일레븐 같은 편의점과 맥도날드 같은 패스트푸드점 그리고 극소수의 차찬텡(홍콩 스타일의 식당 겸 카페, 차찬텡에 관한 자세한 내용은 '제9장 홍콩의 음식' 중 12번째 항목을 참고할 것)만 문을 열었다. 다행이다 싶어 가 보니 나처럼 점심을 먹으러 나온 사람들로 가득 차 있었다. 흡사 재난영화에서처럼, 살아남은 사람들만 그곳에 다 몰려 있는 것 같은 느낌이 들었다. 한참을 다닌 끝에 빈자리가 있는 식당을 발견했다. 그곳은 지하에 있는 데다 입구가 좁아 사람들이 발견을 못했던 것 같다. 감사한 마음으로 점심을 먹은 뒤, 그날 저녁에 뉴스를 보았는데 하루 종일 엄청난 일들이 있었다. 사람들이 바람에 떠밀려 중심을 못 잡고 넘어지는가 하면, 아파트에 매달린 곤돌라(짐을 오르내리기 위해 고층 건물에 설치된 시설)가 그네 움직이듯 이리저리 어지럽게 흐느적거리다가 어느 집 유리창을 완전히 박살을 내 버렸다. 자연재해가 얼마나 무서운지 다시 한 번 깨닫게 된 하루였다.

가을은 사계절 중 날씨가 가장 좋은 계절이다. 기온은 19~30℃로 여전히 더운 느낌이 있지만 여름만큼 무덥지는 않다. 우리나라 초여름 정도의 날씨이며, 아침저녁엔 선선하다. 여름과 가을(5~11월)은 태풍의 습격을 많이 받는 계절이기 때문에, 침수와 산사태도 자주 일어난다. 그중 9월은 태풍이 가장 많은 달이다.

겨울은 14~20℃ 정도로, 기온이 10℃ 이하로 내려가는 날은 거의 없다. 그래서 햇볕이 따뜻한 날은 한국의 가을 같은 느낌이 들지만(반팔을 입고 다니는 사람들도 있다), 비라도 오는 날엔 오히려 초겨울처럼 춥게 느껴진다. 한국은 겨울에도 실내에 있으면 따뜻한 데 반해 홍콩은 난방 장치가 발달하지 않아 실내가 실외보다 훨씬 더 춥다. 그래서 겨울에는 실내에서도 두툼한 옷을 입고 있어야 조금이라도 덜 춥다. 특히 시베리아와 몽고에서 불어오는 찬 공기가 홍콩으로 유입되거나 한랭전선이 홍콩을 지나갈 때면 기온이 급격히 하강한다. 이때 비까지 내리면 그야말로 혹독한 추위가 찾아온다. 홍콩은 습도가 높기 때문에 비록 기온이 영상이라 할지라도 체감 온도는 훨씬 더 낮아 영하로 느껴진다.

믿어지지 않겠지만 2016년 1월 하순은 홍콩이 한국보다 훨씬 더 추웠다. '뼛속까지 시리다'는 말이 무슨 뜻인지 몸소 체험하며 확실하게 알게 되었다. 한국은 춥더라도 옷만 두껍게 잘 입고 외출하면 바람이 닿는 피부 부분만 떨어져 나갈 듯이 아플 뿐 온몸이 아프지는 않다. 하지만 홍콩과 같이 습기가 많은 지역은(대만도 마찬가지) 한파가 닥치게 되면 옷을 많이 입어도 무용지물이다(온몸을 두들겨 맞은 듯 전신의 살과 뼈에 통증이 느껴진다). 2016년 1월 중순부터 2월 초까지 약 3주간 홍콩에 머무르고 있었는데, 3주 내내 비가 내렸고 비가 오지 않은 날은 2~3일에 불과했다. 홍콩에 오래 사신 분들도 "겨울에는 비가 거의 안 오는데 올해는 이상하게 비가 많이 온다"라고 했다. 날마다 일기예보에서는 내일도 날씨가 많이 춥겠으니 옷을 따뜻하게 입고 외출하라고 방송했다.

일기예보가 아니더라도 TV에서는 수시로 당일의 기온을 알려 주며 추운 날씨임을 강조했다. 털모자를 쓰고 목도리를 두른 어린아이 만화 캐릭터가 온몸을 오들오들 떨며 "아이, 추워라! 好凍呀, 호우똥애"라고 말하는 장면이 자주 등장했다. 특히 1월 24일은 기온이 3℃밖에 되지 않았는데, 52년 만에 찾아온 강추위였다고 한다. 이날 수많은 홍콩 사람들이 따이모우산大帽山과 페이(웅)오산飛鵝山에 올랐다가 기상 악화로 인해 산에 고립되는 사건이 발생했다. 차가 지나다닐 수 있는 산의 아스팔트길은 얼어붙어 스케이트장처럼 변해 버렸는데, 더군다나 이 길은 경사진 길이었기 때문에 걸어서 이동하기도 상당히 어려워 보였다. 사람들 모두 옆으로 비스듬히 서서 한 걸음씩 조심조심 천천히 움직였으며, 바람까지 세게 부는 상황이라 걷다가 넘어지는 사람도 많았다. 당시 상황을 보도하던 기자는 미처 준비를 못 했는지 아니면 그렇게까지 추울 거라고 예상을 못 했는지, 외투나 파카도 없이 와이셔츠와 넥타이에 재킷만 입은 채로 얼굴이 거의 사색이 되어 중계를 하고 있었다(얼마나 추울까 뉴스를 보면서 계속 안쓰러웠다). 이 밖에 산길을 안내하는 안내 표지판에는 고드름이 달려 있었고, 사람들이 입고 있는 옷에도 얼음이 얼었다. 이날 따이모우산大帽山의 기온은 −5℃였으며, 수십 명의 사람들이 부상당해 병원으로 이송되었다. 요즘 세계 곳곳에서 이상 기온이 많이 나타나고 있는 때라 이날 홍콩의 강추위도 이러한 이상 기온 때문이 아니었을까 하는 생각이 들었다.

4. 홍콩의 인구, 민족

홍콩이 영국의 식민지가 된 이후 20년 동안 홍콩의 인구는 놀랄 만큼 빠른 속도로 증가했다. 1841년 7,400여 명에 불과했던 인구는 1861년에 11만 9천 명에 달하여(홍콩의 인구 조사는 1841년부터 시작되었다), 20년 만에 무려 16배나 증가했다. 이후에도 홍콩의 인구는 꾸준히 증가하여 1901년에는 인구가 30만 명이 되었다. 식민지 이후 60년 만에 40배가 증가한 셈이다.

이렇게 인구가 급속도로 증가하게 된 이유는 홍콩이 중국 사람들에게 안전한 피난처 역할을 해 주었기 때문이다. 아편전쟁 이후 중국에서 각종 혁명이나 동란이 일어날 때마다 엄청난 수의 사람들이 홍콩으로 몰려들었다. 19세기뿐 아니라 20세기에도 수많은 중국인들이 홍콩으로 피난을 오게 되었는데, 신해혁명으로 청나라가 멸망한 1911년과 군벌전쟁 기간이었던 1920년대, 그리고 중일전쟁이 시작된 1937년에도 계속해서 홍콩으로 인구가 유입되어 1941년에는 모두 163만 명이 되었다.

일본이 침략한 1941년 12월 25일부터 1945년 8월 15일까지는 홍콩이 더 이상 피난처의 역할을 할 수 없게 되었다. 게다가 일본군이 홍콩 밖으로 사람들을 강압적으로 쫓아내 버렸기 때문에 인구가 급속히 감소했다. 그리하여 일본이 패망한 직후, 홍콩의 인구는 65만 명밖에 되지 않았다.

하지만 중국공산당과 중국국민당 사이에 일어난 국공내전의 영향으로 인해, 1946년부터 또다시 피난민들이 홍콩으로 몰려오기 시작했다. 이후 중국공산당이 승리하게 되자

1950년에는 인구가 200만 명으로 늘어났다. 이렇게 새로 유입된 인구의 대부분은 광동성廣東省과 복건성福建省 사람들이었으며, 절강성浙江省과 강소성江蘇省, 산동성山東省 출신들도 상당히 많았다. 이때 기업가와 저렴한 노동력이 동시에 유입되면서 홍콩은 제조업의 중심지가 되었다.

이 밖에 중국이 1958년에 대약진운동, 1966년에 문화대혁명 등을 실시하게 되면서 수많은 사람들이 또다시 홍콩으로 밀려들었다. 이후 1981년에는 인구가 510만 명으로 증가하였으며, 현재 홍콩 인구는 2017년 기준으로 모두 740만 명이다.

홍콩의 인구밀도는 마카오, 모나코, 싱가포르에 이어 세계 4위이다. 홍콩의 인구 중 중국인이 93%이며, 인도네시아인, 필리핀인, 유럽인, 인도인이 그다음으로 많다. 이 중 인도네시아인과 필리핀인은 대부분이 가사도우미들이다. 홍콩에는 의외로 인도인이 많은데 그 이유는 영국 식민지 초기에 인도인들이 홍콩의 치안을 담당했기 때문이다. 당시에는 병사들과 경찰들이 대부분 인도인들이었다. 그 후손들이 대대로 홍콩에 거주하면서 인도인들이 홍콩 인구의 한 부분을 차지하게 되었다. 현재 홍콩에 거주하는 이들은 인도인 4~5세대들이다. 이 밖에 우리 교민들도 홍콩에 많이 거주하고 있는데, 2017년 기준으로 모두 14,600여 명이 거주하고 있다.

5. 홍콩의 시화市花

홍콩을 대표하는 꽃은 보히니아Bauhinia, 洋紫荊, 옝찌껭이다. 5장의 붉은 자줏빛 꽃잎이 달린 보히니아는 매년 11월 초부터 다음 해 3월까지 핀다. 상록교목(사계절 내내 잎이 지지 않는 늘 푸르고 키 큰 나무)에 속하며, 열매는 열리지 않는다. 꽃 모양이 난꽃을 닮았다 하여 홍콩란香港蘭, 횡꽁란, Hong Kong Orchid Tree으로 불리기도 한다. 꽃잎을 자세히 들여다보고 있으면 한 가지 특징을 발견할 수 있는데, 5장의 꽃잎 중 가장 가운데 있는

붉은 자줏빛의 보히니아

꽃잎(위 사진처럼 세 번째 꽃잎)의 색깔이 유난히 짙다는 것이다. 색도 진한 데다 가운데를 중심으로 군데군데 까맣게 되어 있어서, 처음에는 그 꽃잎만 병든 줄 알았다. 그런데 자세히 보니 나무에 피어 있는 모든 꽃이 한가운데 꽃잎만 그렇게 색깔이 진했다.

보히니아는 홍콩에서 세계 최초로 발견된 꽃이다. 보히니아는 1880년 무렵 홍콩섬 폭푸람薄扶林, 뽁푸람의 텔레그래프베이鋼綫灣, 꽁씬완에서 프랑스 파리외방선교회의 신부에 의해 발견되었다. 그리고 신부가 가지를 꺾어 폭푸람 일대의 베타니 수도원으로 가져와 심으면서 재배가 시작되었다. 전문가들은 세계 어디에서도 이 꽃과 똑같은 품종이 없다는 것을 알게 되었고, 1908년 보히니아를 새로운 종으로 분류하였다. 보히니아의 라틴어 학명은 '바우히니아 블라케아나Bauhinia blakeana'이다. 여기에서 '블라케아나blakeana'는 제12대 홍콩총독이었던 헨리 아서 블레이크 경Sir Henry Arthur Blake(재임기간 1898~1903년)의 성인 '블레이크Blake'를 따서 지은 것이다. 평소 식물 연구에 열의를 보인 그를 기념하기 위하여, 새로 발견된 식물에 그의 이름을 붙였다고 한다. 1965년에는 보히니아가 홍콩을 대표하는 꽃으로 정식 지정되었다. 보히니아는 이렇게 영국 식민지 시기에 이미 홍콩을 대표하는 꽃이 되었다.

보히니아는 광동어로 옝찌껭洋紫荊, 양자형이라고 하는데, 중국에서는 서양이라는 의미의 '옝洋, 양'을 빼고 자형화紫荊花라고 부른다. 하지만 자형화紫荊花는 보히니아인 양자

꽃이 만개한 보히니아나무(좌)와 나무 기둥에
붙여 놓은 보히니아의 이름과 학명(우)

형洋紫荊과는 다른 품종이다.

나라를 대표하는 꽃은 '나라 국國' 자를 써서 국화國花라고 한다. 그렇다면 홍콩을 대표
하는 꽃은 뭐라고 할까? 현재 홍콩의 정식 명칭이 홍콩특별행정구香港特別行政區이기
때문에 구화區花라고 불러야 할 것 같지만, 홍콩과 중국에서는 구화 대신에 시화市花라
고 하고 있다. 이는 홍콩을 도시의 개념으로 보고 있기 때문인데, 중국은 '○○市'와 같
은 도시뿐만 아니라 홍콩과 마카오 같은 특별행정구까지 중화인민공화국에 속한 도시
로 정의를 내리고 있다. 그렇기 때문에 홍콩도 하나의 도시로 간주하여 홍콩을 대표하
는 꽃을 시화라고 부르고 있는 것이다.

보히니아는 홍콩기와 홍콩 휘장, 홍콩 동전에도 도안되어 있다(홍콩기와 홍콩 휘장에
관한 자세한 내용은 뒤의 '6. 홍콩기의 변천' 부분을 참고할 것). 홍콩에서 발행하고 있
는 동전은 모두 일곱 가지로 10홍콩달러, 5홍콩달러, 2홍콩달러, 1홍콩달러, 50센트,
20센트, 10센트가 있다. 이 일곱 가지 동전에 모두 보히니아 문양이 새겨져 있다. 이 밖
에 홍콩컨벤션센터香港會議展覽中心, 횅꽁우이이찐람쯩쌈 바로 옆의 골든 보히니아 광장金
紫荊廣場, 깜찌껭핑챵에도 보히니아를 형상화한 6m 높이의 커다란 금빛 조형물이 세워져
있다.

홍콩 동전에 들어 있는 보히니아 꽃문양. 왼쪽 위부터 차례로 10홍콩달러, 5홍콩달러, 2홍콩달러, 1홍콩달러, 50센트, 20센트, 10센트이다.

골든 보히니아 광장의 금빛 보히니아 조형물

6. 홍콩기旗의 변천

홍콩기는 홍콩이 영국의 식민지였던 시절부터 중국에 반환될 때까지, 여러 번의 변화를 겪었다. 식민지 초기에는 홍콩기가 제작되지 않아 영국의 국기인 유니언 잭을 사용하였다. 이후 1871년부터 새롭게 제작된 홍콩기를 사용했는데, 지금까지 모두 다섯 가지의 홍콩기가 만들어졌다. 그중 영국의 식민지 시절에 사용되었던 홍콩기들에는 공통된 특징이 있다. 파란색 바탕에, 좌측 상단에는 영국 국기인 유니언 잭이 그려져 있다는 점이다. 시간이 지나면서 좌측의 영국 국기는 그대로 두고 오른쪽 정중앙 부분의 도안만 바뀌게 되었다.

맨 처음 사용된 홍콩기는 1871년부터 1876년 5월까지 5년 동안 사용되었던 것으로, 영국 왕실의 왕관이 그려져 있고 그 아래에는 Hong Kong의 약자인 'HK'가 쓰여 있다.

두 번째 홍콩기는 1876년 5월부터 1941년 12월 25일까지, 그리고 1945년 8월 16일부터 1955년 12월까지 모두 75년간 사용되었다. 1941년 12월 26일부터 1945년 8월 15일까지는 홍콩기가 사용되지 않는데, 이때는 일제가 침략한 기간이었기 때문에 홍콩기

↑ 첫 번째 홍콩기(1871~1876.5)
↓ 두 번째 홍콩기(1876.5~1941.12.25,
1945.8.16~1955.12)

대신 일본의 일장기가 사용되었다. 두 번째 홍콩기 역시 첫 번째 홍콩기와 마찬가지로 파란색 바탕에 좌측 상단에는 영국 국기가 그려져 있다. 하지만 오른쪽 중앙에는 홍콩을 상징하는 '아콴이 길을 안내하는 그림阿群帶路圖, 아콴따이로우토우'이 들어 있다. 이 그림에는 빅토리아 항구를 배경으로 영국식 상선과 중국식 돛단배가 한 척씩 떠 있고, 항구 건너편에는 구룡반도를 대표하는 여러 산들이 보인다. 해안에서는 영국 상인과 중국식 복장을 한 홍콩 상인이 서로 악수를 하고 있고, 홍콩 상인 뒤에는 몸종으로 보이는 어린 소년이 서 있다. 또한 이들이 서 있는 해안에는 화물 상자 6개가 나란히 놓여 있다. 이 그림은 영국 상인과 홍콩 상인이 사업에 대해 협의하는 상황을 묘사한 것으로, 홍콩 식민지 시기에 광범위하게 사용되었다.

'아콴이 길을 안내하는 그림'에는 다음과 같은 유래가 있다. 영국 군대가 맨 처음 홍콩섬 스탠리赤柱, 첵취에 상륙했을 당시, 찬콴陳群이라는 어민의 안내를 받아 홍콩섬 북부에 도착하였다고 한다. 찬콴이 길을 안내했기 때문에 그의 이름을 따서 '아콴이 길을 안내했다阿群帶路'라고 하게 되었다(앞의 '1. 홍콩 명칭의 유래' 중 5번 항목을 참고할 것). 찬콴이 당시에 안내한 길은 홍콩섬 남서부 일대를 넓게 연결하는 곳이었기 때문에 '무리 군群' 자를 써서 콴따이로우群帶路(일대를 넓게 분포하고 있는 길)로도 불렸다(찬콴의 이름 '콴群'과 '무리 군群' 자의 한자가 서로 일치한다). 찬콴이 길을 안내했던 당시의 상황을 그림으로 그려 냈다고 하는데, 정작 그림에는 영국군이 현지인에게 길을 물어보거나 현지인이 길을 가르쳐 주는 장면은 등장하지 않고, 영국인과 홍콩인이 통상通商

하는 광경만 담겨 있다. 이는 아마도 길을 안내했던 당시의 상황을 바탕으로 새로운 광경을 만들어 냈기 때문일 것이다. 영국군이 처음 상륙했던 홍콩섬과 홍콩을 상징하는 빅토리아 항구, 또 다른 홍콩의 일부인 구룡반도, 여기에 찬콴을 대신하는 홍콩 상인과 영국군을 대신하는 영국 상인을 조합하여 길 안내가 아닌 교역의 장면을 탄생시킨 듯하다. 하지만 제목은 원래대로 '아콴이 길을 안내하는 그림阿群帶路圖, 아콴따이로우토우'이라고 하였다. 이 그림은 1868년에 그려진 것으로 알려져 있다.

아콴이 길을 안내하는 그림

세 번째 홍콩기는 1955년 12월부터 1959년 7월까지 모두 4년 동안 사용되었다. 이 당시 사용된 홍콩기는 '아콴이 길을 안내하는 그림'을 변형한 것인데, 홍콩섬과 빅토리아 항구, 구룡반도, 영국 상선과 중국의 돛단배, 영국 상인, 홍콩 상인, 홍콩 상인의 몸종 등 기본적 구조는 동일하다. 하지만 구룡반도의 모습과 배의 형태, 상인들과 몸종의 옷차림, 홍콩섬에 놓인 화물의 크기 등이 이전과 달라졌다.

네 번째 홍콩기는 1959년 7월 27일부터 1997년 6월 30일까지, 즉 홍콩이 중국으로 반환되기 바로 전날까지 38년 동안 사용되었다. 역시 이전의 홍콩기와 마찬가지로 파란색 바탕에 좌측 상단에는 영국 국기가 그려져 있다. 오른쪽 중앙에는 홍콩의 문장紋章을 그려 놓았는데, 이 홍콩 문장은 일제 침략 시기 한 영국인이 스탠리의 전범수용소 안에서 제작한 것이라고 한다. 이후 런던에 위치한 암스 칼리지College of Arms(국가문장 담당기관)에서 수정을 거친 후 1959년 1월 21일에 정식으로 반포되었다. 또한 같은 해 7월 27일부터는 홍콩기에 사용되었다. 문장의 맨 아래쪽에는 초록색 섬이 있고, 섬 주변을 두 줄로 된 파란색 물결이 둘러싸고 있다. 이는 영국이 홍콩에서 제일 먼저 점령한 홍콩섬을 의미한다. 섬에는 노란색 긴 끈이 가로로 놓여 있으며, 끈에는 빨간색 글씨로 HONG KONG이라고 쓰여 있다. 끈 바로 위의 한가운데는 상하 두 부분으로 구분된 방패가 놓여 있다. 방패의 윗부분은 빨간색 바탕에 해군 금관이 그려져 있는데, 이는 영국 해군과 영국 상선이 홍콩과 연관되어 있다는 것을 나타낸다. 그리고 방패 윗부분의 빨간 바탕에 그려진 올록볼록한 요철 모양은 성벽을 상징하며, 1941년 일본군의 침략에 대항한 홍콩전투(1941.12.8~25)를 기념하는 것이다. 방패의 아랫부분은 하얀색 바탕에 돛단배 두 척이 그려져 있고, 배 아래에는 바닷물을 상징하는 파란색 물결이 두 줄 그려져 있다. 이는 식민지 초기 홍콩과의 해상무역이 중요시되었음을 보여 준다. 방

패의 좌우로는 왕관을 쓴 사자와 용이 있는데, 이 둘은 서로 마주 보는 자세로 방패를 잡고 서 있다. 여기의 사자는 영국을 상징하고 용은 중국을 상징한다. 방패 위에는 왼쪽의 사자를 바라보고 있는 또 다른 사자가 하나 더 있다. 왼쪽 사자보다 크기가 훨씬 작은 이 사자는 왕관을 쓰고 손에 진주를 들고 있다. 사자 손에 들린 커다란 진주는 홍콩이 동방의 진주라는 것을 암시한다.

↑ 세 번째 홍콩기(1955.12~1959.7)
↓ 네 번째 홍콩기(1959.7.27~1997.6.30)

다섯 번째 홍콩기는 홍콩이 중국에 반환되었던 1997년 7월 1일부터 지금까지 사용되고 있다. 홍콩기의 정식 명칭은 홍콩특별행정구구기香港特別行政區區旗, 횡꽁딱뻿항쩽코위코위케이이다. 이전의 홍콩기들과는 달리 이때의 홍콩기에는 영국의 국기를 넣지 않았다. 그 대신 빨간 바탕에 하얀색 보히니아꽃을 그려 넣었다. 보히니아꽃은 원래 붉은 자줏빛이지만 홍콩기에서는 하얀색으로 도안되

영국 식민지 시기의 홍콩 문장

다섯 번째 홍콩기(1997.7.1~현재)　　　　홍콩 휘장(1997.7.1~현재)

었다. 홍콩기는 중국의 국기와 마찬가지로 바탕색이 빨간색이다. 이는 홍콩이 중화인
민공화국, 즉 중국의 일부분이라는 것을 상징한다. 또한 다섯 장의 하얀색 보히니아 꽃
잎 가운데에 박힌 별은 중국 국기에 그려진 다섯 개의 별과 대응하는 것으로, 홍콩과 중
국은 불가분의 관계라는 점을 나타낸다. 홍콩기는 빨간색과 흰색 단 두 가지 색깔만 사
용하고 있는데, 이는 홍콩이 '1국가 2체제'의 원칙에 의해 운영되고 있다는 것을 상징한
다. 홍콩기뿐만 아니라 홍콩 휘장 역시 이와 똑같은 문양으로 디자인되어 있다.

02
홍콩의 역사

홍콩에서는 이미 6천 년 전에 인류가 존재하고 생활했다고 한다. 홍콩에서 발견된 역사 이전 시기(선사 시기)의 유적지들은 신석기 중기와 후기, 청동기 시대의 것들이며, 이들은 주로 해안에서 발견되었다. 유적지에서는 석기石器와 도기陶器, 부장품, 그리고 고기잡이에 사용하는 도구 등 여러 가지 유물들이 발견되었는데, 이렇듯 해안에 위치한 유적지들과 이곳에서 발굴된 어구들은 바다와 인접한 홍콩의 지리적인 특성을 잘 나타내 주고 있다.

중국에 왕조가 출현하기 이전의 고대 시기에는, 영남嶺南(오늘날의 홍콩과 마카오, 광동성, 광서성, 해남성 일대) 지역에 월족越族이라는 소수민족이 살고 있었다. 하지만 진秦나라와 한漢나라 시기에 이르러 중원中原(황하강 양쪽 기슭의 평야지대, 즉 중국 문화의 발상지) 지역의 한족漢族들이 그들의 선진문화와 기술을 가지고 영남으로 내려오게 되었고, 이로 인해 한족과 월족이 서로 융화되기 시작했다. 이후 위진남북조魏晉南北朝와 당唐, 송宋 시대에는 전란을 피해 남쪽으로 피난 오는 사람들로 넘쳐 나게 되었는데, 이때 중원의 한족들이 영남 지역에 대거 유입되었다. 이렇듯 영남 지역은 천여 년이 넘

영국과 중국의 공존: 광동어를 통해 홍콩의 문화를 읽다

신석기 시대 후기의 도기 항아리(홍콩문물탐지관 소장)
↑ 석기를 이용해 물고기를 손질하는 신석기 시대의 인류
(홍콩역사박물관 소장)

←청동기 시대의 부장품(홍콩문물탐지관 소장)

는 기간 동안 끊임없이 남하한 한족으로 인해 소수민족이 아닌 한족이 거주하는 지역
으로 바뀌게 되었다.

홍콩의 역사는 선사 시기부터 시작되었지만, 문헌에 기록된 대부분의 내용들은 영국
식민지 시기의 역사에 관한 것이다. 그렇기 때문에 아래에서는 아편전쟁의 발발부터
홍콩이 중국에 반환되기까지, 식민지 시기의 홍콩 역사에 대해 주요 사건들을 중심으
로 하나씩 살펴보도록 할 것이다.

1. 아편의 소각과 아편전쟁, 남경조약 그리고 홍콩섬의 할양(1839~1842)

청나라에 진출하여 차茶를 접하게 된 유럽인들은 차의 맛에 매료되어 대량으로 차를 수
입해 갔다. 하지만 차 수입량이 해마다 늘어나면서 이를 위해 영국이 청나라에 지급해
야 하는 은의 양도 계속해서 늘어나게 되었다. 이에 영국은 은이 대량으로 유출되는 것

을 막기 위해 인도산 아편을 청나라에 수출하게 되었고, 이로 인해 수많은 청나라 백성들이 아편에 중독되었다. 아편중독자들이 급속히 늘어나자 아편의 수입량은 해마다 크게 증가했고, 이전과는 반대로 은이 청나라에서 영국으로 흘러들어 갔다.

마약인 아편에 중독된 백성들은 쉽게 끊지도 못하고 죽을 때까지 아편을 피워야 했다. 아편으로 인해 수많은 백성들이 폐인처럼 살게 된 것이다. 청나라 조정은 여러 차례 금지령을 내리고 철저한 단속에 나섰지만 백성들은 아랑곳하지 않았다. 이에 조정은 흠차대신欽差大臣(특정한 주요 사건을 처리하기 위하여 만든 관직) 임칙서林則徐를 파견하여 아편 거래를 막도록 했다.

임칙서는 강경한 아편 몰수 정책을 꺼내 들고, 1839년 6월에 중국 광동성 호문虎門 해안에서 대대적인 아편 소각 작전을 펼쳤다. 영국 상인들로부터 몰수한 2만 상자의 아편을 소각한 것인데, 이는 120톤에 해당하는 어마어마한 양이었다. 아편을 소각한 뒤 찌꺼기는 바다로 흘려 보냈으며 작업을 완전히 마칠 때까지는 20여 일이 걸렸다. 임칙서의 아편 소각 사건으로 인해 청나라와 영국은 전쟁에 돌입하게 되었는데, 이 전쟁이 바로 아편전쟁이다.

1840년 공격을 개시한 영국군에 무력하기 짝이 없던 청나라 군대는 속수무책으로 당할 수밖에 없었다. 1841년 1월 26일에는 영국군이 홍콩섬을 점령하고, 이어서 하문廈門과 영파寧波를 봉쇄한 뒤 단숨에 상해上海와 남경南京까지 올라왔다. 결국 청나라는 영국에 굴복하여 1842년 8월 영국과 '남경조약南京條約(난징조약)'을 체결하게 된다. 남경조약은 중국이 외국과 맺은 최초의 불평등조약이다. 남경조약 체결 이후 청나라는 홍콩섬을 영국에 할양하고, 광주廣州와 복주福州, 하문廈門, 영파寧波, 상해上海 이렇게 다섯 개의 항구를 개항하게 된다. 또한 청나라는 영국에 전쟁 배상금 1,200만 달러와 몰수된 아편 배상금 600만 달러 등을 3년 안에 지불하기로 약속한다.

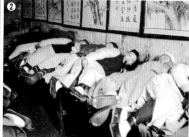

❶ 아편을 피우는 중국인들
❷ 아편중독자들이 나란히 누워
있는 아편굴
❸ 뼈와 가죽만 남은 아편중독자
들
❹ 임칙서
❺ 호문에서의 아편 소각 장면
❻ 남경조약 체결 장면

2. 제2차 아편전쟁과 북경조약, 구룡반도와 신계지의 분할(1856~1898)

1856년 중국의 주강珠江에서 청나라 관리가 애로Arrow호라는 선박에서 영국 국기를 끌어내리는 사건이 일어났다. 이른바 '애로호 사건'이었다. 비슷한 시기에 중국의 광서廣西 지역에서는 프랑스 선교사가 선교활동 중에 살해당하는 사건이 발생했다. 이에 프랑스는 자국의 선교사가 살해당했다는 이유로 영국과 연합하여 출병을 하게 되고, 그 여파로 애로호전쟁, 즉 제2차 아편전쟁이 촉발되었다.

영국과 프랑스 연합군은 1858년에 중국 천진에서 천진조약天津條約(톈진조약)을 체결하고, 1860년에는 북경조약北京條約(베이징조약)을 체결하였다. 이로 인해 중국은 영국에게 구룡반도의 '바운더리 스트리트Boundary Street' 이남 지역을 할양해야 했다. 이후 이 거리를 경계로 남쪽 지역은 영국이, 북쪽 지역은 중국이 관할하게 되었다.

바운더리 스트리트는 중국과 영국령 홍콩의 경계선이 된 곳으로, 처음에 영국은 이곳을 '바운더리 라인Boundary Line(경계선)'이라고 불렀다. 이곳은 매일 아침 6시부터 해가 질 때까지 개방되었으며, 그 외의 시간은 개방되지 않았다. 이후 1898년 제2차 북경

애로호에서 영국 국기를 끌어내리는 청나라 관원

제2차 아편전쟁 중 중국 광주(廣州)로 진격하는 영·프 연합군

영국과 중국의 공존: 광동어를 통해 홍콩의 문화를 읽다

바운더리 스트리트

조약이 체결되었을 때는 바운더리 라인의 이북과 그 위쪽의 신계 지역까지 영국의 조차지가 되었다. 그리하여 이곳이 더 이상 영국령 홍콩과 중국의 경계선 역할을 하지 않게 되자 영국은 '바운더리 라인' 대신 '올드 프런티어 라인Old Frontier Line(이전의 경계선)'이라 부르기 시작했다. 당시 바운더리 라인에는 거리가 없었으나 후에 영국령 홍콩정부가 이곳에 거리를 만들고 '바운더리 스트리트界限街, 까이한까이'라고 이름 붙였다.

1898년 '제2차 북경조약' 체결 이후 영국은 심천하深圳河 이남 지역(현재의 신계 지역)과 구룡반도의 바운더리 스트리트 이북 지역, 그리고 200여 개의 섬을 조차하게 된다. 조차기간은 1997년 6월 30일까지 99년이었다(유일하게 단 한 곳 '구룡채성九龍寨城'만은 중국이 관할하기로 하였다. 구룡채성에 관한 자세한 내용은 제11장 중 '6. 구룡성채

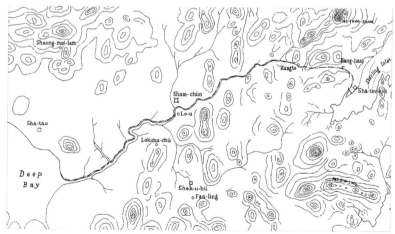
심천하(지도 가운데 굵은 선)를 경계로 남쪽은 영국이, 북쪽은 중국이 관할했다.

공원' 부분을 참고할 것). 이로 인해 홍콩은 1997년 7월 1일 중국에 반환되기 전까지, 일본이 침략했던 3년 8개월(1941.12.25~1945.8.15)을 제외하고는 줄곧 영국의 통치를 받았다.

3. 홍콩의 법률과 빅토리아 감옥(1841~2006)

아편전쟁 발발로 영국군이 홍콩섬을 점령한 지 엿새째 되던 1841년 2월 1일, 영국군 사령관 브레머는 《대청률례大淸律例》에 의거해 홍콩을 통치한다고 선포했다. 《대청률례大淸律例》는 청나라의 기본 법전으로, 영국의 법전이 아닌 청나라의 법전을 기준으로 하여 홍콩을 통치하기로 한 것이다. 그 이유는 홍콩 인구의 98% 이상이 중국인이고 영토 또한 중국과 인접하고 있어서 중국인의 관습과 법례를 어느 정도 수용해야 한다고 생각했기 때문이다. 하지만 이는 홍콩 사람들에게만 해당되는 것이었고, 영국인과 외국인들에게는 영국의 법률을 적용했다.

1841년 영국은 홍콩섬에 감옥을 지었는데, 이것이 바로 빅토리아 감옥이었다. 화강암을 사용하여 건설한 빅토리아 감옥은 영국이 홍콩을 점령한 이후 홍콩에 첫 번째로 건설한 가장 견고한 건축물로, 초기에는 해적이나 도적 떼들을 수감했다. 감옥 안에서는 죄수들에게 곤장이나 채찍, 노동, 감금형을 가했으며, 곤장이나 채찍형의 경우에는 군중이 보는 앞에서 집행됐다. 또한 감금되어 있을 때나 부역을 할 때는 모두 발에 족쇄를 채워 도망가지 못하도록 했다.

1843년 1월 빅토리아 여왕이 홍콩에 형사刑事와 해사海事 담당 법원을 세울 것을 결정하고, 홍콩섬과 중국대륙, 연해 100마일 이내에 거주하고 있는 영국 국민의 형사 사건을 재판하게 하였다. 그리고 같은 해 3월에는 법원 업무를 시작했는데, 단 한 차례만 재판이 진행됐다. 1년 뒤인 1844년 8월에는 홍콩최고법원(당시 홍콩의 대법원) 설립을 선

영국과 중국의 공존: 광동어를 통해 홍콩의 문화를 읽다

↑ 빅토리아 감옥의 여러 건물 중 한 곳(좌)과 감옥 입구(우)
↓ 빅토리아 감옥 내부(좌)와 여성 죄수가 수감되었던 빅토리아 감옥 건물(우)

포하고, 형사刑事와 해사海事 담당 법원을 폐쇄하였다. 그리고 같은 해 10월 1일에는 홍콩최고법원을 정식으로 설립하였다.

재판은 그 과정을 지켜볼 수 있도록 공개 상태에서 진행되었기 때문에, 지금처럼 일반인들이 재판을 방청할 수 있었다. 한 가지 재미있는 것은 당시의 재판이 모두 영어로 진행되었음에도 불구하고 방청하러 온 사람들로 법정이 가득 찼다는 점이다. 영어로 진행되는 재판을 알아듣는 사람이 거의 없었을 텐데도 말이다. 이렇게 수많은 사람들이 재판을 보러 온 이유는 아마도 재판의 결과가 궁금해서이기도 하겠지만, 더 큰 이유는 가발을 쓰고 재판을 진행하는 판사들과 변호사들을 보기 위한 것으로 생각된다. 길고

가발을 쓴 영국의 법관들(좌)과 홍콩고등법원 앞의 법조인들(우)

하얀 가발을 쓰고 재판을 진행하는 영국의 전통을 이어받아 홍콩에서도 재판할 때 가발을 썼다. 아마도 홍콩 사람들은 영국의 식민지가 되기 이전에는 이러한 광경을 한 번도 본 적이 없었기 때문에, 처음 경험하는 신기하고도 새로운 광경을 보기 위해 이렇게 법정에 몰려들었을 것이다. 홍콩의 영화나 드라마를 보면 재판하는 장면이 종종 등장하는데, 이때에도 판사와 변호사가 모두 하얗고 긴 가발을 쓰고 있다.

1853년에 반포된 감옥규정에 의하면, 만약 죄수가 복역 중에 게으름을 피우거나 간수에게 반항하는 등 감옥의 규칙을 지키지 않는 경우에는 12~36대의 버드나무 채찍형을 받거나 3~14일 동안 독방에 감금되었다. 게다가 이 기간에는 맹물에 말은 밥밖에 제공되지 않았다. 또한 1855년의 감옥 상황에 대한 보고에 따르면, 비좁은 공간에 죄수를 너무나 많이 수감하여 한 칸짜리 감옥에 최소 103명이나 갇혀 있었다고 한다. 이렇게 죄수가 많았던 이유는 신분증을 소지하지 않거나 호객행위를 한 것과 같이 사소하게 규정을 위반한 사람까지 투옥시켰기 때문이다. 더군다나 살인범처럼 흉악한 범죄를 저지른 사람과 경미한 범죄를 저지른 사람들을 모두 한곳에 수감했기 때문에, 경범죄를 저지른 사람들이 감옥에서 흉악범들에게 범죄 수법을 배우는 등 감옥이 오히려 범죄자를 양산하는 곳이 되어 버리기도 했다.

1975년부터 1980년대까지는 베트남 난민들이 공산화된 베트남을 떠나 홍콩으로 밀려

온 시기이다. 베트남전쟁에서 공산당이 승리하자, 이를 피해 조국을 탈출한 난민의 4분의 1 이상이 홍콩으로 들어왔다. 하지만 그들이 머무를 만한 곳이 마땅치 않자 영국령 홍콩정부에서는 빅토리아 감옥을 그들의 임시 수용소로 사용하였다. 이후 베트남 난민 문제를 해결하고 난 다음에는 빅토리아 감옥을 예전처럼 죄수들을 수감하는 곳으로 다시 사용하였다. 1841년에 건설된 빅토리아 감옥은 2006년에 역사의 뒤안길로 사라지게 되었다. 앞서 1995년에는 홍콩법정고적香港法定古蹟으로 지정되기도 하였다.

4. 홍콩에서 가장 많은 사람이 사망한 사건 '페스트'(1894~1926)

1894년 홍콩섬에 흑사병이라고 불리던 페스트가 발생하여 몇 개월 만에 2,500명이 사망했다. 이후 10여 년 동안 13,000여 명이 페스트로 인해 죽음에 이르렀는데, 1900년대 초반 홍콩의 인구가 30만 명 정도 되었으므로, 전체 인구의 25분의 1이 사망한 것이었다.

페스트는 1894년에 발생하여 1926년까지 30여 년 동안 거의 해마다 발병했으며, 모두 2만여 명의 사망자를 냈다. 이렇게 전염병이 창궐한 이유는 극도로 열악한 위생 상태 때문이었는데, 당시 홍콩에서는 사람과 돼지, 쥐가 한방에서 같이 지내고 심지어는 그 방에서 음식을 해 먹기도 했다. 가뜩이나 주거 공간이 부족한 홍콩에 수많은 중국대륙 사람들까지 피난을 오게 되면서 위생 상태는 더욱더 열악해졌다. 특히 봄과 여름만 되면 페스트가 기승을 부렸는데, 무더운 홍콩의 날씨가 불량한 위생 상태와 맞물려 극한의 상황으로까지 간 듯하다(페스트에 관한 자세한 내용은 제12장 중 '4. 홍콩의학박물관' 부분을 참고할 것).

당시에는 공공위생에 관한 법률제도가 그다지 엄격하지 않았던 데다가 집행도 제대로 이루어지지 않았다. 특히 중국인들이 거주하는 주택가는 너무나 많은 사람들이 한꺼번에 살고 있었고, 집주인들은 배수시설이나 환기 등의 위생 문제는 아예 신경도 쓰지 않

바닥에 누워 있는 페스트 환자들. 유리공장을 임시 병원으로 사용하였다.

1800년대 홍콩의 비위생적인 생활 모습
(홍콩의학박물관 소장)

↖ 가옥들을 조사하는 위생국 직원들
↑ 페스트로 인해 텅 빈 홍콩의 거리
← 소독약을 뿌리는 위생국 직원들

영국과 중국의 공존: 광동어를 통해 홍콩의 문화를 읽다

았다. 영국령 홍콩정부는 위생 상태를 개선하기 위한 시도를 여러 차례 해 보았지만, 이때마다 집주인들이 강력하게 항의했고 심지어는 홍콩총독에게 상서를 올리기까지 했다. 따라서 위생 상태 개선을 위한 정부의 시도는 실패로 돌아갈 수밖에 없었다.

위생국과 여러 병원에서는 적당한 대책을 찾지 못하다가 쥐를 없앨 방법을 하나 찾아냈다. 바로 쥐를 잡아 오는 사람들에게 포상금을 지급하는 것이었다. 이러한 방법은 상당히 효과적이어서 영국령 홍콩정부는 쥐를 4만 3천 마리까지 잡아들이는 데 성공했다. 하지만 희한하게도 쥐는 줄어들지 않고 계속 늘어만 갔다. 알고 보니 돈에 눈이 먼 양심 불량한 사람들이 중국 광동 지역에서 쥐를 잡아다 홍콩으로 몰래 들여온 것이었다. 이 사실을 알고 격노한 홍콩총독은 포상제도를 없애고 소독작업을 실시했다. 또한 건축물에 관한 엄격한 법규를 통과시켰으며, 중국인 거주 주택가의 급수와 배수 상태도 모두 정비했다. 이 방법은 효과를 거두어 마침내 1926년 이후에는 홍콩에서 대규모의 페스트가 사라지게 되었다.

5. 홍콩과 중국 광주廣州에서 발생한 대규모 노동자 파업(1925~1926)

1925년 5월 15일, 일본인이 경영하던 중국 상해의 한 방직공장에서 중국인 노동자가 피살되는 사건이 발생했다. 노사분규 도중 노동자 대표가 공장 측으로부터 살해당한 것이었다. 분노한 노동자들과 학생들은 상해에서 가장 번화한 남경로南京路로 몰려나와 이에 항의하며 시위했고, 경찰은 이를 진압하기 위해 시위대를 향해 실탄을 발사했다. 이로 인해 13명이 사망하고 수십 명이 중상을 입었다. 이때가 5월 30일로, 이날의 유혈충돌을 '5.30참안五卅惨案(5월 30일에 일어난 비참한 사건, 卅는 30을 뜻한다)'이라고 부른다. 이 사건으로 중국 전역에서는 외세의 침략에 반대하는 시위가 일어났으며, 참가한 인원은 모두 1,200만 명에 이르렀다. 당시 홍콩의 노동조합 역시 상해의 노동자들을 지지하기 위하여 총파업에 들어갔다. 같은 해 6월 19일, 홍콩선원노동조합이 제일 먼저 파업에 들어갔고, 뒤이어 트램과 선박, 인쇄, 전력 등 여러 직종의 노동자들이 파업에 참가했다. 15일 동안 홍콩에서 파업에 참가한 인원은 25만 명에 달했다.

6월 23일에는 상해의 노동자들을 지지하는 광동의 노동자와 상인, 학생, 그리고 총을 소지한 황포군관학교(군사간부 양성을 위해 중국 광주廣州에 설립된 군사교육기관, 1924년 1월에 설립되었다) 학생 등 10만 명이 제국주의 타파와 불평등조약 폐지를 외치며 중국 광주에서 집회를 열고 시위를 벌였다. 이때 광주의 '사기沙基'라는 거리를 지나면서 시위를 하던 중에 시위대에서 총소리가 들렸다(프랑스 사병이 발사했다는 설도 있고, 빅토리아 호텔 위층에서 한 외국인이 시위대를 향해 발사했다는 설도 있지만 정확한 것은 밝혀지지 않았다). 시위대 쪽에서 총소리가 나자 영국군과 프랑스군은 시위대를 향해 무차별 사격을 가했고, 50여 명이 그 자리에서 사망했다. 또한 170여 명이 중상을 입었으며, 수많은 사람들이 경상을 입었다. 이날 일어난 사건은 발생한 곳의 이름을 따서 '사기참안沙基慘案(사기에서 일어난 비참한 사건)'이라고 부른다. 이 소식이 홍콩에 전해지자 홍콩의 파업 규모는 이전보다 훨씬 더 커졌다.

분노한 광주와 홍콩의 노동자들은 6월 26일에 '광주홍콩파업위원회'를 조직하고, 2천여 명의 노동자 무장 규찰대를 결성했다. 이들 무장 규찰대는 홍콩을 봉쇄한 뒤, 광주에서 홍콩으로 공급되던 식량과 물자를 차단하고, 홍콩을 통해 수입되던 물품들도 들여오지 못하도록 했다. 대규모 파업으로 인해 홍콩의 경제는 심각한 타격을 입게 되었고, 파업기간 동안 홍콩의 무역량은 50%가 감소했다. 이 때문에 많은 상점이 도산했고, 영국령 홍콩정부의 수입은 크게 감소했다. 엄청난 적자를 떠안게 된 영국령 홍콩정부는 결국 영국정부에 300만 파운드를 차관하여 상황을 해결할 수밖에 없었다.

1926년에는 국민혁명군國民革命軍(중국국민당의 군대)이 북방의 군벌세력을 정벌한 이른바 '북벌전쟁北伐戰爭'이 순조롭게 진행되어, 모든 사람들의 관심이 노동자 파업에서

↑ 상해의 노동자와 학생들이 거리로 몰려나와
시위하는 모습
○상해 노동자들의 파업을 지지하는 광동의
노동자와 상인, 학생들
↓ 사기참안 발생 후 운송되는 시신들

↑ 상해 남경로에 세워진 5.30참안 기념비
○사기참안 발생 당시의 현장
↓ 홍콩과 중국 광주 노동자들의 대규모 노동자 파업

북벌전쟁으로 옮겨 갔다. 이로 인해 노동자 파업의 열기는 점점 식어 갔고, 1926년 10

월 10일에 광주홍콩파업위원회는 결국 해산했다. 이로써 1925년 6월부터 1926년 10월까지, 장장 1년 4개월 동안 지속되었던 홍콩과 중국 광주의 대규모 노동자 파업은 막을 내렸다.

6. 일제 침략 시기(1941~1945)

제21대 홍콩총독 마크 영 경

1941년 12월 7일 아침, 일본은 미국에 선전포고도 없이 하와이의 진주만을 기습 공격했다. 그리고 일본이 진주만을 공습한 당일(홍콩 시간 12월 8일), 홍콩도 일본군의 공격을 받았다. 영국과 캐나다, 홍콩의용군, 인도 사병으로 구성된 병력이 17일 동안 격렬하게 저항했지만 일본군을 막아 내진 못했다. 결국 당시의 홍콩총독이었던 마크 영 경Sir Mark Young이 일본에 투항하면서, 홍콩은 3년 8개월(1941.12.25~1945.8.15) 동안 일본의 식민지로 전락하게 되었다. 홍콩이 일본군에 투항한 날이 12월 25일 크리스마스였기 때문에, 홍콩 사람들은 이날을 '블랙 크리스마스Black Christmas'라고 부른다.

일본이 홍콩을 통치하는 동안 홍콩의 경제와 민생은 최악으로 치달았다. 당시의 경제는 바닥으로 추락했으며, 음식과 자원은 극도로 부족한 상황이었다. 일본은 홍콩 사람들에게 황민화 교육(일본 천황에게 충성할 것을 강요하는 식민지 교육 정책)을 실시했고, 홍콩의 많은 명절과 축제를 금지했다. 또한 영어와 광동어 사용을 금지하고 일본어 사용을 강요하는가 하면, 영어식의 거리 이름도 일본식으로 바꾸어 버렸다(거리 이름에 관한 자세한 내용은 '제5장 홍콩의 거리 이름' 부분을 참고할 것).

하지만 영국은 이와는 반대로 홍콩 사람들이 계속해서 광동어를 사용할 수 있도록 해주었다. 또한 학교에서도 《삼자경三字經》이나 《사기史記》, 사서오경四書五經과 같은 중국의 고전들을 가르칠 수 있게 했다. 일본이 패망한 이후에는 홍콩의 명절과 축제를 다

↑ 1941년 12월 8일, 중국대륙을 통해 홍콩으로 쳐들어
오는 일본군
↓ 1941년 12월 26일, 홍콩에 입성 중인 일본군

↑ 1941년 12월 12일, 침사추이를 공격하는 일본군.
멀리 침사추이 시계탑이 보인다.
↓ 1945년 9월 2일, 일본 외무대신이 항복 문서에
서명을 하고 있다.

시 부활시켜 지금까지 계속 보존되도록 했을 뿐만 아니라, 1970년대 이후에는 홍콩총
독들이 홍콩의 음력설을 축하하는 신년축사를 발표하기도 했다.

그러나 일본은 영국과는 달리 홍콩 사람들을 탄압하기만 했는데, 일본의 탄압은 위에
서 말한 몇 가지에만 그치지 않았다. 일본은 영국이 홍콩에 건설한 건축물들을 전쟁 용
도로 바꾸어 버렸으며, 구 프랑스 외방선교회 빌딩은 일본 헌병총사령부로 사용했다.
또한 머레이 하우스는 수감실과 사형장으로 사용했는데, 이때 사형당한 사람이 모두 4
천여 명에 이른다. 성 요한 대성당은 일본인을 위한 클럽으로 바뀌었고, 세인트 앤드류
교회는 일본 신사로 썼다. 또한 구 우유회사 창고(현재의 프린지 클럽)에서 사용하던
식품 보관 냉장고는 끔찍하게도 시체 보관용 냉장고로 이용되었다(이들 역사건축물에

일본의 패망 직후 퍼레이드를 하는 영국군
(홍콩역사박물관 소장)

일본 패망 후 다시 영국 국기를 게양하는 영국군과
이를 지켜보는 사람들(홍콩역사박물관 소장)

관한 자세한 내용은 '제13장 홍콩의 식민지 시기 역사건축물' 부분을 참고할 것). 식민
통치를 하던 당시의 일본은 어떻게 하면 더 잔인한 방법으로 무자비하게 식민지 백성
들을 지배할 수 있을까만 연구했던 것 같다. 게다가 일본은 강제적으로 사람들을 홍콩
밖으로 내쫓아 버렸다. 그리하여 1941년에 163만 명이나 되었던 홍콩 인구가 일본 패
망 직후에는 65만 명밖에 되지 않았다.

하지만 1945년 8월 15일, 일본의 무조건항복으로 홍콩은 다시 영국이 통치하게 되었
다. 일제 침략으로 전쟁 포로가 되었던 홍콩총독 마크 영 경 또한 1946년 5월 1일에 구
금되어 있던 중국 심양의 강제수용소에서 풀려나 다시 총독으로 복직하였다.

7. 홍콩의 경제발전(1950~1980년대)

일본이 패망한 이후 중국국민당과 중국공산당 사이에 내전이 발생했다. 이때 수많은
중국인들이 홍콩으로 피난을 왔다. 이후 1949년에 중화인민공화국이 성립되며 중국이

공산화되자 또다시 엄청난 수의 중국인들이 홍콩으로 몰려오게 되었다. 그리하여 일본 패망 직후 65만 명밖에 되지 않던 인구가 1951년에는 200만 명으로 늘어났다. 또한 중국에서 1958년에 대약진운동, 1966년에 문화대혁명 등이 일어나자, 1950년 이후 30년 동안 홍콩의 인구는 다시 폭발적으로 증가하였다.

이렇게 홍콩으로 몰려든 수많은 인구는 저렴한 노동력을 제공하면서 홍콩 경제발전에 밑거름이 되어 주었다. 또한 중국의 자본가들이 대거 홍콩으로 피신해 오면서 엄청난 자본과 기술이 홍콩으로 함께 넘어왔다. 이 밖에도 많은 외국회사들이 중국에 설치했던 해외사무소를 홍콩으로 옮겨 왔고, 해외 화교들은 동남아에 투자했던 자본을 홍콩과 싱가포르로 이전시켰다(1950~1980년대에는 동남아에서 화교들을 배척했기 때문이다). 천연자원이 극도로 부족한 홍콩은 이렇듯 풍부한 노동력과 자본을 바탕으로 공업을 급속도로 발전시켰다.

경제발전 초기인 1950년대에는 방직, 의류, 제화, 플라스틱, 금속과 같은 제조업이 주를 이루었으며, 이후 전자제품과 시계도 생산하기 시작했다. 특히 장난감 같은 경우는 1950년대 중반에 이르러 세계 제일의 생산지가 되었다.

1960년대부터는 홍콩의 경제가 고속 성장하기 시작했다. 그리고 1960년대 말에 이르러서는 제조업이 홍콩 경제에서 우위를 점하게 되었으며, 이 시기가 제조업의 최고 호황기였다.

하지만 1970년대가 되자 한국과 대만, 싱가포르의 경제 급성장(당시에는 한국과 홍콩, 대만, 싱가포르를 '아시아의 네 마리 용'이라고 불렀다), 미국과 유럽 등 선진국의 보호무역주의 표방으로 홍콩의 제조업이 쇠퇴하기 시작했다. 그 대신 금융과 관광, 운수, 서비스업의 비중이 날로 커지게 되었는데, 특히 금융은 급속도로 발전하여 홍콩 경제에서 가장 중요한 위치를 차지하게 되었다. 이로 인해 1980년대에는 홍콩이 세계 제3위의 글로벌 금융 중심지가 되었다.

↑ 방직공장   ↑ 선풍기공장
↓ 시계를 조립하는 시계장인   ↓ 인형공장

홍콩의 금융 중심지 센트럴의 1989년 모습

수십 년 동안 경제가 고속 성장함에 따라, 1980년대 말에 홍콩의 1인당 국민 총생산은 8만 홍콩달러에 다다랐다. 이는 아시아 여러 국가들 중에서 일본에 이어 두 번째로 많은 액수였다.

8. 공산주의 지지자들의 폭력시위 '67폭동'(1967)

홍콩의 식민지 시기 역사 중 빼놓을 수 없는 것이 1967년에 일어난 67폭동六七暴動, 록찻뽀우똥이다. 1967년 5월 6일에 시작된 이 폭동은 같은 해 12월에 끝이 났다. 당시 중국대륙 공산정권의 문화대혁명에 영향을 받은 공산주의 지지자들이 영국령 홍콩정부에 대항하며 파업 및 폭력시위를 일으킨 사건이었다. 중국대륙에서는 '무산계급 문화대혁명'의 위세를 업고 홍위병들이 영국 대리공사관을 파괴해 버리기도 했다.

67폭동은 처음에는 노동자들의 파업과 시위로 시작되었으나 후에는 공산주의자들의 암살과 폭탄테러 및 총격전으로 변질되었다. 여러 차례 이들을 진압하고 체포하는 과정에서 1,900여 명이 검거되었고, 200여 명의 경찰을 포함한 800여 명이 부상을 입었다. 사망한 사람도 51명이나 되었는데 그중 5명은 경찰이었고 7명은 폭탄테러를 당한 시민이었다.

안타까운 것은 방송인 람빤林彬의 사망이다. 그는 한 프로그램에서 공산주의자들의 폭력적인 행위를 비판했다가 자신의 차를 몰고 가던 중 공산주의자 2명의 습격을 받아 사망했다. 그들은 도로를 정비하는 인부로 위장한 뒤, 람빤의 차를 가로막고 가솔린 폭탄을 투척한 다음 차에 휘발유를 붓고 불을 질렀다. 람빤은 전신 화상을 입고 다음날 사망했는데, 향년 37세였다. 그의 차에 동승했던 사촌동생은 일주일 뒤 사망했다. 람빤의 사망은 67폭동의 상징적인 사건이 되었다.

↑ 공산주의 지지자들이 모택동 어록을 손에 들고 홍콩 ↑ 홍콩의 한 건물에 모택동을 지지하는 구호를 붙여 놓고
총독부로 몰려가 시위하는 모습 시위하는 모습
↓ 폭탄테러를 진압하기 위해 나선 홍콩 경찰들 ↓ 공산주의자의 습격을 받아 사망한 람뻔(우)과 그의 자
동차(좌)

9. 영국과 중국의 공동성명(1984)

1984년 12월 19일, 영국과 중국은 홍콩의 중국 반환을 결정하는 공동성명을 체결한다.
이른바 '홍콩반환협정(또는 중영공동성명)'이다. 1842년 중국이 영국에 할양한 홍콩섬
과 1860년에 할양한 구룡반도, 그리고 영국이 1898년부터 99년 동안 조차한 신계지를
중국에 반환한다는 내용이었다.

영국과 중국의 첫 번째 공식회담은 1982년 9월 22일 북경에서 개최되었다. 회담에 참
가한 마거릿 대처 영국수상은 영국이 계속해서 홍콩을 지배하는 방안을 제시했다. 사
회주의체제인 중국에 홍콩을 반환하게 되면 홍콩도 분명히 공산화가 될 것이라는 우려

때문이었다. 이러한 제안에 등소평은 격렬하게 반대하며 물러서지 않았다.

회담은 1984년까지 계속되었는데, 이때 등소평이 일국양제一國兩制(1국가 2체제)를 제안하였다. 일국양제는 한 국가 안에 두 체제가 공존하는 제도로, 중국이라는 한 국가 안에 자본주의와 사회주의 두 체제를 공존시킨다는 것이었다. 이는 홍콩이 중국에 반환되는 1997년부터 2047년까지 50년 동안 보장되며, 이를 통해 홍콩은 계속해서 자본주의체제를 유지할 수 있게 된다. 또한 경제, 입법, 행정 분야에서 고도의 자치를 보장하며 '홍콩은 홍콩인이 다스린다'는 '항인치항港人治港'의 정책을 내세웠다. 아울러 사법제도와 교육제도, 언론의 자유 등을 보호하는 동시에 화폐도 홍콩 내에서 자체적으로 사용할 수 있는 방안을 제시했다.

홍콩반환협정에 서명한 뒤 악수하는 마거릿 대처 수상과 조자양 중국공산당 총서기. 두 사람 중간에 등소평도 보인다.

· 마거릿 대처
○조자양
─등소평

오랜 협상 끝에 1984년 마거릿 대처 영국수상과 조자양趙紫陽 중국공산당 총서기가 '홍콩반환협정'에 서명했다. 일국양제를 제안한 등소평은 두 사람의 바로 옆에서 이 장면을 지켜보았다. 등소평은 이 당시, 13년 뒤인 1997년에 홍콩이 중국에 반환되는 모습을 직접 볼 수 있으면 좋겠다고 이야기했다. 하지만 그는 홍콩 반환이 5개월도 남지 않은 1997년 2월 19일에 93세를 일기로 세상을 떠났다.

10. 홍콩 반환과 우산혁명(1997~)

1997년 7월 1일 0시 0분, 홍콩이 중국으로 반환됨과 동시에 '중화인민공화국 홍콩특별행정구中華人民共和國香港特別行政區'가 수립되었다. 이에 앞서 30분 전인 6월 30일 밤 11시 30분에는 홍콩컨벤션센터에서 홍콩반환식이 거행되었다.

홍콩이 중국에 반환되기 전, 홍콩이 공산화될 것을 우려한 많은 사람들이 이민을 갔다. 특히 1989년에 발생한 6.4 사건으로 인해 대규모의 이민 붐이 일어났다. '천안문 사건'으로 잘 알려진 6.4 사건은 북경의 천안문 광장에서 민주화를 요구하던 시민들을 중국 당국이 무력으로 진압한 유혈참사 사건이다. 이 당시 계엄군의 무차별 발포로 수천 명의 시민과 학생, 노동자들이 사망하거나 부상당했다. 중국의 이러한 행태에 극도의 불안감을 느낀 홍콩 사람들은 주로 캐나다와 호주, 미국 등으로 이민을 떠났는데, 싱가포르와 대만으로 간 사람들도 있었다. 그중 수많은 사람들이 캐나다의 밴쿠버로 이민을 가서 밴쿠버에는 홍콩 사람들이 엄청나게 많아지게 되었고, 이로 인해 '홍쿠버(홍콩과 밴쿠버의 합성어)'라는 신조어도 생겨났다.

2014년 9월에는 홍콩에서 우산혁명雨傘革命이 일어났다. 우산혁명은 2014년 9월 26일부터 12월 15일까지 홍콩에서 전개된 민주화시위로, 2017년에 실시될 홍콩 행정장관行政長官(홍콩의 최고 책임자) 선거의 완전 직선제를 요구하면서 일어났다. 중국 전국

홍콩반환식

인민대표대회(전인대)가 중국에 호의적이지 않은 반중反中 인사는 후보에서 제외하고, 중국에 호의적인 친중親中 인사만 후보로 나서게 하자 이에 대한 반발로 시위가 발발한 것이다. 고도의 자치를 보장해 주겠다던 중국 당국의 약속은 온데간데없이 사라졌고, 홍콩의 민주주의와 경제체제를 향후 50년간 보장해 주겠다던 '일국양제'의 약속 또한 이미 오래전에 깨져 버렸다.

일국양제를 무너뜨린 중국에 반발하는 이 시위에는 대학생과 중고등학생, 시민들이 대거 참여했으며, 9월 29일과 10월 1일에는 매일 밤 20만 명이 넘는 사람들이 시위에 참가했다. 중국 당국은 이들을 해산시키기 위해 최루탄과 최루액을 분사했는데, 이때마다 시위대는 우산으로 막아 냈다. 서방 언론에서는 이를 '우산혁명'이라 부르며 극찬했다. 이를 계기로 이때의 민주화시위를 우산혁명이라고 부르게 되었다. 하지만 이러한 민주화시위는 중국의 무력진압과 시위를 부정적으로 생각하는 사람들로 인해 실패로 돌아갔다. 홍콩 사람들 중에서도 시위를 반대하는 사람들이 적지 않았는데, 시위대가 도로를 가로막고 있어서 심각한 교통난을 일으키는 데다, 장기 시위로 인해 경제가 엄청난 타격을 입는다는 이유에서였다.

결국 2017년 실시된 행정장관 선거에는 중국 당국이 지지한 친중파 캐리 람林鄭 月娥, 람

↑우산혁명 로고
○우산을 쓴 시위대
↓최루액을 분사하는 경찰과 이를 우산으로
막아 내는 시위대

↑시위에 참가한 수많은 사람들
○시위대 위로 떨어지는 최루탄
↓홍콩 사람들이 간절히 바라는 홍콩의 민주화

쩽윗(응)오이 당선되었다. 홍콩 최초의 여성 행정장관인 캐리 람은 행정장관에 당선되기

이전 정무사사장政務司司長이었는데(정무사사장은 행정장관 다음으로 높은 직급이다),

우산혁명 당시 시위대 1,000여 명을 체포하는 등 강경대응으로 일관하면서 시위대를

영국과 중국의 공존: 광동어를 통해 홍콩의 문화를 읽다

자진 해산하게 만들었다. 이로 인해 홍콩 사람들에게 1.5%의 지지율밖에 얻지 못했으나 중국 당국의 전폭적인 신임을 얻어 홍콩 행정장관으로 당선되었다.

2014년의 우산혁명을 주도한 인물은 당시 17세 소년이었던 조슈아 웡黃之鋒, 웡찌퐁이다. 2011년 홍콩정부는 중국의 입맛에 맞는 사람들을 길러 내기 위해, 홍콩의 초등학교와 중등학교 학생들에게 사상개조 교육을 실시하려고 했다. 이때 14세였던 조슈아 웡은 학생단체인 '학민사조學民思潮'를 결성한 뒤 이에 반대하는 운동을 펼쳤고, 결국 사상개조 교육을 막아 냈다. 그리고 3년 후인 2014년, 17세의 조슈아 웡은 홍콩의 민주주의를 지키기 위해 우산혁명을 주도하게 된다. "10년 뒤 초등학생들이 홍콩의 민주화를 위해 시위하는 모습을 보고 싶지 않다"라고 하면서 시위를 이끌었지만 이는 결국 실패로 돌아갔다. 시위가 실패한 뒤 홍콩의 사법부는 1심에서, 조슈아 웡을 비롯한 우산혁명의 주역 3명에게 시위대의 도로 점거와 불법집회 혐의로 사회봉사형과 집행유예를 선고했다. 하지만 홍콩 사법 당국이 비밀리에 재심을 요구했고, 이에 고등법원은 2017년 8월 조슈아 웡 등 3명에게 징역형을 선고했다. 이후 피고들이 최고심에 상고하여 2018년 1월, 홍콩종심법원(홍콩의 대법원)은 3명에게 내려졌던 징역형을 기각하고 사회봉사형을 명령한 1심 판결을 확정했다. 우산혁명 당시 이들이 각각 17세, 19세, 23세의 어

조슈아 웡

우산혁명의 주역들. 맨 오른쪽이 조슈아 웡

린 나이였기 때문이다. 하지만 석방될 때 이들은 이미 2개월 동안 복역한 상태였다. 이들이 보석으로 풀려난 이후 미국 의원들은 조슈아 웡 등 3명을 2018년 노벨상 후보로 추천했다.

03
홍콩의 생활

1. 주거환경

홍콩의 비싼 땅값은 세계적으로 유명하다. 산이 많고 평지가 적은 홍콩은 육지의 60% 가량이 산으로 덮여 있다. 인구밀도가 높은 데다 사람들이 거주할 수 있는 지역까지 제한적이기 때문에 집값이 살인적일 수밖에 없다. 홍콩에 초고층 빌딩이 많은 이유도 땅은 좁은데 인구는 많기 때문이다.

홍콩의 부호들은 대부분 시내와 멀리 떨어진 산이나 언덕에 거주한다. 홍콩의 무덥고 습한 날씨에서는 시내보다는 산이나 언덕이 상대적으로 시원하기 때문이다. 이러한 현상은 홍콩이 영국의 식민지이던 시절 영국 사람들이 높은 곳에 거주하면서부터 생겨나기 시작했다. 홍콩의 고급 주택 가격은 평당 우리 돈 1억 6천만 원에 달한다. 10억으로 겨우 6평이 조금 넘는 집을 살 수 있는 것이다. 이뿐만 아니라 홍콩에는 평당 가격이 우리 돈 6억 6천만 원이나 하는 아파트도 있다. 120평인 이 아파트는 약 790억에 매매되었다고 한다.

홍콩의 최고급 맨션인 리펄스베이 맨션   홍콩의 고급 아파트   일반 아파트

홍콩 중산층은 보통 작은 방 2개와 거실, 부엌, 화장실로 이루어진 20평이 넘지 않는 아파트에서 거주하는데, 이들 아파트의 가격은 평당 우리 돈 1억 원에 육박한다. 이 외에 홍콩 가구의 65% 이상이 2.1평에서 4평 정도 되는 매우 작고 낡은 아파트에서 살고 있다. 만약 4인 가구가 4평짜리 집에서 살고 있다면, 1인당 거주 공간은 1평이 되는 것이다. 이러한 아파트들은 공간이 너무 좁은 데다 베란다도 없기 때문에 집 안에 빨래를 널수 없다. 그래서 창문 밖에 기다란 대나무를 설치한 다음 그 위에 빨래를 널어놓는다. 홍콩에서는 낡은 아파트 밖에 대롱대롱 매달려 있는 빨래들을 자주 볼 수 있는데, 이는 좁은 주거 공간 때문에 생겨난 현상이다. 어떻게 빨래들이 아래로 떨어지지도 않고 그렇게 그대로 매달려 있는지 신기할 뿐이다.

홍콩 사람 1인의 평균 거주 공간은 1.4평으로, 이는 차 한 대 주차할 수 있는 공간의 반 정도 크기에 해당한다. 이에 비해 교도소의 흉악범들은 2.1평이나 되는 공간에서 살고 있는데, 홍콩에서는 죄를 짓지 않은 사람들이 흉악범들보다 더 작은 공간에서 살고 있는 셈이다. 홍콩이 중국에 반환된 이후에는 많은 중국인들이 홍콩의 주택을 사들이면서 집값이 몇 배로 뛰게 되었다. 가뜩이나 비싼 곳이 더 비싸게 되어 버린 것이다. 이 때문에 홍콩 서민들은 자신의 집을 소유하지 못하는 것은 물론이고, 월세 내기에도 빠듯

공공주거 아파트와 아파트 밖에 널어놓은 빨래늘

한 삶을 살고 있다.

홍콩의 최하층 빈민은 1인 평균 거주 공간에도 미치지 못하는 '새장집籠屋, 롱옥'에서 살고 있다. 이 새장집은 20평 미만의 공간에 20개의 정육면체 모양의 철망을 설치한 뒤, 하나의 철망에 한 사람씩 거주하는 형태다. 성인 남성 1명이 겨우 누울 정도의 공간이 집 한 채인 셈인데, 이러한 주거 형태는 1950년대에 생겨나기 시작했다. 중국대륙이 공산화된 이후 수많은 중국인들이 자유를 찾아 홍콩으로 넘어왔고, 그렇지 않아도 비좁은 땅에 사람들이 늘어나 거주할 공간이 여의치 않자 이처럼 철망을 만들어 살게 된 것이다. 이곳 새장집은 2개 층 혹은 3개 층으로 구성되어 있으며, 공용으로 사용하는 화장실 한 개와 부엌도 있다. 1980년대에는 이러한 '새장집'에 거주하는 사람이 200만 명이나 되었고, 2010년까지도 10만 명이나 되었다고 한다. 주거환경이 너무나 열악하기 때문에 월세가 저렴하지 않을까 생각되지만, 한 달 월세가 1,200홍콩달러(우리 돈 18만 원)나 한다.

새장집 외에 '관집棺材房, 꾼초이퐁'이라는 것도 있다. 여기에서의 '관'은 사람이 죽을 때 들어가는 관을 가리키는데, 관처럼 겨우 몸을 누일 수 있는 작은 공간이라는 뜻에서 이렇게 부른다. 관집도 새장집처럼 좁은 공간을 여러 개로 분할해서 만든 집이다. 단지 다

영국과 중국의 공존: 광동어를 통해 홍콩의 문화를 읽다

↑ 철망으로 만든 '새장집'

관처럼 좁은 '관집'과 구조 ╱ →

른 것은 철망을 나무판자로 대체했다는 점이다. 누우면 옴짝달싹도 할 수 없을 정도로 좁은 이 공간의 월세는 무려 2,000홍콩달러(우리 돈 35만 원)나 한다. 게다가 이렇게 좁은 곳에서 사는 사람들이 무려 20만 명이나 된다고 한다. 환기도 통풍도 제대로 안 되는 공간에서 무더운 홍콩 여름을 어떻게 견디는지 모르겠다. 이들의 주거 문제는 화려한 모습 뒤에 가려진 홍콩 사회의 어두운 단면이다.

2. 의료

홍콩의 병원은 크게 정부병원과 개인병원으로 나뉜다. 이 중에서 정부병원은 홍콩 신분증이 있어야만 이용이 가능한데, 진료를 받으려면 짧게는 1시간, 길게는 4시간 이상을 기다려야 한다. 이렇듯 기다리는 시간이 너무 길다는 단점이 있기는 하지만, 그 대신

↑퀸 메리 병원 ↓응급실 입구　　　　　　　　　　　　　↑퀸 엘리자베스 병원 ↓구급차

의료비가 아주 저렴하다. 현재 홍콩에는 42개의 정부병원이 있고, 가장 유명한 곳은 홍콩대학 부속병원인 퀸 메리 병원瑪麗醫院, 마라이이원이다. 이 병원은 1937년에 개원했다. 개인병원은 정부병원과는 다르게 오래 기다리지 않아도 되지만 진료비가 엄청나게 비싸다. 일반 내과 진료비가 200~300홍콩달러 정도 되는데, 만약 감기에 걸려서 개인병원에 가는 경우 우리 돈으로 약 3만 원에서 4만 5천 원을 내야 한다. 실로 엄청난 금액이 아닐 수 없다. 하지만 이 역시 병원이나 의사마다 각각 다르다.

한국은 의약이 분업화되어 있어서 진료는 병원에서 하고, 약은 약국에서 지어 준다. 하지만 홍콩에서는 병원에서 약을 조제해 준다. 위에서 말한 진료비는 약값이 포함되어 있는 가격이다.

↑ 홍콩의 약국
↓ 파큰샵(슈퍼마켓)

↑ 왓슨스(드러그 스토어)
↓ 웰컴(슈퍼마켓)

↑ 매닝스(드러그 스토어)
↓ 한쪽 벽이 모두 약품으로 진열된 슈퍼마켓 내부

응급 환자가 발생한 경우에는 '999'번으로 전화하면 된다. 긴급구조센터인 '999'는 우리의 '119'에 해당하는데, 전화를 걸면 대부분 5분 안에 구급차가 도착한다. 이때 구급차는 보통 정부병원으로 데려다준다. 병원에서는 환자 상태에 따라 치료 순위를 결정하기 때문에, 다른 사람들에 비해 위급하지 않다면 한참을 기다려야 한다.

홍콩에서 약방藥房이라고 쓰인 곳은 약을 판매하는 약국이다. 약은 이러한 약국에서 구입해도 되지만 왓슨스, 매닝스 같은 드러그 스토어나 파큰샵, 웰컴 같은 슈퍼마켓에서도 구매가 가능하다. 홍콩의 드러그 스토어나 슈퍼마켓은 한국과는 달리 감기약, 두통약, 소화제, 위장약, 지사제, 일회용 반창고 등 거의 모든 비상약을 구비하고 있다. 또한 한국에서는 의사의 처방이 있어야만 구입할 수 있는 약품도 이곳에서는 별도의 처방 없이 구입할 수 있다. 홍콩에서 비교적 큰 슈퍼마켓의 매장은 벽의 한쪽 면이 모두 약품인 경우도 있다.

3. 교육

홍콩에 서구식 학교가 세워진 때는 영국의 식민지가 된 직후인 1842년이다. 최초의 학교는 외국의 교육단체였던 모리슨교육협회Morrison Education Society가 세운 모리슨 학교였는데, 이 학교는 1839년 마카오에 세워졌던 것을 1842년 11월에 홍콩으로 옮겨 온 것이었다. 당시에는 주로 서양의 종교단체가 선교와 목사 배양에 중점을 두고 학교를 설립했지만, 이후 홍콩의 발전과 홍콩 사람들을 위한 방향으로 교육의 목표가 바뀌었다.

런던의 유명한 외과 의사이자 '홍콩 중국인 서양의학학교香港華人西醫書院' 창시자 중의 한 사람인 제임스 캔틀리J. Cantlie(1851~1926)는 홍콩 중국인 서양의학학교 제1회 졸업식에서 "우리가 학생들을 교육하는 것은 금전적인 사례나 다른 보조를 받기 위한 것이 아니라, 단지 과학이 아직 발달하지 않은 중국에서 자발적으로 공헌하고 싶기 때문이다"라고 말한 바 있다(홍콩 중국인 서양의학학교에 관한 자세한 내용은 제5장 중 '2. 홍콩총독'의 18번 항목을 참고할 것).

이렇듯 영국은 식민지였던 홍콩에 학교를 세우고 홍콩 사람들을 교육시키기 위하여 많은 노력을 했다. 학교에서는 영어, 수학, 지리, 역사, 과학 등 여러 가지 서양의 학문을 가르쳤지만, 《삼자경三字經》이나 《천자문千字文》, 《사기史記》, 사서오경四書五經(즉 《논어論語》·《맹자孟子》·《대학大學》·《중용中庸》·《시경詩經》·《서경書經》·《주역周易》·《예기禮記》·《춘추春秋》)과 같은 중국의 고전들도 함께 가르쳤다. 이는 일제강점기에 우리나라에서 한국어 사용을 금지하고 민족사상을 말살했던 일본의 교육 정책과는 완전히 상반되는 것이었다. 일본은 실제로 홍콩을 침략한 3년 8개월 동안에도 영어와 광동어 사용을 금지하고, 일본어 사용을 강요했다. 또한 황민화 교육을 실시하고, 홍콩의 많은 명절과 축제를 금지했다.

홍콩의 교육제도는 영국 식민지 시절과 중국에 반환된 현재가 조금 다르다. 영국 식민지 시절에는 영국과 똑같이 초등학교 과정 6년, 중등학교 과정 7년, 대학 과정 3년이었다. 하지만 현재는 초등학교 과정 6년, 중등학교 과정 6년, 대학 과정 4년이다. 이해하기 쉽게 표로 정리하면 다음과 같다.

	초등학교 (小學)	중등학교 (中學)			대학교 (大學)
식민지 시절	1~6	1~3(중학교)	4~5(고등학교)	6~7(대학 예비과정)	1~3
현재	1~6	1~3(중학교)	4~6(고등학교)		1~4

식민지 시절의 중등학교는 3단계로 구분되어 있었다. 우리의 중학교에 해당하는 1~3학년과 고등학교에 해당하는 4~5학년, 그리고 대학에 진학할 학생들을 위한 6~7학년으로 나뉘어 있었다.

홍콩은 중등학교를 '中學쫑혹' 또는 '書院쒸윈'이라고 한다. '中學쫑혹'은 한자음 그대로 읽으면 '중학'이기 때문에 중학교라고 생각할 수 있으나, 이는 중학교와 고등학교를 합친 중등학교의 개념이다. 한국에서는 중학교와 고등학교 과정이 분리되어 있지만, 홍콩에서는 이 두 과정이 통합되어 있다. 따라서 한국의 중학교에 해당하는 3년 과정은 中1, 中2, 中3이라고 하고, 고등학교 3년 과정은 中4, 中5, 中6이라고 한다. 이들 중등학교는 영어로 'college칼리지'라고 하기 때문에 단과대학이라고 오해할 수 있다. 하지만 이는 단과대학이 아닌 중등학교이다. 영국에서는 'Eton College이튼 칼리지'처럼 'college 칼리지'가 학교 이름에 붙어 중등학교라는 명칭으로 사용되고 있는데, 홍콩에서도 영국과 마찬가지로 'college칼리지'를 중등학교라는 뜻으로 사용하고 있다.

이전에 홍콩에서는 중등학교 5년 과정을 마치면 '대학입학 자격시험'을 치렀다. 시험에 합격하면 대학 예비과정인 6학년으로 올라가고, 떨어지면 취직을 했다. 2년 동안의 대학 예비과정을 마치면 우리의 수학능력시험과 비슷한 '대학입학시험'을 치른 뒤 그 결과에 따라 대학에 진학했다. 하지만 2009년 9월부터는 위와 같은 영국식의 3-2-2-3

홍콩의 초등학교

홍콩의 중등학교

홍콩의 여학생과 남학생들

영국과 중국의 공존: 광동어를 통해 홍콩의 문화를 읽다

홍콩의 유치원

홍콩대학 로고

홍콩중문대학의 민주여신상(좌)과 홍콩이공대학(우)

학제를 폐지하고, 미국식의 3-3-4 학제를 시행하고 있다. 3-3-4 학제는 중등학교 과정의 각 3년과 대학교 과정의 4년을 가리킨다. 이는 우리의 중학교 3년, 고등학교 3년, 대학교 4년과 동일하다.

1990년까지 홍콩에는 대학교가 단 두 곳밖에 없었다. 1912년에 개교한 홍콩대학香港大學과 1963년에 개교한 홍콩중문대학香港中文大學이 바로 이 두 곳이다. 당시에는 중등학교 졸업생 중 단 1%만이 이 두 대학교에 입학할 수 있었다고 한다. 1991년에는 홍콩과기대학香港科技大學이 설립되었고, 이후 홍콩이공대학香港理工大學, 홍콩시티대학香港城市大學, 홍콩침례대학香港浸會大學, 영남대학嶺南大學, 홍콩교육대학香港教育大學이 생겨났다. 현재 홍콩에서 중등학교를 졸업한 뒤 대학에 진학하는 비율은 18%이다.

홍콩은 만 3세가 되면 유치원에 다닐 수 있으며(그래서인지 만 3세부터는 지하철 이용 시 표를 구입해야 한다), 만 6세부터는 초등학교 입학이 가능하다. 또한 홍콩정부에서 는 초등학교(6년)부터 중등학교(6년)까지 총 12년간의 무상 교육을 실시하고 있다.

4. 종교

홍콩은 종교의 자유가 철저히 보장되는 곳이다. 그렇기 때문에 불교와 도교, 유교, 천주 교, 개신교, 이슬람교, 힌두교, 시크교, 유태교 등 많은 종교가 공존하고 있다. 이 중 홍 콩의 6대 종교는 불교와 도교, 천주교, 개신교, 이슬람교, 유교이다. 이들 종교들은 교 육사업과 의료사업 등으로 사회복지에 많은 공헌을 하고 있다.

홍콩은 영국의 식민지였던 탓에 홍콩 사람들 대부분이 천주교나 개신교를 믿을 것처럼 보인다. 하지만 홍콩 인구의 80% 이상이 불교와 도교를 믿는다. 홍콩에서 불교와 도교 는 서로 분리되어 있지 않고 혼합되어 있는 양상을 띠며, 이들 사원은 홍콩 전역에 600 여 개나 존재한다(홍콩의 사원에 관한 자세한 내용은 '제7장 홍콩의 사원'을 참고할 것). 이전의 홍콩 사람들은 대부분 어업을 위주로 생계를 이어 나갔기 때문에, 바다와 관련 된 신을 수호신으로 섬겼다. 그렇기 때문에 바닷가에 사원을 많이 지었는데, 이후 식민 지 시기에 진행된 간척사업으로 인해 현재는 대부분의 사원들이 내륙에 위치해 있다.

천주교는 '가톨릭Catholic'을 가리키는 것으로, 과거 중국에서는 하느님을 '천주天主'라고 불렀다. 이 때문에 가톨릭을 천주교라고 부르게 되었다. 1841년에 처음 홍콩에 천주교 회가 설립되었으며, 현재 약 38만 명의 홍콩 사람들이 천주교를 믿고 있다. 미사는 대 부분 광동어로 진행되며, 영어나 필리핀어로 미사를 드리는 곳도 있다. 필리핀어로 미 사를 진행하는 이유는, 홍콩에서 가사도우미로 일하는 수많은 필리핀 사람들이 대부분

홍콩의 사원 중 하나인 웡따이씬 사원(좌)과 만모우 사원(우)

천주교 신자이기 때문이다. 천주교는 홍콩에서 교육사업과 의료사업 등 사회복지에 힘쓰고 있다. 현재 256곳의 학교와 6곳의 병원을 운영하고 있으며, 이 밖에 사회복지센터와 양로원, 재활센터도 운영하고 있다.

개신교는 종교개혁의 결과로 천주교에서 갈라져 나온 기독교를 말한다. 우리나라에서 말하는 기독교는 보통 이 개신교를 뜻한다. 개신교는 1841년 홍콩에 전파되었으며, 70여 개의 크고 작은 종파로 나뉘어 있다. 현재 48만 명의 홍콩 사람들이 이 개신교를 믿고 있다. 개신교도 천주교와 마찬가지로 교육사업과 의료사업 등 사회복지에 힘쓰고 있다. 여러 유치원과 초등학교, 중등학교, 대학교(홍콩침례대학)를 비롯하여, 병원과 진료소도 함께 운영하고 있다.

이슬람교를 믿는 사람은 홍콩에 모두 30만 명이 있는데, 이 중 대부분이 인도네시아 사람들이다. 이렇듯 인도네시아 사람들이 많은 이유는 홍콩에 인도네시아 출신 가사도우미들이 많기 때문이다(인도네시아는 인구의 87%가 이슬람교를 믿는다). 홍콩에서 가장 오래된 이슬람 사원은 센트럴의 셸리 스트리트에 위치한 자미아 모스크로, 1849년에 세워졌다. 1915년에 재건된 자미아 모스크는 현재 홍콩 1급 역사건축물香港一級歷史建築로 지정되어 있다. 연두빛의 이 사원은 모두 400명까지 수용이 가능하며, 미드레

↑ 개신교 교회
↓ 까우롱 모스크

↑ 천주교 성당
○ ↓ 자미아 모스크 외관과 내부

만세사표(萬歲師表)로 칭송받는 공자

영국과 중국의 공존: 광동어를 통해 홍콩의 문화를 읽다

벨 에스컬레이터를 타고 올라가면 쉽게 찾을 수 있다. 홍콩에서 가장 큰 이슬람 사원은 구룡반도의 침사추이에 위치한 까우롱 모스크이다. 1896년에 세워진 이 사원은 1902년에 재건되었으며, 1984년 현재의 모습으로 다시 한 번 더 재건되었다. 사원은 모두 3,500명까지 수용할 수 있다. 신자가 아닌 사람도 사원에 들어갈 수 있지만, 들어갈 때에는 반드시 신발을 벗어야 한다. 참고로 이슬람 사원은 광동어로 '쳉짠찌清真寺'라고 한다.

유교는 홍콩에서 공교孔敎라고도 한다. 공자孔子를 숭상하고 있기 때문에 종교적인 관점에서 공교라고 부른다. 공자는 중국의 고대 성현이자 사상가이며 교육자였다. 그의 사상이 동아시아의 정치, 경제, 사회제도에 많은 영향을 끼쳤기 때문에, 지금까지도 그는 만세사표萬歲師表(영원한 스승의 본보기)라고 불리며 추앙받고 있다. 우리나라에서는 유교가 종교인지 아닌지에 대해 의견이 분분하지만, 홍콩에서는 유교를 종교로 인정할 뿐만 아니라 6대 종교에도 포함시키고 있다.

5. 화폐

홍콩의 통화 단위는 홍콩달러로, 'Hong Kong Dollar'를 줄여서 HKD라고 하며 표기할 때는 HK$로 쓴다. 홍콩달러의 광동어 명칭은 여러 가지가 있는데, 정식 명칭인 '港元꽁원' 이외에 '港幣꽁빠이'와 '港紙꽁찌'가 있다. 홍콩달러의 화폐 단위에는 달러($)와 센트(¢)가 있다.

우리나라는 한국은행 한 곳에서만 화폐를 발행하지만, 홍콩은 우리와는 다르게 홍콩상하이은행滙豐銀行, 우이퐁(응)안홍과 스탠다드차타드은행渣打銀行, 짜따(응)안홍, 중국은행中國銀行, 쫑꿱(응)안홍 이 세 곳에서 각기 다른 도안의 화폐를 발행한다. 서로 다른 은행의 다른 화폐이지만 사용에는 아무런 문제가 없다. 그런데 우리나라에서 홍콩달러로 환전하려고 은행에 가면 은행 직원이 꼭 물어보는 말이 있다. "똑같은 도안으로 통일해서 드릴까요?"이다. 같지 않아도 상관없다고 하면, 다른 사람들은 열에 아홉이 똑같은 도안으로 달라고 해서 물어봤다고 말한다. 아마도 한국 사람 입장에서는 몇십 년 동안을 한 가지 도안의 지폐만 보아 왔기 때문에, 다른 도안은 생소한 데다 혹시라도 홍콩에서 안 받겠다고 하면 어쩌나 하는 걱정 때문에 그랬을 것이다. 금액만 정확히 쓰여 있으면 도안은 서로 달라도 상관없으니 홍콩에서 안심하고 사용해도 된다. 참고로 홍콩상하이은행과 스탠디드차티드은행, 중국은행의 화폐 발행 비율은 약 60%, 30%, 10%로, 홍콩상하이은행이 가장 많은 비중을 차지하고 있다.

지폐는 10·20·50·100·500·1,000홍콩달러의 6가지가 있고, 동전은 1·2·5·10홍콩달러와 10·20·50센트의 7가지가 있다. 지폐의 경우 10홍콩달러를 제외한 나머지는 한국과 마찬가지로 종이로 만들어졌다. 그렇다면 10홍콩달러는 무엇으로 만들어졌을까? 특이하게도 플라스틱이다. 다만 신용카드같이 두껍고 딱딱한 플라스틱이 아닌, 거의 비닐에 가까운 얇은 플라스틱으로 만들었다. 조금 두껍고 빳빳하며 매끈매끈한 비닐이라고 하면 정확하겠다. 동전의 경우는 모든 동전에 홍콩의 시화市花인 보히니아꽃이 그려져 있다(보히니아꽃에 관한 자세한 내용은 제1장 중 '5. 홍콩의 시화' 부분을 참

각기 다른 도안의 100홍콩달러 지폐 앞면과 뒷면(위에서부터 차례로 홍콩상하이은행, 스탠다드차타드 은행, 중국은행)

영국과 중국의 공존: 광동어를 통해 홍콩의 문화를 읽다

↑ 홍콩의 지폐
○ 홍콩의 동전(윗줄 10·5·2·1홍콩달러, 아랫줄 50·20·10센트)
↓ 모든 동전에 보히니아 꽃문양이 그려져 있다.

고할 것). 즉 동전의 한쪽 면에는 금액이 쓰여 있고, 다른 한쪽 면에는 보히니아꽃이 그려져 있다. 또한 2홍콩달러와 20센트 동전은 다른 동전들과 달리 가장자리가 물결 모양처럼 되어 있어서 마치 한 송이 꽃을 연상하게 한다. 보히니아꽃과 잘 어울리는 이러한 디자인을 보면서, 동전에까지 예술적인 감각을 불어넣는 홍콩 사람들이 대단하게 느껴졌다.

홍콩의 환율은 US\$1=약 HK\$7.80로 고정되어 있으며, 2019년 5월 기준으로 1홍콩달러는 우리나라 돈으로 약 150원이다. 한 가지 더 덧붙이자면, 홍콩달러는 마카오에서도 사용할 수 있다. 하지만 마카오달러는 홍콩에서 사용할 수 없다.

홍콩달러의 화폐 단위인 달러는 광동어로 蚊만이라고 하고, 센트는 毫호우 혹은 毫子호우찌라고 한다. 금액을 읽는 방법은 조금 복잡해서, 달러만 말할 때와 달러와 센트를 함께 말할 때의 표현이 완전히 달라진다. 예를 들어 30홍콩달러는 30三十. 쌈쌉에 蚊만을 붙여 三十蚊쌈쌉만이라고 하지만, 30홍콩달러 80센트는 三十蚊八毫쌈쌉만빳호우가 아닌 三十個八쌈쌉꼬빳이라고 한다. 즉 蚊만이 個꼬로 바뀌고 센트를 나타내는 毫호우가 생략된다. 주의할 점은 이뿐만이 아니다. 만약 센트와 결합되는 게 1홍콩달러일 경우 숫자 '1'까지도 생략된다. 예를 들어 1홍콩달러 70센트는 一個七얏꼬찻이 아니라 個七꼬찻이라고 한다. 그렇다면 1홍콩달러 50센트는 뭐라고 할까? '1'을 생략해야 하니 個五꼬응이라고 해야 할 것 같다. 하지만 정답은 個半꼬뿐이다. 달러 뒤의 50센트는 五응이 아닌 半뿐이라고 하기 때문이다. 한 가지 더 주의할 점은 100홍콩달러의 경우 한국 사람들은 대부분 百蚊빡맨이라고 한다. 100은 百빡이기 때문에, 얼핏 보기에는 틀린 부분이 없어 보인다. 하지만 광동어에서는 '百빡' 앞에 '一얏'을 붙여 주어 '一百蚊얏빡맨'이라고 해야 한다. 즉 '백 홍콩달러'가 아닌 '일백 홍콩달러'라고 해야 하는 것이다. 이는 100위안을 '一百块이바이콰이'라고 하는 표준중국어와 표현방법이 유사하다.

6. 경마

경마는 홍콩 사람들이 가장 사랑하는 스포츠 종목인 동시에 홍콩 유일의 합법 도박이다. 오랜 역사를 자랑하는 경마는 홍콩마사회인 홍콩자키클럽The Hong Kong Jockey Club에서 주관하고 있다. 홍콩자키클럽은 광동어로 '香港賽馬會행꽁초이마우이'라고 하며, 간단하게 줄여서 '賽馬會초이마우이' 또는 '馬會마우이'라고도 한다. 홍콩자키클럽은 홍콩의 비영리 주식회사로 1884년에 설립되었으며, 이전에는 로열홍콩자키클럽The Royal Hong Kong Jockey Club으로 불렸다. 홍콩자키클럽은 전 세계에서 규모가 가장 큰 경마단체 중하나로 홍콩정부의 승인하에 경마와 마크 식스Mark Six를 독점적으로 운영하고 있다. 참고로 마크 식스는 로또와 유사한 복권으로, 구매자가 직접 선택한 6개의 숫자와 추첨을 통해 정해진 당첨번호가 일치해야 한다. 하지만 로또는 숫자가 45까지 있는 반면, 마크 식스는 49까지 있다. 마크 식스의 광동어인 六合彩록합초이는 '숫자 여섯 개六가 서로 일치습해야 하는 복권彩'이라는 뜻으로, 마크 식스의 특성을 잘 살려 번역한 말이다. 홍콩에서 경마가 합법이긴 하지만 홍콩자키클럽을 통하지 않는 다른 도박방식은 모두 불법이다.

영국 식민지 초기부터 영국 사람들은 경마문화를 홍콩에 들여왔다. 1844년 12월에는 홍콩 최초로 경마대회가 열렸으며, 1846년 12월에는 당시에 새로 건립한 해피밸리 경마장Happy Valley Racecourse에서 경마대회가 열렸다. 1873년부터는 경마가 대중 스포츠로 각광받기 시작했으며, 1884년에는 홍콩자키클럽이 설립되었다. 또한 1891년에는 경마가 대중 스포츠에서 합법적인 도박으로 바뀌게 되었다.

초기의 경마대회는 매년 1월에서 2월 사이에 한 차례만 열렸으며, 며칠 동안 계속 이어졌다. 당시 경기에 참가하는 사람들은 모두 서양인들로 대부분이 영국 사람이었다. 이들은 정부 관료이거나 양행洋行(외국인 상사)의 직원이었다. 또한 초기에는 영국 사람들과 홍콩 사람들의 관람석이 따로 구분되어 있어서, 홍콩 사람들은 영국인 관람석으로 들어갈 수 없었다.

홍콩에서는 경마를 할 수 있는 계절을 '말의 계절'이라는 뜻에서 마짜이馬季라고 부른다. 1970년대에는 일반적으로 10월부터 다음 해 5월까지 경기를 개최했는데, 최근에는 9월 초순부터 다음 해 7월 중순까지 88일 동안만 경기가 진행된다. 7월 하순과 8월은 너무 덥기 때문에 경기가 열리지 않는다.

경기는 보통 매주 수요일과 일요일(간혹 토요일)에 열린다. 수요일에는 야간에 경기가 펼쳐지며 대부분 해피밸리 경마장에서 열린다. 이따금씩 싸틴 경마장Sha Tin Racecourse,

해피밸리 경마장 가는 길에 위치한 홍콩자키클럽. 여기서부터 경마장 입구까지 한참 걸어가야 한다.

沙田馬場, 싸틴마챙에서 열리기도 한다. 일요일에는 주간에 경기가 열리며 대부분 싸틴 경마장에서 열린다. 그렇지만 1년에 한두 번 정도는 해피밸리 경마장에서 열리기도 한다. 해피밸리 경마장에는 서양인이 많은 반면, 싸틴 경마장에는 서양인이 거의 없다.

경마라고 하면 도박을 떠올리기 쉽기 때문에 경마장을 도박판으로 오해할 수도 있다. 하지만 굳이 돈을 거는 도박을 하지 않아도 된다. 입장료 10홍콩달러(우리 돈 1,500원)만 내면 도박과 관계없이 경기를 마음껏 관람할 수 있기 때문이다. 게다가 싸틴 경마장은 오후 3시 이후에는 무료입장이 가능하기 때문에 돈 한 푼 들이지 않고도 경마를 즐길 수 있다.

홍콩섬에 위치한 해피밸리 경마장은 광동어로 '跑馬地馬場파우마떼이마챙'이라고 하지만 '파이웃꼭마챙快活谷馬場'이라고도 한다. '快活파이웃'은 '행복하다, 즐겁다happy'라는 뜻이고, '谷꼭'은 '계곡valley'을 뜻하므로, 영어의 '해피밸리Happy Valley'와 그 뜻이 잘 맞는다. 하지만 홍콩 사람들은 대부분 '파이웃꼭快活谷'보다는 '파우마떼이跑馬地'라고 부른다. 여기서 '파우마떼이跑馬地'는 '말馬이 달리는跑 곳地'이라는 뜻인데, 이것이 '행복한 계곡'보다 경마장의 느낌을 더 잘 전달하고 있기 때문인 듯하다.

1840년대 초기에 이곳은 늪지대였다. 하지만 영국 사람들은 이곳을 평지로 개간한 후 군영으로 사용했다. 그런데 예상치 못하게 전염병이 발생하자 영국군 군대는 다른 곳으로 이주했고, 영국령 홍콩정부는 환경과 위생 상태를 개선한 뒤 이곳을 경마장으로 바꾸었다. 하지만 안타깝게도 1918년 2월 26일에 홍콩 역사상 가장 참혹한 화재로 기록된 대형 화재가 발생하여, 590명의 사망자가 났다. 이후 1931년에 경마장에 3단 높이의 관람대를 만들었고, 1957년에는 3단 높이의 관람대를 7단으로 높였다. 1969년에는 또 한 번의 확장공사를 진행하였고, 1995년에 현재의 모습을 갖추게 되었다. 경마장 트랙 전체에 잔디가 깔린 해피밸리 경마장은 세계에서 몇 안 되는, 도시 한가운데 위치한 경마장이기도 하다(빅토리아공원과 그리 멀지 않은 곳에 위치해 있다).

↑ 해피밸리 경마장 입구　　　　　↑ 경마장 내 서비스센터　　　　↑ 관중석
○ 트랙 전체에 깔린 잔디　　　　　○ 전광판　　　　　　　　　　　○ 경마장을 찾은 수많은 사람들
↓ 경기 시작 직전 선수와 말들　　　↓ 경기가 시작되자 힘차게 달려 나간다.　↓ 홍콩자키클럽 옆의 홍콩레이싱박물관

　　엄청난 수익을 자랑하는 홍콩자키클럽은 2015년 9월부터 2016년 7월까지, 한 해 동안
자그마치 290억 9천만 홍콩달러(우리 돈 3조 9천억 원)를 벌어들였다. 홍콩 사람들이
얼마나 경마를 좋아하고 즐기는지 이 어마어마한 액수가 대신 말해 주고 있다. 도박으
로 웬만한 기업 못지않은 수익을 올리고 있기 때문에 불순한 단체가 아닌가 생각될 수
있겠지만, 홍콩자키클럽은 홍콩에서 가장 성실히 납세하는 기업 중의 하나이다. 또한
교육과 의료 등 여러 가지 자선사업을 하며 홍콩 사람들에게 많은 도움을 주고 있다.

↑ 싸틴 경마장
○ 관중석
↓ 싸틴 경마장 트랙

↑ 싸틴 경마장 입구
○ 역대 최우수 선수의 동상
↓ 힘차게 달리는 말들

영국과 중국의 공존: 광동어를 통해 홍콩의 문화를 읽다

광동어에는 경마에 관한 재미있는 표현이 있는데, 바로 '鋪草皮포우초우페이'와 '掘草皮꽛초우페이'이다. 글자 그대로 해석하면 전자는 '잔디를 깔다'라는 뜻이고 후자는 '잔디를 파내다'라는 뜻이다. 잔디를 깔고 파내는 것이 경마와 무슨 관련이 있을까 싶다. 여기서 '잔디를 까는 것'은 '경마로 돈을 잃다'라는 뜻이고, '잔디를 파내는 것'은 '돈을 따다'라는 뜻이다. 경마로 돈을 잃게 되면 그 돈이 경마장 잔디를 까는 비용으로 사용되기 때문에 '잔디를 깔아 주다'라는 뜻에서 '鋪草皮포우초우페이'라고 한다. 반대로 돈을 따게 되면 깔려 있는 잔디를 다시 회수해 간다고 하여 '잔디를 파내 간다'라는 뜻으로 '掘草皮꽛초우페이'라고 하는 것이다.

04
홍콩의 언어

1. 생활 속 광동어 – 광동어에서만 사용하는 글자들

(1) 扮靓靓빤렝렝(예쁘게 단장하다), 緊깐(~하는 중이다)

중국 서화와 골동품 등 만 오천여 점의 예술품을 전시하고 있는 홍콩예술관香港藝術館, 횡꽁(응)아이쑷꾼은 홍콩의 유명한 박물관 중의 하나이다. 하지만 2015년 8월부터 3년 동안 확장공사를 실시한 관계로 2018년까지 출입이 금지되었다. 예술관 측에서는 이 기

간 동안 예술관 둘레에 다음과 같은 문구를 써 놓고 공사 중임을 알렸다. "扮緊靓靓빤깐렝렝 (예쁘게 단장하는 중이랍니다)". 이걸 보는 순간, 참 센스 있다는 생각이 들었다. '공사 중, 위험하니 접근하지 마시오' 등의 강압적인 문구가 아닌 이렇게 미소가 지어지는 문구를 쓰다니, 홍콩 사람들의 지혜가 느껴졌다. '예쁘

홍콩예술관 둘레의 공사 안내 문구

영국과 중국의 공존: 광동어를 통해 홍콩의 문화를 읽다

게 단장하는 중'이라고 했으니 현재 공사 중이라는 것도 알 수 있고, 공사 후에는 어떤 모습으로 바뀔까 궁금해지기도 한다. 게다가 이걸 보는 사람들이 '앞으로 예쁜 모습으로 단장을 마치기'를 기원해 주기까지 할 테니, 1석 3조의 효과를 누리는 셈이다.

짧지만 센스 있는 네 글자는 광동어에서만 사용하는 글자들이다. 즉 광동어를 모르면 전혀 해독할 수가 없다. 광동어에서 扮빤은 '꾸미다, 단장하다'라는 뜻이다(표준중국어에서는 보통 扮빤처럼 한 글자만 쓰지 않고 打扮따빤처럼 두 글자를 쓴다). 緊깐은 '~하는 중이다'로, 扮빤과 같은 동사 뒤에서만 쓰인다(표준중국어에서는 '~하는 중이다'로 在짜이를 쓰는데, 동사 앞에만 놓인다. 이처럼 '~하는 중이다'는 광동어와 표준중국어에서 사용하는 글자가 전혀 다르고, 문장에서 놓이는 위치도 정반대이다). 그리고 靚렝은 '예쁘다'라는 뜻인데(표준중국어에서는 漂亮피아오리앙이라고 한다), 광동어에서 靚렝이 扮靚빤렝처럼 扮빤과 함께 쓰이면 '예쁘게 꾸미다'라는 뜻이 된다. 또한 扮靚靚빤렝렝은 靚렝을 한 번 더 써서 더 예쁘고 경쾌한 느낌을 준다. 그래서 扮緊靚靚빤깐렝렝은 '예쁘게 단장하는 중이랍니다'라는 뜻이 된다.

(2) So好味so호우메이(아주 맛있다), 彈牙딴(응)아(씹는 느낌이 탱글탱글하다)

홍콩의 한 한국 컵라면 광고

好味호우메이는 '맛있다'라는 뜻인데, 여기에 영어 단어 'so(대단히, 너무)'를 붙여 '아주 맛있다'라는 뜻이 되었다. 홍콩 사람들은 '아주 맛있다'라고 할 때, 보통 好호우를 한 번 더 써서 好好味호우호우메이라고 한다. 그런데 사진의 광고에서는 '好호우' 대신 'so'가 보인다. 아마도 외국에서 수입해 온 식품이라는 것을 나타내려고 이렇게 쓴 듯하다. 태극기가 보이고, '맛있는'이라는 한글까지 보이는 걸 보니 분명한 한국식품이다. 그렇다. 바로 한국의 한 라면회사에서 제조한 컵라면 광고이다.

그런데 '맛있는' 옆에 쓰인 彈牙딴(응)아는 무슨 뜻일까? '이가 탄력을 느끼다', 즉 '씹는 느낌이 탱글탱글하다'라는 뜻이다. 컵라면의 면발이 꼬들꼬들하다는 것을 이렇게 표현했다. 일반적으로 홍콩 사람들은 동글동글하게 만든 생선완자魚蛋, 위딴를 먹을 때 '彈牙딴(응)아'라는 표현을 많이 쓴다. 홍콩에서 만든 생선완자는 씹는 느낌이 굉장히 탱글탱글하기 때문이다.

"씹는 느낌이 탱글탱글(꼬들꼬들)한 아주 맛있는 한국 컵라면". 홍콩에서 한국 식품광고를 보니 너무 반가웠다.

(3) 勁껭(대단하다, 놀랍다), 電芯띤쌈(건전지)

勁껭은 '대단하다, 놀랍다'라는 뜻이다. 여기에 最쪼위가 결합된 最勁쪼위껭은 '가장 대단하다'라는 뜻이 된다. 뭐가 가장 대단하다는 걸까. 사진을 보면 무슨 제품인지 알 수 있다. 最勁쪼위껭 바로 아래 오른쪽을 보면 電芯띤쌈이라고 쓰여 있기 때문이다. 電芯띤쌈은 '건전지'라는 뜻이다. 즉 '가장 강력한 건전지'라는 뜻에서 '最勁쪼위껭(가장 강력하다)'이라고 한 것이다.

홍콩의 건전지 포장 문구

건전지도 여러 브랜드가 있을 텐데, 이건 어느 브랜드일까. 사진에 브랜드도 나와 있다. 最勁쪼위껭 왼쪽 아래의 '勁量껭렁'이 브랜드 이름이다. 바로 '에너자이저Energizer'이다. 에너자이저는 활력을 주는 사람이나 물건을 뜻하는 말인데, 광동어에서는 勁量껭렁, 즉 '대단한 역량, 힘'으로 번역했다.

이렇게 되면 勁量껭렁과 電芯띤쌈 사이의 '鹼性깐쌩'이 무슨 뜻인지 궁금해진다. 글자도 처음 보는 생소한 鹼깐을 썼다. 바로 '알칼리성'이라는 뜻이다. 그러면 이제 조합이 가능해진다. '勁量鹼性電芯껭렁깐쌩띤쌈'은 곧 '에너자이저 알칼리 건전지'라는 뜻이다.

"가장 강력한 에너자이저 알칼리 건전지". 영어 단어는 한 글자도 쓰여 있지 않지만, 광동어를 알면 이렇게 어느 브랜드의 무슨 제품인지 바로 알 수 있다.

(4) 度똑(재다), 係咪하이마이(~인지 아닌지), 咗쪼(~로 되었다), 嘅께(~의), 飛페이(표)

홍콩의 지하철역 벽에는 줄자가 그려져 있는데, 그 옆에는 동물 그림과 함께 다음과 같이 쓰여 있다. "小朋友, 三歲啦! 度一度係咪高咗? 可以有自己嘅車飛씨우팡야우, 쌈쏘우라! 똑얏똑하이마이꼬우쪼? 호이야우찌께이께체페이(어린이 여러분, 세 살이 되었나요! 키가 컸는지 한 번 재 볼까요? 키가 컸다면 표를 사야 해요)".

홍콩은 세 살부터 대중교통 요금을 내야 한다. 홍콩은 만으로 나이를 계산하기 때문에, 홍콩에서의 세 살은 우리나라의 다섯 살에 해당한다. 위의 내용을 세 살부터는 요금을 내고 지하철을 이용하라는 단순한 안내 문구로 볼 수도 있지만, 여기에는 광동어에서만 쓰이는 고유의 표현들이 대거 들어 있다.

예를 들어 度똑은 '(길이, 분량 등을) 재다'라는 뜻이고, 係咪하이마이는 係唔係하이음하이의 축약형이다. '~이다'라는 뜻의 係하이와 '~이 아니다'라는 뜻의 唔係음하이가 결합된 이 표현은 '~인지 아닌지'라는 뜻이다. 係唔係하이음하이를 줄여서 係咪하이마이라고 하

홍콩 지하철역 벽면의 안내 문구

는데, 唔係음하이를 빨리 발음하면 '마이'가 되기 때문에 이와 발음이 같은 咪마이를 써서 係咪하이마이라고 하는 것이다. 따라서 係咪하이마이 역시 '~인지 아닌지'를 뜻한다. 咗쪼는 동작의 완료(~을 끝냈다)나 상황의 변화(~로 되었다)를 나타내는 것으로 표준중국어의 了러와 흡사하다. 高꼬우는 '높다'라는 뜻 이외에 '(키가) 크다'라는 뜻도 있다. 그러므로 高咗꼬우쪼는 '키가 컸다, 이전보다 키가 커졌다'를 의미한다. 정리하면 위의 문구에서 度一度係咪高咗똑얏똑하이마이꼬우쪼는 '키가 컸는지 한 번 재 볼까요?'라는 말이다.

또한 嘅께는 '~의'라는 뜻이고, 飛페이는 '표'라는 뜻이다. 飛페이에는 물론 '날다'라는 뜻
도 있지만, 여기에서는 '교통 요금'을 뜻하는 영어의 fare를 음역한 것이다. 그래서 車飛
체페이는 '차표'가 되며, 지하철역에서 사용하는 지하철 패스를 가리킨다. 다시 정리하
면 위의 문구에서 可以有自己嘅車飛호이야우찌께이께체페이는 '자신의 차표를 가질 수 있
어요', 즉 '(자신의) 표를 사야 해요'라는 말이다. 홍콩에서는 이렇게 생활 속에서 다양한
광동어 표현을 쉽게 접할 수 있다.

(5) 企定定케이뗑뗑(똑바로 서다), 捉實佢쪽쌋코위(꽉 잡으세요)

또다시 지하철 이야기. 지하철의 에스컬레이터 옆에는 다음과 같은 문구가 쓰여 있다.
"握扶手, 企定定악푸싸우, 케이뗑뗑(손잡이를 꽉 잡고, 똑바로 서 있으세요)". 홍콩 지하철
의 에스컬레이터는 속도가 무척이나 빠르다. 다다다닥~ 소리를 내면서 정말 빠르게 움
직이는데, 자칫 잘못하면 넘어질 수도 있기 때문에 손잡이를 꽉 잡고 서 있어야 한다.
이때 '똑바로 서다'에 해당하는 말이 企定定케이뗑뗑이다. 企케이는 '서다'이고, 企定케
이뗑은 '똑바로 서다'이다. 企定定케이뗑뗑은 企定케이뗑에서 定뗑을 한 번 더 썼다. 이는
위의 세 글자인 '握扶手악푸싸우(손잡이를 꽉 잡다)'와 글자 수를 맞
춘 것도 있고, 움직이지 않고 똑바로 서 있는 것을 강조하는 의미도
있다.

홍콩 지하철의 에스컬레이터 안내
문구

사진 오른쪽 하단에 조그맣게 쓰인 捉實佢쪽쌋코위는 '꽉 잡으세요'
라는 뜻이다. 여기에서의 實쌋은 '실제로'가 아니라 '단단히, 꽉'이라
는 뜻이다. 또한 佢코위는 대부분 '그 사람, 그녀'로 쓰이지만, 여기에
서는 '그것(영어의 it에 해당)'이라는 뜻으로 쓰였다. '그것'은 손잡이
를 가리킨다. 따라서 捉實佢쪽쌋코위는 '(손잡이를) 꽉 잡으세요'라는
뜻이 된다.

영국과 중국의 공존: 광동어를 통해 홍콩의 문화를 읽다

2. 광동어 숫자 읽는 법

광동어에서 숫자 읽는 법은 한국어와도 다르고 표준중국어와도 다르다. 발음만 다른 경우도 있지만 읽는 방법이 다른 경우도 있다. 그 내용을 살펴보기 전에 먼저 기본적인 숫자는 어떻게 발음하는지 아래의 표를 보도록 하자.

0	零(렝)	5	五(응)	10	十(쌉)	100	一百(얏빡)
1	一(얏)	6	六(록)	11	十一(쌉얏)	200	二百(이빡)
2	二(이)	7	七(찻)	12	十二(쌉이)	1,000	一千(얏친)
3	三(쌈)	8	八(빳)	20	二十(이쌉)	10,000	一萬(얏만)
4	四(쎄이)	9	九(까우)	30	三十(쌈쌉)		

(1) 21～99까지 읽는 법

광동어에는 21부터 99까지의 숫자 중 30, 40, 50과 같이 일의 자리가 '0'인 경우를 제외하고는 읽는 방법이 두 가지가 있다. 예를 들어 21은 '二十一이쌉얏' 또는 '廿一아얏'이라고 하고, 22는 '二十二이쌉이' 또는 '廿二아이'라고 한다. 즉 21부터 29까지는 '二十～이쌉～' 또는 '廿～아～'라고 한다. 마찬가지로 31부터 39까지는 '三十～쌈쌉～' 또는 '卅～싸아～'라고 한다. 예를 들어 31은 '三十一쌈쌉얏' 또는 '卅一싸아얏'이라고 하며, 34는 '三十四쌈쌉쎄이' 또는 '卅四싸아쎄이'라고 한다. 이렇듯 십의 자리가 2와 3인 숫자는 발음도 두 가지이고 표기법도 두 가지이다.

반면에 십의 자리가 4 이상인 수는 발음은 두 가지이지만 표기법은 한 가지밖에 없다. 즉 41은 '쎄이쌉얏'과 '쎄이아얏' 두 가지로 읽지만 '四十一' 한 가지로만 쓰며, 51은 '응쌉얏'과 '응아얏' 두 가지로 읽지만 '五十一' 한 가지로만 쓴다. 여기에서 알 수 있듯이 '十'은 '쌉'과 '아' 두 가지로 읽으면 된다. 이해하기 쉽도록 표로 정리하면 다음과 같다.

21	二十一(이쌉얏), 廿一(야얏)	22	二十二(이쌉이), 廿二(아이)
31	三十一(쌈쌉얏), 卅一(싸아얏)	33	三十三(쌈쌉쌈), 卅三(싸아쌈)
41	四十一(쎄이쌉얏, 쎄이아얏)	44	四十四(쎄이쌉쎄이, 쎄이아쎄이)
51	五十一(응쌉얏, 응아얏)	55	五十五(응쌉응, 응아응)
61	六十一(록쌉얏, 록아얏)	66	六十六(록쌉록, 록아록)
71	七十一(찻쌉얏, 찻아얏)	77	七十七(찻쌉찻, 찻아찻)
81	八十一(빳쌉얏, 빳아얏)	88	八十八(빳쌉빳, 빳아빳)
91	九十一(까우쌉얏, 까우아얏)	99	九十九(까우쌉까우, 까우아까우)

(2) 숫자의 생략

광동어에서 숫자를 읽을 때 또 하나 특이한 점은 숫자를 생략한다는 것이다. 표준중국어와 같은 경우도 있지만 다른 경우도 있다. 표준중국어와 같은 경우, 세 자리 이상의 수에서 마지막 자리가 '0'이면, 일반적으로 마지막 단위는 생략한다. 예를 들면 630은 '六百三十록빡쌈쌉'이라고도 하지만 보통은 '六百三록빡쌈'이라고 한다. 이때 '六百三록빡쌈'을 한국어처럼 생각해서 603이라고 하면 안 된다. 603은 '六百零三록빡렝쌈'이라고 하기 때문이다. 603처럼 세 자리 이상의 수에서 십의 자리 이상에 '0'이 올 경우 '0'은 '零렝'으로 읽는다. 그렇기 때문에 603은 '六百零三록빡렝쌈'으로 읽어야 하며, '107'은 '一百零七얏빡렝찻'이라고 해야 한다. 만약 이때의 107을 한국어의 '백칠'처럼 생각하고 '얏빡찻一百七'으로 읽어선 곤란하다. 이렇게 읽으면 170이 되기 때문이다. 이 두 가지 경우는 표준중국어와 일치한다.

하지만 표준중국어와 다른 경우가 있다. 표준중국어에서는 세 자리 이상의 수에서 마지막 자리가 '0'이고 맨 앞자리 수가 '1'일 경우에 반드시 맨 앞의 '1'을 붙여서 말하지만, 광동어에서는 일반적으로 맨 앞의 '1'을 생략한다. 즉 맨 앞의 '1'과 맨 뒤의 '0'을 모두 생략해 버리는 것이다. 예를 들어 170은 '一百七十얏빡찻쌉'이라고도 하지만, 보통은 앞의

영국과 중국의 공존: 광동어를 통해 홍콩의 문화를 읽다

630	六百三十(록빡쌈쌉), 六百三(록빡쌈)
603	六百零三(록빡렝쌈)
107	一百零七(얏빡렝찻)
170	一百七十(얏빡찻쌉), 百七(빡찻)
1,800	一千八百(얏친빡빡), 千八(친빡)

'一얏'과 뒤의 '十쌉'을 생략해 '百七빡찻'이라고 한다. 또한 1,800은 '一千八百얏친빡빡'이라고 하지만, 앞의 '一얏'과 뒤의 '百빡'을 생략해 '千八친빡'이라고도 한다. 위의 두 숫자를 한국어처럼 생각해서 107

또는 1,008이라고 하면 안 된다. 107이 아니라 170이고, 1,008이 아니라 1,800이기 때문이다. 위의 내용을 간단히 정리해 보면 표와 같다.

3. 홍콩의 층수

홍콩에서는 가끔 고개가 가웃거려지는 경우가 있다. '請登一樓쳉땅얏라우(1층으로 올라오세요)'가 바로 이러한 경우인데, 지하에 이런 표시가 있으면 '지하에서 1층으로 올라오라는 소리인가 보다'라고 이해할 수 있다. 그런데 1층에 이런 표시가 있을 때는 참 의아하다. 1층에서 1층으로 올라오라니. 왜 이렇게 표기한 걸까. 그 이유는 홍콩의 층수와 한국의 층수가 다르기 때문이다.

홍콩의 1층은 우리나라의 2층에 해당한다. 우리나라는 지상과 마주 붙은 층이 1층이지만, 홍콩에서는 우리나라의 2층이 1층이다. 이는 홍콩이 영국의 영향을 받았기 때문이다. 영국에서는 우리식의 1층을 Ground floor, 2층을 1st floor, 3층을 2nd floor라고 한다. 표기 시에도 1층은 G/F, 2층은 1/F, 3층은 2/F로 쓴다. 홍콩도 영국과 마찬가지로, 우리식의 1층은 地下떼이하(G/F), 2층은 一樓얏라우(1/F), 3층은 二樓이라우(2/F)라고 한다. 따라서 1층에 해당하는 홍콩의 '地下떼이하'를 글자만 보고 '지하'라고 생각하면 안 된다. 그렇다면 우리식의 '지하'를 홍콩에서는 뭐라고 할까? '地庫떼이푸(B/F)'라고 한다.

'1층으로 올라오세요'라고 쓰여 있는 간판

이렇듯 홍콩의 1층은 우리의 2층에 해당하기 때문에, 앞서 언급한 '1층으로 올라오세요'는 결국 우리식으로 말하면 2층으로 올라오라는 뜻이다. 또한 계단으로 걸어서 올라가거나 쇼핑몰에서처럼 에스컬레이터를 타고 올라갈 때에는, 층수를 잘 계산해서 가야한다. 홍콩에서 '2층'을 가야 하는데 우리나라에서처럼 2층에 가서 찾으면 절대 찾지 못한다. 우리나라의 '3층'에 해당하기 때문이다. 그렇다면 버튼을 누르고 올라가는 엘리베이터를 탔을 때는 몇 층을 눌러야 할까? 계단을 올라갈 때처럼 '층수+1'로 계산해서 눌러야 할까? 아니다. 2층이면 그냥 '2'를 누르고, 3층이면 '3'을 누르면 된다. 엥? 층수가 다르다면서 이건 또 무슨 소리인가. 홍콩의 엘리베이터 버튼은 'G'부터 시작하기 때문에 가려고 하는 층의 숫자를 그대로 누르면 된다. 한국과 영국, 홍콩의 층수를 정리하면 다음과 같다.

한국	영국	홍콩	홍콩 엘리베이터 버튼
1층	Ground floor(G/F)	地下(G/F) 떼이하	G
2층	1st floor(1/F)	一樓(1/F) 얏라우	1
3층	2nd floor(2/F)	二樓(2/F) 이라우	2
4층	3rd floor(3/F)	三樓(3/F) 쌈라우	3

영국과 중국의 공존: 광동어를 통해 홍콩의 문화를 읽다

· 지하는 '地庫(떼이푸)'라고 한다.
·홍콩의 엘리베이터 버튼.
1이 아닌 G부터 시작한다.

4. 차찬텡 음식 주문 시 표기법

차찬텡茶餐廳은 홍콩 스타일 식당 겸 카페를 말한다(차찬텡에 관한 자세한 내용은 제9
장 중 '12. 홍콩 스타일 식당 겸 카페' 부분을 참고할 것). 아침부터 저녁까지 항상 손님
들로 북적이는 차찬텡에서는 종업원들이 굉장히 빨리빨리 움직인다. 그 많은 손님들의
주문을 받고 음식을 나르려면 항상 시간이 촉박하기 때문이다. 주문을 받을 때는 항상
조그만 종이에 메모를 하는데, 바쁜 와중에 획이 많은 글자는 일일이 다 쓸 수가 없다.
그래서 주문을 받을 때는 시간을 절약하기 위해 획이 적고 발음이 같은 글자로 대체해
서 쓴다. 예를 들면 다음과 같다.

(1) 발음이 같은 한자로 대체하는 경우
: 飯판 →反판, 蛋딴 →旦딴, 菜초이 →才초이, 麵민 →面민

밥을 나타내는 '飯판'은 발음이 같은 '反판'으로 쓰고(飯과 反은 성조는 다르지만 발음은

같다), 계란이 들어가는 음식은 蛋딴 대신 旦딴을 쓴다(蛋과 旦 역시 성조는 다르지만
발음은 같다). 또한 음식 이름에 '菜초이'가 들어가면 간단하게 '才초이'로 쓴다(菜와 才
역시 성조는 다르지만 발음은 같다). 이 외에도 면요리는 복잡한 '麵민' 대신 간단한 '面
민'으로 바꾸어 쓴다(麵과 面은 발음도 같고 성조도 같다. 중국대륙에서는 面을 麵의 간
체자로 쓰고 있다).

(2) 알파벳이나 숫자로만 쓰는 경우

1) 0T(檸檬茶, 레몬차)

또 다른 방법은 알파벳과 숫자를 섞어서 쓰는 것이다. 예를 들면 '0T' 같은 경우인데, 얼
핏 보면 오리엔테이션의 약자인 '오티'처럼 보인다. 하지만 '0'은 알파벳 오가 아닌 숫자
영이고, 'T'는 알파벳 티이다. '렝티'라고 읽는 이 0T는(숫자 '0'은 광동어에서 '렝'이라고
읽는다) 레몬차를 뜻한다. 광동어에서 레몬차는 檸檬茶렝몽차라고 하는데, '檸檬렝몽'은
영어의 lemon레몬을 음역한 것이다.

이 '렝몽'에서의 '檸렝'은 숫자 '0렝'과 발음이 같다. 게다가 레몬도 동그랗고 숫자 0도 동
그랗다. 그래서 레몬을 간단하게 '0'으로 적는 것이다. 또한 '차茶'는 영어로 'tea'이기 때

차찬텡의 레몬차   패스트푸드점의 레몬차   레몬워터

     영국과 중국의 공존: 광동어를 통해 홍콩의 문화를 읽다

문에 간단하게 'tea'의 맨 앞 스펠링인 't'를 대문자로 적는다. 그래서 레몬차를 'OT'로 적는다. 레몬차를 한자로 쓰려면 '檸檬茶'와 같이 수십 획을 써야 하지만, 이렇게 'OT'로만 적으면 단 3획으로 끝낼 수 있다.

참고로 레몬차는 홍차에 얇게 저민 레몬 조각을 넣은 것으로(보통 2~4조각 넣는다) 영국에서 유래된 것이다. 홍차가 아닌 따뜻한 물이나 차가운 물에 레몬 조각을 넣은 것은 '檸檬水렝몽쏘위(레몬워터)'라고 한다.

2) 06(檸檬可樂, 레몬콜라)

이 외에 숫자로만 쓴 '06'도 있다. '06'은 '렝록'이라고 읽는데, '0렝'은 앞에서 말한 것처럼 레몬을 가리키고, '6록'은 콜라를 가리킨다. 광동어에서는 콜라를 '可樂호록'이라고 하는데, '可樂호록'의 '樂록'과 숫자 '6록'의 발음이 서로 같기 때문에 콜라를 6으로 쓰는 것이다. 즉 '06'은 레몬콜라檸檬可樂, 렝몽호록를 뜻하는 것으로, 레몬콜라는 콜라에 얇게 저민 레몬 조각을 넣은 음료를 말한다. 홍콩 사람들이 즐겨 마시는 이 음료는 보통 '檸樂렝록'으로 줄여서 말하고, 차찬텡에서는 간단하게 '06'으로 표기한다. 획수가 상당히 많은 한자를 이렇듯 숫자 2개로 간략하게 적는 것이다.

3) 07(檸檬七喜, 레몬사이다)

'06'뿐 아니라 '07'도 있다. '렝찻'이라고 읽는데, '0렝'은 역시 레몬을 가리키고, '7찻'은 사이다를 가리킨다. '0렝'이 레몬인 건 알겠는데, '7찻'은 사이다와 무슨 관련이 있는 걸까. '7찻'은 사이다 브랜드인 세븐업7 Up을 의미한다. 세븐업은 광동어에서 '七喜찻헤이'라고 하는데, 이 중 첫 글자인 '七찻'을 숫자 '7'로 적은 것이다. 즉 '07'은 '檸檬七喜렝몽찻헤이'를 간단하게 표기한 것으로, 세븐업에 얇게 저민 레몬을 넣은 음료를 가리킨다. 한마디로 '레몬사이다'이다.

홍콩 사람들은 '檸檬七喜렝몽찻헤이'를 보통 '檸七렝찻'이라고 하기 때문에, 차찬텡에서는 이와 발음이 같은 숫자 '0'과 '7'을 합해 '07'이라고 표기한다. 레몬사이다에는 세븐업 대신 스프라이트雪碧, 쒼삑를 넣기도 한다. 하지만 스프라이트를 넣었다고 해서 렝쒼이나 렝삑이라고 하지 않고, 이 역시 렝찻이라고 한다. 세븐업을 넣었건 스프라이트를 넣었건, 사이다를 넣은 것이면 브랜드에 상관없이 모두 '렝찻'이라고 하기 때문이다.

(3) 숫자와 한자가 결합된 경우

: 0勿(檸檬蜂蜜, 레몬꿀차)

간단한 한자로 대체하는 경우 또는 알파벳이나 숫자를 쓰는 경우 외에, 숫자와 한자를 같이 쓰는 경우도 있다. 예를 들면 '0勿렝맛'이 있는데, 이는 '檸蜜렝맛'을 간략하게 쓴 것이다. '檸蜜렝맛'은 꿀물에 얇게 저민 레몬 조각을 넣어 만든 '레몬꿀차'이다. 원래는 '檸檬蜂蜜렝몽퐁맛'이라고 하지만, 홍콩 사람들은 이렇게 '檸蜜렝맛'이라고 줄여서 말한다. 그리고 이 '檸蜜렝맛'을 첫 번째 글자와 발음이 같은 '0렝'과 두 번째 글자와 발음이 같은 '勿맛'을 합해서 '0勿렝맛'으로 표기한다. '0勿렝맛'이 '檸蜜렝맛'에 비해 획수도 훨씬 적고 쓰기도 간편하기 때문이다. 이렇게 5획으로 복잡한 글자를 간단하게 적을 수 있다.

5. 생소한 글자들로 번역한 외래어

(1) 拍乸팟나(파트너)

첫 번째 글자는 어디서 본 것도 같지만, 두 번째 글자는 아예 본 적도 없다. 저게 도대체 무슨 글자일까. 도저히 모르겠다. 희한하게 생긴 이 '乸나' 자는 원래 '암컷'이라는 뜻이다. 보통 '雞乸까이나(암탉)' 또는 '狗乸까우나(암캐)'처럼 동물을 나타내는 글자와 함께 쓰인다. 게다가 특이하게도 우리말이나 표준중국어와는 다르게 암컷을 뜻하는 '乸나'가 동물 명칭 뒤에 놓인다. 그래서 '암+닭'이나 '암+개'가 아닌 '닭+암'이나 '개+암'이 되는 것이다[표준중국어는 '母雞무찌(암탉)', '母狗무고우(암캐)'처럼 암컷을 뜻하는 '母무'가 동물 명칭 앞에 놓인다].

하지만 '拍乸팟나'는 암컷과는 전혀 관계가 없다. 영어의 'partner파트너'를 음역한 것이기 때문이다. '拍팟'은 원래 '팍'으로 발음되지만, '拍乸팟나'에서는 팍이 아닌 '팟'으로 발음한다. 영어의 'part-파트-'를 한 글자인 '拍팟'으로 번역하고, '-ner-너'를 '乸나'로 번역했다. 따라서 이 단어는 글자를 하나씩 그대로 번역해서 '암컷을 치다'라고 하면 안 된다(拍은 '치다, 두드리다'라는 뜻이다). '拍乸팟나'는 글자의 뜻과는 관계없이 음을 빌려 번역한 단어이기 때문이다.

(2) 泵把뺌빠(범퍼)

첫 번째 글자는 물水 위에 돌石이 놓여 있다. 그렇다면 물속에 돌을 던진다는 얘긴가. 돌하고는 관계가 없지만 물하고는 관계가 있다. 펌프라는 뜻이기 때문이다. 땅속의 지하수를 땅 위로 올라오도록 하는 기구가 펌프다. 어릴 적 시골에 가면 이 펌프를 볼 수 있었는데, 손으로 펌프 손잡이를 잡고 위아래로 계속 움직이면 땅 속의 물이 땅 위로 솟구쳐 올라왔다. 이건 수동펌프이고, 1980년대 당시에는 유명한 남성 듀엣이 "물 걱정을 마세요~"라면서 자동펌프 광고도 했었다.

광동어의 '泵把뺌빠'는 영어의 'bumper범퍼'를 번역한 것이다. 범퍼는 자동차를 보호하기 위해 차량의 앞뒤에 장착한 장치를 말한다. 이 단어를 번역할 때 펌프泵라는 단어를 넣긴 했지만, 사실 펌프하고는 아무런 관련이 없다. 뜻과는 상관없이 소리로 번역했기 때문이다. 'bumper범퍼'에서 'bum-범-'은 '泵뺌'으로 번역하고, '-per-퍼'는 '把빠'로 번역했다. 특히 영어의 '-bum범'을 '泵뺌'으로 번역하여, 원래의 영어 발음과 최대한 가깝게 옮겨 놓았다. 광동어는 이렇듯 원음에 가깝게 번역할 수 있지만, 표준중국어는 'ㅁ'

받침이 없기 때문에, 이러한 발음들을 원음에 가깝게 번역하는 것이 사실상 불가능하다. 표준중국어에서는 범퍼를 소리가 아닌 뜻으로 번역하여 '汽車保險杆치처바오씨엔깐'이라고 한다. 이는 '자동차 안전막대'라는 뜻이다.

(3) 冬甩똥랏(도넛)

'冬甩똥랏'은 '겨울 동冬' 자가 들어 있으니, 겨울과 관계되는 글자인 듯하다. 그런데 뒤에 있는 '甩랏'은 무슨 글자일까. 거참 희한하게도 생겼다. 어떻게 보면 가오리 같기도 하다. 이 희한하게 생긴 글자 '甩랏'은 '떼어 놓다, 던져 버리다, 잃어버리다'라는 뜻이다. 그렇다면 '冬甩똥랏'은 겨울에 무언가를 떼어 놓거나 던져 버려야 한다는 뜻일까. 땡! 아니다. '冬甩똥랏'은 영어 'doughnut도넛'을 음역한 것이다. 우리에게는 도너츠라고 많이 알려져 있지만, 우리말에서의 정확한 외래어 표기는 '도넛'이고, 영어에서도 '도넛'으로 발음한다. 광동어에서는 이 'doughnut도넛'을 '冬甩똥랏'이라고 번역했다. 특히 '-nut'의 '넛' 발음을 'ㅅ' 받침의 '甩랏'으로 번역하여, 원음과 최대한 가깝게 번역했다. '도'와 '冬똥'은 별로 안 비슷한 것 같은가. 그렇다면 '冬甩똥랏'을 빨리 발음해 보자.

(4) 奄列암릿(오믈렛)

'奄列암릿'의 '奄암'이야말로 가오리처럼 생겼다. 발음이 '암'인 걸 보니 한국어 발음도 똑같이 '암'이 아닐까. 하지만 한국어 발음은 모음이 살짝 다른 '엄'이다. '奄'은 '가릴 엄' 자다. '奄列암릿'은 영어의 'omelet오믈렛'을 음역한 것이다. 계란을 깨서 잘 섞은 다음 육류, 채소 등을 잘게 썰어 넣고 반달 모양으로 부쳐 낸 요리가 오믈렛이다. 우리가 알고 있는 오므라이스는 오믈렛과 다르다. 오므라이스는 양념하여 볶아 낸 밥을 계란 지단으로 감싼 것이기 때문이다. 즉 오믈렛에는 밥이 들어가지 않는다. 'omelet'을 한국어에서는 '오믈렛'이라고 번역했지만, 실제 원음은 '암릿'에 훨씬 가깝다. 광동어에서는 원음에 충실하게 '奄列암릿'이라고 번역했다.

(5) T恤티쏫(티셔츠)

이번에는 알파벳과 한자가 결합된 단어이다. 알파벳 'T'는 '티'로 발음 나는 글자를 대신했을 테고, 그렇다면 두 번째 글자 '恤쏫'은 뭘까. '피 혈血' 자가 있으니 피와 관계되는 글자일까. 전혀 아니다. 영어의 'shirt셔츠'를 음역한 것이기 때문이다. 'shirt셔츠'는 이렇게 '恤쏫' 한 글자로만 번역했다. 이 '恤쏫'이 알파벳 'T'와 합쳐져 'T恤티쏫', 즉 티셔츠가 되었다.

'恤쏫'이 셔츠라고 했으니, 셔츠를 말할 때는 '恤쏫'이라고만 하면 될까. 안 된다. '恤衫쏫쌈'이라고 해야 맞다. 와이셔츠처럼 목 부분에서부터 아래까지 단추가 달린 옷인 셔츠는 '恤쏫'에 '衫쌈'을 합해 '恤衫쏫쌈'이라고 한다. 참고로 '衫쌈'은 '상의, 옷'이라는 뜻이다. 앞서 살펴본 '차찬텡 음식 주문 시 표기법'에서는 'T'가 영어의 'tea'를 가리키는 것이었지만, 여기에서는 'T-shirt'의 'T'를 가리킨다.

(6) 車厘子체레이찌(체리)

'車厘子체레이찌'는 가운데만 빼면 모두 익숙한 글자들이다(厘는 100분의 1을 나타낸다). 하지만 이 단어는 '자동차'나 '아들'과는 전혀 관계가 없다. 영어의 '체리cherries'를 음역한 것이기 때문이다. 그런데 '체리'면 '車厘체레이'라고만 번역해도 될 텐데, 왜 군이 '子찌'까지 붙여서 '車厘子체레이찌'라고 했을까. 아마도 '체레이'라고만 하면 'jelly젤리'를 뜻하는 '啫喱쩨레이'와 쉽게 구분이 안 되기 때문에, '車厘子체레이찌'처럼 세 글자로 번역한 듯하다. 실제로 '체레이'와 '쩨레이'는 상당히 비슷하게 들린다. 따라서 단수형의 'cherry체리'가 아닌 복수형의 'cherries체리스'를 번역하여 '車厘子체레이찌'라고 한 것 같다.

(7) 布冧李뽀우람레이(자두)

'布冧李뽀우람레이'에서는 낯익은 글자가 눈에 띈다. 바로 '이李' 자다. 한국인의 성씨 중 두 번째로 많은 비중을 차지하고 있는 성씨가 바로 이 이李씨다(첫 번째로 많은 성씨는 단연 김金씨다). 이李 자를 처음 배울 때 모두들 '오얏 리', 즉 '오얏'은 뜻이고 '리'는 발음이라 배운다. 그런데 '오얏'이 뭐냐고 물어보면 아무도 모른다. 그렇다면 '오얏'은 과연 무엇일까? 바로 과일의 한 종류인 자두이다.

'布冧李뽀우람레이' 역시 자두를 가리키는 말이다. 그런데 특이하게도 이 단어에는 자두라는 말이 두 번 쓰였다. '布冧뽀우람'에서 한 번, '李레이'에서 한 번이다. '레이'는 방금 위에서 설명했듯 '李이'의 광동어 발음이다. 그렇다면 '布冧뽀우람'은 왜 자두일까. '布冧뽀우람'은 영어의 'plum플럼(자두)'을 음역한 것이다. 음역할 때는 특히 영어의 '-lum-럼'을 '冧람'으로 번역하여, 원래의 영어 발음과 최대한 가깝게 번역했다. 앞서 '범퍼'에서도 말했듯이, 표준중국어에는 'ㅁ' 받침이 없기 때문에 이러한 발음들을 원음에 가깝게 번역하지 못한다. 하지만 광동어에서는 얼마든지 가능하다. 표준중국어에서는 자두를 뜻으로 번역하여 '李子리즈'라고 한다. 앞으로는 학교에서 '이李' 자를 가르칠 때, 아무도 알지 못하는 '오얏 리'보다는 '자두 리'라고 가르치는 것이 어떨까 생각해 본다.

(8) 冧巴溫람빠완(넘버원)

'冧람'이 들어가는 외래어가 또 하나 있다. 바로 '冧巴람빠'다. 이는 '숫자'를 뜻하는 영어 'number넘버'를 음역한 것이다. 'num-넘-'을 '冧람'으로 번역하고, '-ber-버'를 '巴빠'로 번역했다. 그렇다면 '최고'를 뜻하는 'number one넘버원'은 뭐라고 할까? 영어 발음과 비슷한 '冧巴溫람빠완'이라고 한다. 'one원'을 이와 발음이 비슷한 '溫완'으로 번역했다. '溫'이 '따뜻할 온' 자니까 따뜻한 것과 관계가 있겠구나라고 생각하면 안 된다. 뜻이 아닌 소리로 번역했기 때문이다.

영국과 중국의 공존: 광동어를 통해 홍콩의 문화를 읽다

05
홍콩의 거리 이름

홍콩에서 영국의 흔적이 가장 많이 남아 있는 것을 꼽으라면 주저 없이 거리 이름을 꼽을 것이다. 홍콩 전역에 펼쳐져 있는 수많은 거리들은 모두 영국 식민지 시절에 건설된 것들이다. 식민지가 된 직후인 1841년부터 일제의 침략을 받기 직전인 1930년대 말까지, 거의 100년에 이르는 시간 동안 홍콩 곳곳에 집중적으로 거리들이 만들어졌다.

홍콩의 거리는 크게 'road道, 또우'와 'street街, 까이'로 나뉜다. 비교적 길고 큰 도로는 'road'라고 하고, road와 road 사이를 연결하고 있는 좁고 짧은 길은 'street'라고 한다.

거리 이름을 지을 때는 여왕이나 국왕과 같은 영국 왕실 구성원이나 홍콩총독, 영국수상, 영국군 장교, 영국의 지명 등 대부분 영국과 관계되는 것으로 지었다. 이 때문에 영국을 대표하는 많은 것들이 홍콩 곳곳의 거리 이름에 스며들어 있다. 이들 거리 이름 중에는 빅토리아 여왕을 기념하여 지은 것이 6개로, 동일인을 기념하여 지은 것 중 가장 많다. 거리 이름은 이처럼 영국과 관련된 것 이외에도 중국 지명이나 베트남 지명, 건축물, 선박, 식품, 자연 등 여러 가지가 있다.

1. 영국 왕실 구성원

(1) 국왕

빅토리아 여왕부터 엘리자베스 2세 여왕에 이르기까지, 홍콩이 영국의 식민지였던 시절에는 모두 6명의 왕이 영국을 통치했다. 그중 에드워드 8세와 조지 6세를 제외하고는 모든 왕의 이름이 홍콩의 거리 이름에 들어 있다. 에드워드 8세는 재위기간이 1년이 채 안 되었기 때문에 그의 이름이 들어간 거리가 없지만, 그 대신 왕자였던 시절에 그의 이름을 넣어 지은 거리가 있다. 그럼 먼저 빅토리아 여왕과 관련된 거리 이름을 살펴보도록 하자.

1) 빅토리아 여왕

퀸 빅토리아 스트리트域多利皇后街, 웽또레이웡하우까이

퀸 스트리트皇后街, 웡하우까이

퀸스 로드皇后大道, 웡하우따이또우

퀸스 웨이金鐘道, 깜쫑또우

주빌리 스트리트租庇利街, 쪼우삐이레이까이

빅토리아 로드域多利道, 웽또레이또우

빅토리아 여왕

위의 거리 이름들은 모두 빅토리아 여왕Queen Victoria과 관련이 있다. '해가 지지 않는 나라'로 불렸던 영국의 최전성기를 이끈 국왕이 바로 빅토리아 여왕이다. 1837년부터 1901년까지 64년 동안의 재위기간을 '빅토리아 시대'라고도 부른다. 빅토리아 여왕은 영국 역사상 가장 오랜 기간 재위한 왕이었으나, 2017년 엘리자베스 2세 여왕에 의해

이 기록이 깨졌다(엘리자베스 여왕은 1952년에 여왕의 자리에 올라 현재까지 계속 여왕의 자리를 지키고 있다).

퀸 빅토리아 스트리트는 거리 이름에 빅토리아 여왕의 이름을 직접 넣었기 때문에 빅토리아 여왕과 관계되는 것임을 한눈에 알 수 있다. 하지만 퀸 스트리트나 퀸스 로드, 퀸스 웨이는 '퀸'이라고만 되어 있을 뿐 여왕의 이름은 나타나 있지 않기 때문에, 빅토리아 여왕인지 엘리자베스 2세 여왕인지 구분하기가 힘들다. 현재 뉴스나 언론매체에서 자주 접하는 여왕은 엘리자베스 2세이다. 따라서 한국 사람들은 영국 여왕이라고 하면 당연히 엘리자베스 2세를 떠올릴 것이다. 하지만 이 거리들은 모두 빅토리아 여왕의 재위 시절에 건설된 것으로, 이들 거리 이름에서의 퀸은 빅토리아 여왕을 가리킨다.

퀸은 여왕이라는 뜻이기 때문에 이를 번역할 때는 '女皇노위웡'이라고 해야 한다. 하지만 이를 번역하던 홍콩의 관리가 '왕후'로 잘못 번역하여 퀸을 '皇后웡하우'로 번역했다. 영어의 'queen'에는 여왕 이외에 왕후라는 뜻도 있기 때문이다. 위의 거리들 중에서 퀸스 로드는 '퀸스 로드 센트럴皇后大道中, 웡하우따이또우쫑'과 '퀸스 로드 이스트皇后大道東, 웡하우따이또우뚱', '퀸스 로드 웨스트皇后大道西, 웡하우따이또우싸이'의 세 부분으로 이루어져 있다. 또한 퀸스 로드는 일제 침략 시기에 '명치통明治通'으로 이름이 바뀌기도 했다. 참고로 '명치'는 일본 제122대 천황인 '메이지明治'의 이름이자 메이지 천황 시대의 연호이다.

또 다른 거리인 퀸스 웨이는 원래 1968년 이전까지 퀸스 로드 이스트의 일부분이었다. 1960년대 중엽에 이르러 퀸스 로드 이스트 일대의 도로를 확장하고 길을 직선도로로 바꾸었는데, 확장공사가 끝난 1968년부터 이 거리를 퀸스 웨이라고 불렀다. 그런데 광동어 이름은 퀸스 웨이와는 전혀 관계가 없는 깜쫑또우金鐘道이다. 이는 퀸스 웨이가 깜쫑金鐘에 위치하고 있기 때문에 깜쫑또우金鐘道라고 부른 것으로 보인다. 이곳은 또한 커브길이 많은 데다 길이 좁았기 때문에 '죽음의 커브길'이라고도 불렸다.

영국과 중국의 공존: 광동어를 통해 홍콩의 문화를 읽다

❶ 퀸 빅토리아 스트리트
❷ 퀸 스트리트
❸ 퀸스 로드 센트럴
❹ 퀸스 로드 이스트
❺ 퀸스 웨이
❻ 주빌리 스트리트
❼ 빅토리아 로드

주빌리 스트리트는 빅토리아 여왕의 즉위 50주년을 기념해 건설한 거리로, '주빌리 jubilee'는 '25주년 혹은 50주년 기념일'을 뜻한다. 다른 거리들과는 다르게 빅토리아 Victoria나 퀸queen이라는 단어를 쓰지 않고, 50주년을 뜻하는 '주빌리jubilee'를 넣어 이름 지었다. 광동어 이름도 주빌리를 음역하여 '쪼우뻬이레이租庇利'라고 하였다.

또한 빅토리아 로드는 1897년에 빅토리아 여왕의 즉위 60주년을 축하하기 위해 건설 되었다. 건설 당시에는 정초식도 거행했는데, 이때 당시의 총독, 즉 제11대 홍콩총독이 었던 윌리엄 로빈슨 경Sir William Robinson이 행사를 주관하였다. 정초식을 거행하면서 그해의 신문과 지폐, 동전 등을 넣은 타임캡슐도 함께 묻었다. 개통 당시에는 거리의 이름을 '빅토리아 주빌리 로드'라고 했으나, 1910년 확장공사를 거친 후에는 현재의 이름인 '빅토리아 로드'로 줄여서 부르게 되었다.

2) 에드워드 7세

에드워드 7세

킹스 파크 라이즈京士柏道, 껭씨팍또우

킹스 파크 힐 로드京士柏山道, 껭씨팍싼또우

위의 두 거리는 빅토리아 여왕의 장남이자 영국의 국왕이었던 에드워드 7세King Edward VII(재위기간 1901~1910년)의 이름을 따서 지은 것이다. '킹스 파크 라이즈 King's Park Rise'에서의 'rise'는 경사진 오르막길이라는 뜻인데, 이 거리가 오르막길로 되어 있어서 이렇게 이름 붙인 듯하다. 두 거리 이름에서 '킹스 파크King's Park'는 '국왕의 공원'이라는 뜻으로, 번역할 때는 뜻으로 번역하지 않고 영어 발음 '킹스 파크'를 소리 나는 그대로 번역하여 '京士柏껭씨팍'이라고 하였다.

킹스 파크 라이즈 ·   킹스 파크 힐 로드

3) 조지 5세

킹스 로드英皇道, 영웡또우

그레이트 조지 스트리트記利佐治街, 께이레이쪼찌까이

조지 5세

'킹스 로드 King's Road'는 1935년 6월 21일에 개통된 거리로, 영

국의 국왕 조지 5세King George V(재위기간 1910~1936년)의 즉위 25주년을 기념하여

건설한 것이다. 거리의 영어 이름에는 'king'이 들어가지만 번역은 '국왕國王'이 아닌 '영

국의 왕英皇'이라고 했다. 이는 아마도 영국을 강조하여 '영국의 왕'이라고 한 듯하다.

일제 침략 시기에 이 거리는 '풍국통豐國通'이라는 이름으로 바뀌기도 했다. '풍국'은

1592년에 조선을 침공하여 임진왜란을 일으켰던 도요토미 히데요시豊臣秀吉의 신호神

호이다. 그는 사후에 고요제이 천황後陽成天皇에게서 도요쿠니 다이묘진豊国大明神이라

는 신호를 하사받게 되는데, '풍국豊国, 도요쿠니'은 바로 그의 신호에서 따온 것이다.

'그레이트 조지 스트리트Great George Street' 역시 조지 5세의 이름을 따서 지은 거리로,

그레이트 조지를 '위대한 조지'처럼 뜻으로 번역하지 않고 '記利佐治께이레이쪼찌'와 같

킹스 로드   그레이트 조지 스트리트

이 음으로 번역했다. 즉 그레이트를 '記利께이레이'로, 조지를 '佐治쪼찌'로 옮겨 놓았다. 조지 5세의 이름을 본떠 지은 그레이트 조지 스트리트 근처에는 그의 할머니 빅토리아 여왕의 이름을 따서 지은 빅토리아공원이 있다(빅토리아공원에 관한 자세한 내용은 '제11장 홍콩 도심 속 공원'을 참고할 것).

4) 엘리자베스 2세

퀸 엘리자베스 하스피틀 로드伊利沙伯醫院路, 이레이싸빡이원로우
퀸 엘리자베스 하스피틀 패스伊利沙伯醫院徑, 이레이싸빡이원껭

'퀸 엘리자베스 하스피틀 로드'와 '퀸 엘리자베스 하스피틀 패

엘리자베스 2세

스'는 인근에 퀸 엘리자베스 병원이 있기 때문에, 두 거리의 이름에 '퀸 엘리자베스 병원Queen Elizabeth Hospital'을 넣어 짓게 되었다. '퀸 엘리자베스'는 엘리자베스 2세 여왕 Queen Elizabeth II(재위기간 1952년~)을 가리킨다. 두 거리 이름을 광동어로 번역할 때는 여왕이라는 호칭인 '퀸皇后, 웡하우'은 생략하고 '엘리자베스 하스피틀伊利沙伯醫院, 이레이

영국과 중국의 공존: 광동어를 통해 홍콩의 문화를 읽다

↖ 퀸 엘리자베스 하스피틀 로드
↑ 퀸 엘리자베스 하스피틀 패스

← 퀸 엘리자베스 병원

씨빡이윈'만 번역했다. 참고로 '패스path'는 작은 길을 가리킨다.

(2) 여왕의 배우자

1) 앨버트 공

앨버트 로드亞厘畢道, 아레이빧또우

앨버트 패스亞厘畢里, 아레이빧레이

'앨버트 로드'는 빅토리아 여왕의 남편인 앨버트 공Prince
Albert의 이름을 따서 지은 것이다. 앨버트 로드는 '상층부 앨

앨버트 공

버트 로드上亞厘畢道, 쌩아레이빳또우'와 '하층부 앨버
트 로드下亞厘畢道, 하아레이빳또우'로 나뉜다. 상층부
앨버트 로드에는 1855년에 건설된 구 홍콩총독부
前港督府, 친꽁똑푸가 위치해 있다. '앨버트 로드' 이
외에 '앨버트 패스' 또한 앨버트 공의 이름을 따서
지은 것이다.

하층부 앨버트 로드

(3) 왕자 및 공주

1) 콘노트 공작

콘노트 로드干諾道, 꼰녹또우

콘노트 공작

콘노트 공작Duke of Connaught and Strathearn의 이
름을 따서 만든 콘노트 로드는 '콘노트 로드 센트
럴干諾道中, 꼰녹또우쫑'과 '콘노트 로드 웨스트干諾
道西, 꼰녹또우싸이'로 나뉜다. 콘노트 공작은 빅토
리아 여왕의 셋째 아들로, 1890년에 부인과 함께
홍콩을 방문했다. 영국령 홍콩정부에서는 콘노트
부부의 방문을 기념하여, 이 무렵 새로 건설한 거
리에 공작의 이름을 따서 '콘노트 로드'라고 이름

콘노트 로드 센트럴

붙였다. 일제 침략 시기에는 '주길통住吉通'이라는 이름으로 바뀌기도 했는데, '주길'은
일본 오사카시를 구성하는 24개 구 중의 하나인 '스미요시住吉'를 가리킨다.

영국과 중국의 공존: 광동어를 통해 홍콩의 문화를 읽다

2) 글로스터 공작

글로스터 로드告士打道, 꼬우씨따또우

글로스터 공작

'글로스터 로드'는 조지 5세의 셋째 아들이자 조지 6세의 동생인 글로스터 공작Duke of Gloucester의 이름을 따서 지은 거리다. 거리가 개통된 초기에는 '高士打道꼬우씨따또우'로 번역했다. 그러나 인근에 위치한 '高士威道꼬우씨와이또우'와 앞 글자 두 개가 똑같아 혼동될 수 있었기 때문에, 지금의 명칭인 '告士打道꼬우씨따또우'로 바뀌었다. '高꼬우'와 '告꼬우'는 성조만 다를 뿐 발음은 서로 같

글로스터 로드

다. 따라서 말할 때는 굳이 바꿀 필요가 없어 보이지만, 글자 모양이 서로 달라 표지판이나 문서에서는 쉽게 식별할 수 있기 때문에 이렇게 바꾼 것으로 보인다.

일제 침략 시기에는 '동주길통東住吉通'으로 거리 이름이 바뀌기도 했는데, '동주길'은 일본 오사카시를 구성하는 24개 구 중의 하나인 '히가시스미요시東住吉'를 가리킨다.

3) 에드워드 왕자

프린스 에드워드 로드太子道, 타이찌또우

'프린스 에드워드 로드'는 조지 5세의 장남인 에드워드 왕자Prince Edward의 이름을 따서

지은 거리다. 1922년에 홍콩을 방문한 에드워드 왕자가 새로 짓는 거리의 건설 과정을 참관하였는데, 이를 기념하기 위하여 거리 이름에 '에드워드 왕자Prince Edward'를 넣게 되었다. 개통 초기에는 '에드워드 왕자의 거리 愛德華皇子道, 오이딱와윙찌또우'로 번역했으나 후에는 '영국 왕자의 거리英皇子道, 영웡찌또우'로 바뀌었다. 13년 후인 1935년에는 조지 5세의 이름을 따서 만든 킹스 로드

에드워드 왕자 에드워드 왕자의 어린 시절

가 건설되었는데, 프린스 에드워드 로드의 광동어 이름인 '英皇子道영웡찌또우'와 킹스 로드의 '英皇道영웡또우'가 서로 비슷하여 혼동의 여지가 있었다. 이 때문에 거리 이름을 또다시 '太子道타이찌또우'로 바꾸었다. 에드워드 왕자가 조지 5세의 장남으로 왕위 계승권자였고, '태자太子'라는 단어 역시 차기 왕위 계승권자를 지칭하는 말이기 때문에 이렇게 바꾼 것으로 보인다.

프린스 에드워드 로드는 '프린스 에드워드 로드 이스트太子道東, 타이찌또우똥'와 '프린스 에드워드 로드 웨스트太子道西, 타이찌또우싸이'로 나뉜다. 일제 침략 시기에 이 거리는 '록도통鹿島通'으로 이름이 바뀌었는데, '록도'는 일본 사가현佐賀縣에 있는 '가시마시鹿島市'

프린스 에드워드 로드 웨스트

프린스 에드워드 역

를 가리키는 것이다. 프린스 에드워드 로드 부근에는 같은 이름의 지하철역인 '프린스 에드워드 역太子站, 타이찌짬'도 있다.

에드워드 왕자는 훗날 왕위에 올라 에드워드 8세가 되지만, 재위기간(1936.1.20~12.11)을 11개월도 채우지 못하고 왕위를 내려놓는다. 그가 바로 사랑을 위해 왕위를 버린 남자, 윈저 공이다.

4) 마거릿 공주

마거릿 공주

프린세스 마거릿 로드公主道, 꽁쭤또우

'프린세스 마거릿 로드'는 1949년에 처음 개통되었으며, 당시의 이름은 '네른 로드Nairn Road'였다. '네른Nairn'은 영국 스코틀랜드 북부에 위치한 주 이름이다. 그 후 1966년 3월 1일에 영국의 마거릿 공주Princess Margaret가 홍콩을 방문하게 되었는데, 그때가 마침 네른 로드의 연장공사가 완성되었을 시기였다. 영국령 홍콩정부에서는 마거릿 공주의 홍콩 방문을 기념하여 네른 로드의 이름을 '프린세스 마거릿 로드'로

프린세스 마거릿 로드

바꾸고, 광동어 이름은 '공주의 거리公主道, 꽁쭤또우'라고 하였다. 참고로 마거릿 공주는 조지 6세의 둘째 딸이자 엘리자베스 2세 여왕의 여동생이다.

2. 홍콩총독

역대 홍콩총독의 이름들도 홍콩의 거리 이름에서 쉽게 찾아볼 수 있다. 제1대 총독인 포틴거 경부터 제24대 총독인 트렌치 경까지, 제11~12대·제21~23대 총독을 제외한 19명의 총독 이름이 홍콩의 거리 이름에 들어 있다.

역대 홍콩총독 사진(홍콩역사박물관 소장)

1) 제1대 총독 '포틴거 경'

포틴거 스트리트砵典乍街, 뽓띤짜까이

포틴거 스트리트는 제1대 홍콩총독인 '헨리 포틴거 경Sir Henry Pottinger(재임기간 1843~1844년)'의 이름을 따서 지은 거리다.

헨리 포틴거 경

포틴거 스트리트

거리 전체에 평평한 돌이 깔려 있다.

영국과 중국의 공존: 광동어를 통해 홍콩의 문화를 읽다

홍콩섬의 센트럴에 위치해 있으며, '砵典乍街삣띤짜까이'로 번역했다. 두 번째 글자를 '典띤' 대신 '甸띤'을 써서 '砵甸乍街삣띤짜까이'라고도 한다(典과 甸은 성조만 다를 뿐 발음은 '띤'으로 서로 같다). 거리 전체를 평평한 돌을 깔아 만들었기 때문에 '石板街쎅빤까이(돌 판자 거리)'라고도 하며, 제법 경사진 바닥이 올록볼록한 형태로 계속 이어진다.

2) 제2대 총독 '데이비스 경'

마운트 데이비스 로드摩星嶺道, 모쎙렝또우
마운트 데이비스 패스摩星嶺徑, 모쎙렝껭
데이비스 스트리트爹核士街, 떼핫씨까이

존 데이비스 경

위의 세 거리는 제2대 홍콩총독인 '존 데이비스 경Sir John Francis Davis(재임기간 1844~1848년)'의 이름을 따서 지은 것이다. '마운트 데이비스 로드'와 '마운트 데이비스 패스'는 마운트 데이비스 근처에 위치한 거리 이름으로, 마운트 데이비스는 홍콩섬의 가장 서쪽에 위치한 작은 언덕이다. 이 작은 언덕의 이름인 '데이비스'는 홍콩총독이었던 데이비스 경의 이름을 본떠 지어졌다. 광동어 이름은 '摩星嶺모쎙렝(여기에서 '嶺렝'은 고개라는 뜻이다)'으로 데이비스 경과는 아무런 관련이 없다.

마운트 데이비스의 광동어 이름 '모쎙렝'에는 몇 가지 유래가 있다. 그중 가장 타당해 보이는 것이 근처에 위치한 산과 관련된 유래이다. 마운트 데이비스 뒤에는 이보다 훨씬 더 높은 '싸이꼬우싼西高山'이라는 산이 있는데, '摩天嶺모틴렝'이라고도 불린다. 아마도 높은 산은 '하늘天'에 비유하고 이보다 낮은 언덕은 '별星'에 비유하여, 높은 산은 '摩天嶺모틴렝', 이보다 낮은 언덕은 '摩星嶺모쎙렝'이라고 한 듯하다. 그리하여 '모틴렝'보다 낮은 마운트 데이비스는 '모쎙렝'이라고 불리게 되었다.

\마운트 데이비스 로드 ↑마운트 데이비스 패스

• 데이비스 스트리트

'데이비스 스트리트' 역시 데이비스 경의 이름을 따서 지은 것인데, 광동어 이름은 위의 두 거리와는 다르게 '데이비스Davis'를 음역하여 '爹核士街떼핫씨까이'라고 했다. 이 거리 역시 위의 두 거리와 마찬가지로 홍콩섬에 위치해 있다.

3) 제3대 총독 '본햄 경'

본햄 스트랜드文咸東街, 만함뚱까이

본햄 스트랜드 웨스트文咸西街, 만함싸이까이

본햄 로드般咸道, 뿐함또우

사무엘 본햄 경

맨 위의 두 거리는 제3대 홍콩총독인 '사무엘 본햄 경Sir Samuel George Bonham(재임기간 1848~1854년)'의 이름을 따서 지은 것이다. 본햄 스트랜드에서 스트랜드strand는 '물가, 해안'이라는 뜻인데, 이렇듯 거리 이름에 '거리'를 사용하지 않고 '해안'이라고 붙인 이유는 이 거리 일대가 원래 해안선지대였기 때문이다.

식민지 초기에 성완上環 지역에는 대형 화재가 발생하여 수백 채의 가옥이 불타는 일이 있었다. 당시의 홍콩총독이었던 본햄 경은 불타 버린 가옥들에서 나온 벽돌을 해안으로 옮기게 한 뒤, 그 잔해들로 새로운 간척지를 조성했다. 이후 간척지에 새로운 거리를 건설하고, 그 거리에 '해안'이라는 뜻의 스트랜드를 붙여 '본햄 스트랜드'라고 부르게 되었다.

본햄 스트랜드 이외에 본햄 스트랜드 웨스트Bonham Strand West도 있는데, 거리 이름을 보면 '동쪽east'은 없고 '서쪽west'만 있다. 이는 아마도 거리를 처음 건설할 당시 동서를 구분할 계획 없이 본햄 스트랜드만 만들려고 했다가, 나중에 본햄 스트랜드 서쪽으로 새로운 길이 나게 되자 '본햄 스트랜드 웨스트'로 이름을 붙인 듯하다. 광동어는 영어 이름과는 달리 동東과 서西를 구분하여 '만함똥까이文咸東街'와 '만함싸이까이文咸西街'라고 했다. 그리하여 동쪽에 위치한 '본햄 스트랜드'는 '만함똥까이文咸東街'가 되었고,

본햄 스트랜드   본햄 로드. 뒤에 보이는 건물이 국왕서원이다.

서쪽에 위치한 '본햄 스트랜드 웨스트'는 '만함싸이까이文咸西街'가 되었다.

두 거리가 생긴 이후에 또 다른 새로운 거리가 건설되었는데, 이때에도 사람들은 계속해서 본햄 경의 이름을 거리 이름에 넣고 싶어 했다. 그래서 이번에도 본햄 경의 이름을 본떠 '본햄 로드般咸道, 뿐함또우'라고 이름 지었다(이전 두 거리는 스트랜드, 새로 생긴 거리는 로드). 하지만 본햄 로드는 이전의 두 거리와 조금 다른 점이 있는데, 그것은 광동어 번역이 원음에 훨씬 더 가깝다는 것이다. 즉 본햄을 '뿐함般咸'으로 번역하여 이전 두 거리의 '만함文咸'보다 원래의 발음에 더 가깝도록 했다.

4) 제4대 총독 '보우링 경'

보우링 스트리트寶靈街, 뽀우렝까이
보우링턴 로드寶靈頓道, 뽀우렝뜬또우

존 보우링 경

위의 두 거리는 제4대 홍콩총독인 '존 보우링 경Sir John Bowring (재임기간 1854~1859년)'의 이름을 본떠 만들었다. 이 중 '보우링 스트리트'는 구룡반

보우링 스트리트

보우링턴 로드

영국과 중국의 공존: 광동어를 통해 홍콩의 문화를 읽다

도 최초로 총독의 이름을 붙여 만든 거리이다. 1887년에 건설된 이 거리의 원래 이름은 '에이스 스트리트Eighth Street'다. 그러나 1909년 3월 영국령 홍콩정부의 '구룡반도 거리 이름 정비계획'으로 인해 현재와 같은 '보우링 스트리트'로 바뀌게 되었다.

보우링 경의 이름을 따서 만든 또 다른 거리인 '보우링턴 로드'는 구룡반도가 아닌 홍콩섬에 위치해 있다. 보우링턴 로드는 1850년 '보우링턴 운하' 건설 당시에 이미 존재하고 있던 거리로, 이 근처에는 홍콩 사람들이 자주 이용하는 재래시장도 있다.

5) 제5대 총독 '로빈슨 경'

로빈슨 로드羅便臣道, 로삔싼또우

로스메드 로드樂善美道, 록씬메이또우

허큘리스 로빈슨 경

역대 홍콩총독 중에는 두 명의 로빈슨 경이 존재한다. 한 명은 제5대 총독인 '허큘리스 로빈슨 경Sir Hercules Robinson(재임기간 1859~1865년)'이고, 다른 한 명은 제11대 총독인 '윌리엄 로빈슨 경Sir William Robinson(재임기간 1891~1898년)'

로빈슨 로드

이다. 제5대 총독 로빈슨 경은 그의 이름을 따서 지은 거리가 있지만, 제11대 총독 로빈슨 경은 그의 이름이 붙은 거리가 없다.

제5대 홍콩총독인 허큘리스 로빈슨 경의 이름을 딴 거리 이름 중에는 '로빈슨 로드' 이외에 '로스메드 로드'가 있다. '로빈슨'과 '로스메드'는 서로 다른 이름이지만, 두 이름 모두 로빈슨 경의 이름이다. 로빈슨 경이 1897년에 로스메드Rosmead로 개명하여, 후에는 '로스메드 경'으로 불렸기 때문이다.

홍콩섬의 센트럴에 위치한 로빈슨 로드는 미드레벨 에스컬레이터와 연결되어 있다. 이곳에 로빈슨 로드가 건설되기 이전, 구룡반도에 이미 같은 이름의 로빈슨 로드가 있었다. 하지만 센트럴에 새로운 거리가 생겨난 이후, 구룡반도의 로빈슨 로드는 '네이던 로드'로 이름이 바뀌었고, 센트럴의 새로운 거리가 '로빈슨 로드'가 되었다(네이던 로드에 대한 자세한 내용은 뒤의 11번 항목을 참고할 것).

로빈슨 경의 개명 후 이름을 본떠 만든 로스메드 로드는 로빈슨 로드와 마찬가지로 홍콩섬에 위치해 있다. 하지만 로빈슨 로드와는 달리 길이가 100m 정도밖에 되지 않으며, 거리의 동쪽은 다른 거리와 연결되지 않고 막혀 있다.

6) 제6대 총독 '맥도넬 경'

맥도넬 로드麥當勞道, 막똥로우또우

리처드 맥도넬 경

홍콩섬에 위치한 '맥도넬 로드'는 제6대 홍콩총독인 '리처드 맥도넬 경Sir Richard Graves MacDonnell(재임기간 1866~1872년)'의 이름을 본떠 만든 거리다. 이 거리는 처음에 '麥當奴道막똥노우또우'라고 불렸지만, 현재는 '麥當勞道막똥로우또우'라고 불린다. 세 번째 글자가 '奴노우'에서 '勞로우'로 바뀐 것인데, '奴노우'는 노예라는 뜻으로 좋지 않은 느낌을 주는 데다 총독 이름으로 쓰기에는 적합하지 않았기 때문이다. 이로 인해 햄버거회사인 맥도날

피크트램 내부에 적혀 있는 피크트램 정류장들

영국과 중국의 공존: 광동어를 통해 홍콩의 문화를 읽다

드麥當勞, 막똥로우와 광동어 표기가 똑같아졌다. 하지만 맥도넬 로드는 맥도날드와는 아무런 관련이 없다. 이뿐만 아니라 이 거리에서는 맥도날드 점포조차 찾아보기 힘들다. 또한 맥도넬 로드에는 빅토리아 피크로 올라가는 피크트램 정류장이 있다. 피크트램 정류장은 맥도넬 로드 정류장 이외에 케네디 로드 정류장과 메이 로드 정류장, 바커 로드 정류장이 있다.

7) 제7대 총독 '케네디 경'

케네디 로드堅尼地道, 낀네이떼이또우

케네디 스트리트堅彌地街, 낀네이떼이까이

케네디 타운 프라이아 堅彌地城海旁, 낀네이떼이쎙호이퐁

케네디 타운 뉴 프라이아堅彌地城新海旁, 낀네이떼이쎙싼호이퐁

케네디 테라스堅尼地台, 낀네이떼이토이

아서 케네디 경

제7대 홍콩총독 '아서 케네디 경Sir Arthur Edward Kennedy(재임기간 1872~1877년)'의 이름을 따서 만든 거리는 모두 5개로, 역대 홍콩총독 중 가장 많다. '케네디'는 광동어로 '堅尼地낀네이떼이'와 '堅彌地낀네이떼이' 두 가지로 번역된다. 이는 두 번째 글자인 '尼네이'와 '彌네이'의 발음이 모두 '네이'로 서로 같기 때문이다.

홍콩섬에 위치한 '케네디 로드'는 퀸스 로드에 이어 홍콩에서 두 번째로 만들어진 거리이다. 그래서 당시에는 '두 번째 거리二馬路, 이마로우'라는 명칭으로도 불렸다(馬路는 '길'이라는 뜻이다). 하지만 일제 침략 시기에는 '동대정통東大正通'으로 이름이 바뀌기도 했는데, '대정'은 일본의 제123대 천황인 다이쇼大正의 이름이자 다이쇼 천황 시대의 연호이다.

'케네디 타운 프라이아'는 홍콩섬의 서북부에 위치한 케네디 타운에 형성되어 있다. 영국령 홍콩정부가 거리를 건설하던 초창기에는 홍콩섬 북쪽 해변의 거리 이름을 대부분 'praya프라이아'로 짓곤 했다. 여기서 'praya프라이아'는 영어가 아닌 포르투갈어로 '해안, 해변'이라는 뜻이다(실제로 포르투갈어 사전을 찾아보면, 네 번째 철자가 y가 아닌 i, 즉 'praia'라고 나온다). 케네디 타운 역시 홍콩섬의 북쪽 해변과 인접해 있기 때문에, 이곳에 형성된 새로운 거리의 이름 또한 '프라이아'를 넣어 '케네디 타운 프라이아'라고 명명했다.

'케네디 타운 뉴 프라이아'는 해안에 위치해 있어 파도가 칠 때면 거대한 물보라를 일으키며 장관을 이룬다. 그렇기 때문에 태풍이 오면 시민들은 이 거리로 나와 태풍의 위력

↑ 케네디 로드　　↓ 캐네디 타운 프라이아　　　　↑ 케네디 스트리트　　↓ 케네디 타운 뉴 프라이아

영국과 중국의 공존: 광동어를 통해 홍콩의 문화를 읽다

과 함께 출렁이는 파도를 감상한다. 또한 방송국들은 태풍 현장을 뉴스로 생중계하기 위해 항상 이곳을 찾는다. 태풍이 너무 심하게 불 때는 예외겠지만, 홍콩 사람들이 태풍을 피할 생각은 않고 나와서 감상하는 것을 보면, 평소에 이러한 상황을 너무 많이 겪다 보니 웬만한 태풍은 별로 위험하게 생각하지 않는 듯하다.

8) 제8대 총독 '헤네시 경'

존 헤네시 경

헤네시 로드軒尼詩道, 힌네이씨또우

홍콩섬에 위치한 '헤네시 로드'는 제8대 홍콩총독인 '존 헤네시 경Sir John Pope Hennessy(재임기간 1877~1882년)'의 이름을 따서 지어졌다. 거리는 완차이灣仔, 완짜이에서부터 코즈웨이베이銅鑼灣, 통로완까지 연결되는데, 코즈웨이베이는 홍콩 전역에서 유동 인구가 가장 많기로 유명한 곳이다.

한국에는 잘 알려져 있지 않지만 이 거리를 중심으로 촬영한 영화가 하나 있다. 장학우

헤네시 로드

코즈웨이베이에 위치한 헤네시 로드의 동쪽 끝

와 탕웨이가 주연한 2010년 영화 〈크로싱 헤네시crossing Hennessy, 月滿軒尼詩, 윗문힌네이씨〉가 바로 그것으로, 헤네시 로드를 중심으로 전개되는 남녀 간의 이야기를 그리고 있다.

9) 제9대 총독 '보웬 경'

보웬 로드寶雲道, 뽀우완또우
보웬 드라이브寶雲徑, 뽀우완껭

조지 보웬 경

위의 두 거리는 제9대 홍콩총독인 '조지 보웬 경Sir George Ferguson Bowen(재임기간 1883~1885년)'의 이름을 따서 지은 것으로 모두 홍콩섬에 위치해 있다. '보웬 로드'는 퀸스 로드와 케네디 로드에 이어 홍콩에서 세 번째로 건설된 거리이기 때문에, 건설 당시에는 '세 번째 거리三馬路, 쌈마로우'로 불리기도 했다. 일제 침략 시기에는 '무도통霧島通'으로 이름이 바뀌었는데, '무도'는 일본 가고시마현鹿児島県에 있는 '기리시마시霧島市'를 가리킨다.

보웬 로드

보웬 드라이브

영국과 중국의 공존: 광동어를 통해 홍콩의 문화를 읽다

또한 보웬 로드 지하에는 수도관이 설치되어 있는데, 이 수도관을 통해 시민들이 마실 식수를 홍콩섬의 동남부 저수지에서 센트럴의 저수탱크까지 운반하고 있다. 이 때문에 보웬 로드를 '보웬 수로寶雲渠, 뽀우완코위' 혹은 '보웬 식수 운반도로寶雲輸水道, 뽀우완쒸쏘위또우'라고도 부른다.

서로 인접해 있는 보웬 로드와 보웬 드라이브는 모두 숲이 우거진 도심 속의 산책로로, 주말에는 이곳에서 산책하는 사람들과 조깅하는 사람들을 많이 볼 수 있다.

10) 제10대 총독 '데보 경'

데보 로드 德輔道, 딱푸또우

윌리엄 데보 경

'데보 로드'는 제10대 홍콩총독인 '윌리엄 데보 경Sir William Des Vœux(재임기간 1887~1891년)'의 이름을 따서 지어졌다. 홍콩섬에 위치해 있는 데보 로드는 '데보 로드 웨스트德輔道西, 딱푸또우싸이'와 '데보 로드 센트럴德輔道中, 딱푸또우쫑'로 나뉜다.

'데보 로드 웨스트'의 원래 이름은 '보우링 서쪽 해변의 거리寶靈海旁西, 뽀우렝호이퐁싸이'로, 제4대 총독인 보우링 경이 추진한 보우링 간척사업으로 인해 건설되었다. 그러나 1854년에 시작된 이 간척사업은 일부 영국 상인들의 반대에 부딪혀 공사가 늦어지게 되었고, 결국은 보우링 서쪽 해변의 거리(현재의 데보 로드 웨스트)만 완공되었다. 이후 제10대 총독인 데보 경이 보우링 경의 간척사업을 계속 추진하기로 결정하고, 1890년부터 1904년까지 센트럴의 23만 ㎡ 부지(여의도공원 넓이)에 새롭게 거리를 건설하기 시작했다. 이때 완공된 여러 거리 중의 하나가 '데보 로드 센트럴'인데, '보우링 서쪽 해변의 거리'와 연결되는 이 거리의 이름은 데보 경을 기념하여 지어졌다. 이와 함께

﹨데보 로드 웨스트　↑데보 로드 센트럴

· 데보 로드 센트럴에 위치한 스탠다드차타드은
행의 본사(왼쪽의 갈색 건물)와 홍콩상하이은행
의 본사(오른쪽 건물)

'보우링 서쪽 해변의 거리' 역시 데보 경의 이름을 따서 '데보 로드 웨스트'로 바뀌었다. 일제 침략 시기에 데보 로드는 '소화통昭和通'으로 이름이 바뀌기도 했다. '소화'는 히로 히토로 잘 알려진 일본 제124대 천황 쇼와昭和의 이름이자 쇼와 천황 시대의 연호이다. '데보 로드 센트럴'은 셩완에서 센트럴까지 길게 이어져 있는데, 셩완 지역의 데보 로드 센트럴에는 웨스턴마켓西港城, 싸이꽁쎙과 셩완행 트램 종점이 자리하고 있다. 또한 센트 럴 지역의 데보 로드 센트럴에는 스탠다드차타드은행의 본사와 홍콩상하이은행의 본 사가 위치해 있다.

11) 제13대 총독 '네이던 경'

네이던 로드彌敦道, 네이뚠또우

한국 사람들에게 잘 알려진 '네이던 로드'는 홍콩에서 가장 유명한 거리 중의 하나로, 제13대 홍콩총독인 '매튜 네이던 경Sir Matthew Nathan(재임기간 1904~1907년)'의 이름을 따서 지은 것이다. 네이던 로드는 헤네시 로드에 이어 홍콩에서 두 번째로 교통량이 많은 거리이며, 구룡반도 최대의 상업지구인 침사추이와 몽콕을 연결하는 거리이기도 하다. 또한 네이던 로드는 침사

매튜 네이던 경

추이 역에서부터 조던 역, 야우마테이 역, 몽콕 역, 프린스 에드워드 역까지, 구룡반도의 주요 다섯 개 지하철역을 모두 통과한다.

네이던 로드가 처음 건설되었을 때는 제5대 총독인 허큘리스 로빈슨 경의 이름을 따서 '로빈슨 로드羅便臣道, 로쁜싼또우'라고 불렀다. 하지만 이후 홍콩섬에 같은 이름의 로빈슨 로드가 건설되자, 두 거리의 이름이 혼동되는 것을 막기 위해 구룡반도의 로빈슨 로드를 '네이던 로드'로 바꾸었다. 이렇듯 '네이던'이라는 이름으로 바꾼 이유는 그 당시 네이던 경이 구룡반도를 집중적으로 발전시켰을 뿐 아니라, 네이던 로드(이름이 바뀌기 전의 로빈슨 로드)를 주요 도로로 확장시켰기 때문이다.

1911년 조지 5세의 대관식이 거행되었을 때에는, 영국령 홍콩정부가 이를 기념하기 위

구룡공원 일대의 네이던 로드

해 그 당시 완공을 마친 거리에 '대관의 거리加冕道, 까민또우'라는 이름을 붙였다(대관은 왕위 계승자가 왕위를 물려받기 위해 왕관을 받아 머리에 쓰는 것을 말한다). 이후 이 '대관의 거리'를 네이던 로드에 통합시키면서, 지금과 같은 네이던 로드가 완성되었다.

1960년대 이전에는 네이던 로드의 양옆에 커다란 나무들을 심어 수목이 울창한 거리로 가꾸었다.

하지만 나무들이 이층버스의 통행을 방해하는 데다 고층 빌딩들이 들어서면서 대부분의 나무들을 베어 내었고, 현재는 구룡공원 일대의 네이던 로드에만 당시에 심은 나무들이 남아 있다.

12) 제14대 총독 '루가드 경'

루가드 로드盧吉道, 로우깟또우

빅토리아 피크 정상에 위치한 '루가드 로드'는 제14대 홍콩총독인 '프레더릭 루가드 경Sir Frederick Lugard(재임기간 1907~1912

프레더릭 루가드 경

년)'의 이름을 따서 지었다. 역대 총독의 이름을 붙인 거리들은 대부분 차도이지만, 이곳은 차가 다니지 않는 일종의 산책로이다. 해발 400m의 높이에 모두 5만 홍콩달러의 비용이 투입된 이 거리는 완공된 후에 '인공적으로 자연을 정복한 가장 위대한 공사'라는 찬사를 받기도 했다.

이 거리를 따라 20분 정도 걸어가면 최고의 야경을 감상할 수 있는 루가드 로드 전망대가 나온다. 이곳에서는 홍콩섬을 가득 채운 빌딩들과 빅토리아 항구, 그리고 건너편 구룡반도까지 한눈에 내려다볼 수 있다.

13) 제15대 총독 '메이 경'

메이 로드梅道, 무이또우

제15대 홍콩총독인 '프랜시스 메이 경Sir Francis Henry May(재임

프랜시스 메이 경

피크트램 메이 로드 정류장과 표지판

기간 1912~1919년)'의 이름을 따서 지은 '메이 로드'는 영어의 대문자 'L'의 형상을 띠고 있다. 메이 로드 중간쯤에는 빅토리아 피크로 올라가는 피크트램 정류장이 있는데, 이 '메이 로드 정류장梅道站, 무이또우짬'은 피크트램을 운행하기 시작한 1888년 5월 30일부터 사용되었다. 해발 180m 높이로 피크트램 정류장 중 경사가 가장 가파른 곳이기도 하다. 2008년에는 피크트램 120주년을 맞이하여 이 정류장의 지붕을 녹색으로 바꾸고, 정류장의 표지판도 새로 교체했다. 표지판에는 프랜시스 메이 경의 공헌도 소개되어 있다.

14) 제16대 총독 '스텁스 경'

스텁스 로드司徒拔道, 씨토우빳또우

'스텁스 로드'는 제16대 홍콩총독인 '레지날드 스텁스 경Sir Reginald Edward Stubbs(재임기간 1919~1925년)'의 이름을 따서

레지날드 스텁스 경

지은 거리다. 홍콩에서 가장 오래된 경마장인 해피밸리 경마장跑馬地馬場, 파우마떼이마챙

근처에 위치해 있으며, 길 모양이 '갈 지之' 자처럼 구불구불한 것이 인상적이다.

거리가 처음 생겼을 당시 광동어 이름은 '史塔士道씨탑씨또우'였다. 그러나 '史塔씨탑'이 '屎塔씨탑'과 발음이 같아 거리 이름으로는 적당하지 않았기 때문에, '司徒拔道씨토우빳또우'로 바꾸었다. '屎塔씨탑'은 변기라는 뜻이다.

스텁스 로드

15) 제17대 총독 '클레멘티 경'

세실 클레멘티 경

클레멘티 로드金文泰道, 깜만타이또우
써 세실스 라이드金督馳馬徑, 깜똑치마껭
레이디 클레멘티스 라이드金夫人馳馬徑, 깜푸얀치마껭

위의 '클레멘티 로드'와 '써 세실스 라이드'는 제17대 홍콩총독인 '세실 클레멘티 경Sir Cecil Clementi(재임기간 1925~1930년)'의 이름을 따서 지은 것으로, 모두 홍콩섬에 위치해 있다. '金文泰'는 글자만 놓고 보면 한국 이름처럼 보인다. 성은 '김', 이름은 '문태'로 볼 수 있기 때문이다. 하지만 金文泰깜만타이는 '클레멘티'의 광동어 음역이며, 金文泰道깜만타이또우 역시 '클레멘티 로드'를 음역한 것이다.

'써 세실스 라이드Sir Cecil's Ride'의 '세실' 역시 클레멘티 경의 이름인데, 그가 홍콩총독으로 재임하던 시절 자주 이 거리에서 말을 타면서 여가 시간을 보냈기 때문에 이러한 이름이 생겨나게 되었다(ride는 말을 탄다는 뜻이다). 광동어 번역 역시 '金督馳馬徑깜똑치마껭'으로, '클레멘티 총독이 말을 타고 달리는 거리'라는 뜻이다. 그가 총독 시절 이 거

영국과 중국의 공존: 광동어를 통해 홍콩의 문화를 읽다

리에서 자주 말을 탔다는 것을 잘 보여 주고 있다. 이 거리의 영어 이름은 '세실'이지만 광동어로 번역할 때는 '클레멘티 총독金督, 깜뚝'이라고 하였다. 또한 클레멘티를 여러 글자로 번역하지 않고 간단하게 '金깜' 한 글자로만 번역했다. 이는 클레멘티의 맨 앞 글자인 '클'을 음역한 것이다.

위의 거리 이름 중에서 '레이디 클레멘티스 라이드Lady Clementi's Ride'는 다른 거리들과 사뭇 달라 보인다. 거리 이름에 여성을 나타내는 '레이디lady'가 있기 때문이다. '레이디 클레멘티'는 클레멘티 경의 부인을 가리키는 것인데, 그녀가 자주 이곳에서 말을 탔기 때문에 이렇게 이름 지었다. 우리는 일반적으로 레이디를 '숙녀'로 알고 있지만, 영국에서는 귀족의 아내처럼 '지체 높은 계층의 귀부인'을 레이디라고 부른다. 광동어 번역은 '金夫人馳馬徑깜푸얀치마껭', 즉 '클레멘티 부인이 말을 타고 달리는 거리'라고 했다. 여기에서의 '金夫人깜푸얀'은 김씨 부인이 아니라 클레멘티 부인이라는 뜻이다.

일반적으로는 부부가 같이 말을 타고 여가 생활을 즐겼을 것으로 생각되지만 클레멘티 경 부부는 그렇지 않았던 듯하다. 그래서 이렇게 거리 이름을 따로 만들었던 것으로 보인다. 아마도 각자 다른 시간에 다른 곳에서 말을 타고 여가를 즐겼기 때문에, 이처럼 다른 이름을 가진 두 개의 거리가 생긴 것 같다.

16) 제18대 총독 '필 경'

필 라이즈貝璐道, 뿌이로우또우

홍콩섬에 위치한 '필 라이즈'는 제18대 홍콩총독인 '윌리엄 필 경Sir William Peel(재임기간 1930~1935년)'의 이름을 따서 지은 거리다. 거리의 원래 이름은 '鴨巴甸新路압빠띤싼로우'였으나

윌리엄 필 경

1960년에 현재의 이름으로 바뀌었다. 이 거리는 산속 공원에 위치해 있기 때문에 차가 거의 다니지 않는다.

17) 제19대 총독 '칼데콧 경'

앤드류 칼데콧 경

칼데콧 로드郝德傑道, 콕딱낏또우

구룡반도에 위치한 '칼데콧 로드'는 제19대 홍콩총독인 '앤드류 칼데콧 경Sir Andrew Caldecott(재임기간 1935~1937년)'의 이름을 따서 지은 거리다. 광동어 번역은 '郝德傑道콕낏또우'이지만, '郝콕'은 홍콩 사람들이 잘 안 쓰는 글자이기 때문에, 대부분이 이와 비슷하게 생긴 '赫학'으로 잘못 읽는다. 읽을 때뿐 아니라 글로 쓸 때도 '郝德傑道콕낏또우'를 '赫德傑道학낏또우'로 잘못 쓰기도 하며, 종종 구룡반도의 침사추이에 있는 '赫德道학딱또우'와 혼동하기도 한다.

칼데콧 로드 근처에는 '성 라파엘 천주교 묘지'라고 불리는 천주교 홍콩 교구 소속의 사유 공동묘지가 있다. 천주교 교구 묘지위원회에서 관리, 감독하며 천주교 교우의 시신을 안장하고 있다.

18) 제20대 총독 '노스코트 경'

제프리 노스코트 경

노스코트 클로즈羅富國徑, 로푸꿕껭

홍콩섬에 위치한 '노스코트 클로즈'는 제20대 홍콩총독인 '제프리 노스코트 경Sir Geoffry Northcote(재임기간 1937~1941년)'의

영국과 중국의 공존: 광동어를 통해 홍콩의 문화를 읽다

이름을 따서 지은 거리다. '클로즈close'는 한쪽 끝이 막혀 있는 거리를 뜻하는 것으로, '노스코트 클로즈'의 동쪽은 다른 거리와 연결되지 않고 막혀 있다. 이 거리 일대에는 '홍콩대학 리카싱 의과대학香港大學李嘉誠醫學院, 행꽁따이혹레이까쎙이혹윈'이 있는데, 홍콩대학 본부와는 수 km 떨어져 있다. 이 의과대학의 원래 명칭은 '홍콩대학 의과대학香港大學醫學院, 행꽁따이혹이혹윈'이었다. 그런데 이후 홍콩 최대의 갑부 리카싱李嘉誠, 레이까쎙이 10억 홍콩달러(우리 돈 약 1,500억 원)를 기부하자 그의 뜻을 기리기 위하여 2006년 1월 1일에 의과대학의 정식 명칭을 '홍콩대학 리카싱 의과대학'으로 바꾸게 되었다.

홍콩대학 리카싱 의과대학의 전신은 1887년에 세워진 '홍콩 중국인 서양의학학교香港華人西醫書院, 행꽁와얀싸이이쒸윈'이다. 1907년에는 이것이 '홍콩 서양의학학교香港西醫書院, 행꽁싸이이쒸윈'로 명칭이 바뀌었고, 1912년 홍콩대학이 개교한 후에는 홍콩대학에 합병되어 '홍콩대학 의과대학'으로 또 한 번 바뀌었다. 중화민국의 국부 손중산孫中山, 쑨

↘노스코트 클로즈   ↑홍콩대학 리카싱 의과대학

←제1회 졸업생인 손중산 선생이 사진 맨 앞줄 한가운데에 앉아 있다(홍콩대학 지하철역 내부의 홍콩대학 100주년 기념 사진 중에서).

쑨씬(쑨원)이 1887년 개교 당시 12명의 신입생 중 한 사람으로 입학했으며, 1892년에는 제1회 졸업생으로 학교를 졸업했다. 이때 졸업한 학생은 손중산을 포함해 단 2명뿐이었다.

19) 제24대 총독 '트렌치 경'

칭청 로드呈祥道, 청챵또우

구룡반도에 위치한 '칭청 로드'는 제24대 홍콩총독인 '데이비드 트렌치 경Sir David Trench(재임기간 1964~1971년)'의 이름과

데이비드 트렌치 경

관련이 있다. 트렌치 경의 광동어 이름은 '戴麟趾따이론찌'인데, 그의 이름과 거리 이름의 '呈祥청챵'은 아무런 관계가 없어 보인다(呈祥의 광동어 발음은 '쳉챵'이지만, 영문은 'Ching Cheung칭청'으로 표기되어 있다). 하지만 '呈祥청챵'은 중국의 사자성어 '麟趾呈祥론찌쳉챵'과 관련 있는 것으로, 아들을 낳았을 때 축하하는 말로 쓰인다. 이렇듯 '呈祥청챵'이 트렌치 경의 이름에 들어간 '麟趾론찌'와 함께 사자성어를 이루어 상서로운 의미를 나타내기 때문에, 트렌치 경을 기념하는 거리 이름에 '呈祥청챵'을 쓴 것으로 보인다. 참고로 '麟趾론찌'는 '기린의 발, 기린의 발자국'이라는 뜻이며, '呈祥청챵'은 '상서로운 조짐'이라는 뜻이다. 여기서 기린은 동물원에서 볼 수 있는 목이 긴 동물이 아니라, 성인聖人의 출현을 알리기 위해 나타난다는 전설 속의 동물이다. 우리나라 조선 시대의 유명한 학자 정인지鄭麟趾 역시 이름이 '麟趾'이다.

3. 홍콩 주둔 영국군 총사령관

홍콩에는 홍콩총독 이외에 홍콩 주둔 영국군 총사령관의 이름을 따서 지은 거리도 있다. 총 13명의 총사령관 이름이 16개의 거리에 들어 있다. 아래에서는 총사령관의 재임 기간 순서에 따라 각각의 거리를 기술하였다.

다귈라 스트리트德己立街, 딱께이랍까이

케이프 다귈라 로드鶴咀道, 혹쪼위또우

스테이블리 스트리트士他花利街, 씨타파레이까이

저보이스 스트리트蘇杭街, 쏘우홍까이

휫필드 로드威非路道, 와이페이로우또우

카메론 로드金馬倫道, 깜마론또우

카메론 레인金馬倫里, 깜마론레이

마운트 카메론 로드金馬倫山道, 깜마론싼또우

바커 로드白加道, 빡까또우

블랙스 링크布力徑, 뽀우렉껭

개스코인 로드加士居道, 까씨꼬위또우

해턴 로드克頓道, 학똔또우

브로드우드 로드樂活道, 록웃또우

벤트리스 로드雲地利道, 완떼이레이또우

루어드 로드盧押道, 로우앗또우

보렛 로드波老道, 뽀로우또우

'다귈라 스트리트'와 '케이프 다귈라 로드'는 홍콩 주둔 영국군 총사령관과 초대 홍콩 부총독을 지낸 조지 다귈라George Charles D'Aguilar 장군의 이름을 따서 지은 것이다. '다귈라 스트리트'의 광동어 이름은 원래 '德忌笠街딱께이랍까이'였으나 1963년에 지금의 이름인 '德己立街딱께이랍까이'로 바뀌었다(두 번째 글자 '忌'가 '己'로, 세 번째 글자 '笠'이 '立'으로 바뀌었다. 이 글자들은 서로 성조만 다를 뿐 발음은 똑같다). 특히 '忌께이'는 '꺼리다, 기피하다'라는 뜻으로, 이름으로 사용하기에는 적합하지 않았기 때문이다.

'스테이블리 스트리트'는 홍콩 주둔 영국군 총사령관과 홍콩 부총독을 지낸 윌리엄 스테이블리William Staveley 장군의 이름을 따서 지은 것이다. 스테이블리 장군은 1848년 3월에 홍콩총독 직무대리를 맡기도 했다.

'저보이스 스트리트'는 홍콩 주둔 영국군 총사령관과 홍콩 부총독을 지낸 윌리엄 저보이스William Jervois 장군의 이름을 따서 지은 것이다. '저보이스 스트리트'의 광동어 이름은 원래 '乍畏街짜와이까이'였는데 후에 '蘇杭街쏘우홍까이'로 바뀌었다. '蘇杭街쏘우홍까이'는 중국의 소주蘇州, 쏘우짜우와 항주杭州, 홍짜우에서 각각의 앞 글자 '소蘇'와 '항杭'만 따서 지은 것이다. 이렇게 이름이 바뀐 이유는 이곳의 많은 상점들이 소주와 항주에서 비단을 들여와 판매했기 때문이다. 이곳에 비단 상점들이 하나둘 늘어나기 시작하면서 80군데가 넘는 비단 상점들이 생겨났고, 이후 비단사업이 크게 번창하자 사람들이 습관처럼 이 거리를 '蘇杭街쏘우홍까이'로 부르게 되었다. 이처럼 원래의 이름인 '乍畏街짜와이까이'는 'Jervois저보이스'를 음역한 것이지만, 나중에 바뀐 '蘇杭街쏘우홍까이'는 거리의 특성에 기반하여 새롭게 지어졌다.

'휫필드 로드'는 헨리 휫필드Henry Wase Whitfield 장군의 이름을 따서 지은 것이다. 또한 '카메론 로드'와 '카메론 레인', '마운트 카메론 로드'는 윌리엄 카메론William Gordon Cameron 장군의 이름에서 따왔다. 카메론 장군은 1887년 4월부터 10월까지 홍콩총독 직무대리를 맡기도 했다.

스테이블리 스트리트

다귈라 스트리트

횟필드 로드

저보이스 스트리트

'바커 로드'는 조지 바커George Digby Barker 장군의 이름을 따서 지은 거리로, 바커 장군 또한 1891년 5월부터 12월까지 홍콩총독 직무대리를 맡았다. 바커 로드의 광동어 이름은 원래 '北架道빡까또우'였지만, 후에 지금의 이름인 '白加道빡까또우'로 바뀌었다. 첫 번째 글자와 두 번째 글자가 모두 바뀌었는데, 성조만 다를 뿐 발음은 서로 같다.

'블랙스 링크'는 윌슨 블랙Wilsone Black 장군의 이름을 따서 지은 거리로, 광동어 이름은 원래 '堡壘徑뽀우로위껭'이었지만 후에 '布力徑뽀우렉껭'으로 바뀌었다. 두 번째 글자 '壘

↑ 카메론 로드
↓ 브로드우드 로드(트램 정류장)

↑ 카메론 레인
↓ 루어드 로드(트램 정류장)

↑ 개스코인 로드
↓ 보렛 로드

로위'를 '力렉'으로 바꾸어 영어 발음 '랙'에 더욱 가깝게 했다.

'개스코인 로드'는 홍콩 주둔 영국군 총사령관과 홍콩 부총독을 지낸 윌리엄 개스코인 William Julius Gascoigne 장군의 이름을 따서 지은 것이다. '해턴 로드'는 빌리어스 해턴 Villiers Hatton 장군의 이름에서 따왔다.

'브로드우드 로드'는 로버트 브로드우드Robert George Broadwood 장군의 이름을 따서 지은 거리다. 원래 광동어 이름은 '布律活道뽀우룻웃또우'였지만 후에 '樂活道록웃또우'로 바꿨었다. 즉 원래의 이름에는 영어 이름의 첫음절인 '브'가 '뽀우'라는 발음으로 남아 있었으나 나중에는 이 '브' 음역이 없어져 버렸다.

'벤트리스 로드'는 프란시스 벤트리스Francis Ventris 장군의 이름을, '루어드 로드'는 찰스 루어드Charles Camac Luard 장군의 이름을 따서 지었다. 또한 '보렛 로드'는 오스왈드 보렛Oswald Cuthbert Borrett 장군의 이름을 따서 지었다.

영국과 중국의 공존: 광동어를 통해 홍콩의 문화를 읽다

4. 영국수상

영국수상의 이름을 본떠 지은 거리도 홍콩에 7개가 있다. 각 거리에 1명씩, 모두 7명의 수상 이름이 거리에 들어 있다. 아래에서는 수상의 재임기간 순서에 따라 각각의 거리를 기술하였다.

뷰트 스트리트弼街, 빳까이

포틀랜드 스트리트砵蘭街, 뿟란까이

핏 스트리트碧街, 뻭까이

웰링턴 스트리트威靈頓街, 와이렝뜬까이

필 스트리트卑利街, 뻬이레이까이

애버딘 스트리트鴨巴甸街, 압빠띤까이

솔즈베리 로드梳士巴利道, 쏘씨빠레이또우

'뷰트 스트리트'는 영국의 제7대 수상을 역임한 뷰트 백작3rd Earl of Bute의 이름을 따서 지었다. 광동어로 번역할 때는 두 글자인 '뷰트'를 한 글자인 '弼빳'으로 번역했는데, '빳'의 'ㅅ' 받침은 영어의 't'에 해당하는 것으로, 뷰트의 '트' 발음을 잘 살려 내고 있다.

'포틀랜드 스트리트'는 영국의 제15대 수상과 제20대 수상을 지낸 포틀랜드 공작3rd Duke of Portland의 이름을 따서 지은 것이다. 포틀랜드 스트리트에는 영화관, 잡화점, 약재상, 포목점, 인쇄소, 구두 상점, 장례용품 판매점, 건축자재 판매점, 인테리어업체 등 여러 상점들이 한데 모여 있다.

'핏 스트리트'는 영국의 제16대 수상과 제18대 수상을 역임한 윌리엄 핏William Pitt the Younger의 이름을 따서 지었다. 핏 스트리트의 광동어 이름은 '碧街뻭까이'로 '뻭'은 'ㄱ'

↑ 뷰트 스트리트   ↑ 포틀랜드 스트리트   ↑ 핏 스트리트
↓ 웰링턴 스트리트   ↓ 필 스트리트   ↓ 애버딘 스트리트

받침으로 발음된다. 이는 영어의 'k'에 해당하는 것으로, 영어 이름인 핏Pitt은 't' 받침으로 발음되지만 광동어로 번역할 때는 't'가 아닌 'k'로 번역했다.

'웰링턴 스트리트'는 영국의 제25대 수상과 제28대 수상을 역임한 웰링턴 공작1st Duke of Wellington의 이름을 따서 지은 것이다. 웰링턴 공작은 워털루전투에서 나폴레옹이 이끄는 프랑스 군대를 격파한 장군으로도 유명하다.

'필 스트리트'는 영국의 제29대 수상과 제31대 수상을 지낸 로버트 필 경Sir Robert Peel의 이름을 따서 지었다. 영어의 '필Peel'을 광동어에서는 '卑利삐이레이' 두 글자로 번역했는데, 이는 광동어에 'l' 종성('ㄹ' 받침)으로 발음되는 글자가 없기 때문이다. 거리의 북쪽에는 좁은 골목에 노점상들이 형성되어 있어 차량통행이 금지되어 있다.

'애버딘 스트리트'는 영국의 제34대 수상을 지낸 애버딘 백작4th Earl of Aberdeen의 이름을 따서 지은 것이다. 또한 '솔즈베리 로드'는 영국의 제44대, 제46대, 제49대 수상을 역

솔즈베리 로드

임한 솔즈베리 후작3rd Marquess of Salisbury의 이름을 따서 지은 것이다. 솔즈베리 로드의 광동어 이름은 원래 '疏利士巴利道쏘레이씨빠레이또우'였다. 이 거리의 영어 이름인 '솔즈베리Salisbury'는 원래 'i'가 발음되지 않지만, 처음 광동어로 번역할 때는 철자에 맞춰 'i'도 발음이 나는 것으로 간주했다. 그리하여 '솔즈베리'를 '솔리스베리'로 번역하여 '疏利士巴利쏘레이씨빠레이'라고 하였다. 하지만 1970년대에 영국령 홍콩정부가 원래의 음과 가까운 '梳士巴利쏘씨빠레이'로 이름을 바꾸었고, 이후 현재까지 바꾼 이름을 계속 사용하고 있다.

5. 영국 해군제독

홍콩에는 영국 해군제독의 이름을 따서 지은 거리도 있는데, 위의 영국수상과 마찬가지로 모두 7개가 있다. 이 역시 각각의 거리에 각 1명씩, 모두 7명의 해군제독 이름이 거리에 들어 있다.

넬슨 스트리트奶路臣街, 나이로우싼까이

게이지 스트리트結志街, 낏찌까이

코크런 스트리트閣麟街, 꼭론까이

마운트 파커 로드柏架山道, 팍까싼또우

시모어 로드西摩道, 싸이모또우

벨처스 스트리트卑路乍街, 뻬이로우짜까이

하코트 로드夏愨道, 하콕또우

'넬슨 스트리트'는 영국 역사상 가장 위대한 해군으로 추앙받는 허레이쇼 넬슨Horatio Nelson 제독의 이름을 따서 지었다. 넬슨 스트리트는 유동 인구가 많기로 유명한 몽콕에 위치한 거리로, 레이디스마켓과 인접해 있으며 몽콕 지하철역의 바로 옆에 자리하고 있다. 게다가 지하철역의 14개 출구 중 두 곳이 이 거리를 향해 있기 때문에, 이곳을 지나다니는 사람들로 거리가 하루 종일 북적거린다. 넬슨 스트리트의 넬슨Nelson을 광동어에서는 '奶路臣나이로우쌴'으로 번역했다. 즉 '넬Nel'을 '奶路나이로우' 두 글자로 옮겨 놓았다. 이러한 방식은 앞서 '영국수상' 항목에서 살펴본 필 스트리트와 유사하다. 여기에서 한 가지 공통점을 발견할 수 있는데, 광동어에는 'l' 종성('ㄹ' 받침)으로 발음되는 글자가 없기 때문에, 이를 한 글자로 표기하지 못하고 위에서처럼 두 글자로 표기한다는 것이다. 게다가 두 번째 글자는 '利레이'와 '路로우'처럼 첫소리가 'ㄹ'로 발음되는 글자를 쓰고 있다.

'게이지 스트리트'는 영국 해군제독이었던 윌리엄 게이지 경Sir William Hall Gage의 이름을 따서 지었다. '게이지 스트리트'는 이곳에 위치한 노천시장으로 유명하다(자세한 내용은 제10장 중 '3. 낏찌까이 재래시장' 부분을 참고할 것).

'코크런 스트리트'는 영국 해군 총사령관이었던 토머스 코크런Thomas Cochrane 제독의 이름에서 따왔다. 코크런 제독은 선박용 증기기관과 케이슨 공법(철재를 사용하여 깊은 수면 밑의 교각공사를 가능하게 한 교량 건설)을 발명한 발명가이기도 하다.

'마운트 파커 로드'는 영국 해군 사령관이었던 윌리엄 파커William Parker 제독의 이름을 따서 지었으며, '시모어 로드'는 영국 해군제독인 마이클 시모어 경Sir Michael Seymour의 이름을 따서 지었다.

'벨처스 스트리트'는 1841년에 홍콩의 빅토리아 항구를 측량한 영국 해군 장교 에드워드 벨처Edward Belcher 제독의 이름을 따서 지었다. 벨처 제독은 포를 쏠 수 있는 군사시설을 홍콩섬 동쪽과 서쪽에 각각 하나씩 설치한 후, 서쪽의 시설을 벨처 포대卑路乍炮臺,

↑ 넬슨 스트리트
○ 코크런 스트리트
↓ 벨처스 스트리트

↑ 넬슨 스트리트에 위치한 변전소
○ 마운트 파커 로드(트램 정류장)
↓ 하코트 로드

↑ 게이지 스트리트
○ 시모어 로드
↓ 하코트 로드에 위치한 주 홍콩 대한민국 총영사관

빼이로우짜파우토이라고 이름 지은 바 있다. 이후 포대 아래에 새롭게 거리가 건설되었는데, 이 거리 역시 홍콩 수비에 많은 공헌을 세운 벨처 제독을 기념하기 위하여 벨처 포대와 마찬가지로 '벨처스 스트리트'라고 하게 되었다.

'하코트 로드'는 영국 해군제독이었던 세실 하코트 경Sir Cecil Harcourt의 이름을 따서 지

은 거리로, 하코트 제독은 제2차 세계대전이 끝난 뒤 패망한 일본으로부터 직접 투항
문서를 받아 낸 인물이다. 하코트 로드에는 주 홍콩 대한민국 총영사관이 위치해 있다.

6. 영국·중국·베트남 지명

영국 왕실 구성원이나 영국수상, 영국군 장교와 같이 사람 이름을 따서 거리 이름으로
지은 경우도 있지만, 이 밖에 영국이나 중국의 지명, 심지어는 다른 나라인 베트남의 지
명을 거리 이름으로 사용한 경우도 있다. 예를 들어 영국의 지명을 따서 지은 경우는
'데번 로드德雲道, 딱완또우'와 '도셋 크레센트多實街, 또쌋까이'가 있는데, 이들은 각각 영국
의 주인 데번Devon과 도셋Dorset에서 따왔다. 북경이나 광동, 남경, 상해 등 중국의 지
명을 따서 지은 '페킹 로드北京道, 빡껭또우(북경을 영어식으로 표기해 Peking이라고 했
다)'와 '캔톤 로드廣東道, 꿩똥또우(광동을 광동어로 꿩똥이라고 하는데 이를 영어에서는
Canton이라고 한다)', '난킹 스트리트南京街, 남껭까이', '상하이 스트리트上海街, 쌩호이까이'
도 있다.

영국과 중국이 아닌 다른 나라의 도시 이름을 거리에 넣은 경우도 있는데, 특이하게도
베트남 지명을 넣어 지은 곳이 세 군데나 된다. 하노이와 하이퐁, 사이공이 이에 해당
하며, 각각 '하노이 로드河內道, 호노이또우'와 '하이퐁 로드海防道, 호이퐁또우', '사이공 스트
리트西貢街, 싸이꽁까이'로 이름 지었다. 사이공은 베트남의 경제 중심지로, 1975년까지는
사이공으로 불렸지만 1976년부터는 호찌민으로 불리고 있다. 이렇게 베트남의 여러 도
시가 홍콩의 거리 이름에 등장하는 이유는, 베트남이 홍콩과 지리적으로 가까울 뿐만
아니라 당시에 홍콩의 주요한 무역 상대국이었기 때문인 듯하다.

영국과 중국의 공존: 광동어를 통해 홍콩의 문화를 읽다

↑ 데번 로드
○ 캔톤 로드
↓ 하노이 로드

↑ 도셋 크레센트
○ 난킹 스트리트
↓ 하이퐁 로드

↑ 페킹 로드
○ 상하이 스트리트
↓ 사이공 스트리트

7. 건축물, 선박

지명뿐 아니라 건축물을 거리 이름에 넣은 경우도 있다. 경찰서와 병원, 은행을 거리 이름에 넣어 '스테이션 스트리트差館街, 차이꾼까이'와 '하스피틀 로드醫院道, 이윈또우', '뱅크 스트리트銀行街, (응)안홍까이'라고 했다. 스테이션station은 원래 '버스 정류장' 또는 '기차역'이라는 뜻이지만, 거리 이름에서는 폴리스 스테이션police station, 즉 '경찰서'라는 뜻

↑ 스테이션 스트리트
○ 뱅크 스트리트
↓ 요트 스트리트

↑ 하스피틀 로드
○ 쉽 스트리트
↓ 페리 스트리트

스쿠너 스트리트

영국과 중국의 공존: 광동어를 통해 홍콩의 문화를 읽다

으로 쓰였다. 광동어의 '差館차이꾼' 역시 경찰서라는 뜻이다. '병원의 거리'인 하스피틀 로드에는 홍콩 최초의 산부인과인 '贊育醫院짠욱이원'이 있었다. 또한 '은행의 거리'인 뱅크 스트리트는 센트럴의 홍콩상하이은행 본사와 중국은행 빌딩 사이에 있다. 거대한 두 은행 사이에 있는 거리라서 굉장히 넓고 길 것 같지만 실제로는 좁고 짧다.

홍콩은 바다와 인접한 지역이기 때문에 선박에 관련된 거리 이름들이 특히 많다. '배'를 나타내는 '보트 스트리트艇街, 텡까이'와 '쉽 스트리트船街, 쓴까이'를 비롯하여 '요트 스트리트帆船街, 판쓴까이', '페리 스트리트渡船街, 또우쓴까이', '스쿠너 스트리트捷船街, 찟쓴까이'가 있다. 배는 아니지만 이와 관련된 '독 스트리트船澳街, 쓴오우까이'도 있다. '독dock'은 건조된 선박을 바다에 띄울 수 있도록 해 주는 시설을 말한다.

선박이나 이와 관련된 이름을 따서 지은 위의 여러 거리들은, 원래는 해안 지역이었지만 후에 간척사업을 통해 육지로 변모한 곳이다. 이러한 거리 이름들을 통해 이곳이 이전에 어떠한 곳이었는지를 쉽게 짐작할 수 있다.

8. 식품, 자연

홍콩에는 설탕의 거리인 '슈거 스트리트糖街, 통까이'도 있고, 간장의 거리인 '소이 스트리트豉油街, 씨아우까이'도 있다. '슈거 스트리트'는 이곳에 홍콩 최초의 설탕공장이 세워졌기 때문에 붙여진 이름이고, '소이 스트리트'는 예전에 간장공장이 이곳에 있었기 때문에 붙여진 이름이다.

해와 달, 별, 산, 나무 등 자연을 거리 이름에 넣은 경우도 있다. '썬 스트리트日街, 얏까이'와 '문 스트리트月街, 윗까이', '스타 스트리트星街, 쎙까이' 같은 낭만적인 이름들을 비롯하여, '힐 로드山道, 싼또우'와 '메이플 스트리트楓樹街, 퐁쒸까이(단풍나무)', '오크 스트리트橡樹街, 쨍쒸까이(상수리나무)', '비치 스트리트欅樹街, 꼬위쒸까이(너도밤나무)', '팜 스트리트棕

樹街, 쫑쒸까이(종려나무)'와 같이 산과 나무에 관한 이름들도 있다.

한국 사람에게 잘 알려진 '할리우드 로드荷李活道, 호레이웃또우' 역시 나무 이름을 따서 거리 이름으로 지은 것이다. 즉 '할리우드hollywood'는 '호랑가시나무'라는 뜻으로 미국의 영화 중심지인 할리우드와는 아무런 관계가 없다. 할리우드 로드는 영국 식민지 초기에 형성된 곳으로, 당시 이곳에 호랑가시나무를 심었기 때문에 '호랑가시나무의 거리'라는 뜻에서 이 이름을 붙였다고 한다. 미국의 할리우드는 이 시기에 아직 생겨나지도

↑ 슈거 스트리트　　↑ 소이 스트리트　　↑ 썬 스트리트
○ 문 스트리트　　　○ 스타 스트리트　　○ 메이플 스트리트
↓ 오크 스트리트　　↓ 비치 스트리트　　↓ 팜 스트리트

할리우드 로드

않았다.

이렇듯 홍콩의 거리에는 지난 역사와 관련된 재미 있는 이름들이 무척 많다. 거리 이름들이 지니고 있는 역사와 그 의미를 함께 알고 걷는다면, 무작정 길을 걸을 때보다 홍콩에 대해 훨씬 더 깊이 있게 이해할 수 있을 것이다.

HONGKONG

06
홍콩의 교통

1. 보행자 유의사항과 신호등

홍콩은 모든 자동차(트램 포함)의 운전석이 한국과는 다르게 오른쪽에 있다. 차량들도 좌측통행을 하고 있어서, 우측통행을 하는 우리와는 반대된다. 그렇기 때문에 길을 건널 때는 일단 오른쪽을 보고 건너야 한다(한국은 왼쪽). 또한 횡단보도의 바닥에 그려진 얼룩말무늬도 흰색이 아니라 노란색이다.

신호등을 설치하기 애매한 짧은 거리의 횡단보도에는 얼룩말 무늬를 그려 놓는 대신 바닥에 보행자의 주시 방향을 써 놓았다. 짧은 거리임에도 불구하고 횡단보도의 중간에는 대부분 잠깐 멈춰 설 수 있는 공간도 마련해 놓고 있는데, 급하게 건너지 말고 천천히 여유 있게 건너라는 뜻인 것 같다. 아무래도 건너야 할 거리가 남아 있을 때 차가 다가오고 있으면, 급한 마음에 서두르게 되고, 그러다 뛰게 되고, 또 그러는 순간 사고가 날 수 있기 때문이다. 또한 한국에서는 신호등이 없을 경우 두리번거리며 좌우를 살펴보고 건너야 하지만, 홍콩에서는 바닥에 쓰인 주시 방향을 보고 건너면 된다. 보행자

영국과 중국의 공존: 광동어를 통해 홍콩의 문화를 읽다

홍콩은 한국과 다르게 자동차들이 좌측통행을 한다.

오른쪽을 보고 건너세요.　길 중간에 설 수 있는 공간　천천히 운전하세요.
　　　　　　　　　　　(가운데 노란 부분)

를 우선으로 생각하기 때문에 친절하게 바닥에 주시 방향을 써 놓았기 때문이다.

처음에 홍콩에서 길을 건널 때는 바닥에 주시 방향이 쓰여 있을 거라고는 생각지도 못 했다. 그래서 바닥에 쓰인 글씨가 아예 눈에 들어오지도 않았다. 무의식중에 한국에서 처럼 왼쪽을 보고 건넜는데 이상하게 차가 한 대도 없었다. '희한하네, 아주 후미진 골 목길도 아닌데 왜 차가 없지?' 이렇게 생각하는 순간 오른쪽에서 빵~ 하고 경적이 울렸 다. 냅다 뛰다시피 얼른 길을 건너갔다.

홍콩의 신호등에서는 24시간 내내 쉴 새 없이 소리가 난다. 처음 신호등 앞에 섰을 때 는 그냥 무슨 소리가 나나 보다 했다. 차가 쌩쌩 지나가는 소리에 경적소리에 사람들 말 소리로 거리가 워낙 시끄럽다 보니 신호등에서 나는 소리는 그다지 특별해 보이지 않

노란색으로 그려진 횡단보도

횡단보도를 건너는 사람들

앉다. 그런데 몇 번 신호등을 건너다가 그 소리에 일정한 규칙이 있다는 것을 알게 되었다. 빨간불일 때는 '띡… 띡… 띡…' 하고서 '띡' 소리가 천천히 난다. 그리고 파란불로 바뀌기 전에는 빨간불에서 '띠릭… 띠릭… 띠릭…' 하는 소리가 난다. 그다음 파란불로 바뀌고 나서는 '띠리리리리리리리리~' 하고 계속해서 소리가 나고, 빨간불로 바뀌기 직전 파란불이 깜빡깜빡거리면서 '띠리릭… 띠리릭… 띠리릭…' 하는 소리를 낸다. 신호등 소리에 익숙해진 사람들은 소리만 듣고서도 언제 신호가 바뀌고 언제 건너가도 되는지 알 수 있게 된다. 신호등 앞에서 대기하고 있던 사람들 중 성격 급한 사람들은 '띠릭… 띠릭… 띠릭…' 소리만 나도 건너간다. 조금 후에 파란불로 바뀔 것을 알기 때문이다.

홍콩에서 처음 신호등에 섰을 때 빨간불인데도 사람들이 마구 건너가서 이상하다고 생각했다. 그런데 더 이상한 건 건너간 후 조금 있으면 파란불로 바뀐다는 점이었다. 파란불이 빨간불로 바뀌기 전에는 깜빡거리지만, 빨간불이 파란불로 바뀌기 전에는 깜빡거리지 않는다. 불이 깜박거리는 것도 아닌데 어떻게 알고들 건너는지 참 신기했다. 시간이 흐른 뒤 해답이 바로 소리에 있다는 것을 알게 되었다. 이렇듯 홍콩의 신호등은 시각과 청각을 모두 동원한 시스템이어서, 소리만 듣고서도 다음 진행 상황을 예측할 수 있다. 하지만 2017년부터는 파란불로 바뀌기 전에 나던 '띠릭… 띠릭… 띠릭…' 소리가 더 이상 나지 않는다. 아마도 이 소리를 듣고 무단횡단을 하는 사람이 많아서 없애 버린 듯하다.

2. 옥토퍼스카드 八達通, 빳땃통

홍콩에 도착하면 가장 먼저 구입해야 할 카드가 하나 있다. 바로 옥토퍼스카드이다. 교통카드에 직불카드의 역할까지 하고 있는 이 카드는 지하철과 버스, 트램, 페리, 공항고속열차와 같은 교통수단을 이용할 때뿐 아니라, 편의점과 드러그 스토어, 슈퍼마켓, 패스트푸드점

옥토퍼스카드

에서 물품을 구입한 뒤 계산할 때도 사용할 수 있다. 또한 자판기에 동전을 넣을 필요 없이 카드를 단말기에 인식하기만 하면 원하는 상품이 바로 나오며, 이 밖에 공공수영장과 체육관에서도 이용이 가능하다. 카드에 일정한 금액을 충전한 뒤 사용할 수 있으며, 충전한 금액을 다 쓰고 나면 지하철역의 충전기에서 직접 충전하거나 편의점, 드러그 스토어, 슈퍼마켓, 패스트푸드점에서 충전하면 된다. 그 대신 1,000홍콩달러 이상의 금액은 충전할 수 없다.

맨 처음 카드를 구입할 때의 금액은 150홍콩달러인데, 이 중에서 100홍콩달러는 실제 사용할 수 있는 금액이고 나머지 50홍콩달러는 보증금이다. 그렇기 때문에 100홍콩달러를 다 쓰게 되면 다시 충전해야 한다. 하지만 깜빡 잊고 충전을 하지 않아 충전 금액이 모자라는 경우가 있다. 이러한 당황스러운 경우에도 얼마간은 사용이 가능하다. 보증금 50홍콩달러를 저장해 놓은 덕분이다. 홍콩에서 옥토퍼스카드로 지하철을 이용하던 도중, 개찰구 단말기에 −3,4라는 숫자가 찍힌 적이 있다. 처음에는 단말기가 고장 난

❶❷❸❹ 순서대로 지하철 개찰구, 편의점, 자판기, 패스트푸드점의 옥토퍼스카드 단말기. ❹의 단말기는 오른쪽 헬로키티 인형 바로 옆에 있다.

줄 알았다. 그래서 숫자 앞에 나오지 않아도 되는 마이너스 부호가 나온 걸로 생각했다. 그런데 다른 정류장 개찰구에서도 숫자 앞에 마이너스가 찍혔다. 왜 이러지? 뭐가 잘못됐나? 그러다 갑자기 머릿속에 무언가가 섬광처럼 스쳐 지나갔다. 아! 충전을 안 해서 그렇구나. 서둘러 편의점에서 충전을 하고 나오는데 기계지만 상당히 융통성이 있다는 생각이 들었다. 충전 금액이 모자라다고 바쁜 출근 시간이나 빠듯한 약속 시간에 지하철 안으로 안 들여보내 주면 얼마나 당황스럽겠는가. 옥토퍼스카드야말로 진정한 인공지능이다.

세계에서 가장 먼저 생겨나고 가장 성공한 전자화폐인 옥토퍼스카드는 1997년 9월 1일부터 사용되기 시작했다. 같은 해 말에는 3개월의 짧은 시간 동안 300만 장의 옥토퍼스카드가 발행되었다. 보급량도 세계에서 가장 많아서, 2015년 6월 기준으로 2,800만 장이 넘게 유통되었다. 카드는 매일 1,300만 회가 넘게 사용되고 있으며, 사용 금액도 매일 1억 5천만 홍콩달러(우리 돈 약 225억 원)를 초과한다. 옥토퍼스카드는 사용자들이 편리하게 이용할 수 있도록 계속해서 새로운 방식을 도입하고 있는데, 1999년에는

단말기에 가까이 가져가기만 하면 계산이 되는 '옥토퍼스시계'를 출시했다. 또 2005년
에는 '빳땃통얏얏썅八達通日日賞' 제도를 실시하여 구매 금액의 0.5%를 적립해 주었다.
'빳땃통얏얏썅八達通日日賞'은 '날마다 지급되는 옥토퍼스카드 보상금'이라는 뜻이다.

홍콩은 동전의 종류가 7개나 된다. 10홍콩달러, 5홍콩달러, 2홍콩달러, 1홍콩달러, 50
센트, 20센트, 10센트가 그것이다. 그래서 상점이나 음식점에서 계산을 하고 잔돈을 거
슬러 받거나, 슈퍼마켓이나 편의점에서 물건을 낱개로 몇 번 사다 보면 동전이 엄청 많
아진다. 한국은 100원 이하 단위까지 있는 상품이 별로 없지만, 홍콩은 많은 상품이 센
트 단위까지 있다. 게다가 10홍콩달러와 5홍콩달러 동전은 꽤 두꺼워 상당히 묵직하다.
10홍콩달러짜리는 동전과 지폐 두 가지가 있어서 지폐로 거슬러 주는 곳도 있지만, 동
전으로 주는 곳도 가끔 있다. 심지어는 10홍콩달러를 5홍콩달러짜리 동전 2개로 거슬

지하철역 안의 옥토퍼스카드 충전기(좌)와
사용내역 조회기(우). 오른쪽의 사진과 같
이 카드를 단말기에 접촉하면 최근 10번
사용한 내역과 잔액을 조회할 수 있다.

옥토퍼스시계   어린이용 옥토퍼스시계

러 주는 곳도 있다. 이럴 때 옥토퍼스카드가 빛을 발한다. 무거운 동전을 찔랑거리며 잔뜩 들고 다닐 필요 없이 카드 한 장만 있으면 되니 말이다.

옥토퍼스카드의 광동어 이름은 '빳땃통八達通'이다. 처음 '빳땃통'을 들었을 때는 무슨 뜻인지 궁금했다. 그리고 '빳땃통'과 옥토퍼스가 무슨 관련이 있는지도 궁금했다. 옥토퍼스octopus는 '문어'라는 뜻이기 때문이다.

'빳땃통八達通'은 1996년에 실시한 이름 공모전에서 우승을 차지하며 채택된 이름이다. '빳땃八達'은 '길이 사방팔방으로 통해 있다'는 뜻의 '사통팔달四通八達, 쎄이통빳땃'에서 따온 것으로, '이 카드 하나만 있으면 사방팔방 어디든 가지 못할 곳이 없다'는 뜻에서 이렇게 이름 지었다고 한다. 이뿐만 아니라 홍콩 사람들은 '빳八'을 행운의 숫자라고 생각하는데, '빳八'이 '부자가 되다, 발달하다'라는 뜻의 '팟發'과 발음이 비슷하기 때문이다. 그러므로 '빳땃八達'에는 사통팔달뿐 아니라 행운의 의미까지 함께 들어 있다.

'빳땃통'의 영어 이름인 '옥토퍼스octopus'는 문어라는 뜻이기 때문에, 각종 기능을 지닌 카드의 이름으로는 어울리지 않는 것처럼 보인다. 하지만 이 '옥토퍼스'에는 많은 뜻이 담겨 있다. 우선 문어의 다리가 8개이므로 광동어 이름의 '빳八'에 부합한다. 그리고 문어는 8개의 다리를 동시에 뻗어 도처에 있는 여러 개의 물건을 한꺼번에 잡을 수 있다. 따라서 여러 가지 다양한 기능을 한꺼번에 장착한 '빳땃통'의 특징과 서로 일치한다. 전혀 관계없어 보이는 문어와 옥토퍼스카드가 이처럼 공통점을 지니고 있는 것이다.

실제 옥토퍼스카드에는 아라비아 숫자 '8'이 다채로운 색상을 배경으로 한가운데 비스듬히 그려져 있다. 그런데 자세히 보면 '8' 자가 입체적으로 보인다. 바로 뫼비우스의 띠 모양이다. 안과 밖의 구분이 없어서 안으로 들어가다 보면 밖으로 나오고, 밖으로 나가다 보면 안으로 들어가는데, 이러한 뫼비우스의 띠는 무한함을 상징한다. 그래서인지 카드의 숫자 '8'은 무한대를 상징하는 부호 '∞'와도 닮았다. 이러한 모양은 '빳땃통八達通'의 '빳八'을 상징하는 동시에 카드가 지니고 있는 '무한한' 기능도 상징하고 있다.

옥토퍼스카드를 단말기에 찍을 때는 '삑' 하는 소리가 난다. 하지만 홍콩 사람들은 이 소리를 '뚯'으로 듣는다. 그래서인지 '카드를 단말기에 대다'라는 표현 역시 '뚯嘟'이라고 한다. 점원이 손님에게 "카드를 단말기에 대 주세요"라고 할 때도 "뚯라嘟啦"라고 한다 (啦는 '~해 주세요'라는 뜻이다). '뚯' 이외에 '꽉캇拍咭'도 '카드를 단말기에 대다'라는 뜻이지만, '뚯'이 더 간단한 데다 발음하기도 쉽기 때문에 홍콩 사람들은 '뚯'을 더 많이 쓴다. '뚯'은 의성어이지만 특이하게 동사로도 사용되고 있다.

3. 트램電車, 띤체

트램은 홍콩섬에서만 운행하는 교통수단으로, 홍콩섬 동쪽의 사우케이완부터 서쪽의 케네디 타운까지를 연결한다. 1904년 처음 운행을 시작한 이래 지금까지 110여 년 동안 계속해서 홍콩섬을 누비고 있으며, 매일 18만 명의 승객을 싣고 달리고 있다.

철로가 있는 트램은 1807년 영국에서 처음 운행하기 시작했으며, 홍콩 역시 영국과 마찬가지로 철로가 장착된 도로 위에서 움직인다. 홍콩을 달리는 모든 트램은 이층버스처럼 위층과 아래층으로 이루어진 이층트램인데, 이처럼 단층이 아닌 이층트램으로만 운행하는 곳은 전 세계에서 홍콩밖에 없다. 영국의 블랙풀Blackpool과 이집트의 알렉산드리아Alexandria에도 이층트램이 있지만, 모든 트램이 이층인 홍콩과는 다르게 일부만 이층트램으로 운행된다.

트램은 홍콩 사람들에게는 중요한 교통수단이며, 홍콩을 찾아오는 관광객들에게는 이국적인 관광 명물이다. 홍콩 사람들은 트램을 '땡땡叮叮'이라고도 하는데, 차가 출발할 때나 위험을 알릴 때 종소리를 내기 때문이다. 트램이 처음 생길 당시에는 트램 철로가 모두 해안에 위치하고 있었지만, 백 년 동안 꾸준히 간척사업을 진행한 결과 지금은 대부분이 해안과 멀리 떨어져 있다.

'HONG KONG(香港)'이라 쓰인 트램   한국산 인삼을 광고하는 홍콩의 트램

1880년대 초 홍콩의 교통수단은 마차와 인력거, 가마가 전부였다. 이때는 인구가 계속 해서 증가하던 시기였기 때문에 사람들을 대량으로 실어 나를 수 있는 교통수단이 필 요했다. 그리하여 영국령 홍콩정부가 1882년에 트램과 피크트램을 건설하기로 결정했 다. 그러나 당시 영국 사람들 대부분이 빅토리아 피크에 거주하고 있었기 때문에, 빅토 리아 피크를 오가는 피크트램에만 관심을 가질 뿐 트램에는 아무도 관심을 가지지 않 았다. 피크트램은 1885년에 공사를 시작하여 3년 후인 1888년에 완성되었다. 하지만 이때까지도 트램 건설에는 누구 하나 신경 쓰는 사람이 없었다. 10여 년이 지난 1901 년이 되어서야 영국령 홍콩정부가 트램 건설을 공포하고, 영국 런던에 홍콩트램 전력 주식회사를 설립하였다. 이후 홍콩의 트램 설립과 운영은 런던에 있는 이 회사에서 모 두 담당하게 되었다. 1903년부터는 철로 부설공사를 시작했는데, 지금과는 달리 철로 가 하나밖에 없는 단선 철로였다. 또한 트램은 1904년에 영국에서 부품을 들여와 조립 하는 방식으로 제작되었는데, 이층트램이 아닌 단층트램이었다. 모두 26대의 트램이 완성되었으며, 이후 시험 운행을 거친 뒤 같은 해인 1904년 7월 4일에 드디어 정식으로 운행을 시작하였다.

최초로 제작된 26대의 트램 중 10대는 1등급 트램이었고 16대는 3등급 트램이었다(2

등급 트램은 없었다). 원래는 1등급, 2등급, 3등급의 3가지로 구분하려고 했으나 운행의 편리를 위해 1등급과 3등급으로만 구분하게 되었다. 이렇게 구분한 이유는 서양인과 중국인을 나눠 태우기 위함이었다. 즉 1등급 트램은 서양인만 탈 수 있는 일명 '서양인 트램'이었고, 3등급 트램은 중국인만 탈 수 있는 '중국인 트램'이었다. 1등급 트램에는 모두 32명이 탈 수 있었고, 3등급 트램에는 48명까지 탈 수 있었다. 요금도 1등급 트램은 10센트, 3등급 트램은 5센트였다.

이후 트램을 이용하는 승객이 지속적으로 증가하자, 1912년에는 10대의 이층트램을 더 들여왔다. 이때부터 홍콩에 이층트램의 시대가 열리게 되었다. 하지만 초기의 이층트램은 위층에 천장이 없어서, 비가 오는 날에는 사람들이 당연히 위층에 타지 않으려고 했다. 그래서 다음 해에는 비 오는 날에도 사람들이 탈 수 있도록 위층에 장막으로 천장을 만들었다. 10년 후에는 장막이 아닌 나무로 이 천장을 만들었고, 그로부터 2년 후에는 아예 천장이 완전하게 갖추어진 이층트램이 등장했다.

1924년에는 단선 철로를 복선 철로로 만드는 공사를 시작했는데, 25년이 지난 1949년에서야 모든 공사가 마무리되었다. 일제 침략 시기에는 트램 운행이 모두 중단되기도 했으나 일제 패망 후에는 다시 운행이 재개되었다. 또한 1972년에는 1등급 트램과 3등급 트램으로 구분하는 이전의 등급제도를 폐지하고 일률적으로 요금을 받기 시작했다. 현재 홍콩섬을 달리고 있는 트램은 모두 164대(2018년 기준)로, 1904년 처음 운행 당시보다 7배나 증가했다.

처음 홍콩에서 트램을 타던 날, 정류장 앞쪽에서 트램이 오기를 기다리고 있었다. 사람이 아무도 없길래 오후 시간이라 다들 직장에 있어서 이렇게 한가한가 보다고 생각했다. 얼마가 지난 후 트램이 도착했고 사람들이 하나둘씩 앞문으로 내리기 시작했다. 지하철처럼 사람들이 다 내리고 타면 되겠지 하고 있다가 무심코 뒤를 돌아봤다. 엥? 그런데 사람들이 모두 뒷문으로 올라타고 있었다. 아 이런, 트램은 뒷문으로 타고 앞문으

❶ 트램 정류장
❷ 트램 철로
❸ 트램 정류장에서 트램을 기다리는 승객들

로 내리는 거구나. 어쩐지 내 뒤에는 아무도 없더라. 정신을 차리고 얼른 뒤로 가서 트램에 올라타려고 했지만, 이미 한발 늦었다. 트램이 벌써 승객을 다 태우고 출발하고 있었다. 그 후로는 제대로 기억하고 있다가 뒤로 타고 앞으로 내리게 되었다.

뒷문으로 트램을 탈 때는 허리 부분을 가로막고 있는 쇠막대를 밀고 들어가면 된다. 일단 안으로 들어간 후에는 다시 밖으로 나올 수 없기 때문에, 잘못 탔더라도 바로 뒷문으로 내릴 수 없다. 이럴 때는 앞문으로 가서 요금을 지불한 다음 내려야 한다.

아래층 좌석은 지하철처럼 승객들이 서로 마주 보고 앉지만, 위층 좌석은 버스처럼 앞을 보고 앉는다. 내부가 많이 좁아서 입석 승객들이 한 줄로 쭉 서 있기만 해도 트램 안이 꽉 찬다. 아래층과 위층을 연결하는 계단은 폭도 좁은 데다가 약간 커브 형태로 되어 있고, 발을 디디는 부분도 많이 좁기 때문에 오르내릴 때 조심해야 한다. 특히, 아래층으로 내려갈 때 더 조심해야 하는데, 그래서인지 계단 위층에는 '緊握扶手깐악푸싸우(손잡이를 꼭 잡으세요)'라는 문구가 붙어 있다.

아래층보다는 위층이 거리 풍경을 감상하기 좋기 때문에 위층, 특히 맨 앞자리나 맨 뒷자리에 앉는 것이 좋다. 시간에 쫓기지 않는다면 트램에 앉아서 느긋하게 주위 풍경을 둘러보는 것도 꽤 낭만적이다. 이국적인 느낌과 삶의 여유를 동시에 느낄 수 있으니 말이다. 하지만 넋 놓고 앉아 있다가는 내려야 할 정류장을 놓칠 수 있으니 주의해야 한다. 특히 트램에는 안내방송과 하차 벨이 없기 때문에 정류장을 그냥 지나쳐 버리기 쉽다. 내릴 때는 창밖으로 보이는 지하철 정류장과 그 지역을 대표하는 건물, 표지판을 보고 내리면 된다. 다행히도 트램이 느릿느릿 움직이기 때문에 상황을 파악할 시간을 좀 더 벌 수 있다. 하지만 위층에 앉아 있다가 트램이 정차한 후, 여기가 내려야 할 정류장이라는 것을 깨닫는다면, 그땐 이미 늦다. 특히나 위층 맨 뒷자리에 앉아 있다가 화들짝 놀라서 그 좁은 계단을 후다닥 내려온 뒤 앞문까지 가려면 시간이 부족할 수도 있다. 게다가 급한 마음에 서두르다 보면 좁은 계단에서 스텝이 꼬여 주저앉을지도 모른다. 내릴 사람이 많으면 그나마 다행이지만 한두 명밖에 내리지 않으면 계단에 앉아 있는 채로 그대로 출발이다. 그러니 일단 미리 아래층으로 내려간 뒤 앞문에서 기다리고 있는 것이 좋다.

요금을 낼 때는 운전석 바로 옆에 있는 요금함에 현금을 넣거나, 옥토퍼스카드 단말기에 카드를 인식하면 된다. 하지만 트램 운행 초기에는 지금과는 달리 차표를 구입해야 했다. 트램에 등급이 나뉘어 있던 것처럼 차표에도 등급이 있었는데, 차표의 윗부분에는 등급이 찍혀 있었고(1등급 또는 3등급) 아랫부분에는 종점역이 쓰여 있었다. 이층트램이 운행된 이후에는 트램 한 대당 차장 두 명이 배당되었다. 이들은 위층과 아래층에 한 명씩 탑승하여 각자 한 층씩 담당했다. 1980년대 이전 우리나라의 버스에도 차장이 있었지만, 당시에는 승객에게 표를 받기만 했을 뿐 판매하지는 않았다. 하지만 홍콩은

❶ 트램 뒷문 입구
❷ 트램에 탄 뒤 안쪽에서 바라본 뒷문
❸ 마주 보고 앉는 아래층 좌석
❹ 앞을 보고 앉는 위층 좌석
❺ 승객이 꽉 찬 만원 트램
❻ 아래층에서 위층으로 올라가는 계단
❼ 계단 위층에 노란색으로 '손잡이를
　꼭 잡으세요'라고 써 놓았다.

　　　　　　영국과 중국의 공존: 광동어를 통해 홍콩의 문화를 읽다

웨스턴마켓 종점
(동쪽 방향으로 이동합니다)

호이푸 스트리트 역
(서쪽 방향으로 이동합니다)

에어컨이 나오지 않아 여름에는 창문을 활짝 열어 놓고 달린다.

한국과는 달리 트램에서 표를 판매했다. 이후 1976년 트램에 요금함이 생긴 이후 차장은 점점 사라지게 되었고, 1982년에는 차장제도가 정식으로 없어졌다. 또한 2001년에는 옥토퍼스카드 시스템이 도입되어 현금뿐 아니라 옥토퍼스카드로도 요금을 지불할 수 있게 되었다.

트램의 요금은 상당히 저렴해서 2019년 기준으로 성인의 경우 2홍콩달러 60센트(우리 돈 약 390원)로 이용할 수 있다. 또한 거리로 계산하지 않고 전 구간에 같은 요금을 적용하기 때문에, 2홍콩달러 60센트면 아무리 먼 거리도 추가 요금 없이 갈 수 있다. 성인 (HK$2.6)과 12세 미만 어린이(HK$1.3), 65세 이상 노인(HK$1.2)의 요금이 각각 다르며, 요금 지불방식도 옥토퍼스카드와 현금, 한 달 정기권, 4일 여행자 패스 이렇게 네 가지나 된다. 주의할 것은 내릴 때 요금을 내야 한다는 점이다(앞문으로 내리면서 요금을 내야 한다).

현금일 경우는 거스름돈을 거슬러 주지 않기 때문에 잔돈을 미리 준비해야 한다. 트램에 부착되어 있는 요금표에는 '恕不找贖쒸빳짜우쪽'이라고 쓰여 있는데, '거스름돈은 거슬러 드리지 않습니다'라는 뜻이다. 글자 그대로 해석하면 '거스름돈을 거슬러 드리지 않는 것을 용서해 주십시오'가 되는데, 승객에게 편의를 제공하지 못하고 있음을 상당히 공손하게 표현하고 있다. 참고로 '恕쒸'는 '용서하다', '找贖짜우쪽'은 '거슬러 주다'라

요금함(좌)과 옥토퍼스카드 단말기(중) 그리고
운전석(우)

는 뜻이다.

한 달 정기권은 1930년대부터 지금까지 계속 판매하고 있으며, 현재의 가격은 220홍콩
달러이다. 1회 요금이 2홍콩달러 60센트이기 때문에 한 달 동안 90회 가까이 이용할 수
있는 셈이다. 4일 여행자 패스의 경우에는 표를 소지하고 있는 사람이면 누구나 34홍콩
달러에 4일 동안 무제한으로 트램을 이용할 수 있다.

홍콩섬에서 옆을 스쳐 지나가는 트램을 볼 때마다 매번 감탄하게 된다. 버스는 디자인
이 모두 똑같지만 트램은 같은 디자인을 거의 찾아볼 수 없기 때문이다. 이렇게 서로 다
른 디자인들은 대부분 각기 다른 상품들을 광고하는 것인데, 이처럼 트램이 각종 상품
을 홍보하는 광고판의 역할을 한 것은 1930년대로 거슬러 올라간다. 당시에는 지금과
같은 전면 광고가 아닌 플래카드 형식으로 차체에 부착되었으며, 광고주는 대부분 일
본 무역상이나 한약 판매상이었다. 1960년대 말에 이르러서는 광고의 업종도 다양해졌
고, 이전과는 달리 트램의 앞뒤좌우 전체에 광고하기 시작했다. 트램은 느릿느릿 천천
히 움직이는 데다가 차체 전체가 모두 광고였기 때문에 움직이는 광고판이나 다름없었
다. 그로 인해 사람들의 시선을 사로잡을 수 있었음은 물론 엄청난 광고효과까지 누릴
수 있었다. 많은 광고주들이 환호한 이러한 방식에 힘입어, 1980년대부터는 아예 트램

영국과 중국의 공존: 광동어를 통해 홍콩의 문화를 읽다

화장품 광고

알록달록한 쿠키 광고

에 색을 입히는 도색작업을 진행했다. 그리하여 트램 전체에 각양각색의 형태로 광고주들의 상품이나 상점을 광고하기 시작했다. 이후 트램은 알록달록한 색채와 감성적인 디자인을 바탕으로 점점 화려한 예술 작품으로 변모해 갔다.

4. 스타페리 天星小輪, 틴쎙씨우론

1898년 5월 1일 처음 운항을 시작한 스타페리는 빅토리아 항구를 오가며 120년 넘게 홍콩섬과 구룡반도의 승객들을 실어 나르고 있다. 페리의 역사는 지금으로부터 150년 전인 1870년대로 거슬러 올라간다. 페르시아 출신의 '미타이와라'라는 사람이 1852년에 난민의 신분으로 홍콩에 밀입국해 들어왔는데, 이후 요리사로 큰돈을 벌게 되었고 1871년에 '구룡페리회사'를 설립하였다. 그가 세운 이 회사가 바로 홍콩 최초의 페리회사였다. 이후 1898년에는 구룡선창그룹이 이 회사를 인수하여 이름을 '스타페리회사'로 바꾸었다. 스타페리회사가 처음 운영될 당시에는 단 5척의 배로 센트럴과 침사추이를 오가며 승객을 실어 날랐다. 그때의 페리는 지금과는 달리 석탄을 연료로 사용하는 단층선박이었다. 페리는 40분 간격으로 운항되었고, 요금은 1인당 5센트였다.

1904년에는 '스타페리 선착장' 건설을 시작하여, 1906년에 완공하였다. 하지만 다섯 달 뒤 태풍에 의해 파괴되는 바람에 복구작업을 진행해야 했고, 1911년이 되어서야 작업이 마무리되었다. 1916년에는 스타페리 선착장 부근에 '침사추이 기차역'이 건설되면서 스타페리 이용 승객이 큰 폭으로 증가했다. 이후 1918년에는 증기를 이용한 증기동력 선박이 처음으로 정식 운항되었고, 이때부터 모든 페리에 '스타롯.쌩'라는 이름을 넣게 되었다.

1920년대에는 이층페리를 들여와 승객들을 이전보다 훨씬 더 많이 실어 나를 수 있게 되었지만, 일제 침략 시기에 모든 페리 운항이 중단되어 버렸다. 이후 1949년이 되어서야 6척의 페리만 운항이 재개되었고, 1965년에는 센트럴과 홍함을 오가는 노선이 추가되었다. 하지만 1970년대와 1980년대에 해저터널(크로스하버터널)과 지하철이 개통되면서 페리는 해저터널을 통과하는 버스, 지하철과 경쟁해야 하는 상황에 놓이게 되었다. 해저터널은 홍콩섬과 구룡반도를 관통하는, 즉 바다를 건널 수 있는 차량통행터널이었고, 지하철 역시 바다를 건널 수 있는 교통수단이었기 때문에 페리의 입지는 점점 좁아졌다. 하지만 페리는 요금이 저렴할 뿐 아니라 길이 막혀 시간을 지체하는 일이

홍콩섬과 구룡반도를 오가는 페리

센트럴 스타페리 선착장

영국과 중국의 공존: 광동어를 통해 홍콩의 문화를 읽다

없었기 때문에, 매일 7만여 명의 승객을 확보하며 운항을 계속해 나갔다.

페리 노선은 침사추이↔센트럴, 침사추이↔완차이, 홍함↔센트럴, 홍함↔완차이 이렇게 모두 4개가 있었는데, 2011년 4월 1일에 홍함↔센트럴, 홍함↔완차이 노선을 폐지하게 되었다. 이 두 노선이 매년 평균 200만 홍콩달러(우리 돈 약 3억 원)의 적자를 기록했기 때문이다. 그리하여 현재는 침사추이↔센트럴, 침사추이↔완차이의 두 개의 노선만 운항되고 있다.

페리 요금은 평일과 주말이 다르며, 침사추이↔센트럴 노선은 상갑판(위층)과 하갑판(아래층)의 요금이 서로 다르다. 상갑판이 하갑판보다 조금 더 비싼데, 침사추이↔완차이 노선은 갑판의 구별 없이 같은 요금을 받고 있다(참고로 침사추이↔완차이 노선은 침사추이↔센트럴 노선의 상갑판과 요금이 같다). 페리 요금 중에서는 공휴일을 포함한 주말 성인 상갑판 요금이 가장 비싸긴 하지만, 3홍콩달러 70센트로 우리 돈 550원 정도 밖에 안 된다. 어린이와 장애인에게는 할인 요금을 받고 있으며(성인에 비해 70센트~1홍콩달러 50센트 정도가 저렴하다), 장애인의 경우는 장애인 등록증을 제시하여야 한다. 65세 이상 노인의 경우에는 어르신카드나 홍콩 신분증을 제시하면 무료로 탑승이 가능하다.

침사추이 스타페리 선착장 입구(왼쪽은 완차이 방향, 오른쪽은 센트럴 방향)

페리도 트램처럼 한 달 정기권과 4일 여행자 패스가 있어서 페리를 자주 타는 사람들이나 여행객들이 편리하게 이용할 수 있다. 한 달 정기권은 목적지가 어디든, 상갑판인지 하갑판인지에 관계없이 모두 135 홍콩달러이다. 이는 평일 성인 상갑판(HK$2.7)을 기준으로 50회를 탑승할 수 있는 요금으로 한 달 동안 자유롭게 이용할 수 있다. 4일 여행자 패스는 표를 소지하고 있는 사람이면 누구나 4일 동안 무제한으로

노선	날짜	성인	어린이/장애인	한 달 정기권
침사추이↔센트럴	월요일~금요일	상갑판 HK$2.7 하갑판 HK$2.2	상갑판 HK$1.6 하갑판 HK$1.5	HK$135
	주말, 공휴일	상갑판 HK$3.7 하갑판 HK$3.1	상갑판 HK$2.2 하갑판 HK$2.1	
침사추이↔완차이	월요일~금요일	HK$2.7	HK$1.6	
	주말, 공휴일	HK$3.7	HK$2.2	

페리에 탑승할 수 있으며 가격은 27홍콩달러 50센트이다. 요금 설명이 너무 복잡한 듯하여 위의 표로 정리해 보았다.

요금은 토큰이나 옥토퍼스카드로 지불하면 된다. 현금은 받지 않기 때문에 개찰구 입구에 설치되어 있는 토큰 판매기에서 토큰을 구입하여야 한다. 토큰과 옥토퍼스카드, 한 달 정기권/4일 여행자 패스가 통과하는 입구가 서로 다르기 때문에, 개찰구로 들어갈 때는 각각에 해당하는 입구로 들어가야 한다. 또한 침사추이 선착장은 센트럴행 개찰구와 완차이행 개찰구가 달라 처음 이용할 때는 헷갈릴 수 있다. 센트럴행은 선착장 입구의 오른쪽, 완차이행은 입구의 왼쪽에 있으므로 안내 표지판을 잘 보고 들어가야 한다. 여기에서 끝나는 것이 아니다. 센트럴행은 상갑판과 하갑판의 개찰구 위치도 다르다. 그렇기 때문에 상갑판은 '上層入口쌩창얍하우(위층 입구)'로 들어가야 하고, 하갑판은 '下層入口하창얍하우(아래층 입구)'로 들어가야 한다.

매번 홍콩에서 페리를 탈 때마다 항상 물 위에 떠 있는 기분이 든다. 굳이 수영복에 튜브를 끼고 바닷속에 들어가지 않더라도, 편하게 바다 위에 떠 있는 듯한 기분이 드는 것이다. 게다가 10분이 채 안 되는 시간 동안 몸이 천천히 가볍게 일렁이는 경험도 할 수 있다. 페리를 타면 홍콩섬의 경관과 저 멀리 떠가는 배 그리고 옆으로 다가오는 아쿠아루나도 감상할 수 있다. 그래서 홍콩만 가면 페리를 타게 된다.

지난번 두 번째 광동어 교재를 출판했을 때는 페리를 타고 센트럴에 가는 내용을 책에

영국과 중국의 공존: 광동어를 통해 홍콩의 문화를 읽다

침사추이 스타페리 선착장의 센트럴행 개찰구. 토큰, 옥토퍼스카드, 한 달 정기권/4일 여행자 패스의 입구가 각각 다르다.

침사추이↔완차이 페리 요금표

토큰 판매기

담았다. 한국에서는 배를 탈 기회가 거의 없었기 때문에, 홍콩에서 처음 페리를 탔을 때의 설레는 기분을 대화 속에 넣었다. 그 내용은 다음과 같다. A가 센트럴에 배를 타고 가자고 하자, B가 다음과 같이 대답한다. "와! 난 아직 배를 타 본 적이 없어, 좋아!" 출판 직전 녹음을 해 준 홍콩사람 둘이서 이걸 보더니 이해가 안 된다는 듯 말했다. "배를 처음 타 본다고? 어떻게 그럴 수 있지?" 이 두 사람뿐 아니라 다른 홍콩 사람들도 모두 똑같은 반응을 보였다. 그도 그럴 것이 홍콩 사람들은 어릴 때부터 줄곧 페리를 타고 생활하기 때문이다. 어릴 때는 페리를 타고 등하교를 하고, 어른이 되어서는 페리를 타고 출퇴근을 한다. 그러니 그들 입장에서는 이해가 안 될 수밖에. 우리가 버스나 지하철을 특별할 것도 없는 평범한 교통수단으로 생각하듯이, 홍콩 사람들도 페리를 그저 평범한 교통수단으로 생각하는 것이다.

현재 운항되고 있는 페리는 모두 이층페리로 총 9척이 있으며, 1958년에서 1965년 사이에 제조되었다. 이들은 모양이나 색상이 서로 비슷비슷해 보이지만 각기 다른 이름을 지니고 있다. 배의 앞쪽 하갑판 아래에 각자의 이름이 적혀 있는데, 이들 이름에는 모두 스타星, 쎙란 말이 들어 있다. '스타'페리라는 이름에서 알 수 있듯이 빛나는 '별'로

↑ 탑승 시간이 얼마 남지 않은 승객 대기실
○페리가 출발하고 난 직후의 승객 대기실
↓배에서 내린 뒤 이동하는 승객들

↑페리가 출발하기 직전에 사진의 철문이 열린다.
○페리 내부
↓페리에서 바라본 아쿠아루나

이들 페리를 상징하고 있는 것이다. 메리디언 스타午星, 응쎙, 솔라 스타日星, 얏쎙, 노던

스타北星, 빡쎙, 나이트 스타夜星, 예쎙, 샤이닝 스타輝星, 파이쎙, 데이 스타晨星, 싼쎙, 트윙클

↑ 메리디언 스타
↓ 샤이닝 스타

↑ 솔라 스타
↓ 트윙클링 스타

↑ 나이트 스타
↓ 모닝 스타

링 스타榮星, 윙쌩, 모닝 스타曉星, 히우쌩, 실버 스타銀星, (응)안쌩 이렇게 각기 다른 9개의
별이 날마다 빅토리아 항구를 오가며 자신들의 빛을 발산하고 있다.

5. 지하철地鐵, 떼이팃

1979년 10월 1일에 처음 개통된 지하철은 홍콩에서 가장 빠르고 편리하게 이용할 수
있는 교통수단이다. '떼이팃地鐵'이라고 하지만 그냥 간단하게 'MTR'이라고도 하는데,
이는 'Mass Transit Railway'의 약자다. 현재는 모두 10개의 노선에 91개의 역이 있다.
노선은 각각 이스트 레일선東鐵綫, 똥팃씬, 꾼통선觀塘綫, 꾼통씬, 췬완선荃灣綫, 췬완씬, 홍콩
섬선港島綫, 꽁또우씬, 똥총선東涌綫, 똥총씬, 쩽꽌오우선將軍澳綫, 쩽꽌오우씬, 웨스트 레일선
西鐵綫, 싸이팃씬, 마온싼선馬鞍山綫, 마온싼씬, 사우스 아일랜드선南港島綫, 남꽁또우씬, 디즈
니선迪士尼綫, 떽씨네이씬 이렇게 10개이다.

'꽁텟港鐵'이라고도 불리는 홍콩 지하철은 홍콩철도주식회사에서 운영하고 있다. 이 회사는 2007년 12월에 홍콩지하철과 구룡광주철도가 합병하여 새롭게 탄생한 것이다. 구룡광주철도는 1910년부터 홍콩과 광동성을 연결한 철도 시스템으로, 홍콩의 구룡반도와 광동성의 광주시廣州市를 이은 첫 번째 철도였다.

홍콩의 여러 교통수단 중에서 한국과 비교했을 때 가장 비슷한 것이 지하철이다. 따라서 홍콩에서 지하철을 이용할 때 특별히 주의해야 할 사항은 없다. 하지만 에스컬레이터를 탈 때는 손잡이를 꼭 잡고 있어야 한다. '다다다닥' 소리를 내면서 상당히 빠른 속도로 움직이기 때문이다. 그래서인지 지하철에서는 '손잡이를 꼭 잡으라'는 방송이 쉴 새 없이 나온다. 에스컬레이터를 타는 순간 '깐악푸싸우緊握扶手-진워푸소우緊握扶手-홀드 더 핸드레일Hold the Handrails'이라는 방송이 광동어와 표준중국어, 영어의 세 가지로 계속 반복된다(열차 안에서도 다음 정류장을 알려 주는 안내방송이 광동어, 표준중국어, 영어의 순서로 나온다).

지하철을 탈 때는 옥토퍼스카드나 일회용 탑승권을 이용하면 된다. 일회용 탑승권은 자동판매기 형식의 편도표 판매기에서 구입할 수 있다. 요금은 성인과 어린이(3~11세), 노인(65세 이상)의 요금이 각각 다르며, 이동 거리에 따라서도 달라진다. 옥토퍼스카드를 이용하면 일회용 탑승권을 이용할 때보다 요금이 조금 더 저렴한 데다 훨씬 더 편리하기 때문에, 옥토퍼스카드를 사용하는 것이 여러모로 유리하다.

홍콩의 지하철에는 승객의 눈을 사로잡는 것이 하나 있다. 바로 각 지하철 승강장에서 볼 수 있는 '역 이름'이다. 선명한 색깔과 독특한 디자인 때문에 한 번이라도 더 보고 지나가게 된다. 특히 각설탕을 떠올리게 하는 수많은 정사각형 타일들이 멋진 배경색 역할을 하고 있어서, 정중앙의 역 이름이 또렷하게 드러나 보인다. 이 타일 위의 역 이름은 배경색이 진하면 하얀색으로, 배경색이 연하면 까만색으로 쓰여 있어 한눈에 쉽게 알아볼 수 있다. 역마다 다른 색의 타일로 디자인했으며, 같은 역이라도 타일과 글자 색

영국과 중국의 공존: 광동어를 통해 홍콩의 문화를 읽다

↑ 홍콩 지하철 로고
○ 개찰구
↓ 편도표 판매기(좌)와 여러 대가 나란히 줄지어 서 있는 모습(우)

↑ 지하철 위치 안내 표지판
○ 에스컬레이터

↑ 지하철역 입구
○ 엘리베이터
↓ 지하철 승강장

깔을 달리한 곳도 있다. 디자인은 이렇게 타일 디자인만 있는 것이 아니라 인쇄체 디자인과 붓글씨 디자인도 있다. 특히 붓글씨 디자인은 벽 전체를 화선지 삼아 시원시원하게 써 내려가 있다. 힘이 넘치는 그 필체를 보면서 이것이야말로 시간과 공간의 제약을 받지 않는 진정한 대중예술이라는 생각이 들었다. 정해진 시간에 미술관이나 전시회장에 가지 않더라도, 예술에 대한 지식이 없더라도, 누구라도 상관없이 아침이건 밤이건 지하철에 오기만 하면 볼 수 있고, 느낄 수 있고, 감상할 수 있으니 말이다.

↑ 지하철을 이용하는 승객들
○ 열차 안 노약자석
↓ 퇴근 시간대의 지하철 승강장

↑ 열차 안의 지하철 노선도
○ 한국과는 달리 홍콩의 열차 안에는 칸과 칸 사이를 연결하는 문이 없다.
↓ 지하철역에 부착된 광고들

또한 역사 안에는 편의점과 각종 상점, 현금인출기, 즉석 사진관, 도서 반납함(홍콩 공공도서관에서 대출한 도서만 반납 가능)과 같은 여러 가지 편의시설이 갖추어져 있다. 이뿐만 아니라 일부 지하철역에는 승객들이 지하철을 이용하면서 은행 업무도 같이 볼

↑ 쌈쏘위뽀우 역
○ 라이껭 역
↓ 완짜이 역

↑ 메이푸 역
○ 같은 역 다른 색깔(찜싸쪼위 역)
↓ 싸우께이완 역

↑ 라이찌꼭 역

↓ 틴하우 역

수 있도록 역사 안에 은행 창구도 마련해 놓고 있다. 신발 수리점이나 열쇠 수리점이 있는 지하철역도 있어서 승객들이 지상에 있는 것처럼 편리하게 이용할 수 있다.

홍콩은 지하철 출구를 숫자가 아닌 알파벳으로 표기한다. 즉 1, 2, 3, 4가 아닌 A, B, C, D로 표기한다. 출구가 많은 경우 A부터 P까지 있기도 하고, A도 하나만 있는 것이 아니라 A1, A2와 같이 2개 혹은 그보다 더 많은 경우도 있다. 그렇기 때문에 출구가 30개나 되는 지하철역도 있다.

한번은 지하철에서 놀라운 광경을 본 적이 있다. 지하철 승강장에 휠체어를 탄 장애인

↑ 홍콩의 지하철역에는 현금인출기(좌)뿐 아니라 은행 창구(우)도 있다.
○즉석 사진관(좌)과 도서 반납함(우)
↓ 지하철 출구 표지판(좌)과 지하철 출구 안내도(우)

이 지하철을 기다리고 있었고, 그 옆에는 경찰 아주머니가 서 있었다(홍콩에는 중년의

여경들이 많다). 무슨 일이 있나 싶었는데, 잠시 후 지하철이 도착했다. 문이 열리자 경

영국과 중국의 공존: 광동어를 통해 홍콩의 문화를 읽다

지하철역 고객서비스센터

찰 아주머니가 넓은 나무판자를 승강장과 지하철 사이에 걸쳐 놓았고, 휠체어를 탄 사람이 나무판자 위를 지나 지하철 안으로 들어갔다. 이후 경찰 아주머니가 나무판자를 치우니 문이 닫혔고 지하철은 출발했다. 그런데 이게 끝이 아니었다. 경찰 아주머니가 무전기로 어디론가 연락을 하고 있었다. 바로 휠체어 탄 사람이 내릴 역에 연락을 하는 것이었다. 이럴 수가. 연락받은 다른 지하철역 승강장에서 경찰이 기다리고 있다가, 문이 열리면 또다시 나무판자를 깔아 줄 것이 분명했다. 말로만 장애인을 위하는 것이 아니라, 이렇게 생활 속에서 정말 필요한 순간에 너무나도 세심한 배려를 하는 모습이 매우 인상적이었다. 이 광경을 보는 순간, 땅덩어리가 크고 인구만 많다고 선진국이 되는 것이 아니라, 높은 국민의식을 가지고 있어야만 진정한 선진국이 될 수 있다는 사실을 다시 한 번 확실하게 깨달았다.

6. 이층버스 雙層巴士, 쌩창빠씨

홍콩 시내를 달리는 시내버스는 모두 이층버스다. 처음 이층버스를 봤을 때는 저 높다란 버스가 어떻게 넘어지지도 않고 커브를 돌 수 있는지 정말 신기했다. 홍콩에는 1920년대에 이미 버스가 널리 이용되고 있었지만, 당시의 버스는 모두 단층버스였다. 버스회사도 여러 군데가 있었으나 1933년부터는 단지 두 회사만 전문 경영권을 가지고 버스를 운행하였다. 즉 홍콩섬 지역은 중화자동차주식회사가 담당하였고 구룡반도와 신계 지역은 구룡자동차주식회사가 담당하였다. 일제 침략 시기에는 연료 부족으로 버스 운행이 중단되었고, 수많은 버스들이 일제에 의해 파괴되거나 약탈되어 갔다. 일제가 패망한 이후에는 군용 차량과 화물 차량을 개조하여 버스를 만들고 다시 운행하기 시작했다. 1949년에는 버스 승객이 나날이 증가하자 구룡자동차주식회사가 영국에서 20대의 이층버스를 새로 들여왔는데, 이 버스들이 바로 홍콩 최초의 이층버스였다. 이때를 시작으로 이층버스의 보급이 점차 확대되었으며 버스회사들도 이층버스사업에 주력했다.

1950년대만 하더라도 버스 안에는 문을 직접 손으로 열어 주는 사람과 표를 판매하는 사람, 그리고 표를 검사하는 사람이 있었다. 1960년대에는 자동문으로 바뀌면서 문을 열어 주는 사람이 사라졌지만, 매표원과 검표원은 여전히 존재했다. 차 안을 이리저리 다니면서 매표원이 표를 팔면 검표원은 표를 검사했다. 지금은 앞문으로 타고 뒷문으로 내리지만 당시에는 앞, 뒷문으로 모두 타고 내릴 수 있었다. 그래서 어떤 승객들은 차에 올라탄 후 매표원이 다가가기도 전에 벌써 목적지에 도착하게 되어, 요금을 지불하지도 않고 내려 버리곤 했다. 일명 무임승차였다. 버스회사는 이러한 무임승차 발생을 방지하는 동시에 직원을 삭감하기 위하여, 1970년대 초에 '1인 제어 시스템'을 도입하였다. 지금처럼 운전석 옆에 요금함을 설치하여 승객들이 요금을 내는지를 직접 확인하는 시스템이었다. 또한 예전처럼 앞, 뒷문으로 모두 승차하는 것이 아니라 승차와 동시에 요금을 내도록 앞문으로만 승차를 허용하여 무임승차하는 사람이 없게 하였다. 1972년에는 바다를 건널 수 있는 차량통행터널, 즉 해저터널이 건설되면서 홍콩섬과 구룡반도의 승객들을 자유롭게 실어 나르게 되었다.

1984년에는 홍콩 최초로 에어컨이 장착된 이층버스가 운행되었으며, 1997년에는 옥토퍼스카드 시스템을 도입하여 승객들이 편리하게 요금을 지불할 수 있도록 하였다. 홍콩은 여름이 무지막지하게 덥기 때문에 모든 버스에 에어컨이 있을 것이라 생각되지만, 불과 2012년까지만 하더라도 에어컨이 없는 버스가 있었다.

한국에서는 더위를 보통 찜통에 비유하여, 너무나 더워 가만히 있기가 힘들 지경인 곳

영국과 중국의 공존: 광동어를 통해 홍콩의 문화를 읽다

↑ 홍콩의 이층버스
○운전석은 오른쪽에 있다.
↓ 버스 위층 좌석

↑ 버스 앞면의 전광판에 표시되는 버스 번호와 종점
○아래층 뒷좌석은 서로 마주 보면서 앉을 수 있다.
↓ 버스 위층 맨 앞쪽에 다음 정차역을 알리는 전광판과
광고 TV가 부착되어 있다.

버스 정류장

일정한 간격으로 줄지어 있는 버스 정류장

아스팔트 바닥에 버스 정류장이라고 쓰여 있다.

버스 노선도

↑ 버스를 타기 위해 줄 서 있는 사람들
↓ 버스는 우리처럼 앞문으로 타고 뒷문으로 내린다.

↑ 버스 정류장에 도착한 버스
↓ 버스 종점

영국과 중국의 공존: 광동어를 통해 홍콩의 문화를 읽다

을 찜통교실, 찜통버스 등으로 일컫는다. 그런데 홍콩에서는 이렇게 더운 곳을 '핫도그'에 비유한다. 즉 '잇까우빠씨熱狗巴士'처럼 말하는데 이는 '핫도그 버스'라는 뜻으로, 에어컨이 설치되지 않아 숨이 턱턱 막힐 지경인 찜통 같은 버스를 가리킨다. 더운 여름날, 유난히도 더운 홍콩에서 에어컨 없는 버스를 타고 간다고 생각하니, 상상만 해도 무지무지하게 덥다. 승객이 몇 안 되면 그나마 다행이지만 승객이 꽉 찬 버스에서 에어컨까지 안 나온다면, 사람들 몸에서 나오는 열기 때문에 몇 배로 더 덥게 느껴질 것이다. 특히 만원 버스라면 서로들 다닥다닥 붙어서 서 있을 것이 아닌가.

이렇게 후끈후끈한 버스를 핫도그에 비유하다니 참으로 절묘하다. 소시지 겉을 감싸고 있는 밀가루 옷이나 빵은 버스로, 그 속의 소시지는 버스 안의 승객들로 대치된다. 게다가 버스도 길고 뜨거우며 핫도그도 길고 뜨거우니, 정말 오묘하게 딱 들어맞는다. 2011년 말, 몇 대 남지 않은 핫도그 버스 중 한 대에 다음과 같은 표어가 부착되었다. '굿바이 핫도그 버스-2012再見熱狗巴士-2012, 쪼이낀잇까우빠씨-이렝얏이'. 2012년에 역사 속으로 사라질 이 버스를 기념하기 위해 제작된 표어였다. 이 무더운 핫도그 버스는 2012년 5월 9일, 63년의 역사를 뒤로하고 영원히 추억 속으로 사라져 버렸다.

홍콩의 버스는 우리와 마찬가지로 앞문으로 타고 뒷문으로 내린다. 요금은 승차할 때 현금이나 옥토퍼스카드로 계산하면 된다. 현금은 트램과 마찬가지로 거스름돈을 거슬러 주지 않으며, 옥토퍼스카드는 내릴 때 다시 단말기에 인식할 필요 없이 그냥 내리면 된다. 아래층 맨 앞쪽과 위층 맨 앞쪽에는 다음 정차할 역이 전광판에 표시된다. 또한 버스 정류장에는 해당 버스의 노선도가 있어서 버스를 타기 전에 노선을 먼저 확인해 볼 수 있다.

만약 탁 트인 시야로 거리 풍경을 감상하고 싶다면 이층으로 올라가 맨 앞자리에 앉는 것이 좋다. 통유리를 통해 내려다보이는 홍콩이 색다르게 느껴질 것이다. 하지만 계단이 좁아서 올라갈 때 위험할 수 있으니, 손잡이를 꼭 잡아야 한다. 특히 버스가 이동 중일 때는 중심 잡기가 더욱 힘드니 오르내릴 때 반드시 손잡이를 잡아야 한다. 또한 위층 맨 앞자리에 앉을 때는 안전벨트를 매는 것이 좋다. 하루는 버스 위층 맨 앞자리에 앉아서 가고 있는데, 옆자리에 앉은 할머니가 안전벨트를 매라고 알려 주셨다. 차가 갑자기 멈춰 서게 되면 위험하다는 것이었다. 그때 처음 버스에 안전벨트가 있다는 것을 알게 되었다. 시내버스에 안전벨트가 있을 거라고는 생각지도 못했기 때문이다. 이후로 버스 위층 맨 앞자리에 앉을 때마다 항상 안전벨트를 맨다. 공항버스를 탈 때도 마찬가지다. 혹시라도 통유리에 머리를 쾅! 하고 부딪히면 안 되니까 말이다.

7. 미니버스小巴, 씨우빠

홍콩의 미니버스(또는 퍼블릭라이트버스)의 정식 명칭은 '씨우옝빠씨小型巴士'지만, 보통은 줄여서 '씨우빠小巴'라고 한다. 미니버스는 공용 미니버스와 개인 미니버스 두 가지로 나뉘며, 공용 미니버스는 빨간 미니버스와 초록 미니버스로 나뉜다. 개인 미니버스는 개인 회사나 기관이 사용하는 것으로, 학교 미니버스가 이에 해당한다.

1950년대와 1960년대에는 시내버스보다 짧은 노선에 요금까지 더 비쌌던 9인승 무허가 불법 미니버스가 유행했다. 신계 지역에서 탑승할 수 있었던 이 미니버스는 불법으로 운행되었기 때문에 경찰들이 강력 소탕 작전에 나섰다. 하지만 1967년에 시내버스 기사들이 파업하여 일부 버스의 운행이 중단되자, 영국령 홍콩정부는 불법 미니버스를 홍콩섬과 구룡반도에서 운행할 수 있도록 허용해 주었다. 이후 미니버스는 점점 사람들이 즐겨 이용하는 교통수단이 되었고, 그 수가 계속해서 늘어났다.

1969년에는 미니버스의 좌석을 9개에서 14개로 늘렸으며, 이렇게 좌석이 늘어난 미니버스를 '14개 좌석'이라는 별칭으로 불렀다. 1970년에는 영국령 홍콩정부가 이들 미니버스들을 합법화하는 정책을 발표하고 허가증을 발급해 주었는데, 이후 홍콩섬과 구룡

영국과 중국의 공존: 광둥어를 통해 홍콩의 문화를 읽다

빨간 미니버스(지붕이 빨간색)　　　초록 미니버스(지붕이 초록색)　　　학교 미니버스

초록 미니버스들　　　　　　　　　　신호등에 대기 중인 초록 미니버스들

반도, 신계 지역을 각각 운행하는 미니버스가 탄생하게 되었다. 이 버스들이 바로 현재 홍콩에서 볼 수 있는 빨간 미니버스이다.

1972년에는 영국령 홍콩정부가 빅토리아 피크와 센트럴을 오가는 미니버스를 시험운행하고, 2년 뒤인 1974년에는 이들의 운행을 정식으로 허가하였다. 이 미니버스가 바로 초록 미니버스로, 1975년에 홍콩섬에는 이미 6개의 초록 미니버스 노선이 존재했다. 그 후 이용하는 사람들이 계속해서 늘어나자 영국령 홍콩정부는 1977년에 수십 개의 초록 미니버스 노선을 입찰 공고하여, 미니버스 업자들과 이에 관심 있는 다른 업종 종사자들을 모두 입찰에 참여할 수 있도록 하였다.

초기의 미니버스는 차량의 도착 지점을 알려 주는 표시가 없었지만, 1978년부터는 버스 앞 꼭대기에 종점을 표시하여 차량의 목적지를 쉽게 알 수 있도록 하였다. 또한

1988년에는 14개의 좌석을 지금과 같은 16개로 늘렸다.

빨간 미니버스와 초록 미니버스는 언뜻 봐서는 구분이 잘 안 된다. 두 미니버스의 차체가 비슷하기 때문이다. 구분할 수 있는 방법은 지붕의 색깔이다. 지붕이 빨간색이면 빨간 미니버스, 지붕이 초록색이면 초록 미니버스다. 이 버스들은 우리네 마을버스처럼 시내버스가 들어가지 못하는 좁은 골목길도 들어갈 수 있다.

빨간 미니버스와 초록 미니버스는 외양은 비슷하지만 운행방식은 많이 다르다. 초록 미니버스는 시내버스처럼 노선과 정류장이 정해져 있는 반면, 빨간 미니버스는 노선도 딱히 정해져 있지 않고 정류장도 없다. 그래서 빨간 미니버스를 타고 싶으면 버스가 지나다니는 곳에 서 있다가(혹은 그 방향으로 걸어가다가), 버스가 보일 때 손을 흔들고 타야 한다. 게다가 항상 가던 길로 가지 않고 가끔씩 방향을 바꾸어 가기 때문에, 그 지역 지리를 잘 알고 있는 사람이 아니면 버스를 이용하기가 상당히 어렵다.

홍콩에서 처음 빨간색 미니버스를 타던 날, 아까 내렸던 곳에서 다시 버스를 타려는데 정류장이 보이지 않았다. 조금 더 앞쪽에 있으려나 싶어 가 봐도 없고, 그럼 뒤쪽에 있으려나 싶어 가 봐도 없었다. 몇 시간 전 버스 탈 때는 종점에서 타서 별 문제가 없었는데, 이번에는 종점이 아니라서 문제가 생겼다. 엄밀히 말하면 종점에서도 문제가 없는 것은 아니었다. 종점이면 버스가 한두 대쯤은 서 있어야 하는데 한 대도 보이지 않고 그냥 휑했다. 공터 한가운데에 사람들이 줄을 서 있길래, 줄을 선 홍콩 사람에게 여기에서 타는 게 맞는지 물어보았다. 다행히 서로 목적지가 같아서 차 안에서도 두리번거리지 않고 마음 편하게 얘기를 나누다가 같이 내렸다. 그 후 "다시 버스를 타려면 여기에서 타세요"라며 같이 탔던 홍콩 사람이 알려 준 대로 그 자리로 와서 타려는데 정류장 푯말이 보이지 않았다. 여기가 아니었나? 그런데 이상하게 길거리에 차가 한 대도 안 다니고 사람도 안 보인다. 평일 오후 주택가 골목이라서 그런가? 정류장 찾으려고 왔다 갔다 하다가 마침 지나가는 할머니께 여쭤봤다. 할머니 말씀이 그냥 아무 데서나 타라는

영국과 중국의 공존: 광동어를 통해 홍콩의 문화를 읽다

것이었다. 엥? 아무 데서나요? 그럼 정류장은 어디인가요? 할머니 말씀이 정류장은 없고 그냥 아무 데서나 손을 흔들면 된다고 하셨다. 그제서야 아까 같이 버스 탔던 사람이 말한 "다시 버스를 타려면 여기에서 타세요"가 '정류장은 따로 없으니까 여기에서 기다리다가 버스가 보이면 손을 흔들어 타세요'라는 뜻이구나 싶었다. 아마도 내린 그 자리에서 타는 것이 제일 편하니 그렇게 얘기해 주었던 것 같다.

할머니는 미니버스를 처음 타 보는 이방인에게 어디까지 가냐면서 요금은 얼마라고까지 친절하게 알려 주셨다. 그러고는 버스 잘 타고 가라고 하시면서 계속 잘 가는지 뒤를 돌아보셨다(홍콩 할머니들은 참 친절하시다. 언젠가 다른 할머니께 길을 여쭤봤을 때는 꽤 먼 거리임에도 불구하고 찾아가기 힘들 거라면서 데려다주겠다고 하셨다. 혼자 잘 찾아갈 수 있다고 했더니 잘 가라고 손을 흔들어 주셨던 기억이 난다. 아마도 광둥어 하는 외국인이 기특했던 모양이다).

미니버스는 최대 16명까지 탈 수 있다. 좌석이 16개이기 때문이다. 서서 가기에는 차가 생각보다 작고 좁아서, 16개 좌석이 꽉 차면 아무리 손을 흔들어도 태우지 않고 그냥 지나가 버린다. 그러니 '손을 이렇게 열심히 흔드는데 어떻게 그냥 가 버릴 수 있느냐'고 화내선 안 된다.

개인적으로 초록 미니버스는 평소와 똑같이 버스를 타고 가는 느낌이라면, 빨간 미니버스는 연식이 오래된 시골버스를 타고 자갈 깔린 비포장도로를 달리는 기분이다. 난폭운전을 하기 때문이다. 온몸이 덜컹덜컹 떨리면서 좌우로 사정없이 흔들린다. 이럴 때는 손잡이를 꼭 잡고 있어야 한다. 차 안 천장 가까운 곳에 안전벨트를 매라고 쓰여 있지만, 앉는 순간 차가 바로 출발해 버리면 안전벨트를 맬 경황이 없다. 안전벨트를 매라는 안내 문구는 차를 타고 한참이 지난 뒤, 차 안을 둘러볼 여유가 생겼을 때에야 보인다. 만약 빨간 미니버스를 타게 되면, 홍콩 시내 한복판의 아스팔트 포장도로에서 시골 비포장도로의 느낌을 온몸으로 체험할 수 있을 것이다.

빨간 미니버스 안의 안전벨트 착용 안내 문구(좌)와 버스 앞쪽의 속도를 나타내는 빨간색 숫자(우)

신기한 것은 이뿐만이 아니다. 버스 앞쪽에서는 빨간색 숫자가 계속해서 바뀐다. 숫자가 올라갔다가 내려갔다가 '0'이 됐다가 쉴 새 없이 움직이는데 '0'이 됐을 때는 그대로 한참 있다가 또다시 숫자가 점점 올라간다. 아하! 알고 보니 버스의 속도였다. 버스가 달릴 때는 숫자가 점점 올라갔다가, 빨간불에 멈춰 설 때쯤이면 다시 내려갔다. 그리고 빨간불에 대기하고 있을 때는 '0'이 됐다. 숫자 위에는 미니버스의 제한속도가 80㎞/h라고 쓰여 있는데, 숫자가 그다지 많이 올라가지 않더라도 온몸이 좌우로 흔들린다.

미니버스는 '씨우빠小巴'라고도 하지만, 영어의 '밴van'과 광동어의 '짜이仔'를 합쳐 '밴짜이Van仔'라고도 한다. '밴van'은 화물을 실어 나르는 지붕 덮인 마차를 가리키는 말로, 화물을 실어 나를 수 있는 화물차를 뜻한다. 또한 '짜이仔'는 명사 뒤에 쓰여 작은 물건을 가리킨다. 16인승 미니버스가 화물차는 아니지만 승객을 실어 나르는 기능을 하면서 한편으로는 화물차보다 크기가 작아 이렇게 부르는 것으로 보인다.

빨간 미니버스는 빨간색의 '홍쌕紅色'과 미니버스의 '씨우빠小巴'를 합쳐 '홍쌕씨우빠紅色小巴'라고 하며, 초록 미니버스는 초록색의 '록쌕綠色'과 미니버스의 '씨우빠小巴'를 합쳐 '록쌕씨우빠綠色小巴'라고 한다. 또한 빨간 미니버스는 빨강의 '홍紅'과 '밴짜이Van仔'의 '밴van'을 합쳐 '홍밴紅Van'이라고도 하며, 지붕이 빨간색이기 때문에 '홍땡紅頂'이라고도 한다(땡頂은 꼭대기라는 뜻이다). 초록 미니버스는 초록의 '록綠'과 '밴짜이Van仔'

영국과 중국의 공존: 광동어를 통해 홍콩의 문화를 읽다

의 '밴van'을 합쳐 '록밴綠Van'이라고 하며, 지붕이 초록색이기 때문에 '록띵綠頂'이라고도 한다. 미니버스의 명칭을 정리해 보면 다음과 같다.

미니버스: 씨우빠小巴 = 밴짜이Van仔
빨간 미니버스: 홍쌕씨우빠紅色小巴 = 홍밴紅Van = 홍띵紅頂
초록 미니버스: 록색씨우빠綠色小巴 = 록밴綠Van = 록띵綠頂

요금을 낼 경우, 빨간 미니버스는 내릴 때 기사에게 직접 현금으로 내면 된다. 거스름돈을 거슬러 주기도 하지만, 이는 10홍콩달러나 20홍콩달러의 지폐를 낼 때에만 해당되고, 큰 액수의 지폐를 낼 때에는 거슬러 주지 않는다. 그렇기 때문에 50홍콩달러 이상의 지폐는 아예 받지 않는다. 또한 빨간 미니버스에서는 옥토퍼스카드도 사용할 수 없다. 이와는 달리 초록 미니버스에서는 현금을 직접 요금함에 넣거나 옥토퍼스카드를 사용하면 된다. 트램이나 시내버스와 마찬가지로 초록 미니버스에서는 거스름돈을 거슬러 주지 않는다.

빨간 미니버스와 초록 미니버스 모두 문이 앞쪽에 하나밖에 없기 때문에, 같은 문으로 타고 내린다. 버스에는 안내방송이 나오지 않으므로 어디에서 내려야 하는지 잘 보고

홍콩의 미니버스는 문이 앞쪽에 하나밖에 없다.

있다가 목적지가 가까워 오면 기사에게 '야우록有落'이라고 말해야 한다. '야우록有落'은 '여기에서 내릴게요, 여기에서 내려 주세요'라는 뜻으로, '내릴落 사람이 있다有'라는 뜻에서 이렇게 표현한다. 참고로 '차에서 내리다'는 광동어로 '록체落車'라고 하는데, 한국어나 표준중국어의 '하차下車, 씨아처'와는 달리 '떨어질 락落' 자를 쓰고 있다. 아마도 차에서 내

릴 때 발을 땅으로 내딛는 동작이 위에서 아래로 떨어지는 것처럼 보여 이렇게 표현한 듯하다.

8. 택시的士, 떽씨

홍콩의 택시는 1920년대에 이미 홍콩섬에서 운행되었으며, 1926년에는 구룡반도에서 도 널리 이용되었다. 당시의 택시는 3명에서 4명만 앉을 수 있었으나, 현재는 운전석을 포함하여 모두 6명이 앉을 수 있다. 일제 침략 시기에는 페리 선착장과 호텔 문 앞에서 택시가 항상 대기하고 있었는데, 만약 다른 곳에서 택시를 타고 싶으면 먼저 택시회사 로 전화를 걸어야 했다.

1947년에는 등록되어 있는 택시가 329대였으나, 10년 후인 1957년에는 693대로 두 배 증가했으며 1960년에는 1,000대를 돌파했다. 이후 기하급수적으로 그 수가 증가하다가 1998년부터 현재까지는 18,000대를 유지하고 있다. 홍콩의 택시는 시내택시, 신계택 시, 란타우섬 택시 이렇게 세 가지로 분류되며, 지역별로 색깔도 다르고 요금도 다르다. 빨간색의 '시내택시'는 대부분 홍콩섬과 구룡반도에서 운행되고 있으며, 택시 중에서 요금이 제일 비싸다. 기본 요금은 처음 2㎞까지는 24홍콩달러(우리 돈 약 3,600원)이

시내택시(빨간색)

신계택시(초록색)

란타우섬 택시(하늘색)

고, 이후 운행 거리 200m당 1홍콩달러 70센트씩 올라간다. 시내택시는 현재 15,000여 대가 운행 중에 있으며, 세 택시 중 차량의 수가 제일 많다.

초록색의 '신계택시'는 이름에서 알 수 있듯이 신계 지역에서 운행되고 있다. 기본 요금은 처음 2㎞까지는 20홍콩달러 50센트(우리 돈 약 3,100원)이고, 이후 운행 거리 200m당 1홍콩달러 50센트씩 올라간다. 요금이 시내택시보다 저렴하며 현재 2,800여 대가 운행 중에 있는데, 이는 시내택시의 5분의 1 정도 수준이다.

하늘색의 '란타우섬 택시'는 란타우섬에서 운행되며, 수요가 그다지 많지 않기 때문에 75대의 차량만 운행되고 있다. 기본 요금은 처음 2㎞까지는 19홍콩달러(우리 돈 약 2,900원)이고, 이후 운행 거리 200m당 1홍콩달러 50센트씩 올라간다. 세 가지 택시 중에 요금이 제일 저렴하다.

택시를 이렇게 세 가지로 분류한 이유는 홍콩의 모든 지역 사람들이 골고루 택시를 이용할 수 있게 하기 위해서다. 아무래도 홍콩섬과 구룡반도 같은 시내에서 택시를 이용하는 사람이 훨씬 많기 때문에, 신계와 란타우섬에 거주하는 사람들은 그만큼 택시를 이용할 수 있는 기회가 적을 수밖에 없다. 이러한 점을 보완하기 위해 택시를 세 가지로 분류한 뒤 해당 지역에서 운행하게 했고, 그 후 사람들은 모든 지역에서 택시를 자유롭게 이용할 수 있게 되었다.

택시를 탈 때는 손을 흔들어서 타거나 택시 정류장에서 타면 된다. 하지만 바닥에 노란색이 두 줄로 그어져 있는 도로에서는 탑승할 수 없다. 택시에는 5명의 승객이 탑승할 수 있으며, 앞좌석과 뒷좌석 모두 안전벨트를 착용해야 한다. 또한 택시 이용 시 추가 요금이 발생할 수 있는데, 짐을 트렁크에 싣는 경우, 동물을 데리고 타는 경우, 전화로 예약하는 경우에 각각 요금이 추가된다. 짐을 트렁크에 실을 때는 짐 1개당 6홍콩달러가 추가되기 때문에, 짐이 많으면 1개는 뒷좌석에 가지고 타는 것이 좋다. 동물이나 새는 1마리당 5홍콩달러가 추가되며, 그 수가 많을수록 요금은 더 늘어난다(새와 함께 택

홍콩의 택시 정류장 표지판들

택시 정류장에서 택시를 기다리는 사람들

안전벨트를 매고, 차에서 내릴 때는
뒤에 차가 오는지 확인하세요.

나란히 줄지어 가는 택시 행렬

영국과 중국의 공존: 광동어를 통해 홍콩의 문화를 읽다

세 가지 색깔의 홍콩택시가 그려진 티셔츠

시를 탄다는 것이 좀 의아하지만, 홍콩 사람들은 새를 너무 좋아해서 키우는 사람들이 꽤 많다). 이 외에도 홍콩섬과 구룡반도를 오갈 때는 해저터널 통행료를 추가로 지불해야 하는데, 편도가 아닌 왕복 요금을 낸다. 한국 사람들이 홍콩에서 택시를 이용하는 경우, 요금 문제로 종종 실랑이가 벌어지기도 하는데, 홍콩은 한국과는 달리 추가 요금이 여러 항목에서 발생하기 때문에 이 점에 유의해야 한다. 하지만 한국처럼 심야할증은 없으며, 택시 이용 후 영수증을 요청하면 발급해 준다.

광동어에서는 택시를 '떽시的士'라고 하는데 이는 영어의 '택시 taxi'를 음역한 것이다. 서양세력이 중국에 진출한 뒤 서구문물이 홍콩과 광동을 중심으로 유입됐는데, 택시도 이때 홍콩에 들어오게 되면서 '떽시'로 번역되었다. 표준중국어에서는 택시를 '띠쓰的士'라고 하는데, 이는 광동어의 '떽시的士'를 표준중국어식으로 읽은 것이다.

'시내택시'는 '홍떽紅的'이라고도 하며, 이는 '홍쎅떽씨紅色的士'의 줄임말이다. 택시의 색깔이 빨간색이기 때문에 이렇게 부른다. 이와 마찬가지로 '신계택시'는 '록떽綠的(초록색 택시)'이라고 하고, '란타우섬 택시'는 '람떽藍的(파란색 택시)'이라고 한다. 란타우섬 택시는 파란색보다는 하늘색에 가깝지만, 홍콩 사람들은 우리처럼 색깔을 세분화하는 편이 아니기 때문에 하늘색도 파란색이라고 한다.

HONGKONG

07
홍콩의 사원

홍콩의 사원으로 인해 놀라게 되는 것이 세 가지 있다. 첫째는 홍콩 도처에서 볼 수 있는 수백 개의 사원이고, 둘째는 평일이고 휴일이고 가리지 않고 끊임없이 찾아오는 엄청난 수의 참배객들이며, 셋째는 모두들 너무나도 간절히 소원을 빈다는 점이다.

홍콩의 사원을 보면 이곳이 영국의 식민지였던 곳이 맞나 싶을 정도로 지극히 중국적인 문화를 간직하고 있다. 보통 식민지 지배국이라고 하면 통치하던 국가의 문화를 말살하려고 했던 일부터 떠오른다. 우리가 지난 36년 동안 일본에게 악랄하게 수탈당했기 때문에 더욱더 그러하다. 하지만 영국은 홍콩의 문화를 파괴하는 대신 그들 고유의 문화를 계속해서 지켜 갈 수 있도록 도와주었다. 특히 웡따이씬 사원黃大仙祠 같은 경우는 중국에서조차 파괴한 그들의 문화를 영국이 받아들여 홍콩에서 보존하게끔 해 주었다. 그 덕분에 식민지 시대뿐 아니라 지금까지도 사원의 문화가 그토록 왕성하게 유지될 수 있었다. 식민지 국가의 국민들이 당하는 설움과 고통을 생각하면 식민통치는 어떠한 경우라도 정당화될 수 없지만, 어느 나라의 어느 민족이 식민통치를 하는가에 따라 이렇게 결과가 달라질 수 있음을 새삼 느끼게 된다.

영국과 중국의 공존: 광동어를 통해 홍콩의 문화를 읽다

홍콩은 역사적으로 가치가 있는 건축물에 등급을 매겨 정부 차원에서 관리하며, 법적으로도 보호하고 있다. 이들 건축물들은 모두 네 가지 등급으로 구분되어 있는데, 홍콩법정고적香港法定古蹟과 홍콩 1급 역사건축물香港一級歷史建築, 홍콩 2급 역사건축물香港二級歷史建築, 홍콩 3급 역사건축물香港三級歷史建築로 나뉜다. 사원도 예외가 아니어서 많은 사원들이 이렇게 네 가지 등급으로 구분되어 보호받고 있다.

홍콩의 사원은 들어서는 그 순간부터 강렬하고 매캐한 향냄새가 온몸을 감싼다. 그리고 사원 전체에 안개처럼 퍼져 있는 향의 자욱한 연기 사이에서, 향을 들거나 무릎을 꿇고 각자 진지하게 자신의 소원을 비는 사람들이 보인다. 이들의 표정이 너무나 간절하여 옆에서 지켜보는 나까지도 '저 사람들 소원이 모두 다 이루어지면 좋겠다'라는 생각을 하게 된다. 평일에도 사람들이 끊이지 않지만, 음력설 무렵에는 남녀노소 가릴 것 없이 수많은 사람들로 넘쳐 난다. 특히 웡따이씬 사원黃大仙祠이나 체꽁 사원車公廟같이 규모가 큰 사원은, 홍콩 전역의 사람들이 모두 여기로 왔나 싶을 정도로 수많은 사람들로 사원 전체가 북적인다. 모두들 미리 준비해 온 향과 육류, 생선, 과일 등 각종 음식을 제단 위에 올려놓고 각자 소원을 비는데, 어떤 때는 구운 새끼 통돼지燒乳猪, 씨우위쮜 한

사람마다 산통을 흔드는 방법이 달라서 사진과 같이 머리 위쪽에서 흔드는 사람이 있고, 가슴쪽에서 흔드는 사람이 있다.

마리를 올려놓는 경우도 있다.

소원을 빌 때는 향불을 피우거나 얇고 긴 대나무 막대가 가득 들어 있는 산통을 흔들기도 한다. 산통은 양손에 들고 앞쪽으로 45도 이상 기울인 다음 계속 흔들어 주면 되는데, 그러다 보면 신기하게도 여러 개의 막대 중 하나가 점점 앞으로 빠져나오면서 밑으로 떨어진다. 이 막대에 적힌 숫자가 바로 자신의 운세를 말해 준다. 각 사원마다 점괘봐 주는 부스가 설치되어 있으므로, 이곳을 찾아가 숫자가 의미하는 바를 들으면 된다.

사원에서 사용하는 산통은, 우리가 잘 알고 있는 '산통을 깨다'의 바로 그 산통이다. 점을 칠 때는 산통을 잘 흔들어 가며 점을 쳐야 하는데, 만약 이 산통을 깨 버리면 점을 칠 수가 없게 된다. 그래서 '잘되어 가던 일을 뒤틀어 그르치게 만들다'라는 뜻으로 '산통을 깨다'라고 하게 되었다. 참고로 광동어에서 숫자가 쓰인 막대는 '침籤'이라고 하고, 산통은 '침통籤筒'이라고 한다. 또한 산통을 흔들면서 소원을 비는 것은 '카우침求籤', 점괘를 보는 것은 '까이침解籤'이라고 한다.

또 하나 특이한 것은 사원 천장에 걸려 있는 고깔 모양의 향

웡따이씬 사원의 산통. 산통 안에 숫자가 쓰인 대나무 막대가 가득 들어 있다.

영국과 중국의 공존: 광동어를 통해 홍콩의 문화를 읽다

고깔 모양의 나선형 향

재가 떨어지는 것을 방지하기 위한 쟁반

향을 매다는 방법(왼쪽부터 순서대로)

맨 먼저 향에 불을 붙인다.

향 위에 달린 갈고리를 장대로 잘 고정시켜 잡는다.

불을 붙인 향을 천장에 매단다.

이다. 모기향을 위아래로 늘여 놓은 듯한 나선형의 향에는 시주한 사람의 이름과 소원이 빨간 종이에 적혀 매달려 있다. 어른 상반신 정도 크기에 굵기도 꽤 굵어서, 한번 불을 붙여 놓으면 며칠 동안 타들어 간다. 향이 타면서 재가 사람들 머리 위로 떨어질 수도 있기 때문에, 이를 방지하기 위해 향 아래에 쟁반을 받쳐 놓은 곳도 있다. 쟁반을 보는 순간 예전에 한국에서 유행했던 예능프로그램 〈쟁반노래방〉이 떠올랐다.

홍콩은 영국의 식민지였기 때문에 개신교나 천주교 신자가 많을 것 같지만, 인구의 80% 이상이 불교나 도교를 믿는다. 그것도 불교와 도교가 철저하게 분리된 것이 아닌, 이 둘이 융합된 민간신앙 성격의 종교를 믿는다. 그렇기 때문에 사원도 대부분 불교와 도교의 특색을 모두 지니고 있으며, 이들 사원은 홍콩 전역에 600여 개나 있다. 홍콩은 바다와 인접한 지역인 만큼 대부분의 사람들이 어업으로 생계를 이어 왔다. 따라서 대다수의 사원들이 바다의 수호신을 그들의 신으로 모셨다. 잦은 풍랑과 궂은 날씨로부터 보호받기 바라는 어부들의 마음이 이들 사원에 잘 나타나 있는데, 이처럼 홍콩의 사원에는 홍콩의 지역적인 특징과 홍콩 사람들의 생활상이 그대로 반영되어 있다. 유럽풍의 역사기념물과 완전한 대조를 이루는 중국의 전통문화, 이것이 바로 영국과 중국이 공존하고 있는 홍콩의 진정한 모습이자 다른 나라에서는 찾아볼 수 없는 홍콩만의 매력이다.

1. 웡따이씬 사원黃大仙祠, 웡따이씬치

홍콩에서 가장 유명한 사원인 웡따이씬 사원의 정식 명칭은 '쳌총웡따이씬치赤松黃大仙祠'이며, '쎅쎅원웡따이씬치嗇色園黃大仙祠'라고도 한다. 하지만 사람들은 그냥 간단하게 '웡따이씬黃大仙'이라고 부른다. 사원의 전체 면적은 18,000㎡에 달하며 비영리자선단체인 쎅쎅원嗇色園에서 관리하고 있다. 쎅쎅원嗇色園에서의 '쎅쎅嗇色'은 도교의 가르침에서 나온 말로, '쎅嗇'은 '인색하다, 아끼다'라는 뜻이고, '쎅色'은 '욕망' 또는 '좋아하는 물건'이라는 뜻이다. 그래서 '쎅쎅嗇色'은 '욕망을 추구하지 말자'를 나타내는데, 이와 동시에 '사람들을 존중하고, 도리를 깨닫고, 진심을 다해 수행하자'라는 뜻도 담겨 있다. 웡따이씬 사원은 현재 홍콩 1급 역사건축물로 지정되어 있다.

사원은 동진東晉 시기의 유명한 도교 신선인 웡따이씬을 모시기 위해 건립되었다. 하지만 도교뿐 아니라 유교와 불교의 특징도 갖추고 있어 유불선儒佛仙의 세 종교가 융합된 특색 있는 사원이라고 할 수 있다. 사원에서는 홍콩정부의 승인을 받아 홍콩 최초로 도교의식을 갖춘 결혼식도 거행하고 있으며, 결혼증명서도 발급해 주고 있다. 그래서인

윙따이씬 사원 입구

· 사원 입구의 기린상. 오가는
사람들이 모두 한 번씩 쓰다듬
는다.
→입구를 지나 계단을 올라가
면, 사람 형상을 하고 있는 12지
지의 동물상이 나타난다.

윙따이씬 사원

월하노인과 한 쌍의 남녀가 붉은 끈으로 연결되어 있다.

지 사원 안에는 혼인 관장의 신인 월하노인과 남녀 한 쌍의 동상도 세워져 있는데, 이 셋은 서로 붉은 끈으로 연결되어 있다. 아마도 부부가 될 남녀의 발을 월하노인이 붉은 실로 묶어 주기 때문에, 동상도 붉은 끈으로 연결해 놓은 듯하다.

참고로 웡따이씬의 본명은 웡초펭黃初平으로 중국 절강성 사람이었다. 원래는 양을 치는 목동(일명 양치기 소년)이었지만, 15살에 어느 도사에게 이끌려 첵총산赤松山의 동굴 안에서 신선이 되기 위한 수련을 시작하게 되었다(웡따이씬 사원의 정식 명칭인 '첵총웡따이씬치'는 이 첵총산에서 비롯된 것으로 보인다). 천성적으로 2개의 동공(각 눈에 2개, 양쪽 눈을 합쳐 4개)을 지니고 태어난 웡따이씬은 남들에게는 없는 특별한 재주를 가지고 있었다. 생전에 양심을 속이는 짓을 하고 다니던 요괴들을 식별해 낼 수 있었던 것이다. 후에 그는 자신의 재주를 이용하여 5명의 요괴들을 찾아내어 징벌했고, 이를 통해 득도한 후 신선이 되었다. 그 후 웡따이씬은 옥황상제의 명을 받들어 광동 지역에서 길흉을 점치는 점술가로 신통력을 발휘하며 이름을 떨쳤다. 웡따이씬이 사람들에게 선의를 베풀며 살아가고 있을 무렵 광동 지역에는 전염병이 창궐하였는데, 영험하기로 소문이 나 있던 그는 많은 사람들을 치료해 주고 평생 그들을 위해 헌신하며 살았다.

웡따이씬 사원은 광동성 번우番禺에 살고 있던 렝얀암梁仁庵이라는 사람에 의해 맨 처음 건립되었다. '널리 선함을 세상에 보급한다普世勸善'라는 웡따이씬의 가르침에 깊이 감명받은 그는 웡따이씬을 기리는 사원을 광동성에 짓기로 결심하고, 1899년 광주廣州에 사원을 세우게 된다. 청나라 말기에 이곳은 종교적 명승지로 떠올랐고, 이로 인해 광주뿐 아니라 주강삼각주珠江三角洲에 거주하고 있던 사람들까지 참배를 위해 찾아오게 되었다.

1911년에는 청나라를 무너뜨린 신해혁명이 일어나자 '옛것을 타파하고 새로운 것을 세우자'는 기치 아래 '봉건제도의 미신을 철저히 없애자'는 움직임이 일어나게 되었다. 이

영국과 중국의 공존: 광동어를 통해 홍콩의 문화를 읽다

↑ 사원을 가득 메운 사람들　　　　　↑ 각자 가져온 음식들을 놓고 소원을 비는 중이다.
○향을 피우며 소원을 비는 모습　　　○향에 불을 붙이는 참배객
↓산통을 흔들면서 소원을 비는 모습　↓한국인 관광객을 위한 한국어 산통 사용법

때 광주 시내의 많은 사원들이 파괴되었고 웡따이씬 사원 역시 예외가 아니었다. 때마침 고향인 남해南海로 돌아갔던 뤵얀암은 점괘를 통해 '남쪽으로 이주하라'는 웡따이씬의 계시를 받게 되었고, 1915년에 웡따이씬의 초상화를 들고서 그의 아들과 함께 홍콩으로 내려왔다. 1921년 7월에는 구룡성에 사원을 건립하였는데 이때에도 마찬가지로 '이곳이 명당자리다'라는 웡따이씬의 계시를 받았으며, 한 달 후인 8월에는 사원을 관리하는 쎅쎅원嗇色園을 창립하였다. 웡따이씬 사원 건립 초기에는 개인 도량道場(도를 얻으려고 수행하는 곳)으로만 사용되었으나 후에 찾아오는 사람들이 많아지자 매년 음력 1월 1일에는 일반인들도 참배할 수 있게 해 주었다. 그리고 1956년 8월 21일에는 모든 사람들이 참배할 수 있도록 정식으로 사원을 전면 개방하였다.

웡따이씬 초상화가 걸려 있는 대전 옆에는 여동빈呂洞賓과 관성제군關聖帝君, 그리고 관음보살觀音菩薩을 모셔 놓은 삼성당三聖堂이 있다. 도교 팔선八仙 중의 한 사람인 여동빈은 도교의 신선이며, 관성제군은 우리가 잘 알고 있는 관우로 그 또한 도교의 신이다. 삼국지에서만 보아 온 관우가 신이라는 것이 의아할 수 있지만, 충의와 용맹함의 상징이었던 관우는 중국 민간에서 도교의 신으로 숭배되고 있다. 관음보살은 자비로 중생을 괴로움에서 구제해 준다는 불교의 보살로, 도교와 불교의 상징이 모두 이곳 삼성당에 모셔져 있다. 또한 유가의 선사先師 공자孔子는 린각麟閣에 모셔져 있고, 우향정盂香亭에는 석가모니가 보살로 수행할 때 "미래에 석가모니불이라는 부처가 될 것이다"라고 예언을 해 주었다는 부처 연등불燃燈佛이 모셔져 있다. 이렇듯 웡따이씬 사원에는 도교와 불교, 유교가 서로 융합되어 있다.

웡따이씬신앙의 핵심은 '소원하는 바를 반드시 이루게 해 준다有求必應'는 것과 '사람들을 널리 구제하고 선행을 권장한다普濟勸善'는 것이다. 그래서인지 홍콩 사람들은 웡따이씬 사원에 가서 소원을 빌기만 하면 모든 일이 다 이루어진다는 믿음을 가지고 있다. 아마도 1년 365일 사람들의 발길이 끊이지 않는 것도 이러한 이유 때문일 것이다. 음력

↑ 웡따이씬 대전과 대전 앞에서 향을 피우며 소원을 비는 사람들
○ 삼성당. 삼성당 앞에도 소원을 비는 사람들이 많다.
↓ 우향정. 소원을 비는 이들 앞에 잔뜩 꽂혀 있는 향들이 보인다.

설 전후에는 사람들이 훨씬 더 많아지며, 특히 한 해의 마지막 날인 음력 12월 30일에
는 아침부터 수많은 사람들이 사원 밖에서 줄을 서서 기다린다. 그리고 밤 11시가 되면
한꺼번에 쏟아져 들어와 새로운 해의 복을 기원한다.

사원에는 시수함이 여러 군데에 마련되어 있어서 사람들이 저마다 시주함에 시줏돈을

↑ 사원 안의 거대한 청동향로   ↑ 사원 안에 실치된 점괘 봐 주는 부스들
↓ 시주함. 왼쪽에는 '향과 기름 상자(香油箱)', 오른쪽에는 '자선 상자(慈善箱)'라고 쓰여 있다.

사원 입구에 위치한 상점들에서는 향
과 종이돈, 풍차 등을 판매한다.

넣고 지나간다. 동전을 넣는 사람도 있고 지폐를 넣는 사람도 있다. 시주함은 쇠로 만들
어졌기 때문에 동전을 넣을 때 '땡그랑~' 하는 소리가 난다. 동전을 넣으면 크게 부담스
럽지도 않고 시주한다는 기분도 들어 여러모로 좋다. 그래서인지 어떤 사람들은 사원
에 있는 시주함 전부에 시줏돈을 넣기도 한다. 물론 큰 액수를 사원 측에 따로 시주하는

사람도 있겠지만, 이렇게 한 푼 두 푼 모이는 시줏돈이 1년에 자그마치 1,000만 홍콩달러(우리 돈 약 15억 원)에 이른다고 한다. 시주함에는 '향과 기름 상자香油箱' 또는 '자선 상자慈善箱'라고 쓰여 있는데, 예전에는 사원에 향이나 양초, 향에 불을 붙일 때 사용하는 기름 등으로 시주를 했기 때문이다(하지만 요즘에는 이들 대신 시줏돈을 낸다). 그리하여 시줏돈을 '향과 기름을 대신하는 돈香油錢'이라고 하게 되었고, 시주함을 '향과 기름 상자香油箱'라고 하게 되었다. '자선 상자慈善箱'는 이름에서 알 수 있듯이 자선을 베푸는 상자라는 뜻이다.

2. 체꽁 사원車公廟, 체꽁미우

체꽁 사원은 남송南宋 말기의 유명한 장수였던 체꽁車公을 기리기 위해 지은 것으로, 신계 지역의 따이와이大圍에 위치하고 있다. 이 때문에 '따이와이체꽁미우大圍車公廟'라고도 한다. 체꽁은 강서江西 사람으로 생전에 공을 세워 황제로부터 대원수大元帥의 직위를 하사받은 인물이다. 몽고가 대군을 이끌고 국경을 침범해 오던 남송 말기, 국운이 기울어 이에 대항할 힘이 없었던 송나라는 남쪽으로 피난을 가게 되었다. 이 시기에 체꽁이 남송의 마지막 황제였던 조병趙昺, 찌우삥을 호위하면서 홍콩의 싸이꽁西貢으로 내려왔지만, 오래지 않아 그는 불행히도 병사하게 된다. 체꽁은 의술에도 정통한 데다 백성을 제몸처럼 아꼈기 때문에 사람들의 존경을 한 몸에 받고 있었다. 그러던 중 그가 사망하게 되자 이를 안타깝게 여긴 백성들이 생전의 그의 용맹과 충절을 기리기 위해, 싸이꽁西貢에 사원을 지어 그의 3대 조상까지 함께 모셨다. 이뿐만 아니라 그를 도교와 민간신앙의 신으로 받들어, 그가 태어난 음력 1월 2일을 체꽁 탄신일車公誕, 체꽁딴로 지정하였다.
매년 체꽁 탄신일에는 신계 향의국 대표가 홍콩민정사무국장과 함께 체꽁 사원에 와서 홍콩의 한 해 운세를 점치며 복을 기원한다. 그런데 2003년에는 최악의 점괘下下籤가 나오게 되었고, 그해 공교롭게도 사스SARS가 발생하여 수많은 홍콩 사람들이 안타깝게 목숨을 잃었다. 이에 모든 사람들이 점괘가 정확하게 들어맞았다고 하며 놀라움을 금치 못했다. 참고로 향의국은 지방자치단체의 의결기관이다.

따이와이에 위치한 체꽁 사원은 원래 17세기에 지어진 것으로 19세기에 재건되었으며 일반인에게는 개방되지 않았다. 하지만 1991년 이 사원 앞쪽에 체꽁 사원이 하나 더 건립되면서, 새로운 사원은 일반인에게 개방되었다. 사원은 1994년에 완공되었으며, 5,350㎡의 부지에 5천만 홍콩달러(우리 돈 약 75억 원)가 투입되었다. 또한 사원은 홍콩 2급 역사건축물로 지정되었다.

17세기 따이와이에 건립되었던 체꽁 사원에 관해서는 다음과 같은 전설이 전해 내려오고 있다. 명나라 말기 신계 지역(따이와이는 신계에 위치해 있다)에 갑자기 전염병이 돌기 시작했는데, 사람들은 송나라 시기의 체꽁이라는 명장이 무예뿐 아니라 의술에도

↖체꽁 사원　　　↑ 길 건너편에서 바라본 체꽁 사원

· 송나라 마지막 황제 조병의 초상
(홍콩역사박물관 소장)

　　　　영국과 중국의 공존: 광동어를 통해 홍콩의 문화를 읽다

뛰어나 전염병도 물리쳤다는 사실을 알게 되었다. 또한 그가 가는 곳마다 전염병이 사라졌다는 것을 알게 되자 체꿍을 모시기 위한 사원을 세우게 되었고, 놀랍게도 사원이 완성되던 날 전염병이 자취를 감추어 버렸다고 한다.

새로 지은 사원의 대전 한가운데는, 머리에서 발끝까지 온몸이 황금빛으로 번쩍이는 거대한 체꿍이 양손으로 칼을 짚은 채 위풍당당하게 서 있다. 휘황찬란한 황금빛에 놀라고 크기에 다시 한 번 더 놀라게 된다. 체꿍만큼은 아니지만 놀랐던 것이 하나 더 있다. 바로 사원에 서 있던 나무둥치만 한 크기의 커다란 막대들이었다. 그것도 한두 개가 아니고 여러 개가 한꺼번에 서 있었다. 빨간색으로 뒤덮인 막대에는 하늘을 나는 용과 용이 타고 다니는 은색 구름이 그려져 있었고, 축복을 비는 문구도 쓰여 있었다. 저게 뭘까? 그러다 무심코 막대 위를 올려다보았는데, 윗부분이 회색빛 재로 변해 있었다. 아! 그렇구나. 향이구나. 향은 길고 가느다랗다고만 생각한 데다 가늘지 않더라도 색깔이 갈색 아니면 황토색일 거라고만 여겼기 때문에, 빨간색에 알록달록한 무늬를 하고 있는 저 커다란 물체가 향일 거라고는 생각지도 못했다. 그러고 보니 그동안 고정관념에 갇혀 있었다는 생각이 들었다. 향의 크기와 색깔은 '이러이러해야 한다'라는 고정관

번쩍번쩍 늠름한 자태의 체꿍

나무둥치만 한 향

❶❷ 종을 걸어 놓은 종루(좌)와 북을 걸어 놓은 고루(우)
❸❹ 대전 안 체꽁 옆의 풍차(좌)와 북(우). 모든 사람들이 북을 딱 세 번씩만 친다.
❺ 사원에서 판매하는 풍차
❻ 대전 밖에 놓인 커다란 풍차들. 여러 개의 알록달록한 바람개비가 한데 모여 있는 듯하다.

념 말이다. 다행히도 그동안 가지고 있던 고정관념이 이날 보았던 커다란 향들로 인해 깨져 버렸다.

대전 양옆에는 종이 걸려 있는 종루鐘樓와 북이 걸려 있는 고루鼓樓도 있다. 또한 대전 안의 체꽁 양옆에는 조그마한 풍차가 놓여 있다. 한국 사람들은 풍차라고 하면 네덜란드의 풍차를 떠올릴 테지만, 홍콩 사람들이 말하는 풍차는 선풍기 날개 모양을 한 바람개비에 더 가깝다. 홍콩 사람들은 풍차를 돌리면 좋은 운이 생긴다고 믿기 때문에 사원을 찾은 사람 모두가 풍차를 돌린다. 또 풍차 옆에는 북도 놓여 있어서 풍차를 돌리고 난 다음에는 꼭 북을 친다. 그런데 신기한 것은 이 북을 모두 딱 세 번만 친다는 점이었다. 북은 원래 세 번만 쳐야 하는 건가? 알고 보니 북 앞쪽에 '북을 가볍게 세 번만 치세요輕輕敲鼓三聲'라고 적혀 있었다. 아마도 사원을 찾은 사람들이 한 번씩은 다 치고 가야 하기 때문에, 다른 사람들을 배려하기 위한 차원에서 이렇게 정한 것으로 보인다.

앞서 체꽁이 태어난 날을 기념하는 체꽁 탄신일은 음력 1월 2일이라고 했다. 하지만 홍콩 사람들은 음력 1월 2일이 아닌 음력 1월 3일에 체꽁 사원을 찾아가 향을 피우고, 산통을 흔들면서 소원을 빌며, 풍차를 돌리고, 북을 친다. 왜 그럴까? 그 이유는 새해가 시작된 음력 1월 1일부터 14일까지는 보통 어른들께 세배를 드리러 가거나 친척을 방문하는데, 이 중에 세배를 하러 가면 안 되는 날이 하루 있다. 바로 '쳭하우赤口'라고 불리는 음력 1월 3일이다. 이날은 음양오행에서 말하는 매우 불길한 날로, 사람들은 이날 쉽게 언쟁에 휘말릴 수 있다고 믿기 때문에, 이를 방지하기 위해 세배하러 가는 대신 체꽁 사원에 간다. 체꽁을 찾아가 풍차를 돌리며, 올 한 해 불미스러운 일 없이 좋은 일만 가득하게 해 달라고 비는 것이다. 또한 많은 사람들은 집 안에 좋은 운을 들여놓는다는 의미로, 이날 사원에서 판매하는 풍차를 구입하여 집으로 가져가기도 한다.

❶ 과일, 기름 등을 올려놓고 소원을 비는 사람들

❷ ❸ 체공에게 바치는 음식들. 닭의 입에는 빨간 대추를 끼워 놓았고(좌), 빨간 셀로판지 안에는 통으로 구운 새끼 돼지가 들어 있다(우).

❹ 향불을 피우면서 소원을 비는 사람이 너무 많아 곧 향로가 가득 차게 된다. 다른 사람들도 꽂을 수 있도록 관리인들이 향을 뽑아 불을 끈 뒤 위와 같이 따로 모아 놓는다.

❺ 대전 안에 들어와서 참배하려면 길고 가느다란 향을 3개만 들고 들어오라고 쓰여 있다.

영국과 중국의 공존: 광동어를 통해 홍콩의 문화를 읽다

산통을 흔들면서 소원을 비는 참배객. 무릎 꿇기 편
하게 두꺼운 무릎 받침대를 놓아두었다.

점괘를 봐 주는 곳. '解籤處(까이침취)'라고 쓰여 있다.

3. 뽀우린 사원寶蓮禪寺, 뽀우린씬찌

란타우섬의 옹펭昻坪에 위치한 뽀우린 사원은 정식 명칭이 뽀우린씬찌寶蓮禪寺이지만,
간단하게 뽀우린찌寶蓮寺라고 부른다. 뽀우린 사원의 전신은 대모봉大茅蓬으로, 중국의
금산사金山寺에서 온 돈수頓修, 대열大悅, 열명悅明이라는 3명의 선사가 1906년에 지은
것이다. 그 후 1924년에 기수紀修 스님이 이 사원의 제1대 주지스님이 된 후, 사원의 이
름을 뽀우린 사원이라고 하였다. 매년 음력 4월 8일 석가탄신일이 되면, 사원 안에서 아
기 부처님의 정수리에 물을 붓는 욕불의식浴佛儀式이 거행된다.

뽀우린 사원에서는 다른 사원과는 달리 특별한 경험을 할 수 있는 기회가 주어진다. 바
로 사찰음식 체험이다. 무료로 제공되는 것은 아니고 식권을 구입하면 사원 옆의 식당
에서 11시 반부터 4시 반까지 식사를 할 수 있다. 밥에 반찬을 곁들여 끼니로 먹는 식사
도 있고, 간식처럼 가볍게 먹는 간단한 식사도 있다. 점심 때 도착하여 점심식사로 먹었
던 사찰음식에는 밥과 탕, 그리고 버섯과 채소가 적절히 어우러진 세 가지 반찬이 나왔
다. 하얀 쌀밥은 솥처럼 생긴 커다란 냄비에 담겨 나왔는데, 먹고 싶은 만큼 덜어 먹으
면 된다고 했다. 혼자 왔다고 한 그릇 달랑 가져다주는 것이 아니라, 두 그릇이든 세 그

↑ 뽀우린 사원   ↑ 뽀우린 사원 앞의 패방(문짝 없는 문)
○ 멀리서 바라본 패방의 전경   ○ 뽀우린 사원의 채식 식당 입구
↓ 식권 판매소   ↓ 채식 식당 내부

담벼락을 사이에 두고, 건물 안팎에서 모두 식사를 할 수 있다.

↑ 채식 식당의 음식.
↓ 야외 테이블. '음주와 육식을 엄히 금한다'
라고 쓰여 있다.

릇이든 얼마든지 먹으라는 의미로 냄비째 가져다준 걸 보니 인심이 굉장히 후하다는 생각이 들었다. 참고로 광동어에서 '채식하다'는 '쎅짜이食齋'라고 한다.

사실 사원보다 더 유명한 것은 사원 옆의 청동좌불이다. 모두들 청동좌불을 보기 위해 이곳을 찾는다. 사찰음식 체험을 하던 그날, 바닥이 유리로 되어 있어 아래가 훤히 내려다보이는 케이블카를 타고 이곳에 도착했다. 케이블카 한 대당 4~5명씩 탑승해야 하기 때문에 중동에서 온 가족들(부모님과 20대 딸 둘)과 합승을 했다. 슝~ 슝~ 올라갔다 내려갔다. 공중을 날아가는 기분으로 산 넘고 물 건너 한 20분쯤 갔을까. 드디어 청동좌불이 보이기 시작했다. 그 순간, 내 옆에 앉아서 계속 얘기를 주고받던 딸 둘이 갑자기 환호성을 질렀다. "빅 붓다! 빅 붓다! Big Buddha! Big Buddha!" 아랍어로도 '빅 붓다'라고 하는지 아니면 이 단어만 영어로 했는지는 알 수 없지만, 아랍어로 대화를 나누던 그 가족들이 했던 말 중에 유일하게 알아들은 것이 바로 이 '빅 붓다'였다. 둘은 마치 연예인을

뽀우린 사원으로 이동 중인 케이블카

케이블카에서 바라본 청동좌불

본 것처럼 계속 사진을 찍으면서 너무나도 좋아했다.

이 큰 부처 '빅 붓다'의 정식 명칭은 천단대불天壇大佛, 틴탄따이팟이다. 하지만 홍콩 사람들은 그냥 간단하게 대불大佛, 따이팟이라고 한다. 홍콩에는 이렇게 큰 불상이 하나밖에 없기 때문에 '따이팟'이라고 하면 천단대불, 즉 청동좌불을 가리킨다. 천단대불은 26.4m의 높이에(부처가 앉아 있는 연꽃 받침까지 합하면 34m이다) 무게가 250톤이나 된다. 6천만 홍콩달러(우리 돈 약 90억 원)가 투입된 천단대불은 세상에서 두 번째로 큰 노천 청동좌불로, 사원 안이 아닌 사원 밖, 그것도 산 정상에 자리하고 있다. 천단대불은 계획부터 완공까지 12년이 소요되었으며, 그중 설치하는 데만 3년이 걸렸다. 1993년 12월 29일(음력 11월 17일)에는 불상이 완성된 후 드리는 첫 불공의식을 올리기도 했는데, 이 음력 11월 17일은 아미타불의 탄신일로, 특별히 이날에 맞춰 불공의식을 드렸다고 한다. 참고로 세상에서 가장 큰 노천 청동좌불은 대만 까오슝에 있는 불광대불佛光大佛로, 108m의 높이에 무게는 1,872톤에 이른다.

청동좌불을 떠받치고 있는 좌대는 모두 3개의 층으로 이뤄져 있다. 맨 아래층은 929㎡, 가운데층은 743㎡, 맨 위층은 557㎡로, 위로 갈수록 좁아지는 형태로 설계되었다. 계단식으로 되어 있는 좌대의 가장자리에서는 발코니에서 밖을 내다보는 것처럼 빙 둘러

영국과 중국의 공존: 광동어를 통해 홍콩의 문화를 읽다

가며 건너편 풍경을 한눈에 감상할 수 있다. 좌대의 안쪽에는 지름이 2m나 되는 큰 종이 하나 걸려 있는데, 종의 바깥쪽에는 불상과 시주한 사람들의 이름이 주조되어 있고 안쪽에는 경문이 새겨져 있다. 또한 하루에 108번씩 종을 치도록 컴퓨터를 자동으로 설정해 놓아 날마다 108번씩 종이 울린다. 이 '108'이라는 숫자는 불교에서 말하는 백팔번뇌를 가리키는 것으로, 중생들이 백팔 가지 번뇌에서 벗어나기를 바라는 마음에서 종을 108번 친다고 한다. 좌대의 안쪽에는 종뿐만 아니라 전시관도 있어서 불교에 관한 여러 가지 문물을 전시하고 있다. 부처님의 출생과 득도, 설법, 열반을 묘사한 4폭의 그림과 1992년 뽀우린 사원의 법사가 스리랑카까지 가서 모셔 온 부처님의 진신 사리도 여기에 안치되어 있다. 이뿐만 아니라 불교의 서적과 그림, 그리고 강희황제가 손으로 직접 필사한 반야바라밀다심경도 이곳에 보관되어 있다.

청동좌불 앞쪽에는 무릎을 꿇은 채로, 손바닥 위에 무엇인가를 올려놓은 6개의 청동상이 있다. 이들이 들고 있는 것은 각각 꽃과 향, 등불, 진흙, 과일, 악기로 보살 수행의 여섯 가지 법인 육바라밀을 상징한다. 육바라밀은 보시布施, 지계持戒, 인욕忍辱, 정진精進, 선정禪定, 지혜智慧의 여섯 가지를 가리키는 것으로, 보시는 베푸는 것, 지계는 계율을 지켜 범하지 않는 것, 인욕은 온갖 번뇌를 참아 내는 것, 정진은 항상 부지런히 도를 닦는 것, 선정은 마음을 고요하게 하여 마음이 산란해지는 일을 멈추는 것, 지혜는 모르는 것 없이 통달하는 것을 말한다.

청동좌불을 보려면 모두 268개의 돌계단을 올라가야 한다. 젊은 사람들도 모두 '아이고, 다리야' 하면서 가다가 쉬고 가다가 쉬고 하는데, 어느 할머니가 계단 3개를 올라가고 1번 절하는 '삼보일배'를 하면서 올라가고 계셨다. 세상에! 웬만한 불심이 아니고서는 가파른 계단을 저렇게 삼보일배하면서 오르기가 쉽지 않을 터였다. 할머니의 소원이 무엇인지는 알 수 없었지만, 그 소원이 이루어지길 옆에서 바라보는 나도 간절히 빌어 드렸다.

청동좌불로 가는 268개의 계단

패방 옆으로 보이는 청동좌불

정면에서 바라본 좌불(좌)과 왼쪽 아래에서 올려다본 좌불(우). 3층의 원형식 계단 형태로 이루어진 지반이 좌불을 떠받치고 있다.

오른쪽 아래에서 올려다본 청동좌불. 좌대 안쪽에는 전시관도 있어 들어갈 수 있다.

청동좌불 앞의 6개의 청동상

268개나 되는 계단 위에서 삼보일배를 하면서 올라가시는 할머니

영국과 중국의 공존: 광동어를 통해 홍콩의 문화를 읽다

4. 틴하우 사원天后廟, 틴하우미우

틴하우는 어민들을 보호해 주던 바다의 여신으로 아마亞媽, 냉마娘媽, 마냉媽娘, 틴하우마天后媽, 틴하우냉냉天后娘娘 등으로 불린다. 홍콩과는 달리 중국대륙과 대만에서는 마주媽祖, 마조라고 부른다. 비록 명칭은 다르지만 틴하우와 마주는 동일 인물이다.

틴하우는 960년 음력 3월 23일에 중국의 복건성福建省에서 태어났다. 태어날 당시 붉은 빛이 온 방에 가득 차고 향기가 사방에 흘러넘치는 등 출생부터 이미 범상치 않은 기운을 보였다. 또한 생후 한 달째부터는 전혀 울지를 않아 이름을 람막林默으로 지어 주었다고 한다('默'은 조용하다, 잠잠하다는 뜻이다). 틴하우는 유년 시절부터 날씨를 예측하는 신기한 능력을 지니고 있어서, 항상 바다에서 일어날 사건들을 미리 감지하고 사람들을 구해 냈다. 그러다 스물일곱이 되던 987년에는 하늘로 올라가 신선이 되었으며, 그 후 신령이 되어 나타나 매번 해안에서 무수히 많은 사람들을 구해 주었다. 그리하여 바닷가 지역의 주민들은 계속해서 사원을 세우고 그녀를 위해 제사를 지냈으며, 역대 제왕들은 그녀를 바다의 여신인 틴페이天妃로 추대하였다. 그 후에도 그녀가 조난당하거나 위기에 빠진 백성들을 계속해서 구해 내자 강희황제는 틴페이天妃를 틴하우天后로 격상시켰다. 이후 틴하우는 중국과 동남아 화교 사회에서 어민과 바닷가 사람들이 모두 추앙하는 수호신이 되었다. 현재 본적지가 복건성인 사람들 중에 람林씨 성을 가진 사람들은 대부분 자신들이 틴하우의 후손이라고 믿고 있다.

홍콩 역시 바다와 인접한 지역으로 일찍부터 틴하우를 숭배해 왔다. 남송 시기이던 1266년, 싸이꽁西貢에 홍콩 최초의 틴하우 사원이 건립된 이후 홍콩섬과 구룡반도, 신계 등 홍콩 전역에 틴하우 세원이 세워졌다. 대부분이 청나라 초기에 지어졌으며, 현존하는 홍콩의 틴하우 사원은 모두 100여 곳에 이른다. 사원들은 대체로 규모가 크지 않으며, 내륙에 위치해 있다. 원래는 모두 바닷가에 있었지만, 오랫동안 추진해 온 간척사업으로 인해 사원들이 있던 바닷가가 내륙으로 변해 버렸다. 이와는 반대로 중국대륙의 틴하우 사원은 바다에 위치해 있고 정문도 바다를 향해 있다.

틴하우가 태어난 날인 음력 3월 23일은 틴하우 탄신일天后誕, 틴하우딴로, 사람들은 이날 홍콩 각지에 있는 틴하우 사원을 찾아가 그녀의 탄신을 축하한다. 특히 싸이꽁西貢에 위치한 '팟통문 틴하우 사원佛堂門天后古廟'에는 매년 5만여 명의 사람들이 모여든다. 이 사원은 홍콩에 있는 틴하우 사원 중에서 가장 오래된 것으로, 1266년에 건립되었다.

육지에서는 용춤과 사자춤을 추면서 거리를 행진하고, 바다에서는 어선에 형형색색의 깃발을 가득 꽂아 놓고 틴하우의 탄신을 축하한다. 싸이꽁뿐 아니라 윈롱元朗의 틴하우 탄신일 축제 역시 매우 유명한데, 윈롱의 어민단체와 체육회, 종친회 등에서 매년 화려한 볼거리를 준비하기 때문이다. 틴하우 탄신일 축제에서 가장 특색 있는 것은 '파파우花炮'라고 불리는 알록달록 화려한 장식물이다. 한가운데는 신상을 모셔 놓고 그 주위에는 꽃이나 용, 팔선(8명의 신선) 등 상서로움을 상징하는 것들로 가득 채워 넣는다. 작은 것은 2m에서 큰 것은 6m에 이르는 것도 있다.

홍콩의 100여 군데 틴하우 사원 중에서 통로완에 위치한 틴하우 사원은 여느 사원들과는 조금 다르다. 이 '통로완 틴하우 사원'은 청나라 초기에 따이씨판戴仕蕃이라는 사람이 건립한 것으로, 현재 사원의 소유권은 따이戴씨의 가족 명의로 되어 있다. 1928년에 통과된 '중국인 사원에 관한 조례華人廟宇條例'에서는 홍콩 전역의 사원을 중국인사원위원회華人廟宇委員會에서 관리하기로 되어 있지만, 이 사원만은 위원회의 관리를 받지 않아도 되게끔 규정하고 있다. 이는 아주 특별한 경우에 해당하는 것으로, 사원을 건립한 이후부터 지금까지 계속 따이戴씨 가족들이 관리하고 있다. 사원은 틴하우뿐 아니라 관세음보살과 재물의 신財神, 그리고 우리에게 포청천包靑天으로 잘 알려진 포공包公까지 함께 모시고 있다. 또한 사원은 홍콩법정고적으로도 지정되었으며, 근처에는 사원 이름과 똑같은 틴하우 지하철역天后站도 있다.

영국과 중국의 공존: 광동어를 통해 홍콩의 문화를 읽다

❶ 팟통문 틴하우 사원
❷ 틴하우 탄신일의 모습
❸ 가마 탄 틴하우 신상의 행렬
❹ 용춤
❺ 사자춤
❻ 알록달록 화려한 장식물 파파우
❼ 형형색색의 깃발을 꽂은 어선

통로완 틴하우 사원의 건립에 관해서는 두 가지 전설이 전해 내려오고 있는데, 하나는 사원을 세운 따이戴씨 가족에 관한 것이고, 다른 하나는 붉은 향로에 관한 것이다. 먼저 따이戴씨 가족들은 광동에서 홍콩으로 이주해서 살고 있었는데, 날마다 바닷가에 나가서 풀을 베었다. 그러던 어느 날 그곳에서 신상神像을 줍게 되었고, 이에 신상을 모셔 놓을 사당을 지어 공양을 드리게 되었다. 그 후 많은 사람들이 이곳에 찾아와 소원을 빌자, 나중에는 모금을 통해 경비를 마련한 뒤 정식으로 틴하우 사원을 건립하였다.

통로완 틴하우 사원의 건립에 관한 또 다른 전설은 다음과 같다. 어느 날 붉은 향로 하나가 통로완의 모래사장으로 떠내려왔다. 그 지역의 주민들과 어민들은 이를 바다의 여신 틴하우가 모습을 드러낸 것이라 생각하고, 이곳에 작은 사원을 지은 뒤 향로를 사원 안에 가져다 놓았다(원래 이곳에 사원이 있었고, 그 앞으로 향로가 떠내려왔다는 설도 있다). 신성한 이 향로에 향을 꽂고 제사를 지내자 여러 가지 영험한 일들이 생겨나기 시작했고, 이후 사원은 점점 더 유명해졌다. 이로 인해 초기에는 '붉은 향로의 사원紅香爐廟'이라고 불렸으나, 후에는 '틴하우 사원天后廟'으로 바꾸어 부르게 되었다. 또한 틴하우 사원 뒤에 있던 산은 '붉은 향로의 산紅香爐山'이라고 불렸고, 향로가 떠내려온 사원 앞의 항구는 '붉은 향로의 항구紅香爐港'라고 불렸다. 후에 '붉은 향로의 항구'는 홍콩 섬 일대를 가리키는 말로도 쓰이게 되었는데, 이를 간단하게 줄여 '향로의 항구香港, 횡꽁'라고 하였다. 그런데 '향로의 항구'를 뜻하는 '횡꽁香港'을 자세히 보면 어디서 많이 본 듯하다. 그렇다. '홍콩'이다. '횡꽁香港'이라는 이름의 유래는 잘 알려졌다시피 '향나무를 수출하던 항구'에서 온 것도 있지만, 이렇게 '붉은 향로의 항구'에서 온 것도 있다(홍콩 명칭의 유래에 관한 자세한 내용은 '제1장 홍콩의 지리와 자연환경'을 참고할 것).

청나라 초기에 건립된 통로완 틴하우 사원은 청나라 말기에 이르러 두 차례의 보수공사를 거쳤으며, 1868년 두 번째의 대규모 보수공사 이후에 현재와 같은 모습을 갖추게 되었다. 사원은 좌우대칭의 구조로 설계되었으며, 지붕에는 초록빛 기와가 얹혀 있다. 처마 밑에는 특이하게도 중국 희곡 작품에 등장하는 인물들이 천연색 도자기 인형들로 만들어져 있으며, 이와 더불어 채색화도 함께 장식되어 있다. 기다란 처마 밑의 가운데 부분에는 위아래로 나란히 진열된 인형들이 보이고, 그 양옆을 각각 위아래로 나누어 윗부분에는 채색화를, 아랫부분에는 인형들을 배열해 놓았다. 틴하우와 재물의 신, 포공을 모신 신전 양옆으로 조그마한 신전도 마련되어 있는데, 왼쪽 신전은 '백가신전百家

❶ 통로완 틴하우 사원 안내도 ❷ 통로완 틴하우 사원 입구 ❸ 사원 앞에 놓인 전설 속의 붉은 향로 ❹ 통로완 틴하우 사원
❺ 사원의 처마 밑 가운데 부분에 2개 층으로 도자기 인형을 장식해 놓았다. ❻ 처마 밑 양옆에는 채색화와 도자기 인형이 함께
장식되어 있다. ❼ 사원의 내부 모습 ❽ 천장에 매달려 있는 고깔 모양의 향 ❾ 사원 안 제단

神殿'이고 오른쪽 신전은 '대복당戴福堂'이다. 백가신전에는 도자기 인형 형상의 여러 관

세음보살들이 모셔져 있다. 두 신전 앞에는 각각 정사각형 모양의 조그마한 마당이 있

사원 안에 모셔진 틴하우 신상(좌)과 재물의 신 신상(중), 포공 신상(우)

사원 한쪽에 놓여 있는 종과 북 　꼬리를 치켜세운 채 정면을 응시하고 있는 백가신전 옆의 호랑이(좌)와 구름
밖으로 몸의 일부가 드러난 대복당 옆의 용(우)

백가신전 　　　　　　　　　　　　　　　　　　　　백가신전의 관세음보살들

으며, 마당의 한쪽 벽에는 반입체 조형물로 만들어 놓은 용과 호랑이의 형상도 있다. 그리고 빼놓을 수 없는 것이 하나 있는데, 바로 사원 앞에 놓인 새빨간 향로다. 전설 속에 등장하는 바로 그 향로인지 아니면 후대에 새로 만들어 놓은 것인지는 잘 모르겠지만, 가운데는 둥근 향로가 놓여 있고 그 양옆에는 직사각형 향로가 놓여 있다. 사원을 찾은 날에는 하루 종일 가랑비가 계속 내렸지만, 향로에 꽂힌 향들은 꺼지지도 않고 줄곧 타고 있었다. 전설 속에서 수많은 사람들을 보호해 주었던 것처럼 틴하우가 이 사원도 보호해 주고 있는 듯했다.

5. 만모우 사원文武廟, 만모우미우

만모우 사원은 홍콩섬의 할리우드 로드荷李活道, 호레이웃또우에 위치해 있으며, 만모우 사원과 열성궁列聖宮, 공소公所 이렇게 세 채의 건물로 이루어져 있다. 열성궁에는 태세신太歲을 비롯한 여러 신들이 모셔져 있으며, 공소는 지역 주민들이 모여 회의를 열거나 분쟁을 해결하는 장소로 사용되었다. 현재 만모우 사원은 홍콩법정고적으로 지정되어 있다. 참고로 할리우드 로드는 '호랑가시나무의 거리'라는 뜻으로, 개항 초기 이 일대에 호랑가시나무를 심었기 때문에 이렇게 불리게 되었다. 호랑가시나무는 영어로 '할리우드hollywood'라고 한다. 즉 홍콩의 할리우드 거리는 영화와는 전혀 관계없는 골동품 거리이며, 미국의 할리우드 로드보다 훨씬 먼저 생겨났다.

홍콩의 개항 초기인 1847년에 건립된 만모우 사원은 학문의 신인 문제文帝, 만따이와 무예의 신인 무제武帝, 모우따이를 모시고 있다. 사원의 이름인 만모우文武는 두 신의 이름(만따이文帝와 모우따이武帝)에서 비롯된 것이다. 문제는 학문의 운이나 시험의 운을 관장하는 문창제군文昌帝君을 가리키고, 무제는 무인武人의 운과 재물의 운을 관장하는 관성제군關聖帝君, 즉 관우를 가리킨다. 중국에는 "북쪽에는 공자가 있고, 남쪽에는 문창

❶ 만모우 사원과 열성궁, 공소 ❷ 만모우 사원 입구 ❸ 만모우 사원 ❹ 열성궁 ❺ 공소 ❻ 사원 안에서 열심히 소원을 비는 사람들 ❼❽ 만모우 사원 안의 풍경. 천장에 걸려 있는 수많은 고깔 모양의 향들이 눈에 띈다.

이 있다北孔子, 南文昌"라는 말이 있을 정도로 남방에서 문창을 모시는 신앙이 성행했다.

충의와 용맹함으로 잘 알려진 관우 역시 어릴 적에 회계에도 능했다고 전해지기 때문에, 홍콩에서는 많은 상인들이 그를 재물의 신으로도 추앙하고 있다.

영국과 중국의 공존: 광동어를 통해 홍콩의 문화를 읽다

사원 안쪽의 한가운데는 문제와 무제의 신상이 모셔져 있다. 오른쪽의 붉은색 옷을 입은 신상이 문제고, 왼쪽의 초록색 옷을 입은 신상이 무제다. 그들 앞에는 금빛의 조형물이 각각 세워져 있는데, 문제 앞에는 붓을 든 손 모양의 조형물이, 무제 앞에는 칼 모양의 조형물이 놓여 있다. 이 중 붓을 든 손 모양의 조형물을 쓰다듬으면 학문적인 성취를 이룰 수 있으며, 칼 모양의 조형물을 쓰다듬으면 사업에 성공할 수 있다고 한다. 칼은 관우가 들고 다녔다고 알려진 청룡언월도인데, 위에서 말한 바와 같이 관우는 회계에도 능해 재물의 신으로도 추앙받고 있다. 이 때문에 그가 들고 다니던 청룡언월도를 쓰다듬으면 사업에 성공할 수 있다고 믿는다. 이렇게 학문과 사업 두 가지로 구분해 놓고 있지만, 사원에서 소원을 비는 사람들을 보면 붓과 칼 두 가지를 모두 다 쓰다듬는다.

사원은 문제와 무제 이외에 포공과 성황신城隍도 함께 모시고 있다. 사원 입구와 가까운 왼쪽에는 가마 두 대가 놓여 있는데, 일반 가마와는 달리 정교하게 조각이 되어 있는데다가 금박까지 입혀져 있다. 이 두 대의 가마는 커다란 유리로 만든 진열장 안에 들어 있다. 이 중 왼쪽의 조금 작은 가마가 1862년에 제작된 것이고, 오른쪽에 놓인 큰 가마가 1885년에 제작된 것이다. 이 밖에도 사원 입구와 가까운 오른쪽(즉 가마의 맞은편)에는 북과 종이 놓여 있는데, 청동으로 만든 종은 1847년에 제작되었다. 가마와 종 모두 150년이 훨씬 넘은 역사 유물들로, 이 중 청동으로 만든 종이 역사가 가장 오래되었다.

만모우 사원에서는 매년 음력 1월 1일부터 15일까지, 한 해를 관장하는 태세신太歲에게 무사안일을 기원하는 '씹타이쏘위攝太歲'가 열리는데, 이때 수많은 인파가 사원으로 몰려든다. 태세太歲, 타이쏘위는 한 해를 다스리는 신으로, 십이지지十二地支에 따라 매년 다른 태세신이 그해의 모든 일을 관장한다. 보통은 태세신이 좋은 운을 가져다준다고 믿지만, 그해 태세신의 십이지지와 상극인 띠나 동일한 띠일 경우 사람들은 자신들이 오히려 태세의 비위를 거스르게 될 것이라고 믿는다. 이를 '판타이쏘위犯太歲'라고 하는

문제 앞쪽의 붓을 든 손 모양의 조형물(좌)과 무제 앞쪽의 청룡언월도 모양의 조형물(우)

1862년에 제작된 가마   1885년에 제작된 가마

❶ 문제와 무제. 오른쪽의 붉은색 옷을 입은 신상이 문제고,
왼쪽의 초록색 옷을 입은 신상이 무제다.
❷ 포공
❸ 성황신
❹ 만모우 사원에 걸려 있는 종과 북

영국과 중국의 공존: 광동어를 통해 홍콩의 문화를 읽다

데, '태세를 거스르다, 태세와 어긋나다'라는 뜻이다(띠가 서로 일치하면 좋을 것이라 생각되지만, 중국 사람들은 오히려 그 반대로 생각하는 듯하다). 이렇듯 판타이쏘위犯太歲에 해당하는 사람들은 한 해 동안의 운세가 자신에게 불리하게 돌아가고 모든 일이 순탄하지 않을 것이라 염려하여, 태세신을 모신 사원에 가서 자신에게 닥친 불길한 기운을 없애고 불안한 운세를 평안하게 바꾸어 주기를 기원한다. 홍콩 사람들은 이를 '씹타이쏘위攝太歲'라고 한다.

태세는 본래 목성을 가리키는 말로, 고대에는 세성歲星이라고 했다. 태양계에서 가장 거대한 행성인 목성은 태양과 달을 제외하고서는 질량이 가장 크기 때문에, 중국 사람들은 지구에 미치는 영향 또한 목성이 가장 크다고 여겼다. 따라서 목성의 공전주기가 12년인 것에 착안해 1년을 24절기와 12개월, 그리고 사계절로 나누었다. 또한 태세신은 1년 사계절 동안 만물의 생성과 성장에 관여하고 있기 때문에, 그가 자리하고 있는 방위에 꽃이나 풀, 나무 등을 심으면 상서롭고, 반대로 나무를 베거나 풀을 뽑으면 불길하다고 여겼다. 이뿐만 아니라 가옥의 확장이나 결혼, 취직, 저축, 상업활동을 하게 되면 상서롭고, 소송을 하거나 장례를 치르는 경우, 가옥을 철거하는 경우에는 불길하다고 보았다. 민간 전설에 의하면 태세신이 위치하고 있는 방위에서 땅을 파게 되면 피를 흘리며 움직이는 빨간 고깃덩어리를 파내게 된다고 하는데, 이것이 바로 태세신의 화신化身이라고 한다. 그리고 땅을 파낸 사람은 불길한 일이 계속해서 일어난다고 믿었다. 여기에서 '태세신의 머리 위에서 흙을 파내다太歲頭上動土'라는 말이 생겨났는데, 이는 '힘 있는 사람을 잘못 건드리다'라는 뜻이다.

'태세를 거스르다'라는 뜻의 판타이쏘위犯太歲는 자신이 속한 띠와 그해의 띠가 서로 어긋나거나 일치하는 것을 말하며, '총타이쏘위沖太歲'와 '쩩타이쏘위值太歲', '옝타이쏘위刑太歲'의 세 가지로 나뉜다. 예를 들어 개띠 해의 경우 개와 용은 상극이기 때문에 용띠인 사람들은 총타이쏘위沖太歲에 해당한다. 충돌, 반항의 의미를 지니고 있는 총타이쏘위沖太歲는 가장 타격을 크게 입는 운세이며, 한 해 동안 운이 계속 들쑥날쑥하면서 안정되지 않기 때문에 매사에 조심하고 신중해야 한다. 쩩타이쏘위値太歲는 그해의 띠와 자신의 띠가 같은 것을 말하며, 예를 들어 개띠 해에는 개띠인 사람들이 여기에 해당한다. 이때에는 출생한 해의 띠인 뿐멩닌本命年에 속하게 되는데, 한 해 동안 걱정거리가 계속해서 생겨나게 되는 운세이다. 옝타이쏘위刑太歲는 상처를 입게 되는 운세로, 한 해 동안 쉽게 시비에 휘말릴 수 있다. 개띠 해에는 소띠나 양띠가 개띠에게 상처를 입을 수 있는데, 이때 소띠와 양띠가 옝타이쏘위刑太歲에 속한다.

보통은 음력 1월 1일부터 15일까지 태세신을 찾아가 제를 올리지만, 이날뿐 아니라 1년 365일 언제든지 태세신에게 불길함을 없애 달라고 기원할 수 있다. 또한 만모우 사원뿐 아니라 태세신을 모셔 놓은 사원이면 어디서든지 제를 올릴 수 있다. 씹타이쏘위攝太歲는 '태세신太歲의 기운을 섭취攝'하여 불길함을 상서로움으로 바꾼다는 뜻이다. 그래서인지 태세신을 모셔 놓은 사원에서는 특별한 날이 아니더라도 태세신께 기원을 드리는 사람들을 언제든지 볼 수 있다.

그렇다면 여기에서 퀴즈 하나. 태세신은 모두 몇 명일까? 위에서 매년 다른 태세신이 한해의 일을 관장한다고 했으니 1명은 아닐 테고, 그러면 수백수천일까? 아니다. 정답은 60명이다. 육십갑자에 따라 매년 다른 신이 정해지기 때문이다. 십간十干과 십이지十二支가 결합되어 만들어진 60개의 간지를 육십간지六十干支 또는 육십갑자六十甲子라고 하는데, 이 육십갑자에 의해 매해 다른 태세신들이 정해진다. 십간(甲, 乙, 丙, 丁, 戊, 己, 庚, 辛, 壬, 癸)과 십이지(子, 丑, 寅, 卯, 辰, 巳, 午, 未, 申, 酉, 戌, 亥)의 결합 순서에 따라 갑자甲子, 을축乙丑으로 시작하여 임술壬戌, 계해癸亥까지 모두 60개의 간지가 형성되며, 이 육십간지는 60년을 주기로 순환한다. 그렇기 때문에 태세신의 수도 모두 60명이 되는 것이다. 60년이 지난 61년부터는 다시 갑자甲子로 시작한다. 태세신의 이름 또한 육십갑자에 맞추어 지었기 때문에, 갑자태세甲子太歲, 을해태세乙亥太歲, 정묘

영국과 중국의 공존: 광동어를 통해 홍콩의 문화를 읽다

↑열성궁 입구
○태세신에게 소원을 빌러 온 많은 사람들
↓향과 양초(가운데 상자에서 주황색에 대나무 손
잡이가 달린 것이 양초)

↑열성궁 안에 모셔진 60개의 태세 신상
○시주함
↓공소 안의 점괘 봐 주는 곳

태세丁卯太歲 등으로 불린다.

홍콩 개항 초기에는 법률이 아직 완전히 제정되지 않은 상태였기 때문에, 사람들 간에
분쟁이 생겼을 경우에는 중국의 전통방식인 '닭의 목을 자르고, 노란 종이를 태우는' 식

으로 문제를 해결하고는 했다. 미신으로 보일 수 있는 이러한 방법은 놀랍게도 영국의 식민지였던 당시에 법적 효력을 지니고 있었는데, 그 대신 만모우 사원 안에서만 의식을 행해야 한다는 규정이 있었다. 닭의 목을 자르는 의식은 다음과 같은 순서로 진행되었다. 먼저 원고와 피고가 신상神像 앞에 무릎을 꿇고 앉아 향에 불을 붙인 뒤 절을 올린다. 그리고 양측 모두 자신들의 결백함이 적힌 노란 종이를 들고 큰 소리로 읽는다. 종이에는 보통 '한 치의 거짓도 없으며 만약 거짓일 경우 비명횡사를 당할 것이며 대가 끊길 것이다'라고 적는다. 그다음에는 피고가 식칼로 수탉의 목을 내려친 뒤 닭의 피를 노란 종이에 뿌리고 나서 태운다. 이렇듯 전통방식을 사용하여 실마리를 잡을 수 없는 사건을 해결했는데 여기에는 전해지는 일화가 있다.

1918년 빚 문제로 두 상인 사이에서 분쟁이 일어났는데, 양측 모두 유력한 증거를 가지고 있지 않았다. 관아에서는 두 사람에게 몇 차례에 걸쳐 화해하도록 권하였으나 둘 다 이에 응하지 않았다. 하는 수 없이 이들에게 만모우 사원으로 가서 "닭의 목을 치라"고 하였지만, 사원에 도착해서는 원고가 웬일인지 무릎을 꿇고 맹세하기를 거부했다. 그러자 피고 역시 이를 거부했고 결국 닭의 목을 치는 것은 실패로 돌아갔다. 법관들은 원고가 먼저 무릎을 꿇고 맹세하지 않은 것은 어딘가 켕기는 부분이 있고 떳떳하지 못하기 때문이라고 생각하여 오히려 원고에게 유죄를 선언했다. 피고에게는 반대로 무죄가 선고되었던 이 사건은 당시 홍콩 사회에 큰 파문을 일으켰다.

만모우 사원은 지난날 홍콩 사람들의 관습과 사회조직 등을 살펴볼 수 있기 때문에 중요한 역사적 의의를 지닌다. 홍콩의 모든 사회 지도층 인사들은 매년 가을이면 만모우 사원에 모여 홍콩의 발전을 기원하며 문창제군과 관우에게 제를 올리는 의식을 거행하고 있다.

6. 린파 사원蓮花宮, 린파꽁

린파 사원은 1863년 무렵에 건립된 사원으로 관세음보살(보통 관음이라고 한다)을 모시고 있다. 통로완의 따이항大坑에 위치하고 있기 때문에 '따이항 린파꽁大坑蓮花宮'이라고도 불린다. 린파 사원은 원래 쨍曾씨 가족의 소유였으나, 1960년대에 이르러 관리 소홀로 범죄의 온상이 되고 말았다. 그리하여 1975년부터는 중국인사원위원회에서 관리를 맡게 되었고, 그 후 보수공사를 거친 뒤 현재의 모습으로 거듭나게 되었다.

전설에 의하면 일찍이 관세음보살이 연꽃蓮花을 타고 속세에 내려와 이곳의 연화석蓮花石 위에 모습을 드러내었고, 마을 사람들은 관세음보살이 다녀간 성스러운 자리를 보존하고 기념하기 위하여 사원을 짓고 제를 올리게 되었다. 관세음보살이 연꽃을 타고 내려왔기 때문에 사원의 이름은 연꽃 사원이라는 뜻에서 연화궁蓮花宮, 린파꽁이라 불리었다(궁宮에는 '궁전'이라는 뜻도 있지만 '도교의 사원'이라는 뜻도 있다). 바다에 나가 고기를 잡는 어민들은 관세음보살을 대자대비한 '남해의 수호신'으로 추앙하였다. 그리고 매번 바다에 나갈 때마다 관세음보살에게 기도를 올리며 많은 수확과 무사귀환을 빌었다.

린파 사원의 건립에 관해서는 관세음보살의 출현 이외에 또 다른 이야기도 전해 내려오고 있다. 중국 내륙에서 태평천국의 난이 일어나자 대량의 난민들이 홍콩으로 피난을 오게 되었는데, 그중 많은 사람들이 이곳 따이항으로 밀려들어 왔다. 그러자 마을의 한 어르신이 민심을 안심시키기 위해 관세음보살을 모시는 사원을 세우게 되었고, 그 사원이 바로 이 린파 사원이다.

사원이 처음 건립되었던 당시에는 산비탈 아래에서 바다를 향하도록 지어졌다. 이 때문에 밀물이 가장 높은 해면까지 꽉 차오르는 만조滿潮가 되면, 바닷물이 사원 바로 아래까지 차올라 마치 한 송이 연꽃이 물 위에 떠 있는 것처럼 보였다. 하지만 이후 계속

❶ 린파 사원
❷ 다른 사원들과 달리 양옆으로 달린 문
❸ 베란다에서 바라본 사원 안의 모습
❹ 관세음보살 신상

된 간척사업으로 인해 현재 린파 사원은 내륙에 위치하게 되었다.

사원은 두 채의 건물이 앞뒤로 나란히 있는 형태로 이루어져 있는데, 앞의 건물은 반半 팔각형, 즉 팔각형을 반으로 잘라 놓은 듯한 모양이며, 뒤쪽 건물은 직사각형 모양이다. 앞쪽 반팔각형 건물에는 특이하게도 서양식 건물에서 볼 수 있는 베란다가 있다. 중국 전통의 건축물에 서양식 베란다가 기묘하게 어우러져 조화를 이루고 있는 것이다. 사원으로 들어가는 문은, 앞쪽 가운데에 문이 달린 다른 사원들과는 달리 양옆에 있다. 사원 안쪽에는 관세음보살 신상이 놓여 있고 육각형의 천장에는 하늘을 나는 용이 조각되어 있다. 이 용은 이 지역에서 매년 중추절이면 열리는 '불꽃용춤축제'와 관련이 있다

영국과 중국의 공존: 광동어를 통해 홍콩의 문화를 읽다

❶ 육각형의 천장에는 하늘을 나는 용이 조각되어 있다.
❷ 화려하게 채색된 사원의 문(1909년 제작)
❸ 북과 청동으로 만든 종 ❹ 향에 불을 붙이는 참배객
❺ 제단에 차려진 음식과 꽃 ❻ 천장과 맞닿은 벽에 금색 실
로 관음보살이라고 수놓은 붉은색 천이 빙 둘러져 있다.

고 한다(불꽃용춤축제와 관련된 자세한 내용은 제8장 중 '7. 중추절' 부분을 참고할 것).
또한 한쪽 문 옆에는 청나라 관리인 땅꽈이쳉鄧貴淸이 사원에 기증한 청동으로 만든 종
도 있다. 그리고 사원 안에는 사원의 이름인 연꽃蓮花, 린파에 부합하는 수백 개의 연꽃
등이 밝게 빛나고 있다. 현재 린파 사원은 홍콩법정고적으로 지정되어 있다.
굉장히 아담한 크기의 린파 사원은 한 송이 연꽃과 같은 인상을 주었다. 사원 안에 있

을 때는 마치 연꽃 봉오리 안에 들어와 있는 듯한 느낌도 들었는데, 사원의 전체적인 분위기가 다른 사원들과는 많이 달랐다. 붉은 천에 금색 실로 수놓은 '관음보살觀音菩薩'과 '불광보조佛光普照(부처님의 빛이 온 세상을 비춘다)'가 사원 벽 전체에 빼곡하게 걸려 있었으며, 역시 붉은 천에 수놓은 '옴마니밧메훔唵嘛呢叭咪吽, 암마니빠메홍'이 사원 안에 걸려 있었다. 참고로 옴마니밧메훔은 관세음보살의 자비를 나타내는 주문으로, 이 주문을 외우면 모든 번뇌와 죄악이 소멸되고 온갖 지혜와 공덕이 생겨난다고 한다. 산스크리트어인 옴마니밧메훔(ॐ मणिपद्मे हूं)을 광동어에서는 '唵嘛呢叭咪吽'으로 쓰고, '암마니빠메홍'이라고 읽는다.

7. 만팟 사원萬佛寺, 만팟찌

만팟 사원은 신계 지역에 위치한 사원으로, 중국 광주廣州에서 홍콩으로 건너온 월계법사月溪法師가 직접 건립하였다. 홍콩의 유명한 담배회사 대표인 깐욕까이簡玉階가 1949년에 개인 사찰인 '푸이씨원晦思園'을 시주했는데, 여기에 월계법사가 직접 흙과 돌을 짊어 나르면서 8년의 시간을 들여 지었다고 한다. 1949년에 짓기 시작한 이 사원은 1957년에 완공되었다. 사원뿐 아니라 만불전萬佛殿(사원의 본전)에 모신 1만여 존의 작은 불상들도 대사가 직접 만들었다고 하는데, '만불萬佛'이라는 사원 이름은 이 1만여 존의 불상에서 유래한 것이다.

1997년 7월에는 폭우로 인해 사원이 심각하게 훼손되어 외부에 개방하지 않기도 하였으나, 2년 후에는 사원을 새롭게 수리하여 다시 일반에게 개방하였다. 그리고 개인 소유였던 사원을 대중 소유로 변경하여 비영리단체인 '싸틴 만팟 사원 주식회사沙田萬佛寺有限公司'에서 관리하도록 하였다.

사원에는 관음정觀音亭과 위타정韋駄亭, 보현보살정普賢菩薩亭, 문수보살정文殊菩薩亭,

영국과 중국의 공존: 광동어를 통해 홍콩의 문화를 읽다

만불탑萬佛塔 그리고 오백나한상五百羅漢像이 있다. 위타는 불법을 지키고 악마를 몰아내는 신이며, 보현보살은 이치를 상징하고 지혜를 실천하는 보살이다. 그리고 문수보살은 지혜의 완성을 상징하는 보살이다. 9층 높이의 만불탑 안에는 불상이 모셔져 있는데, 홍콩상하이은행에서 1985년부터 2002년 사이에 발행한 100홍콩달러짜리 지폐에 만불탑이 그려져 있다.

사원으로 올라가는 입구에 도착하면, 좁다란 길 양쪽에 황금빛의 나한상羅漢像이 끝도 없이 펼쳐진다. 막 올라가기 시작할 때는, 다른 사원에서는 볼 수 없는 풍경이라서 신기한 마음에 힘든 줄도 모르고 그 가파른 계단을 계속해서 올라가게 된다. 그러다 한참 후다 왔나 싶은데도 계속 나한상이 나오고, 아직 멀었나 싶어 한참을 올라가다 이쯤이면 사원이 나오겠지 해도 사원은 나올 생각을 안 한다. 그렇게 계단을 20분쯤 올라가면 그때서야 사원이 나타난다. 사원 입구에서부터 수백 개의 계단 양옆에 길게 늘어서서 참배객을 맞이하는 금빛 나한상은 모두 500개다. 그래서 붙여진 이름이 오백나한五百羅漢이다. 나한은 산스크리트어 '아라한阿羅漢'의 줄임말로 일체의 번뇌를 끊고 깨달음을 얻어 부처의 경지에 오른 불교의 성자를 가리킨다. 나한은 인간의 소원을 이루어 준다고 알려졌기 때문에 사람들로부터 신앙의 대상이 되었다. 그렇다면 이 많은 나한상을 누가 다 만들었을까? 사원을 지은 월계법사일까? 아니다. 현재 사원의 주지스님인 웅쌩땃吳星達 거사다. 그는 2000년부터 2002년까지 2년 동안 이 나한상들을 제작했다고 하는데, 몸체를 먼저 유리섬유로 만든 뒤 겉 표면에 금박을 입혔다고 한다. 실제 사람의 크기와 똑같은 오백나한상은 모두 다른 얼굴에 다른 표정을 하고 있으며, 앉아 있는 자세와 서 있는 자세 그리고 손의 위치까지도 각각 다 다르다.

❶ 만팟 사원의 본전인 만불전　❷ 관음정　❸ 만불전의 동쪽 외벽
❹ 왼쪽에 만불탑과 가운데 관음. 오른쪽에 불법을 수호하는 신 위타가 보인다.
❺ 사면불. 얼굴이 앞뒤좌우로 4개가 있다.　❻ 맨 왼쪽이 보현보살정　❼ 천수관음

사원 입구에서부터 양쪽으로 줄지어 있는 오백나한상(좌)과 만불전 앞의 나한상들(우)

8. 빡따이 사원北帝廟, 빡따이미우

홍콩에는 여러 빡따이 사원이 있는데, 이 중 완짜이에 위치한 완짜이 빡따이 사원灣仔北帝廟, 완짜이빡따이미우은 '완짜이 욕호위 사원灣仔玉虛宮, 완짜이욕호위꽁'이라고도 한다. 사원의 원래 이름이 '욕호위 사원玉虛宮, 욕호위꽁'이었기 때문이다. 사원은 완짜이의 주민들이 자금을 모아 1863년에 건립한 것으로, 후에 홍콩 1급 역사건축물로 지정되었다.

빡따이北帝(북제)는 북방 도교의 신으로, 현천상제玄天上帝 또는 현무대제玄武大帝라고도 불린다. 북방北方은 오행五行 중에서도 물에 속하기 때문에, 북방의 신인 빡따이는 물과 관련된 모든 것을 통제하고 다스릴 수 있다. 따라서 빡따이는 해신海神으로도 추앙받는다.

빡따이 사원 지붕의 용마루(지붕 가장 높은 곳의 수평마루)에는 두 마리의 용이 서로 마주 보고 있고, 사원의 앞마당에는 정교하게 조각된 용 석상 두 개가 놓여 있다. 사원으로 들어가는 문 바로 위에는 빡따이 사원의 옛 명칭인 '욕호위꽁玉虛宮'이 금박으로 커다랗게 쓰여 있으며, 사원 입구쪽에는 빡따이 신상이 놓여 있다. 청동으로 만들어진 이 신상은 원래 1603년 중추절에 광동성의 도교 사원 '빡씬꽁碧善宮'에 모셔 놓았던 것이

빡따이 사원. 지붕 용마루 부분의 서로 마주 보고 있는 용 두 마리(좌)와 앞마당의 용 석상 (우)

다. 그러나 이후 전란이 발생하자 홍콩 상인이었던 짱푸曾富가 1만 홍콩달러를 지불하고, 1926년에 홍콩으로 들여왔다. 당시 그는 구룡성채의 자신의 별장 안에 있던 응룡원五龍院에 신상을 모셔 놓았지만, 일제 침략 시기 일본군이 카이딱啓德 공항 확장공사를 위해 이곳을 훼손해 버리자 빡따이 신상을 현재의 완짜이 빡따이 사원으로 옮겨 오게 되었다.

빡따이 신상은 이것 하나만 있는 것이 아니다. 사원 안쪽에 또 다른 빡따이 신상이 놓여 있고, 빡따이 신상 좌우로 여러 신상들이 함께 놓여 있다. 그다지 크지 않은 이 사원에는 주신主神인 빡따이를 비롯하여 여러 신이 함께 모셔져 있는데, 관공關公(관우), 여조呂祖(여동빈), 포공包公(포청천)뿐 아니라 성황신城隍, 관음觀音, 태세太歲, 재물의 신財神, 하선고何仙姑, 장선고張仙姑, 풍선고馮仙姑가 안치되어 있다. 하선고와 장선고, 풍선고는 도가의 세 명의 선녀로, 삼선고三仙姑라고도 한다.

영국과 중국의 공존: 광동어를 통해 홍콩의 문화를 읽다

↑사원으로 들어가는 문 입구에 쓰인 욕호위꿍(玉虛宮) ↑사원 입구쪽의 빡따이 신상

○사원 안쪽의 빡따이 신상 ○빡따이 앞에서 소원을 비는 참배객

↓왼쪽부터 차례로 포공, 여조, 관공, 풍선고·장선고·하선고, 관음, 성황신의 신상

재물의 신

태세신

신상쪽에서 바라본 사원 안 풍경

시주함

9. 홍쎙 사원洪聖廟, 홍쎙미우

중국 남방의 유명한 바다의 신 홍쎙洪聖을 모셔 놓은 홍쎙 사원은 홍쎙꾸미우洪聖古廟 또는 홍쎙꽁洪聖宮이라고도 한다. 홍쎙은 또한 남해홍성대왕南海洪聖大王, 홍성야洪聖爺 또는 적제赤帝라고 불린다. 전설에 의하면 홍쎙의 본명은 홍헤이洪熙로, 당나라 때 광주 자사廣州刺史를 지냈다고 한다. 홍쎙은 청렴결백과 충절로 이름이 높았으며, 천문, 지리, 수학에도 능했다. 그는 어민들과 상인들이 바다에서 위험한 일을 당하는 경우가 많은 것을 보고 이를 막고자 일찍이 기상대를 설립하여 기후를 관찰하기도 했다. 사람들을 위해 너무나도 많은 일을 하던 그가 젊은 나이에 과로로 세상을 뜨자, 황제는 그의 공적을 기려 광리홍성대왕廣利洪聖大王으로 추서(사망한 후에 관직을 높여 주는 것)한 뒤, 그를 위해 해안에 사원을 지어 주었다. 송나라 때부터 홍쌩은 어민을 지켜 주는 수호신으로 추앙받았으며, 이후 중국 전역에 홍쌩을 신으로 모시는 사원이 점점 늘어나게 되었다.

현재 홍콩 전역에는 20여 개의 홍쌩 사원이 있는데, 대부분 해안에 위치해 있으며 규모가 크지 않은 것이 특징이다. 이들 홍쌩 사원은 명나라 시기 혹은 그 이전에, 광동에서 홍콩으로 이주해 온 사람들이 가족 단위로 건립한 것으로, 대부분 청나라 시기에 재건되거나 확장되었다. 참고로 홍콩의 동부 지역에는 홍쌩 사원이 많고, 서부 지역에는 틴하우 사원이 많다.

해안에 위치한 다른 홍쌩 사원과는 달리, 완짜이의 퀸스 로드 이스트皇后大道東, 웡하우따이또우똥에 있는 '완짜이 홍쌩 사원灣仔洪聖廟, 완짜이홍쌩미우'은 대로변에 위치해 있다. 사원이 처음 세워졌을 때는 해안에 자리하고 있었으나, 완짜이 일대에 간척사업이 진행되고 난 이후에는 내륙으로 변해 바다에서 멀리 떨어졌기 때문이다.

버스를 타고 퀸스 로드 이스트를 지나갈 때면 큰길가에 위치한 사원이 바로 눈에 들어온다. 특히 큼지막한 현판이 한눈에 들어오기 때문에 홍쌩 사원이라는 것을 단번에 알수 있다. 그리고 사원 바로 앞에는 신호등이 설치되어 있어서 길만 건너면 바로 사원 안으로 들어갈 수 있다. 사원 맞은편에는 따이웡뚱까이大王東街와 따이웡싸이까이大王西街라는 거리가 나란히 마주하고 있는데, 이름에서의 따이웡大王, 즉 대왕은 홍쌩을 가리킨다. 사원은 원래 해변의 암석 위에 지은 조그마한 신단神壇이었지만, 1847년의 사원건립과 1860년의 확장공사를 통해 현재의 모습을 갖추게 되었다.

사원의 규모는 아주 작지만 이에 비해서 상당히 많은 신을 모시고 있다. 주신主神인 홍

❶ 대로변에 위치한 완짜이 홍쌩 사원. 사원 앞에 신호등도 설치되어 있다.   ❷ 홍쌩꾸미우(洪聖古廟)라고 쓰인 큼지막한 현판이 한눈에 들어온다.   ❸❹ 홍쌩 사원 제단과 내부 모습   ❺❻ 화광대제, 문창제군, 포공과 함께 노장왕야, 화타, 금화부인, 태세신이 모셔져 있다.

쌩을 비롯하여 포공包公, 문창제군文昌帝君, 화광대제華光大帝, 화타華佗, 태세太歲 그리고 두 명의 여신인 금화부인金花夫人과 화분부인花粉夫人도 함께 모시고 있다. 화광대제는 도가의 법을 수호하는 도교의 수호신이며, 뛰어난 의술로 명의의 상징이 된 화타 역시 도교의 신으로 추앙받는 인물이다. 금화낭낭金花娘娘이라고도 불리는 금화부인은 부녀자와 유아를 보호하는 신이며, 화분부인은 여성이 젊은 미모를 간직하여 남성을 매료시킬 수 있도록 도와주는 민간의 신이다. 사원 바로 옆 망해관음望海觀音에는 관음과

영국과 중국의 공존: 광동어를 통해 홍콩의 문화를 읽다

↑ 홍쎙 사원과 망해관음
↓ 망해관음 2층

↑ 망해관음
↓ 망해관음에서 산통점을 치는 참배객

성황신 그리고 부엌을 지키는 수호신 노장왕야老張王爺도 모셔져 있다. 망해관음 2층에서는 산통점의 점괘를 봐 주기도 한다. 홍쎙 사원은 현재 홍콩 1급 역사건축물로 지정되어 있다.

또한 매년 경칩(양력 3월 5일 무렵)에는 민간 주술의식인 '따씨우야打小人'이 이곳 완짜이 홍쎙 사원에서 열린다. 따씨우야은 글자 그대로 해석하면 '작은 사람小人을 때리다打'라는 뜻인데, 사람 모양으로 오린 조그마한 종이 위에 자신을 괴롭히는 사람의 이름과 생년월일 등을 적고 신발로 힘껏 두들기는 것을 말한다.

중국에서는 고대부터 경칩에 백호白虎(흰 호랑이로 신령을 상징하는 영험한 동물)에게 제를 지내는 풍습이 있었다. 이는 백호가 지닌 위엄이 뱀과 곤충, 쥐, 개미들을 제압하여 이들로 인해 생기는 재난을 막을 수 있다고 믿었기 때문이다. 후에 와서는 백호의 위엄이 해충들뿐 아니라 자신을 괴롭히는 사람을 제압하고 자신에게도 좋은 운을 가져다 준다고 하여 경칩에 이러한 의식을 행하게 되었다.

따씨우양은 홍쎙 사원뿐 아니라 다른 곳에서도 행해진다. 그중에서 가장 유명한 곳이 커넬 로드堅拿道, 낀나또우 입체교차로 바로 아래이다. 이곳은 쉽게 말해서 다리 밑이다. 이 입체교차로는 '거위 목 다리'라는 뜻으로 (응)오껭키우鵝頸橋라고도 하는데, 보우링턴 운하를 가로지르고 있었기 때문에 이렇게 부르게 되었다. 1860년대 말에 건설된 보우링턴 운하는 길고 좁은 데다 구부러져 있어 '거위 목'이라고 불렸고, 이곳을 가로지르는 커넬 로드 입체교차로는 '거위 목 다리'라고 불렸다(1920년대에 진행된 간척사업으로 인해 보우링턴 운하는 현재 사라지고 없다).

통로완의 타임스 스퀘어時代廣場, 씨또이꿩챵와 멀지 않은 곳에 위치한 이곳 다리 밑은 따씨우양의 본거지라고 할 수 있다. 경칩에는 몰려드는 사람들로 북새통을 이루며, 경칩뿐 아니라 평소에도 항상 의식이 이뤄진다. 그런데 왜 하필 다리 밑일까? 그 이유는 예로부터 따씨우양이 어둠침침한 곳에서 행해졌기 때문이다. 다리 밑뿐 아니라 세 갈래로 난 길, 또는 길 옆, 산의 주변에서도 행해졌다고 하는데, 이러한 곳들은 귀신을 불러오기 적합한 장소로 여겨졌다. 의식은 본인이 직접 거행하는 것이 아니라 '빠이싼포拜神婆'라고 불리는 할머니가 대신해 준다. 빠이싼포는 '신을 모시는 노파'라는 뜻인데, 그렇다고 무속인처럼 입고 행동하는 것이 아니라 그냥 옆집 할머니 같은 모습이다. 의식은 빠이싼포가 과일과 향불, 그리고 백호를 상징하는 노란 종이호랑이를 차려 놓고 행한다(백호는 원래 하얀색이지만, 이를 상징하는 종이호랑이는 노란색이다). 그 후 벽돌 위에 사람 모양으로 오린 '씨우양小人'을 얹어 놓고, 뒷굽을 떼어 버린 하이힐 앞바닥으로 계속해서 두들긴다. 마치 우리네 할머니들이 냇가나 빨래터에서 빨래를 두드리던

영국과 중국의 공존: 광동어를 통해 홍콩의 문화를 읽다

↑ 커넬 로드 입체교차로 아래 따씨우얀의 본거지
↓ 따씨우얀에 사용되는 신발. 하이힐의 뒷굽을 뜯어내어 잡기 편하게 만들었다.

↑ 의뢰인 대신 의식을 행하는 할머니

↑ 백호를 상징하는 노란 종이호랑이
↓ 씨우얀(사람 모양의 작은 종이)이 너덜너덜해지도록 사정없이 두들겨 댄다.

모습과 흡사하다. 우리 할머니들이 빨래를 두드리면서 스트레스를 해소했듯이, 따씨우얀을 의뢰한 의뢰인도 자신을 대신하여 미운 사람을 두들겨 주는 할머니를 보면서 가슴속의 스트레스를 날려 버린다. 의뢰인은 대부분 중년 여성이지만 젊은 아가씨나 청년들도 있다. 따씨우얀은 미운 사람을 해치거나 응징하기 위한 주술이 아닌, 본인 마음속의 미움과 울분을 없애기 위한 일종의 스트레스 해소방법인 듯했다.

08
홍콩의 전통명절과 축제

홍콩이 지니고 있는 중국적 특성을 제대로 알고 싶다면 그들의 전통명절과 축제를 이해하면 된다. 홍콩이 영국의 식민지였다는 것이 믿기지 않을 정도로, 홍콩의 명절과 축제는 중국식 전통을 그대로 간직하고 있기 때문이다. 홍콩이 영국의 식민지였던 시절, 영국은 홍콩의 전통명절과 풍습에 관해서 전혀 간섭을 하지 않았을 뿐 아니라, 오히려 홍콩의 문화를 존중하고 지켜 주었다. 하지만 일본은 영국과는 정반대로, 3년 8개월의 침략기간 동안 홍콩의 많은 명절과 축제를 금지하였다. 이후 일본이 패망하자 영국은 다시 홍콩의 명절과 축제를 부활시켜 홍콩 사람들이 그들의 문화를 즐길 수 있도록 해 주었다. 그 덕분에 100년의 세월 동안 홍콩의 전통문화는 완전하게 보존될 수 있었다. 특히 영국령 홍콩정부는 음력설이 다가오면 경축 행사를 기획하기도 했으며, 1970년대 이후에는 홍콩총독들이 매년 섣달그믐에 다가오는 새해(음력설)를 축하하는 신년축사를 발표하기도 했다.

1. 음력설農曆新年, 농렉싼닌(음력 1.1)

한국과 마찬가지로 음력 1월 1일은 음력설이다. 홍콩에서는 음력설을 '농렉싼닌農曆新年'이라고 하는데 이는 음력 새해라는 뜻이다. 참고로 중국대륙에서는 '춘지에春節'라고 한다. 홍콩은 음력 1월 1일부터 3일까지 사흘 동안이 법정공휴일이다.

새해가 되기 전 음력 12월 28일(섣달 스무여드레)은 대청소를 하는 날이다. 광동어로 대청소는 '싸이랏탓洗邋遢'이라고 하는데, 랏탓邋遢은 더러운 것, 지저분한 것을 뜻한다. 즉 싸이랏탓은 더러운 것을 씻어 내어 버린다는 뜻으로 대청소를 의미한다. 또한 홍콩 사람들은 '음력 12월 28일에 대청소를 하다'를 '닌야빳, 싸이랏탓年廿八, 洗邋遢'이라고 하는데, 이때의 대청소는 더러운 것과 함께 모든 액운을 문밖으로 같이 쓸어버리는 것을 의미한다. 이처럼 새해가 오기 전에는 반드시 대청소를 해야 하는 반면, 새해에는 절대로 집 안을 청소해선 안 된다. 이때에 청소를 하는 것은 새해에 집 안으로 찾아온 재물운을 문밖으로 쓸어버리는 일이라고 생각하기 때문이다.

새해가 되기 일주일 전인 음력 12월 24일(섣달 스무나흘)부터 새해가 된 음력 1월 1일(정월 초하루) 새벽 6시까지는 '닌씨우씨청年宵市場'이 열린다. 음력설 풍물시장 격인 이 시장에서는 새해 십이지에 해당하는 동물 캐릭터 물품(예를 들어 원숭이띠 해에는 원숭이 캐릭터의 인형, 쿠션, 장식품 등)과 풍차나 장난감, 생활용품 등을 판매한다. 또한 홍콩 사람들이 음력설만 되면 구입하는 금귤나무와 수선화, 복숭아나무도 함께 판매한다. 그렇기 때문에 '음력설 꽃시장'이라는 뜻에서 '닌씨우파씨年宵花市'라고도 한다. 이 외에도 시장 곳곳을 구경하느라 출출해진 손님들을 위해 간식을 파는 가판대도 마련해 놓고 있다.

홍콩 전역에는 모두 15개의 풍물시장이 들어서는데 전부 야외에서 진행된다. 그중에서도 500개의 가판대가 설치되는 빅토리아공원의 풍물시장 규모가 가장 크다. 중등학교

❶ 빅토리아공원의 음력설 풍물시장 '닌씨
우파씨(年宵花市)'
❷ 풍물시장 전경
❸ 돌리면 행운이 찾아온다는 풍차
❹ 출출한 손님들을 위한 간식 가판대
❺ 진열대를 꽉 채운 수선화 구근
❻ 복숭아나무
❼ 판매원으로 변신한 학생들

와 대학 내의 동아리, 자선단체, 사회기관, 꽃 판매상 등이 대거 참여하며, 여기에 참가
하는 학생들은 용돈을 모아 자금을 마련한 뒤 직접 가판대를 차리고 물품을 판매한다.
이러한 닌씨우씨챵을 통해 학생들은 실제 시장에서의 매매활동을 몸소 체험해 보는 귀
중한 경험을 하게 된다.
홍콩 사람들은 음력설이 되기 전, 닌씨우씨챵뿐 아니라 꽃시장花墟, 파호위에 들러 여러
가지 각종 꽃과 금귤나무, 수선화, 복숭아나무 등을 구입한다. 이렇듯 음력설 전에 닌씨

영국과 중국의 공존: 광동어를 통해 홍콩의 문화를 읽다

우씨쳉이나 꽃시장을 방문하는 것을 광동어로 '항파씨行花市'라고 한다. 이는 '꽃시장을 거닐다, 꽃시장을 구경하다'라는 뜻이다. 꽃시장은 음력설 2주 전부터 시작되는데, 이때는 수많은 사람들로 인산인해를 이루며 음력설이 가까워올수록 사람들이 기하급수적으로 늘어난다. 그래서 이 시기에는 엄청난 인파에 밀려 지나다니기조차 힘들다.

그렇다면 홍콩 사람들은 왜 음력설에 금귤나무四季桔, 쎄이파이깟와 수선화水仙, 쏘위씬, 복숭아나무桃花, 토우파를 구입하는 걸까? 그 이유는 이들 나무에 모두 상서로운 뜻이 담겨 있기 때문이다. 금귤나무의 경우에는 '귤桔, 깟'과 '길하다, 좋다吉, 깟'의 발음이 '깟'으로 완전히 일치한다. 그래서 집 안에 금귤나무를 들여놓으면 좋은 기운이 들어오는 데다, 재물운까지 따라 들어온다고 생각하여 음력설이면 반드시 구입한다. 금귤나무뿐 아니라 수선화도 많이 구입하는데, 홍콩 사람들은 물을 재물과 연관 지어 생각하는 경향이 있다. 따라서 이름에 물 수水자가 들어 있는 수선화水仙를 구입하게 되면 재물운이 함께 들어온다고 믿는다. 또한 광동어에는 '원대한 계획을 크게 펼치다'라는 뜻의 '따이찐훙토우大展鴻圖'라는 말이 있는데, 여기의 '토우圖'와 복숭아나무의 '토우桃'가 서로 발음이 같다. 이 때문에 새해의 계획이 원하는 대로 이루어지기 바라는 마음에서 복숭아나무를 구입한다.

이처럼 좋은 뜻이 담겨 있기 때문이기도 하지만, 또 다른 이유는 수선화와 복숭아나무가 음력설 무렵이면 꽃을 피우기 때문이다. 꽃의 '파花'와 '발전하다'라는 뜻의 '팟發'은 발음이 비슷하다. 그래서 홍콩 사람들은 꽃이 피면 좋은 일이 생긴다는 믿음을 가지고 있다. 광동어로는 '파호이푸꽈이花開富貴'라고 하며, 이는 '꽃이 피면 부귀해진다'라는 뜻이다. 특히 수선화와 복숭아나무는 새해가 시작될 즈음에 꽃을 피우기 때문에 한 해의 좋은 시작으로 여겨진다. 그래서 음력설이 가까워 오면 이 나무들을 사러 온 사람들로 닌씨우씨쳉과 꽃시장이 북새통을 이룬다. 참고로 표준중국어에도 '따잔훙투大展鴻圖'라는 말이 있긴 하다(따이찐훙토우와 발음만 다를 뿐 글자는 똑같다). 하지만 표준중

❶ 꽃시장을 가득 메운 금귤나무
❸ 수선화 구근을 고르는 홍콩 사람들
❺ 새 모양으로 만든 수선화 구근

❷ 굉장히 큰 귤이 주렁주렁 달려 있다.
❹ 활짝 핀 수선화
❻ 작은 금귤이 나무 전체에 빼곡히 달려 있다.

국어에서는 '투圖'와 복숭아나무의 '타오桃'가 발음이 서로 다른 데다 북방은 음력설 무렵에 매우 추워 복숭아꽃이 피지 않기 때문에, 북방 사람들은 음력설에 복숭아나무를 구입하지 않는다.

음력설에 홍콩 사람들은 '꽁헤이팟초이恭喜發財'라고 하면서 새해 인사를 건넨다. 이는 '부자 되세요, 돈 많이 버세요'라는 뜻으로, 홍콩 사람들이 가장 좋아하는 말이다. 양력으로 한 해가 시작되는 양력 1월 1일에도 새해 인사를 건네긴 하지만, 이때는 '싼닌파이록新年快樂'이라고 한다. 이는 '새로운 해를 즐겁게 지내세요'라는 뜻으로 우리의 '새해 복 많이 받으세요'에 해당한다. 우리는 양력설과 음력설 모두 새해 인사로 '새해 복 많이 받으세요'라고 하지만, 홍콩은 보통 양력 1월 1일에는 '싼닌파이록'이라고 하고, 음

영국과 중국의 공존: 광동어를 통해 홍콩의 문화를 읽다

력설에는 '꽁헤이팟초이'라고 한다.

음력설에는 홍콩 사람들도 우리와 마찬가지로 세뱃돈을 준다. 하지만 우리와는 달리 큰절을 하지는 않는다. 홍콩 사람들은 세뱃돈을 '라이씨利是(또는 레이씨)'라고 하는데, 라이씨에는 '상서롭다, 운이 좋다'라는 뜻이 담겨 있다. 일반적으로는 어른이 어린아이에게 세뱃돈을 주지만, 연령에 관계없이 결혼한 사람들이 결혼하지 않은 사람들에게 세뱃돈을 주기도 한다. 홍콩에서는 세뱃돈을 주는 범위가 비교적 넓다. 친척뿐 아니라 이웃집 어린아이, 회사 동료, 아파트나 건물의 경비 아저씨, 미화원 아주머니, 자주 가는 식당의 종업원에게도 세뱃돈을 준다. 세뱃돈의 금액은 크지 않아서 보통 20홍콩달러(우리 돈 약 3천 원)를 주는데, 부담 없는 금액으로 평소 나에게 친절을 베풀어 준 주위의 모든 사람들에게 감사를 표하고 행복과 축복을 전할 수 있다. 이렇듯 홍콩 사람들에게 세뱃돈은 많은 사람들을 즐겁게 해 주고, 축복도 함께 전해 줄 수 있는 좋은 방법인 것이다. 사원에서의 시줏돈뿐 아니라(자세한 내용은 제7장 중 '1. 웡따이씬 사원' 부분을 참고할 것) 세뱃돈에서도 홍콩 사람들의 합리적인 사고와 인정을 느낄 수 있다.

이뿐만 아니라 음력설 연휴가 지나고 처음 출근하는 날에는 사장님이 직원들에게 '업무개시 세뱃돈開工利是, 호이꽁라이씨'을 준다. 이 세뱃돈은 직원들에게 지급하는 일종의 보너스로, 보통 100홍콩달러(우리 돈 약 1만 5천 원) 이상이 들어 있다. 홍콩 사람들은 세뱃돈을 받을 때 '또쩨多謝(감사합니다)'라고 말한다.

홍콩 사람들은 '좋은 일은 쌍으로 이루어지고, 나쁜 일은 홀로 이루어진다好事成雙, 白事成單, 호우씨쎙쌩, 빡씨쎙딴'라는 믿음이 있기 때문에, 라이씨의 금액을 반드시 짝수로 맞추어 준다. 이와는 반대로 초상과 같은 경우에는 금액을 홀수로 넣어 준다. 세뱃돈은 보통 빨간 봉투에 넣어서 주는데, 빨간색이 상서로움을 나타내기 때문이다. 광동어에서 세뱃돈 봉투는 '라이씨퐁利是封'이라고 하고, 세뱃돈 주는 것은 '파이라이씨派利是'라고 한다. 중국대륙에서도 홍콩처럼 빨간 봉투에 세뱃돈을 넣어 주는데, 봉투가 빨간색이기 때문에 붉을 홍紅 자를 써서 '홍빠오紅包'라고 한다. 중국대륙에서는 봉투 색깔로 이름을 지었지만, 홍콩에서는 세뱃돈에 담긴 뜻으로 이름을 지었다.

세뱃돈 봉투인 라이씨퐁은 보통 붉은색이지만, 금색을 비롯하여 여러 가지 다양한 색깔들이 많이 있다. 봉투에는 '운수대통하시기 바랍니다大吉大利, 따이깟따이레이'나 '상서로운 일이 뜻하는 대로 이루어지길 바랍니다吉祥如意, 깟챙위이', '모든 일이 뜻하는 대로 이루어지길 바랍니다萬事如意, 만씨위이', '해마다 풍요롭기를 바랍니다年年有餘, 닌닌야우위', '마음먹은 대로 이루어지기 바랍니다心想事成, 쌈쌩씨쎙', '건강하시기 바랍니다身體健康, 싼타이긴홍'와 같은 새해 덕담이 쓰여 있다. 이 밖에 레이李, 람林, 쩽張, 웡王과 같은 성씨가 봉투에 적혀 있는 것도 있다. 보통은 편지 봉투 크기의 직사각형 모양이지만, 편지 봉투를 반으로 접어 놓은 크기의 정사각형 모양도 있다. 이들 작은 라이씨퐁은 신세대가 좋아할 만한 문구로 디자인되어 있는데, '멋진 남자, 섹시한 여자型男索女, 옝남쏙로위'나 '지갑이 돈으로 흘러넘쳐요荷包滿瀉, 호빠우문쎄'를 써 넣은 것도 있고, 엄지손가락을

❶ 세뱃돈 봉투 라이씨퐁
❷ 여러 성씨가 쓰인 라이씨퐁
❸ 신세대를 위한 라이씨퐁
❹ 라이씨퐁 판매점
❺ 문구점에 진열된 음력설 관련 물품들. 온통 다 붉은색이다.

영국과 중국의 공존: 광동어를 통해 홍콩의 문화를 읽다

위로 치켜든 페이스북의 'like(좋아요)' 아이콘을 그려 넣은 것도 있다.

음력 1월 1일에 홍콩 사람들은 세배를 하고, 사원에 가서 소원을 빈다. 웡따이씬 사원 黃大仙祠, 체꽁 사원車公廟과 같이 규모가 큰 사원은 음력설에 사람들로 인산인해를 이룬다. 또한 '새해축하 축구대회'가 매년 음력 1월 1일과 4일에 이틀 동안 열린다(1월 4일은 결승전). 음력 1월 2일은 체꽁 탄신일로, 신계 향의국 대표가 체꽁 사원에 가서 홍콩의 한 해 운세를 점치며 복을 기원한다. 또한 빅토리아 항구에서는 '새해축하 불꽃축제'도 열린다. 음력 1월 3일은 '쳌하우赤口'라고 불리는 불길한 날이기 때문에 세배를 하러 가지 않고, 그 대신 체꽁 사원에 가서 한 해 동안 자신에게 좋은 운이 찾아오기를 기원한다. 참고로 세배는 1월 1일뿐 아니라 14일까지 할 수 있다(체꽁 탄신일과 쳌하우에 대한 자세한 내용은 제7장 중 '2. 체꽁 사원' 부분을 참고할 것).

음력설에 먹는 대표적인 전통음식에는 떡年糕, 닌꼬우과 무를 채 썰어 만든 떡蘿蔔糕, 로빡꼬우, 기름에 튀긴 만두 모양의 땅콩과자角仔, 꼭짜이, 참깨를 가득 묻힌 찹쌀경단煎堆, 찐또위 등이 있다. 떡을 뜻하는 '年糕닌꼬우'는 '해마다 높이 오르다年年高升, 닌닌꼬우쌩'라는 뜻의 '年高닌꼬우'와 발음이 같고, 무를 채 썰어 만든 떡인 '蘿蔔糕로빡꼬우'도 '糕꼬우'와 '高꼬우(높다)'의 발음이 같기 때문에, 음력설에 이러한 음식들을 즐겨 먹는다(로빡꼬우에 대한 자세한 내용은 제9장 중 '1. 얌차와 딤섬' 부분을 참고할 것).

닌꼬우는 찹쌀로 만들어 쫀득쫀득하며 주황색에 단맛이 난다. 하지만 돼지기름으로 만들었기 때문에 많이 느끼할 수 있다. 닌꼬우 이외에 비단잉어 모양으로 만든 떡錦鯉年糕, 깜레이닌꼬우도 있는데, '해마다 여유 있기를年年有餘, 닌닌야우위' 바라는 마음에서 물고기 모양의 떡을 먹는다. '여유 있다'의 '餘위'와 '물고기'의 '魚위'가 발음이 서로 같기 때문이다. 또한 머리카락처럼 생긴 해조류髮菜, 팟초이나 말린 굴蠔豉, 호우씨을 먹기도 하는데, '髮菜팟초이'는 '돈 많이 벌다, 부자 되다'라는 뜻의 '發財팟초이'와 발음이 같고, '蠔豉호우씨'는 '좋은 일'이라는 뜻의 '好事호우씨'와 발음이 같다. 참고로 '팟초이髮菜'의 '팟髮'은 머

❶ 음력설에 먹는 떡 닌꼬우   ❷ 무를 채 썰어 만든 떡 로빡꼬우
❸ 만두 모양의 땅콩과자 꼭짜이   ❹ 참깨 찹쌀경단인 찐또위
❺ 비단잉어 모양의 떡 깜레이닌꼬우   ❻ 시장에 진열된 떡들
❼ 머리카락처럼 생긴 팟초이   ❽ 말린 굴 호우씨
❾ 팟초이와 호우씨로 만든 요리   ❿ 음력설 사탕 상자 췬합

· 금화 모양의 초콜릿. 금박 포장에는 發(팟)과 財(초이)가 각각 쓰여 있다.

·물고기 모양의 초콜릿. 금박과 은박으로 포장했다.

음력설 사탕 가게

리카락이라는 뜻으로, 팟초이가 머리카락처럼 생겼기 때문에 이렇게 불리게 되었다.
팟초이는 미역처럼 말려서 보관했다가 요리할 때 물에 불려서 사용한다. 새해에는 돈
많이 벌고 좋은 일이 많이 생기기를 바라는 마음에서 위와 같이 좋은 뜻과 발음이 같은
음식들을 먹는다. 이렇게 글자나 단어의 발음이 같거나 비슷한 것을 해음諧音, 하이얌이
라고 하는데, 홍콩 사람들은 해음 현상을 이용하여 새해뿐 아니라 평소에도 좋은 기운

영국과 중국의 공존: 광동어를 통해 홍콩의 문화를 읽다

이 많이 들어오기를 기원한다. 이 밖에 각 가정에서는, 우리나라의 구절판찬합처럼 칸 칸으로 나뉜 그릇에 각종 사탕과 금박 포장된 초콜릿, 해바라기씨 등을 가득 담아 놓는다. 홍콩에서는 이 그릇을 췬합全盒이라고 한다.

음력설에는 금기사항도 여러 가지가 있다. '신발'을 뜻하는 '鞋하이'와 '뼈, 해골'을 뜻하는 '骸하이', 그리고 한숨을 쉬며 탄식하는 소리 '하이'가 발음이 서로 같기 때문에, 음력 설 무렵에는 신발을 구입하면 안 된다. 또한 음력 1월 1일에는 이발을 하거나 머리를 감으면 안 되고, 1월 1일부터 3일까지는 칼을 만지면 안 된다. 그렇기 때문에 음력설이 오기 전 이발소나 미장원은 많은 사람들로 북적이며, 이 시기에는 머리를 손질하는 가격이 평소보다 훨씬 더 비싸다. 음력설 기간에는 청소를 하거나 쓰레기를 버려서도 안 되는데, 좋은 운을 문밖으로 쓸어버리거나 내다 버리는 것이 되기 때문이다. 또한 초상을 치렀거나 임신을 한 사람, 그리고 음력설 이후에 결혼할 사람은 세배를 가서도 안 된다. 말을 할 때도 주의해야 하는데, '죽다'라는 뜻의 '死쎄이'나 '비참하다'라는 뜻의 '慘참', 그리고 탄식하는 소리인 '唉아이'도 삼가야 한다. 만약 실수로 컵이나 그릇을 깼을 때는 '쏘위쏘위펭온歲歲平安'이나 '록떼이호이파, 푸꽈이웽와落地開花, 富貴榮華'라고 해야 한다. '쏘위쏘위펭온歲歲平安'은 '해마다 평안해지다'라는 뜻으로, '해年'라는 뜻의 '歲쏘위'와 '깨지다, 부서지다'라는 뜻의 '碎쏘위'가 발음이 같기 때문에, '碎쏘위'를 '歲쏘위'로 바꾼 것이다. 깨지는 것은 불길한 일이기 때문에 불길함을 피하기 위해서 이렇게 좋은 뜻으로 바꾸어 말한다. 또한 '록떼이호이파, 푸꽈이웽와落地開花, 富貴榮華'는 '땅에 떨어져 꽃이 피었으니, 부귀영화를 누릴 것이다'라는 뜻이다. 그릇이 깨져 산산조각이 나면 파편이 사방으로 튀게 되는데, 이를 꽃이 핀 것에 비유하고 있다. 이는 '꽃이 피면 부귀해진다'라는 '호이파푸꽈이開花富貴'에서 온 말로, 쏘위쏘위펭온歲歲平安과 마찬가지로 불길한 느낌을 상서로운 기운으로 바꾸어 말하는 것이다.

홍콩에는 통쌩通勝이라고 하는 책력이 있는데, 이는 월일과 요일, 절기, 길일과 흉일 등

통쎙

통쎙의 표지. 책등의 맨 윗부분에
'통쎙(通勝)'이라고 쓰여 있다.

대문에 붙은 복(福) 자. 중국대륙처럼
거꾸로 붙이지 않고 바로 붙여 놓는다.

이 모두 적혀 있는 일종의 역법서이다. 새해가 되기 전에 구입하는 이 책력의 이름은 원
래 통쒸通書지만, 사람들은 통쎙通勝이라고 부른다. '書쒸'가 '지다, 패하다'라는 뜻의 '輸
쒸'와 발음이 같기 때문에 이를 불길하다고 여겨 '이기다'라는 뜻의 '勝쎙'으로 바꾸어 부
르는 것이다. 날마다 보는 책력을 불길한 명칭으로 부를 수 없으니, 이렇게 좋은 뜻으로
바꾸었다. 홍콩 사람들은 이처럼 해음 현상을 이용하여 상서로운 기운은 불러들이고,
불길한 기운은 피하고 있다.

음력설 풍습 중에는 홍콩과 중국대륙이 정반대인 것이 하나 있는데, 바로 '복福' 자를 붙
이는 방식이다. 중국대륙에서는 '복이 도착했다'의 '福到了푸따오러'와 '복이 거꾸로 되었
다'의 '福倒了푸따오러'가 발음이 같기 때문에, 복이 들어오도록 하기 위해 '복福' 자를 거
꾸로 붙인다. 하지만 홍콩에서는(홍콩뿐 아니라 광동어 문화권에서는) 절대로 복福을
거꾸로 붙이지 않는데, 복福을 거꾸로 붙여 놓으면 좋은 운이 거꾸로 뒤집히는 것과 같
아 액운이 닥친다고 생각하기 때문이다.

2. 원소절元宵節, 원씨우찟(음력 1.15)

음력 1월 15일인 원소절은 음력 새해가 시작된 후 첫 번째로 보름달이 뜨는 날로, 우리 나라에서는 이날을 정월대보름이라고 부른다. 원소절은 통상 음력 새해 기간(음력 1월 1~15일)의 마지막 날이며, 음력설 이후에 맞이하는 첫 번째 명절이기도 하다. 원소절 은 일반적으로 양력 2월 중순에서 하순 무렵인데, 날씨가 그다지 춥지 않은 홍콩에서는 이 시기가 되면 상당히 따뜻해지기 때문에, 홍콩 사람들은 원소절이 되면 곧 봄이 온다 고 생각했다. 3월 말에도 꽃샘추위가 기승을 부리는 한국과는 대조적이다.

원소절은 불교의 의식에서 유래한 것으로 알려져 있다. 불교에는 원래 음력 1월 15일에 승려들이 등불을 밝히면서 부처님께 불공을 드리는 의식이 있었는데, 동한東漢의 명제 明帝가 이날 저녁에 황궁과 각 사원에 명을 내려 등불을 밝히고 불공을 드리게 하였다. 또한 사대부들을 비롯한 모든 백성들에게도 등불을 밝힐 것을 명하였다. 이때부터 음 력 1월 15일에 등불을 감상하는 풍습이 생겨나게 되었으며, 이러한 불교의식은 점점 민 간의 성대한 명절로 변화되어 갔다.

원소절에 홍콩 사람들은 우리의 새알심과 비슷하게 생긴 통원湯圓을 먹고 등불을 감상

나란히 줄지어 걸려 있는 원소절 등불

통원

❶ 원소절 등불축제 ❷ 거대한 용 뒤로 침사추이 시계탑이 보인다. ❸ 낮 시간에는 등불을 켜지 않는다. 한복을 입고 널뛰기하는 낭자들 옆으로 연날리기하는 도령이 보인다. ❹ 월극 공연 안내 포스터 ❺❻ 월극 공연의 한 장면

한다. 통원은 찹쌀가루를 익반죽해 경단처럼 동그랗게 만든 것인데, 그 안에 팥이나 참깨 같은 소를 넣고 끓는 물에 익혀 먹는다. 통원은 동글동글하게 생겼기 때문에 달을 상징하는 동시에, 단란하고 화목한 가정을 상징하기도 한다. 그렇기 때문에 원소절에는 온 가족이 한자리에 모여 통원을 먹으면서 가족의 화합과 친목을 다진다.

앞서 말한 것처럼 부처님께 불공을 드리는 의식에서 등불을 감상하는 풍습이 생겨났지만, 사람들이 등불을 감상하는 데에는 또 다른 이유가 있다. 등불을 나타내는 '燈땅'과 남자나 장정을 뜻하는 '丁뗑'의 발음이 서로 비슷한 데다, '등불을 밝히다'의 '點燈띰땅'과 '아들을 얻다'의 '添丁팀뗑' 또한 발음이 비슷하기 때문이다. 이러한 이유로 사람들은 등불을 밝히면 아들을 낳을 수 있다고 믿었다. 특히 원소절에 등불을 밝히게 되면 틀림없이 아들을 얻을 수 있을 거라고 여겨 원소절이 되면 너 나 할 것 없이 모두 등불을 달았다. 지금도 원소절 무렵이면 공원 등지에서 원소절 등불축제가 열리며, 곳에 따라 월극

영국과 중국의 공존: 광동어를 통해 홍콩의 문화를 읽다

粵劇, 윗켁 공연이 펼쳐지기도 한다. 월극은 노래와 동작이 결합된 광동의 전통가극으로, 표준중국어로 노래를 부르는 경극과는 달리 광동어로 노래를 부른다. 참고로 북경을 중심으로 발전한 전통가극은 경극京劇이라고 하고, 광동을 중심으로 발전한 전통가극은 월극粵劇이라고 한다.

원소절에는 젊은 남녀가 밖으로 나와 등불을 감상하고 이 기회를 통해 서로 만나거나 사귀기도 했다. 이 때문에 원소절을 '중국의 밸런타인데이中國情人節, 쫑꿕쳉얀찟'라고도 불렀다. 하지만 요즘의 홍콩 젊은이들은 서양의 밸런타인데이(2월 14일)를 비교적 더 중요하게 생각하기 때문에 원소절에는 그다지 큰 의미를 부여하지 않는다.

3. 무사태평을 기원하는 축제太平淸醮, 타이펑쳉찌우(음력 4.8)

'타이펑쳉찌우太平淸醮'는 쳉짜우長洲 지역 주민들이 무사태평을 기원하는 축제로, 석가탄신일과 같은 음력 4월 8일에 열린다. 쳉짜우섬에서 열리는 지역축제지만, 매년 수많은 홍콩 사람들과 외국 관광객들이 한데 어우러지는 지역불문 국적불문의 대규모 행사다. 행사의 하이라이트는 어린 아이들의 유명인 분장 퍼레이드인 '피우쎅춘야우飄色巡遊'와 만두산에 올라가 만두를 따 오는 경기인 '쳉빠우싼搶包山'이다. 쳉짜우 지역의 타이펑쳉찌우는 중국의 국가무형문화유산으로 등록되어 있다.

전설에 의하면 청나라 중엽 쳉짜우 지역에 전염병이 발생하여 수많은 사람들이 목숨을 잃자 지역 주민들이 쳉짜우의 빡따이 사원北帝廟에 모여 제를 올리고, 사흘 동안 금식과 금욕을 하며 전염병을 없애 달라고 신에게 간절히 빌었다고 한다. 그러자 신기하게도 전염병이 사라져 버렸고, 이때부터 쳉짜우 사람들은 매년 타이펑쳉찌우를 거행하며 신의 은혜에 보답하고 건강과 평안함을 기원하게 되었다.

축제는 일주일 동안 계속 이어지는데, 이 기간 동안에는 육체와 정신이 모두 깨끗해야 되므로 금욕 생활을 하며 살생 또한 금하고 있다. 그렇기 때문에 쳉짜우 전역에 육식이 금지되며, 이로 인해 모든 식당에서는 채식 위주의 식단만을 공급한다. 해산물 식당 역시 이러한 전통을 지켜 나가고 있으며, 패스트푸드점인 맥도날드까지도 버섯으로 만든 채소버거나 사과파이 등 고기가 전혀 들어가지 않은 메뉴만 판매한다.

현재의 화려한 피우쎅촌야와는 달리, 예전에는 신상을 모시고 쳉짜우의 주요 거리를 한 바퀴 도는 것이 축제의 전부였다. 그러다 1930년대부터는 어린아이들이 전설 속의 인물이나 고대 또는 현대의 여러 인물들로 분장하고 행진하기 시작했다. 현재는 이 외에도 사회적으로 이슈가 되는 인물이나 정치인, 애니메이션 주인공 등으로 분장하기도 한다. 신상을 태운 가마가 맨 앞에 서면, 의상을 갖춰 입은 아이들이 그 뒤를 따른다. 역할을 맡은 아이들은 수레 위의 높은 지지대에 오랫동안 몸을 지탱한 채 서 있어야 되기 때문에, 체형에 제한을 두고 있다. 키는 42인치(약 107㎝)를 넘으면 안 되고, 몸무게는 35파운드(약 16㎏)를 넘으면 안 된다. 이들은 각각 수레 한 대에 한 명씩 탑승하여 쳉짜우의 모든 거리를 누빈다. 이 밖에도 사자춤을 추는 행렬, 북과 징 등 전통악기를 연주하는 전통악대, 나팔과 작은북 등을 연주하는 고적대 등도 이들을 뒤따르며 퍼레이드에 참가한다.

피우쎅촌야가 끝나는 날 새벽 12시 정각(음력 4월 9일)에는 만두산에 올라가 만두를 따 오는 경기인 쳉빠우싼이 열린다. 타이펭쳉짜우가 시작되던 해부터 계속해서 이 경기를 진행했지만, 1979년부터 2004년까지 26년 동안은 경기가 중단되기도 했다. 1978년 쳉빠우싼 도중 300여 명이 무질서하게 앞다투어 만두산으로 올라가는 바람에, 사람들의 무게를 견디지 못한 만두산이 무너져 버리는 사건이 발생했기 때문이다. 수많은 사람들이 밑에 깔렸고 그중 24명은 팔다리가 부러지는 사고를 당하였다. 이 사건 이후 영국령 홍콩정부에서는 안전을 위해 쳉빠우싼을 금지시켰고, 그 대신 '평안平安'이라고 쓰인 만두平安包, 펑온빠우를 사람들에게 나누어 주었다. 오랜 시간이 흘러 2004년에 쳉

피우쎅촌아우

짜우 주민들이 쵕빠우싼을 다시 개최해 줄 것을 홍콩정부에 제안했으나 받아들여지지 않았다. 그러나 그 다음 해인 2005년에 홍콩정부가 드디어 이를 승인하여 27년 만에 쵕 빠우싼이 부활하게 되었다.

경기가 진행되기 전, 빡따이 사원 앞에는 14.42m의 높다란 만두산 3개가 세워지고, 각 각의 만두산에는 '평안平安'이라는 붉은 글자가 찍힌 6,000여 개의 만두가 매달린다. 이 만두산에 올라가 만두를 가장 많이 따 오는 사람이 승리하게 되는데, 이는 만두를 많이 딸수록 복이 그만큼 많이 들어온다는 믿음에서 기인한 것이다. 3분 이내에 만두산에 올 라가 만두를 딴 뒤 다시 지면으로 내려오는 것이 경기의 규칙이다. 출발부터 도착까지

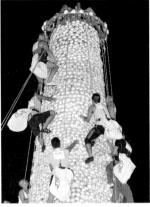

펑온빠우

챙빠우산에 올라가 만두를 따는 모습

는 모두 3분 안에 이루어져야 한다. 허리에 만두를 담을 수 있는 자루를 달고 올라가며, 3분을 초과하는 경우에는 탈락하게 된다. 만두산은 총 3개의 층으로 구분되어 있는데 각 층에 매달린 만두의 배점이 다르다. 만두 한 개당 맨 위층은 9점, 가운데층은 3점, 맨 아래층은 1점을 획득할 수 있다. 3분 이내에 따 온 만두의 총점이 가장 많은 사람이 우승하게 되기 때문에, 맨 위층의 만두를 많이 따는 것이 유리하다. 주최 측의 엄선을 거친 12명이 경기에 참가하게 되며, 이들은 모두 만두산에 오르는 훈련과 만두산에서 떨어지지 않도록 대비하는 안전훈련을 받는다. 또한 안전로프를 몸에 착용해야 하며, 주최 측에서는 만일을 대비하여 만두산 아래에 매트도 깔아 놓고 있다. 아마도 1978년의 쓰라린 경험 때문에 이렇게 철저하게 준비하는 듯하다. 그 당시에는 아무런 장비도 없이 모두들 맨몸으로 만두산에 오르다 사고를 당했기 때문이다. 한편 장소의 제약 때문인지 현재 현장에서 경기를 관람할 수 있는 인원은 1,000명으로 제한되어 있다.

4. 단오절端午節, 뛴응찟(음력 5.5)

음력 5월 5일은 홍콩의 전통명절이자 중국의 전통명절인 단오절로, 이날은 전국戰國시대 초楚나라의 정치가이며 시인이었던 굴원屈原을 기리는 날이다. 굴원은 임금이 자신의 간언을 받아들여 주지 않고 무능한 정치로 나라를 점점 패망의 길로 이끌자, 이를 비통히 여기며 큰 돌을 껴안고 멱라강汨羅江에 투신자살했다. 이를 본 백성들이 그를 구하려고 용머리가 달린 배를 타고 급히 노를 저어 갔으나 끝내 구하지 못했다. 이에 물고기들이 그의 시신을 훼손할까 걱정한 백성들은 끊임없이 징과 북을 치면서 대나무통에 찹쌀을 넣어 강물에 던져 주었다. 굴원의 시신 대신 대나무통에 든 찹쌀을 먹으라는 뜻에서였다. 이것이 단오에 열리는 용선경기와 이날 먹는 쫑즈의 기원이 되었다. 참고로 표준중국어에서는 쫑즈를 '쫑즈粽子'라고 하지만 광동어에서는 '쫑粽'이라고 한다.

홍콩 사람들이 용선을 타는 풍습은 그 역사가 상당히 오래되었다. 특히 어민들에게 있어서 과거의 단오절은, 1년 동안의 고단하고 힘든 작업 중에 그나마 한숨을 돌릴 수 있는 고마운 날이었다. 또한 그들은 용선에 영험한 기운이 있어서, 용선을 타면 1년 내내 모든 일이 순조롭게 풀리고 한 해를 건강하게 보낼 수 있다고 믿었다. 이처럼 매우 오랜 기간 동안 용선경기가 홍콩의 풍습으로 전해 내려왔지만, 문헌에 기록을 남기기 시작

굴원

단오의 대표음식 '쫑'.
표준중국어로는 '쫑즈'라고 한다.

한 것은 그리 오래되지 않았다. 1919년 빽꼭北角의 찻찌무이웽팡七姊妹泳棚 부근에서 열린 용선경기가 홍콩에서 열린 단오절 용선경기에 관한 기록 중 가장 오래된 것이다. 용선경기는 매년 계속해서 열렸지만 일제 침략 시기에는 중단되고 말았다. 또한 일제가 패망한 후에는 찻찌무이웽팡 일대에 간척사업이 진행되어서 더 이상 대규모의 용선경기를 열 수 없게 되었다. 하지만 일부 어민들은 자발적으로 소규모 경기를 이어 나갔고, 일부 사람들은 차이완柴灣이나 싸우께이완筲箕灣 같은 곳으로 옮겨 경기를 진행하기도 했다. 이후 20세기 중반부터는 외국인도 용선경기에 참가할 수 있게 되었고, 1976년부터는 홍콩관광협회가 국제 규모의 '홍콩국제용선경기'를 매년 개최하여 용선경기를 국제스포츠로 널리 보급하고 있다. 이 홍콩국제용선경기는 단오절 직후의 토요일과 일요일에 열린다.

용선경기는 홍콩의 모든 사람들이 함께 즐기는 축제로, 영국 식민지 시절에는 정부의

용머리가 달린 배, 용선   ↑ 용선경기

· 용선경기를 관람하기 위해 모여든 사람들

관리들이 경기를 주관하고 시상식을 거행하기도 하였다. 이뿐만 아니라 홍콩이 중국에 반환된 이후에도 매년 단오절이면 계속해서 용선경기가 열리고 있다. 단오절 당일에 열리는 용선경기는 현재 라마섬南丫島, 남아또우과 챵짜우長洲, 싸이꽁西貢, 애버딘香港仔, 행꽁짜이, 튄문屯門, 친쏘위완淺水灣, 싸틴沙田의 쎙문호城門河 등 홍콩의 여러 지역에서 개최되며, 방송국에서 이들의 경기를 생방송으로 중계한다.

매년 란타우섬大嶼山, 따이위싼의 따이오우大澳에서는 특별한 단오절 전통행사가 열린다. 바로 '단오절 용선 퍼레이드'인데, 이는 용선에 신상神像을 싣고 따이오우의 뱃길을 행진하는 행사로, 중국의 국가무형문화유산으로 등록되기도 했다. 이 용선 퍼레이드는 19세기부터 시작되었는데, 당시 따이오우에 전염병이 발생하자 이 지역의 어민들이 단오절에 각 사원의 신상들을 배에 싣고 뱃길을 행진하였다. 그랬더니 전염병이 말끔히 사라지게 되었고, 이때부터 사람들은 매년 단오절이면 퍼레이드를 하게 되었다. 현재는 단오절 하루 전날인 음력 5월 4일 아침에 영하우 사원楊侯古廟, 영하우꾸미우과 싼췬 틴하우 사원新村天后廟, 싼췬틴하우미우, 꽌따이 사원關帝廟, 꽌따미우, 홍쎙 사원洪聖廟, 홍쎙미우에서 신상을 빌려 제를 올린 뒤, 다음 날인 단오절 당일 아침에 신상을 용선에 싣고 따이오우의 모든 뱃길을 행진한다. 바닷가의 주민들은 향을 피워 제사를 지내고, 맨 마지막에는 모든 신상을 각 사원에 다시 되돌려 준다.

홍콩의 싸이꽁과 애버딘 등지의 일부 마을에서는 자정에 용선을 타고 노를 저으며 송나라의 마지막 황제였던 조병趙昺, 찌우뼁을 기념하기도 한다. 국운이 기울 대로 기울었던 남송 말기에, 조병은 당시 유명한 장수였던 체꽁의 호위를 받으며 홍콩의 싸이꽁으로 피난을 온 바 있다. 아마도 이 일을 기념하기 위하여 위와 같은 행사를 여는 것으로 보인다(조병과 체꽁에 관한 내용은 제7장 중 '2. 체꽁 사원' 부분을 참고할 것).

홍콩에서는 단오절에 쫑즈를 먹고 용선경기를 여는 것 이외에, 해변에서 수영을 하는 '야우룽짜우쏘위游龍舟水'도 열리고 있다(광동어에서 '야우쏘위游水'는 '수영하다'라는

따이오우에서 열리는 단오절 용선 퍼레이드　　　　　　　　　　단오절에 해변에서 수영하는 사람들

뜻이다). 홍콩 사람들은 단오절에 수영을 하면서 복을 기원하면, 사악한 기운이 사라지고 좋은 운이 들어온다고 믿는다. 이러한 믿음을 가지게 된 데에는 두 가지 이유가 있다. 첫 번째 이유는 물속에서 수영할 때에는 액운과 사악한 기운이 모두 물속에서 멈춰버린다고 여겨지기 때문이며, 두 번째 이유는 오행설 때문이다. 용龍은 토土에 속하고 토土는 수水를 억제하는데, 수水는 재물을 상징한다. 그렇기 때문에 단오절에 물에 들어가서 수영을 하는 '야우롱짜우쏘위游龍舟水(단어에 용龍이라는 글자가 들어 있다)'를 하게 되면, 물속에 떠다니는 재물의 운을 빨아들이는 데 도움이 된다고 생각한다. 이러한 이유들로 단오절에 수영을 하는 풍습이 생겨났는데, 이날 홍콩 각지의 해수욕장과 수영장은 수영하러 온 수많은 사람들로 넘쳐 난다.

5. 일곱 자매 탄신일七姐誕, 찻쩨딴(음력 7.7)

하늘에서 살고 있던 7명의 선녀 중 가장 미모가 뛰어났던 직녀라는 선녀가 어느 날 인간세계에 내려와 견우라는 청년과 사랑에 빠지게 되었다. 이 사실을 알게 된 옥황상제가 노발대발하여 직녀를 하늘나라로 압송한 뒤 두 사람을 만나지 못하게 했지만, 견우와 직녀가 진심으로 사랑하고 있다는 것을 알게 되자 1년에 단 한 번 만날 수 있도록 허

　　　　　영국과 중국의 공존: 광동어를 통해 홍콩의 문화를 읽다

락해 주었다. 이날이 바로 음력 7월 7일이다.

'일곱 자매 탄신일'은 우리에게 칠월 칠석으로 잘 알려진 날이다. 견우와 직녀가 오작교에서 1년에 한 번 만난다는 이날은 칠석七夕 또는 걸교절乞巧節이라고도 한다. 견우와 직녀는 1,500년 전부터 전해 내려오는 중국 고대의 설화로, 일본에도 잘 알려져 있다. 하늘에서는 이날이 견우와 직녀가 서로 만나는 날이었지만, 민간에서는 소녀들이 좋은 신랑감을 만나기를 바라는 날인 동시에, 자신들의 수놓는 솜씨巧가 더욱 좋아지기를 간절히 바라는乞 날이었다. 그래서 이날을 '걸교절乞巧節'이라고도 한다. '걸乞'은 '구걸하다'라는 뜻이고 '교巧'는 '기교'라는 뜻이다. '걸乞'에는 '구걸하다'뿐 아니라 '애원하다, 간절히 원하다'라는 뜻도 있기 때문에, '걸교乞巧'는 '수놓는 기교를 간절히 빌고 바라다'라는 뜻으로 볼 수 있다. 고대 사회에서 바느질과 자수 솜씨는 여성이 필수로 갖추어야 할 능력이었던 만큼, '걸교'라는 두 글자에서 소녀들의 간절함이 어느 정도였는지 가히 짐작이 된다.

일곱 자매 탄신일에서의 일곱 자매는 견우와 직녀에 등장하는 일곱 선녀를 가리킨다. '일곱 자매七姐'를 '일곱 자매 선녀七姐仙女' 또는 '일곱 선녀 자매七仙姐'로도 부르기 때문이다. 현재는 그 의미가 많이 퇴색되었지만 과거 홍콩에서는 일곱 자매에게 제를 지내는 풍습이 대단히 성행했다. 여성들이 중요시하던 풍습으로 그 방식은 지역마다 조금씩 달랐다. 제를 지내는 의식은 7월 6일 저녁에 행해지기도 했고, 6일 저녁부터 탄신일 당일인 7일 저녁까지 이어지기도 했다. 7월 7일 당일 저녁에는 미혼 여성들이 예쁘게 단장을 하고 삼삼오오 모여, 집 안 또는 거리와 골목의 빈터에 나와 일곱 자매에게 제를 올렸다. 꽃과 일곱 종류의 과일, 종이로 만든 옷七姐衣, 찻쩨이, 막 싹을 틔운 곡식 종자七姐秧, 찻쩨옝, 종이로 만든 쟁반七姐盤, 찻쩨푼 등을 갖추어 놓았는데, 종이로 만든 쟁반 안에는 가위와 바늘, 실을 담아 놓았다. 바느질을 잘하고 싶은 소녀들의 염원이 이처럼 종이 쟁반 안에 고스란히 담겨졌다. 또한 제수용품들의 이름이 모두 '찻쩨七姐'로 시작하

일곱 자매 탄신일(홍콩역사박물관 소장)↑ ↑무엇이든지 모두 7개가 놓여 있다.
종이로 만든 쟁반 '찻쩨뿐' ○ ○일곱 자매에게 제를 올리는 모습
씬찌 사원↓ ↓씬찌 사원에서 일곱 자매에게 올린 제수용품

기 때문에, 이름만 보더라도 이들이 '일곱 자매七姐'에게 올리기 위한 물품이라는 것을
단번에 알 수 있다.

일곱 자매 탄신일은 과거 홍콩에서 많은 여성들이 지내던 명절이었지만, 사회가 점점

영국과 중국의 공존: 광동어를 통해 홍콩의 문화를 읽다

발달하고 도시화되면서 그 의미가 점점 약화되었다. 일곱 자매에게 제를 지내는 찻쩨 사원七姐廟, 찻쩨미우이 현재는 펭짜우坪洲와 싸이꽁西貢, 싼까이新界에 각각 하나씩 남아 있을 뿐이다. 그중 펭짜우에 위치한 씬찌 사원仙姊廟, 씬찌미우이 가장 유명한데, 이는 '선 녀仙 자매姊 사원廟'이라는 뜻으로, 이곳이 일곱 자매를 모시고 있는 사원이라는 것을 한눈에 알 수 있다. 매년 음력 7월 6일이면 많은 사람들이 이곳 씬찌 사원을 찾아와 일 곱 자매에게 제를 올린다. 과일과 실, 바늘 이외에도 현대 생활을 반영하듯 치약과 샴 푸, 비누, 수건, 향수 등과 같은 용품들이 제단에 올라온다.

6. 귀신축제盂蘭節, 위란찟(음력 7.15)

전설에 의하면 음력 7월에는 귀신들이 인간 세상에 내려오기 때문에, 귀신과 마주치기 쉽다고 한다. 음력 7월 1일에 지옥의 문이 열리면 귀신들이 모두 이승으로 내려왔다가, 7월 30일이 되면 다시 문을 닫고 돌아간다. 이때는 음산한 바람이 불고 망령이 여기저 기를 돌아다니기 때문에, 음력 7월 한 달간은 야간 외출, 여행, 수영, 결혼, 이사 등을 삼 가야 한다. 특히 음력 7월 15일에 홍콩 사람들은 이들 혼령들을 위로하기 위해 길가에 서 종이돈을 태우고 향을 피우고 촛불을 밝히며, 술과 고기, 과일 등을 차려 놓고 제사 를 지낸다. 혼령들의 원한이 씻겨 나가기를 바라는 동시에, 자신들도 한 해 동안 평안하 고 모든 일이 순조로워지기를 바라기 때문이다. 이처럼 '혼령들을 위해 길가에서 제사 지내는 것'을 '씨우까이이燒街衣' 혹은 '씨우이燒衣'라고 한다. 이 음력 7월 15일을 '위란 찟盂蘭節'이라고 하며, 또한 귀신의 날이라는 뜻으로 '꽈이찟鬼節'이라고도 한다.

위란盂蘭은 산스크리트어인 '울람바나Ullambana'를 음역한 것으로 '거꾸로 매달린 것을 구하다'라는 뜻이다. 즉 거꾸로 매달린 망령들을 고통에서 구제해 준다는 뜻인데, 이는 불교의 《우란분경盂蘭盆經》에 기재된 '목련이 어머니를 구하다目蓮救母'라는 고사에서

음력 7월 15일에 길가에서 제사를 지내고 있다.

길가에서 종이돈을 태우고 향을 피우는 사람들

유래하였다. 고사의 내용은 다음과 같다. 부처님의 제자 중에 목련이라는 청년이 있었는데, 매우 탐욕스러웠던 그의 어머니가 사후에 아귀도餓鬼道에 떨어지게 되었다. 아귀도는 욕심이 많거나 시기와 질투가 심한 사람이 죽어서 가게 되는 곳으로, 항상 굶주림과 목마름으로 괴로움을 겪는다고 한다. 어머니가 그곳에서 뼈만 앙상하게 남은 채 거꾸로 매달려 있게 되자, 목련은 매우 괴로워하며 부처님을 찾아갔다. 이에 부처님은 음력 7월 15일에 어머니를 위하여 백 가지 음식과 다섯 가지 과일 등을 승려들에게 공양하면 고통받는 어머니를 구원할 수 있다고 알려 주었다. 부처님의 말씀대로 공양을 올리자 그의 어머니는 비로소 아귀도의 고통에서 벗어날 수 있었다. 위란찟은 이와 같은 목련의 고사에 기원을 두고 있다.

매년 음력 7월이면 홍콩 각 지역의 공원과 광장에서 위란찟을 기념하는 '위란쌩우이盂蘭勝會'가 열린다. '쌩우이勝會'는 '많은 사람들이 모이는 행사'를 가리키는 것으로, 그중 가장 성대한 행사는 통로완의 빅토리아공원에서 열리는 조주潮州 사람들의 홍콩 위란쌩우이이다. 홍콩 개항 초기에는 중국대륙의 조주를 비롯하여 해풍海豊과 육풍陸豊 등지에서 많은 사람들이 홍콩으로 건너와 막노동을 했다. 주로 통로완銅鑼灣과 쪼똔佐敦에서 일했던 이 사람들을 꾸레이咕喱라고 불렀는데, 이들은 자신들의 고향에서 지냈던

영국과 중국의 공존: 광동어를 통해 홍콩의 문화를 읽다

아귀도

위란찟의 전통을 홍콩으로 들여와 홍콩 위란쎙우이로 발전시켰다. 막노동에 종사하는 꾸레이들은 미국의 흑인노예들처럼 매매되기도 했는데, 이 꾸레이가 영어권으로 들어가 쿨리coolie(19세기 말~20세기 초에 외국으로 팔려 가 중노동에 시달렸던 중국인 노동자)가 되었다. 영어 단어처럼 보이는 이 쿨리는 원래 광동어에서 비롯된 말이다.

이미 100여 년의 역사를 지니고 있는 이 홍콩 위란쎙우이는 특히 조주 사람들이 주축이 되어 있다. 현재 조주가 본적인 사람들은 홍콩에 약 120만 명이나 되는데, 홍콩의 인구가 700여만 명인 것을 감안하면 대단히 많은 숫자다. 그 당시 같은 고향 사람들끼리 모여 서로 정을 나누고 고단함을 나누었던 이들은 고향의 전통을 홍콩에서 다시 재현해 내었다. 음력 7월 1일부터 말까지 열리는 위란쎙우이에서는 제사를 지내고 '신공희神功戱'를 공연하며 '평안미平安米'를 나누어 준다. 신공희의 신공神功은 '공덕을 쌓다'라는 뜻으로, 공연을 통해 공덕을 쌓는다는 의미에서 신공희라고 한다. 그래서인지 사람들이 무료로 관람할 수 있도록 하고 있으며, 대나무를 엮어 만든 무대에서 음력 15일부터 17일까지 사흘 동안 저녁에만 공연한다. 초기에는 그림자 인형극皮影戱(얇게 저민 가죽으로 만든 채색 인형에 빛을 비춘 뒤, 그림자를 만들어 공연하는 인형극)만 공연했지

귀신축제를 기념하는 위란쎙우이 　　　 '위란쎙우이(盂蘭勝會)'라고 쓰인 등불 　　　 신공희(홍콩역사박물관 소장)

만, 현재는 주로 월극粵劇과 조극潮劇을 공연한다. 월극은 광동의 전통가극으로 광동어로 공연하고, 조극은 조주의 전통가극으로 민남어의 한 갈래인 조주 방언으로 공연한다. 그리고 마지막 날에는 사람들에게 흰쌀을 나누어 주는데 이 쌀을 평안미라고 한다. 복을 쌓기를 바라는 마음에서, 그리고 평안함을 가져다주기를 바라는 마음에서 이렇게 쌀을 베푼다. 쌀이 아닌 국수나 우산 등을 나누어 주기도 하는데, 복을 가져다주는 물품이라는 뜻에서 '폭빠福品'이라고 한다. 이렇듯 많은 사람들에게 평소에 먹는 쌀이나 국수, 그리고 비 오는 날 요긴하게 사용할 수 있는 우산 등을 나누어 주면서 행사의 마지막을 장식한다. 여러 가지를 베풀면서 덕과 복을 쌓아 가는 것이다. 조주 사람들의 홍콩 위란쎙우이는 중국의 국가무형문화유산으로도 등록되었다.

7. 중추절中秋節, 쫑차우찟(음력 8.15)

홍콩 중추절의 가장 큰 특징은 월병을 먹고, 등불축제를 열며, 불꽃용춤을 춘다는 것이다. 월병月餅, 윗뼁은 중국대륙이나 대만에서도 먹는 음식이기 때문에 별로 특이해 보일 것이 없지만, 다른 지역과 차별되는 홍콩만의 특별한 월병이 있다. 바로 얼려 먹는 월병인 '뼁페이윗뼁水皮月餅'이다. 얼핏 보기에 한국의 다식처럼 생긴 이 월병은 홍콩의 따이빠민빠우싸이뼁大班麵包西餅이라는 제과점에서 1989년에 개발한 것이다(제과점 이름

에서 민빠우麵包는 빵이라는 뜻이고, 싸이뼁西餅은 과자

라는 뜻이다). 일반 월병은 밀가루로 월병피를 만들지

만, 이 특별한 월병은 찹쌀가루와 밀가루를 섞어 만든

다. 월병 안에 들어가는 소 역시 호두와 같은 견과류나

연밥, 오리알 노른자와 같은 전통적인 재료 이외에, 과

일을 넣어 새로운 맛을 탄생시켰다. 또한 월병 표면에

기름도 바르지 않고 오븐에 굽지도 않는다. 이 얼려 먹

는 월병은 아이스크림처럼 차갑게 먹기 때문에 냉동실

에 보관해야 한다. 만약 최상의 상태로 먹고 싶다면 먹

기 30분 전에 냉동실에서 꺼내 서서히 해동시키면 된

다. 하지만 실온에 꺼내 두고 2시간을 넘겨선 안 된다.

↑ 월병
↓ 얼려 먹는 월병 '뼁페이윗뼁'

중추절 전후로는 온 가족이 집 밖으로 나가 '달을 감상賞月'하는데, 특히 어린아이들은
등불을 들고 등불놀이를 즐긴다. 중추절 하루 전날(음력 8월 14일) 저녁에 달을 감상하
는 것은 '달 맞이하기迎月'라고 부르고, 중추절 다음 날(음력 8월 16일) 저녁에 달을 감상
하는 것은 '달 쫓아가기追月'라고 부른다. 전통적인 등불은 대나무로 만든 틀에 종이를
붙이고 가운데에 촛불을 넣지만, 최근에는 아이들의 안전을 위해 아코디언처럼 접었다

1990년대 이전에 유행했
던 뽀우랍

폈다 할 수 있는 플라스틱 틀에 조그마한 전구를 넣은 등불을
사용하고 있다. 사람들은 또한 가까운 공원에 나가 등불을 걸
거나 초에 불을 붙이고, 촛불을 한꺼번에 모아 태우기도 했다.
'촛불 한꺼번에 모아 태우기'는 '뽀우랍煲蠟'이라고 하는데, 아
이들이 합법적으로 불장난을 할 수 있는 유일한 기회였다. 하
지만 쉽게 화재가 날 수 있는 데다 화상을 입는 아이들도 많았
기 때문에, 영국령 홍콩정부에서는 1990년대 이후부터 뽀우랍

↑ 등불을 들고 즐거워하는 아이들
↓ 빅토리아공원의 중추절 등불축제

↑ 평안함을 기원하는 중추절 등불
↓ 러버덕 모양의 중추절 등불

을 엄격하게 금지시켰다. 이 때문에 현재는 뽀우랍을 찾아보기 힘들다. 이 밖에 중추절
에는 홍콩 전역의 주요 공원에서 '중추절 등불축제'가 열리는데, 그중에서도 빅토리아
공원에서 열리는 등불축제가 규모도 가장 크고 프로그램도 다채롭다.

중추절 행사는 이 밖에 따이항大坑과 폭푸람薄扶林에서 열리는 '불꽃용춤축제舞火龍, 모
우포롱'도 있다. 따이항과 폭푸람은 모두 홍콩섬에 있는 지역 이름인데, 그중 따이항은
통로완에 위치한 지역으로 린파 사원蓮花宮, 린파꽁이 있는 곳으로도 유명하다(린파 사원
에 관한 자세한 내용은 '제7장 홍콩의 사원'을 참고할 것). 음력 8월 14일부터 16일까지
사흘 동안 해 질 무렵이면 7만여 개의 향을 꽂은 거대한 용이 따이항의 모든 거리와 골
목을 구석구석 누비고 다닌다. 폭푸람은 따이항과는 달리 중추절 당일에만 불꽃용춤축

영국과 중국의 공존: 광동어를 통해 홍콩의 문화를 읽다

↑ 불꽃용춤축제
↓ 불꽃용의 행진

불꽃용의 머리. 손전등을 달아 만든 용의 눈에서는
불빛이 뿜어져 나오고, 알루미늄판으로 만든
이빨은 톱니바퀴처럼 생겼다.

제를 연다.

전설에 의하면 1880년 중추절 바로 전날 밤 태풍이 따이항 일대를 습격했는데, 그 순간 갑자기 큰 구렁이 한 마리가 나타나 마을의 가축들을 모두 잡아먹어 버렸다. 이에 마을 사람들이 힘을 합쳐 구렁이를 죽였지만, 다음 날 태풍이 물러난 후 살펴보니 구렁이의 시체가 온데간데없이 사라져 버렸다. 이후 따이항에 전염병이 발생하여 수많은 사람들이 목숨을 잃게 되었다. 어느 날 동네 어르신 한 분이 보살이 나타나는 꿈을 꾸었는데, 중추절에 불꽃용춤을 추면서 마을을 한 바퀴 돌고 동시에 폭죽을 터뜨리면 전염병이 사라질 것이라는 말을 듣게 되었다. 이에 사람들은 향불을 피우고 폭죽 안에 유황과 백약白藥(지혈제 등으로 쓰이는 흰 가루약)을 넣은 뒤 보살의 말대로 했고, 그러자 신기하게도 전염병이 말끔히 사라졌다. 이때부터 사람들은 매년 '불꽃용'을 만들어 마을 일대를 행진하게 되었다.

불꽃용은 총길이가 67m나 되고 용의 머리 부분만 48kg에 달한다. 삼으로 엮은 밧줄로 용의 뼈대를 만들고, 볏짚을 이용해 용의 몸통을 만든다. 용의 두 눈에는 두 개의 손전등을 달아 불빛을 뿜어내게 하며, 용의 이빨은 알루미늄판을 잘라 톱니 모양으로 만든다. 이 거대한 용을 300명에 가까운 사람들이 들고 마을 구석구석을 누빈다. 이전에는 축제가 끝난 후 용을 바다에 던져 버렸는데, 이는 용이 바다에서 하늘로 승천한다는 의미를 지니고 있었다. 하지만 최근에는 바다가 오염되는 것을 막기 위해 소각로에서 태워 버린다.

홍콩의 제17대 총독인 클레멘티 경은 불꽃용춤축제를 높이 평가하여 재임 시절에 따이항 주민들에게 상장을 수여하기도 했으나, 일제 침략 시기에는 축제가 중단되어 버렸다. 하지만 일제 패망 이후 축제가 재개되었으며, 현재 따이항의 불꽃용춤축제는 중국의 국가무형문화유산으로 등록되어 있다.

8. 동지冬至, 똥찌(양력 12.22 전후)

동지는 24절기 중의 하나로 1년 중 밤이 가장 긴 날이며, 동절冬節이라고도 부른다. 동지는 중국의 음양陰陽사상과 관계가 깊은데, 옛사람들은 1년 중 밤이 가장 긴 날인 동지에 차가운 기운이 가장 강해진다고 믿었다. 즉 이때에는 음陰의 차가운 기운이 정점에 달하게 되고, 동지가 지나면서 점점 양陽의 따뜻한 기운이 강해진다고 생각하여, 동지를 음양의 조화가 이루어지는 중요한 시기라고 여겼다.

이뿐만 아니라 예전에는 한 해가 끝나 가는 무렵인 이날에, 힘들고도 고된 1년 동안의 노동을 잠시 뒤로하고 모처럼 다 같이 모여 즐겁게 식사를 했다. 고대에는 백성들이 너

동지의 푸짐한 상차림

동지에는 온 가족이 모여 식사를 한다.

무나도 고생스럽게 살았던 데다 음식조차 제대로 먹을 수 없었기 때문에, 배부르게 먹을 수 있는 날인 동지는 그들에게 굉장히 소중한 날이었다. 그래서 홍콩에서는 동지를 음력설 다음으로 중요한 명절이라 생각하게 되었고, 이로 인해 '동지가 음력설보다 크다, 중요하다冬大過年, 똥따이꿔닌'라는 말도 생겨났다.

동지에는 집집마다 푸짐하게 한 상 차린 다음 가족 모두가 한데 모여 앉아 즐겁게 식사를 한다. 이를 '쪼우똥做冬' 또는 '꿔똥過冬'이라고 하는데, 이는 '동지를 지내다'라는 뜻이다. 이날 많은 회사와 상점들은 일찍 귀가하여 가족과 함께 시간을 보낼 수 있도록, 직원들을 평소보다 일찍 퇴근시킨다. 또한 홍콩의 많은 식당들은 이날 동지를 위한 특별 메뉴를 선보이기도 한다.

광동어에는 동지의 날씨에 관한 표현들이 있는데, 그중 하나가 '똥음똥, 꿔닌똥冬唔凍, 過年凍'이다. 즉 '동지에 춥지 않으면, 음력설에 춥다'라는 뜻으로, 동지와 음력설의 날씨가 상반됨을 나타낸다. 또 다른 하나는 '똥쪼이초 랑음또, 똥쪼이쫑 랑쎄이총, 똥쪼이메이 마이쪼윙(응)아우로이찌페이冬在初, 冷唔多; 冬在中, 冷死蔥; 冬在尾, 賣吂黃牛來置被'이다. 이는 '동지가 초순에 들면 별로 춥지 않고, 중순에 들면 파가 시들 만큼 추우며, 하순에 들면 황소를 팔아 이불을 장만할 만큼 춥다'라는 뜻이다. 즉 '동지가 음력으로 동짓달

(음력 11월) 초순에 들면 겨울이 비교적 따뜻하고, 중순에 들면 비교적 추우며, 하순에 들면 상당히 춥다'라는 뜻이다.

09
홍콩의 음식

1. 얌차飮茶와 딤섬點心, 띰쌈

얌차飮茶는 글자만 보면 '차를 마시다'라는 뜻이지만, 홍콩에서는 '차를 마시면서 딤섬을 먹는 것'을 뜻한다. 우리가 보통 '딤섬을 먹는다'라고 하는 것은 엄밀히 말하면 차를 마시면서 딤섬을 먹는 '얌차飮茶'인 것이다. 그렇기 때문에 '딤섬을 먹으러 가다'라고 할 때도 딤섬點心, 띰쌈이라는 단어를 쓰지 않고, 얌차를 써서 '호위얌차去飮茶(얌차하러 가다)'라고 한다. 보통 여러 사람들이 다 같이 모여 왁자지껄하게 얌차를 하기도 하지만, 아침 시간에 혼자 신문을 보면서 얌차를 하기도 한다.

이전에는 얌차할 수 있는 식당을 차라우茶樓 혹은 차꼬위茶居라고 했지만, 현재는 짜우라우酒樓 또는 짜우까酒家라고 한다. 차라우라고 부르던 시절에는 얌차를 '얏쫑뢩낀一盅兩件'이라고도 했는데, 이는 '차 한 잔과 딤섬 2개'라는 뜻이다('쫑盅'은 손잡이가 없는 작은 잔을 가리키는 것으로 찻잔을 뜻한다). 이렇듯 당시에도 차와 함께 딤섬을 먹었음을 알 수 있다. 전통적으로 홍콩의 차라우에서는 아침에만 얌차를 제공했으나, 현재의 짜우라우에서는 아침뿐 아니라 오후까지도 제공하고 있다. 일반적으로 아침은 7시~11시 반, 점심은 11시 반~2시, 오후 시간은 2시~5시까지로 구분되어 있으며, 같은 딤섬이라도 시간대별로 가격이 각각 다르다(점심 때가 가격이 제일 비싸다).

식당에서 자리를 잡은 후에는 맨 먼저 차를 주문하는데, 이를 '호이차開茶'라고 한다. 홍콩 사람들이 가장 많이 마시는 차는 보이차普洱(포우레이 혹은 뽀우레이라고도 한다)이며, 재스민香片, 횡핀이나 우롱차烏龍, 우롱, 철관음鐵觀音, 팃꾼암도 많이 마신다. 차를 주문할 때는 뜨거운 물滾水, 꽌쏘위도 같이 주문하는데, 찻주전자에 담긴 차를 다 마신 후 뜨거운 물을 부어 채우기 위해서다. 뜨거운 물까지 다 마시고 없을 때는 주전자 뚜껑을 반쯤 열어 두면 종업원이 와서 채워 준다. 차를 주문하고 종업원이 차와 뜨거운 물을 가져다주면 식기를 헹군다. 찻잔과 수저, 그릇을 뜨거운 물이나 찻물로 헹군 뒤, 식탁 가운데 있는 커다란 통에 버리면 된다. 이는 식기를 소독하는 효과가 있기 때문인데, 사스가 홍콩을 강타한 이후에는 반드시 지켜야 하는 절차가 되었다.

차를 주문한 다음에는 딤섬點心, 띰쌈을 주문한다. 딤섬은 이미 2,500년 전 문헌에 기록이 되어 있었다고 한다. 딤섬은 원래 '출출할 때 간단히 요기하다'라는 뜻이었는데, 후에 그 뜻이 '간단히 요기하는 음식'으로 바뀌게 되었다. 오늘날의 많은 딤섬은 고대의 가볍게 먹을 수 있는 음식에서부터 발전해 온 것이다. 딤섬은 현재 종류가 수백 가지나 되고 조리법도 찌기, 튀기기, 굽기, 지지기 등 상당히 다양하다. 또한 딤섬은 작은 대나무 찜통이나 조그마한 접시에 서너 개씩 올려 나온다. 여러 사람이 함께 딤섬을 먹을 경우에는, 서로 다른 딤섬을 주문하면 여러 가지 딤섬을 맛볼 수 있는 장점이 있다. 딤섬은 짭짤한 딤섬과 달콤한 딤섬 두 가지로 나뉘며, 대부분의 딤섬은 뜨겁게 해서 먹는다.

딤섬을 주문할 때는 딤섬의 이름이 빼곡하게 적힌 주문종이에 먹고 싶은 딤섬을 체크하면 된다. 주문종이의 딤섬 이름 옆에는 '씨우띰小點', '쭝띰中點', '따이띰大點', '딱띰特點', '뗑띰頂點'으로 구분해서 적혀 있는 경우도 있는데, 이는 쉽게 말해 딤섬의 등급이

❶ 손님으로 가득 찬 오전의 얌차 식당
❷ 혼자 얌차를 즐길 수 있도록 테이블을 따로 마련해 둔 식당도 있다.
❸ 차를 주문할 때는 차와 뜨거운 물을 같이 주문하기 때문에, 주전자를 두 개 가져다준다.
❹ 찻잔과 수저, 그릇을 찻물이나 뜨거운 물로 헹군 뒤 가운데 커다란 통에 버리면 된다.

다. 각 등급별로 가격이 다르며, 띵띰으로 갈수록 가격이 높아진다. 이전에는 종업원이 딤섬을 수레에 실은 뒤 각 테이블 사이사이를 돌아다녔다. 그러면 손님들은 먹고 싶은 딤섬을 앉은 자리에서 골라 먹었다. 딤섬이 쉽게 식지 않도록 하기 위해 딤섬수레에 가열 장치를 설치하고 온도를 조절했는데, 그만큼 운영비용이 많이 들었다. 이러한 이유로 요즘은 거의 대부분의 식당들이 딤섬수레를 없애고, 손님이 직접 주문종이에 체크하는 형식으로 주문방식을 바꾸었다.

계산할 때는 앉은 자리에서 하며, 종업원에게 '음꼬이, 마이딴埋單(계산해 주세요)'이라고 하면 된다. 체크한 딤섬 주문종이를 종업원이 가져가서 계산한 다음, 다시 돌아

영국과 중국의 공존: 광동어를 통해 홍콩의 문화를 읽다

딤섬의 이름이 빼곡하게 적힌 딤섬 주문종이　딤섬을 담은 대나무 찜통들　대나무 찜통에 담긴 딤섬들

와서 계산서를 건네주는데, 이때 계산서에 적힌 금액을 지불하면 된다. 여러 가지 딤섬 중에서 대표적인 몇 가지를 소개하면 다음과 같다.

(1) 하까우蝦餃

하까우는 '하蝦'라는 글자에서 알 수 있듯이 '새우'가 주재료 이며, 싱싱한 새우가 입 안 가득 씹히는 딤섬이다. 최상의 하 까우는 피가 얇고 부드러우며 반투명하다. 또한 피 안에 소 량의 액즙이 들어 있으며, 새우는 탱글탱글하다. 보통 한 입 크기로 만드는데, 입 안에 쏙 들어가게 만드는 것이 아니라

하까우

입 안을 꽉 채우도록 큼직하게 만든다. 전통적인 하까우는 반달 모양으로 만들었으나, 현재는 주먹처럼 동그랗게 만든다.

(2) 씨우마이燒賣

납작한 원기둥 모양의 씨우마이는 계란 노른자로 만든 샛노 란 얇은 피 안에 다진 돼지고기를 채우고, 그 위에 싱싱한 새 우를 얹은 다음 게알을 올려 쪄 낸다.

씨우마이

(3) 쳉판腸粉

쳉판은 쌀로 만든 쫀득쫀득하고 새하얀 피에, 새우 혹은 소
고기, 생선 등을 넣고 기다랗게 돌돌 말아 쪄 낸 것이다. 생긴
모양이 돼지의 창자를 닮았다고 해서 쳉판腸粉이라고 하는
데(腸은 창자라는 뜻이다), 먹기 전에 간장을 뿌려서 먹는다.

쳉판

(4) 차씨우빠우叉燒包

차씨우빠우는 밀가루로 만든 빵 안에 차씨우叉燒(돼지고기
를 쇠꼬챙이에 꿰어 구운 요리, 뒤의 '2. 홍콩식 바비큐' 부분
을 참고할 것)를 넣고 쪄 낸 것이다. 살짝 벌어진 틈으로 차
씨우의 향이 은은하게 배어 나온다.

차씨우빠우

(5) (응)아우욕카우牛肉球

이름에서 알 수 있듯이, (응)아우욕카우는 소고기牛肉를 다져서 공
球 모양으로 쪄 낸 일종의 소고기완자찜이다. 노란 두부피 위에 소
고기완자를 얹어 쪄 내며, 먹기 전에는 우
스터소스喼汁. 낍짭를 뿌려 먹는다. 우스터
소스는 영국에서 처음 개발된 소스로, 색
깔이나 농도가 간장과 비슷하면서 짭짤하
고 신맛이 난다.

(응)아우욕카우   우스터소스. (응)아우욕
                      카우에 뿌려 먹는다.

(6) 짠쮜까이|珍珠雞

짠쮜까이는 연잎으로 싸서 찐 찹쌀밥으로, 연잎 안에 찹쌀과 닭고기, 돼지고기, 오리알

영국과 중국의 공존: 광동어를 통해 홍콩의 문화를 읽다

노른자, 버섯, 말린 새우 등을 넣어 만든다. 얼핏 보면 단오
에 먹는 쫑즈粽子처럼 생겼지만(표준중국어에서는 쫑즈라고
하지만 광동어에서는 쫑粽이라고 한다), 쫑즈는 대나무 잎으
로 싸는 반면 짠쮜까이는 연잎으로 싼다. 짠쮜까이는 원래
노마이까이糯米雞라는 음식이 변형된 것이다. 노마이糯米는

짠쮜까이

찹쌀이라는 뜻으로 노마이까이도 짠쮜까이와 마찬가지로 찹쌀과 연잎으로 만든다. 이
둘의 차이점은 단지 크기가 다르다는 것뿐인데, 노마이까이가 양이 너무 많았기 때문
에 크기를 3분의 1 내지 반으로 줄이고 새롭게 이름 붙인 것이 짠쮜까이이다.

(7) 꾼통까우灌湯餃

꾼통까우는 이름에서 알 수 있듯이 탕湯 속에 만두餃가 들어
있다. 어른 주먹만 한 대형 만두가 그릇을 꽉 채우고 있는데,
만두소는 새우, 게살, 버섯, 고기 등 여러 가지 재료를 사용
하여 만든다. 먹을 때는 투명한 붉은색의 쩟초우浙醋라는 식
초를 곁들여 먹는다.

꾼통까우

(8) 퐁짜우鳳爪

퐁짜우는 닭발을 말한다(닭雞 대신 봉황鳳이라는 글자를 썼
는데, 봉황은 전설에 나오는 상상 속의 새이기 때문에, 봉황
발이라는 것은 현실에 없다). 퐁짜우는 닭발에 양념을 한 다
음 쪄 낸 것인데, 접시에 닭발이 잔뜩 들어 있어서 조금은 혐
오스럽게 보일 수도 있다. 하지만 퐁짜우에는 콜라겐이 많이
함유되어 있어서 피부 미용과 관절에 효능이 있다고 한다.

퐁짜우

(9) 로빡꼬우蘿蔔糕

로빡꼬우는 채 썬 무와 버섯, 말린 새우, 소금에 절여 말린
고기 등을 넣어 만든 떡이다. 만드는 방법은 찌는 방법과 기
름에 지지는 방법 두 가지가 있는데, 후자는 엄밀히 말하면
쪄 낸 다음 지지는 것이다. 찐 로빡꼬우를 정사각형으로 자
른 뒤 소량의 기름을 붓고 노릇노릇하게 지져 먹기 때문이

로빡꼬우

다. 로빡꼬우는 딤섬의 한 종류이지만, 음력설에도 즐겨 먹는 대표적인 설음식 중의 하
나이다. 로빡꼬우에서 '꼬우糕'가 '높다'라는 뜻의 '꼬우高'와 발음이 서로 같기 때문인
데, '한 해 동안 높이 오르라'는 뜻에서 음력설에 로빡꼬우를 먹는다고 한다(자세한 내
용은 '제8장 홍콩의 전통명절과 축제'를 참고할 것).

(10) 나이웡빠우奶皇包

동글동글하게 생긴 부드러운 크림빵 나이웡빠우는 '웡皇' 대
신 '웡黃'을 써서 나이웡빠우奶黃包라고도 한다('皇'과 '黃'은
둘 다 발음이 '웡'으로 똑같다. 발음도 똑같은 데다 안에 든
소가 노란색이기 때문에 '黃'으로도 쓴다). 나이웡빠우는 계
란 노른자, 버터, 우유, 설탕 등을 넣어 만든다. 위에서 소개

나이웡빠우

한 딤섬들은 모두 짭짤한 딤섬이지만, 나이웡빠우는 달콤한 딤섬이다.

(11) 마라이꼬우馬拉糕

마라이꼬우는 계란과 버터, 설탕, 베이킹파우더를 넣고 쪄
낸 홍콩식 스펀지케이크이다. 구멍이 송송 뚫려 있는 갈색의
포근포근한 마라이꼬우는 커다란 원 모양으로 만든 뒤 여러

마라이꼬우

조각으로 잘라 낸다. 마라이꼬우 역시 나이웡빠우와 마찬가지로 달콤한 딤섬이다.

2. 홍콩식 바비큐燒味, 씨우메이

홍콩의 거리를 걷다 보면, 식당 입구 유리 진열장에 나란히 줄지어 걸려 있는 진한 커피색의 날짐승들을 자주 볼 수 있다. 기름을 바른 보디빌더의 몸처럼 울퉁불퉁한 온몸에 윤기가 좔좔 흐르고 두 다리는 물론 심지어 목까지 온전하게 붙어 있는데, 처음에는 그 날개 달린 짐승들이 모두 닭인 줄로만 알았다. 그런데 알고 보니 닭이 아니라 오리와 거위였다.

이들은 모두 불에 구운 홍콩식 바비큐요리로, 광동어로는 씨우메이燒味라고 한다. 이들을 좀 더 세분해서 부르기도 하는데, 구운 오리는 씨우압燒鴨, 구운 거위는 씨우(응)오燒鵝라고 한다. 이 밖에 차씨우叉燒와 씨우위쮜燒乳豬, 씨우욕燒肉도 있다. 차씨우는 돼지고기를 쇠꼬챙이에 꿰어 구운 요리이고, 씨우위쮜는 새끼돼지를 통으로 구운 통돼지 바비큐요리이다. 씨우욕은 기본적으로 씨우위쮜와는 같지만, 새끼돼지가 아니라 이미 다 자란 돼지를 쓴다는 점에서 다르다. 하나씩 살펴보도록 하자.

'씨우압燒鴨'은 각종 양념을 채워 넣은 오리를 숯불화로에 넣고 고온으로 구워 내는 요

식당에 나란히 진열된 씨우메이

또 다른 식당. 간판에 '씨우메이(燒味)'라는 글자가 선명하다.

시장에서 판매하는 씨우메이

리이다. 껍질이 바삭바삭하며 윤기가 나고 누린내가 나지 않는 것을 최상품으로 친다. 보통 소스를 같이 곁들여 먹는다.

'씨우(웅)오燒鵝'는 각종 양념을 채워 넣은 거위를 숯불화로에 넣고 고온으로 구워 내는 요리이다. 조리방법과 먹는 방법은 씨우압과 동일하다. 다만 오리와 거위가 구분이 잘 안 되는 데다(조리해 놓으면 더욱더 알 수 없다) 거위가 오리에 비해 많이 비싸기 때문에 일부 식당에서는 오리를 거위라고 해서 팔기도 한다. 씨우압을 씨우(웅)오라고 파는 것이다. 하지만 한 유명한 식당이 이렇게 판매하다가 8천 홍콩달러(우리 돈 약 120만 원)의 벌금을 물기도 했다.

'차씨우叉燒'는 돼지고기를 '꼬챙이叉'에 꿰어 불에 구운 것燒'이기에 이러한 이름이 붙게 되었다. 차씨우를 불에 구울 때는 고기 표면에 붉은색의 차씨우소스를 바르는데, 소스가 붉은색이기 때문에 고기도 검붉은 커피색으로 보인다. 최상의 차씨우는 육질이 연하고 육즙이 풍부하며 진한 색깔에 윤기가 나고 향이 진하다. 차씨우는 일반적으로 돼지의 등심부위를 사용하는데, 살코기와 비계의 비율이 같은 것을 최상품으로 친다. 이를 '뿐페이싸우半肥瘦'라고 하는데, 비계肥와 살코기瘦가 반반半이라는 뜻이다.

'씨우위쮜燒乳豬'는 아직 어미젖도 떼지 못한 생후 2주에서 6주가량의 새끼돼지를 통째로 굽는 것이다. 돼지를 굽는 방법은 약한 불에 굽는 것과 센 불에 굽는 것 두 가지가 있다. 약한 불에 구우면 새끼돼지의 껍질에 윤기가 흘러 그야말로 '빛나는 피부'가 된다. 반대로 센 불에 구우면 돼지껍질이 기포를 가득 품어 황금색으로 변한다. 씨우위쮜의 특징은 얇고 바삭한 껍질과 부드러운 육질 그리고 고소한 향에 있다. 먹을 때는 새끼돼지를 적당한 크기로 썰어서 먹으며, 소스에 찍어 먹기도 한다. 이 밖에 찹쌀을 새끼돼지 배 안에 넣고 굽기도 하는데, 이때 찹쌀이 돼지를 구울 때의 향기를 흡수하여 맛이 더욱 좋아진다. 이렇게 찹쌀을 넣은 새끼돼지 바비큐를 '하우워마이쮜烤禾米豬'라고 한다.

'씨우욕燒肉'은 씨우위쮜와는 달리 이미 다 자란 돼지를 사용한다. 씨우위쮜에 사용되는

영국과 중국의 공존: 광동어를 통해 홍콩의 문화를 읽다

돼지는 보통 5~6kg 정도에 불과하지만, 씨우욕에 사용되는 돼지는 10~12kg이나 된다. 씨우욕은 돼지 갈빗대 부분에 붙은 오겹살(살코기와 비계가 번갈아 다섯 겹으로 된 고기)을 구운 것으로, '돼지 오겹살 바비큐'라고 할 수 있다. 껍질이 바삭하고 육질이 연한 것을 최상품으로 치며, 조리법은 기본적으로 씨우위쮜와 동일하다.

이렇게 씨우압燒鴨과 씨우(응)오燒鵝, 차씨우叉燒, 씨우위쮜燒乳豬, 씨우욕燒肉을 통틀어 씨우메이燒味라고 한다. 씨우메이는 보통 밥과 함께 먹기 때문에 씨우메이판燒味飯이라고도 한다. 밥뿐만 아니라 국수와 함께 먹기도 한다. 홍콩 사람들은 씨우메이를 특히 좋아해서 한 사람이 평균 4일에 한 번꼴로 먹는다고 한다.

홍콩에서 씨우위쮜를 바로 눈앞에서 본 적이 있다. 그런데 그 장소가 식당이 아니라 길거리였다. 하루는 홍콩에서 길을 가는데 북소리, 징소리가 요란하게 들려왔다. 그뿐만이 아니라 사자춤 공연에 사람들도 잔뜩 몰려 있었다. 그래서 무슨 전통 퍼레이드를 하는가 보다 하고 가까이 다가갔는데… 어머나 세상에! 새끼돼지가 통돼지 바비큐가 되어 내 눈앞에 엎드려 있었다. 그렇게 통째로 구운 돼지는 그날 난생처음 보았다. 나중에 알고 보니 전통 퍼레이드가 아니라 웨딩숍 개업 행사였다. 개업 전에 돼지머리를 올려놓고 개업고사를 지내는 한국과 마찬가지로, 홍콩에서는 이렇게 통돼지 바비큐를 차려놓고 성대한 행사를 치른다. 흥겨운 공연이 펼쳐지는 사이, 한쪽에서는 멋진 의상을 갖춰 입고 왼쪽 가슴에 꽃을 꽂은 젊은 사장님이 향을 피우며 사업이 번창하기를 기원했다. 한참 동안의 흥겨운 공연이 끝나자 웨딩숍 사장님과 가족들이 모두 모여 사진을 찍었다. 재미있는 것은 관계자들만 찍는 것이 아니라 구경하러 모여든 사람들하고도 같이 사진을 찍는다는 점이다. 그 자리에 서 있던 사람들에게도 같이 사진을 찍자고 요청을 하는데, 계속 옆에서 카메라 셔터를 눌러 대서 그런지 나한테도 같이 찍자고 했다(사장님 사업이 번창하기 바라는 마음에서 활짝 웃으며 사진을 찍었다. 아마도 웨딩숍 어딘가에 내가 웃고 있는 사진이 걸려 있을지도 모르겠다). 남미 출신으로 보이는 한 아주

❶ 개업 행사에 마련된 씨우위쮜 ❷ 개업 행사에서 흥을 돋우는 사람들 ❸ 신명 나는 사자춤 ❹ 사업 번창을 기원하며 향을 피우는 사장님 ❺ 종이돈을 태우는 사장님 ❻ 구경하러 모여든 사람들 ❼ 한바탕 흥겨운 공연이 끝나면 관계자들이 씨우위쮜를 자른다. ❽ 처음의 모습은 온데간데없이 무참히 썰린 모습 ❾ 눈에 작은 전구가 달린 씨우위쮜

머니는 "Congratulation!"을 외치며 그분들을 축하해 주었다.

이렇듯 씨우위쮜는 개업 행사나 결혼 피로연 등 경사스러운 날에 사용되며, 사원에 가서 소원을 빌 때도 사용된다(자세한 내용은 '제7장 홍콩의 사원'을 참고할 것). 씨우위쮜를 자르는 것 역시 행사의 한 부분으로, 참여한 사람들과 함께 나누어 먹는다. 홍콩에서는 특히 결혼 피로연에 씨우위쮜를 반드시 준비하는데, 때로는 새끼돼지 눈에 반짝거

영국과 중국의 공존: 광동어를 통해 홍콩의 문화를 읽다

리는 작은 전구를 달기도 한다.

3. 애프터눈티下午茶, 하응차

애프터눈티는 영국에서 처음 시작된 것으로, 홍콩 역시 영국의 영향을 받아 애프터눈티를 마시기 시작했다. 전해 오는 말에 의하면, 영국의 베드포드 7대 공작부인인 안나 마리아가 처음으로 애프터눈티를 마셨다고 한다. 베드포드 공작부인은 점심과 저녁식사 사이의 시간이 너무 길어 한편으로는 배가 고프기도 하고 한편으로는 지루하기도 했다. 그래서 하녀에게 토스트와 버터, 홍차를 준비하게 했다. 이후 이러한 점심과 저녁식사 사이의 티타임은 영국 귀족 사회에서 무료한 시간을 보내는 방법으로 유행하게 되었다. 현재 영국에서는 일반적으로 오후 3시 반에서 4시 반 사이에 애프터눈티를 즐기며, 인도산 다즐링 홍차나 스리랑카의 실론티 혹은 얼그레이를 주로 마신다. 이때는 차만 마시는 것이 아니라 스콘이나 샌드위치, 케이크 등 각종 아기자기한 음식들을 함께 곁들여 먹는다. 참고로 스콘scone은 영국의 전통빵으로, 소를 넣지 않고 구운 밀가루 빵을 말한다. 맛이 담백하며 잼이나 크림, 버터 등을 발라 먹는다.

홍콩에서는 오후 2시 반에서 5시 반까지를 '애프터눈티 시간下午茶時間, 하응차씨깐'이라고 부른다. 고급 호텔뿐 아니라 서양식 레스토랑, 홍콩식 패스트푸드점, 심지어는 차찬텡에서도 애프터눈티를 제공하고 있다. 홍콩에서는 건축업이나 인테리어업체 혹은 일반 사무실에서 '쌈띰쌈三點三'이라고 부르는 애프터눈티 시간이 있는데, 쌈띰쌈은 오후 3시 15분을 가리킨다. 여기서 '쌈띰三點'은 3시이고, 그 뒤의 숫자 '쌈三'은 15분을 나타낸다. 아날로그시계에서 분침이 숫자 3을 가리키면 15분을 뜻한다. 따라서 '쌈띰쌈三點三'은 3시 15분이 되는 것이다. 애프터눈티 시간이라고는 하지만, 반드시 날마다 무언가를 마시거나 먹어야 하는 것은 아니고, 단지 휴식 시간을 습관적으로 이렇게 말한다.

· 3층 높이의 애프터눈티 세트
→맨 아래쪽 접시에 놓인 갓 구운 스콘들

· 가운데 접시의 작은 샌드위치
→맨 위쪽 접시의 달콤한 디저트

홍콩 대형 호텔의 애프터눈티 세트는 홍차와 함께 3층 높이의 3단 접시가 등장한다. 맨 아래쪽 접시에는 갓 구운 다양한 스콘이 놓여 있는데, 식기 전에 먹어야 하므로 맨 먼저 먹는 게 좋다. 가운데 접시에는 손가락 길이 정도의 조그마한 샌드위치가 놓여 있으며, 보통 연어, 햄, 오이, 계란 등을 넣어 만든다. 맨 위쪽 접시에는 케이크, 과일, 초콜릿 등의 달콤한 디저트가 놓여 있다. 먹을 때는 아래층부터 위층의 순서로, 짭짤한 것부터 달콤한 것의 순서로 먹는다.

4. 스타킹 밀크티 絲襪奶茶, 씨맛나이차

어느 날 홍콩 TV를 보고 있는데, 18세 소년이 밀크티를 만들고 있었다. 그해에 열린 홍콩식 밀크티 경연대회에서 1등을 거머쥔 우승자였다. 그런데 특이하게도 여성들이 착용하는 기다란 밴드 스타킹 같은 곳에다 홍차를 부어 가며 차를 만들고 있었다. 게다가 옆에서 프로그램을 진행하던 사회자도 '씨맛나이차絲襪奶茶'라고 소개를 해서 진짜 스

영국과 중국의 공존: 광동어를 통해 홍콩의 문화를 읽다

타킹에다 차를 거른다고 생각했다(씨맛絲襪은 스타킹을 뜻한다). 당시에는 그걸 보면서 당연히 한 번도 신지 않은 새 스타킹을 사용하는 것이겠지 하면서도, 왠지 모르게 비위 생적이라는 느낌을 받았다. 나중에 안 사실이지만 그것은 스타킹이 아니라 하얀 무명 천으로 성글게 짜서 만든 거름망이었다. 갈색을 띤 진한 붉은빛의 홍차(밀크티는 홍차 에 우유를 넣어 만든다)를 계속 거르다 보니 하얀 거름망에 점점 홍차 물이 들어 스타킹 색으로 보였던 것이다. 그래서 홍콩 사람들은 스타킹처럼 보이는 천으로 거르는 이 차 를 '스타킹 밀크티'라고 부른다.

참고로 스타킹 밀크티 경연대회는 '깜차웡뻬이초이金茶王比賽'라고 부르며, 2009년부터 매년 최고의 밀크티를 만드는 사람을 선발한다. 이를 통해 홍콩 사람들이 얼마나 밀크 티를 좋아하는지 알 수 있는데, 실제로 홍콩에서는 매일 250만 잔의 밀크티가 팔린다고 한다(1년이면 9억 잔이 팔리는 셈인데, 홍콩의 인구가 740만 명인 것을 감안하면 정말 대단한 숫자다. 물론 밀크티를 마시는 사람들 중에는 관광객도 포함되어 있겠지만, 매 일 250만 잔이면 홍콩 인구 3분의 1이 매일 밀크티를 마시는 것과 같다고 할 수 있다). 홍콩 사람들이 밀크티를 마시기 시작한 것은 영국 사람들의 영향 때문이었다. 영국에 서부터 시작된 밀크티는 식민지 시절 홍콩 사람들에게도 알려졌다. 제2차 세계대전 이 후에는 홍콩에 서구식 음식문화가 점점 깊게 스며들어 홍콩 사람들은 날이 갈수록 서 양의 음식을 즐기게 되었다. 그중의 하나가 바로 이 밀크티이다. 영국 사람들은 홍차에 우유와 설탕을 넣어 마셨는데, 이렇게 마시는 이유는 향이 더 깊고 맛이 부드럽기 때문 이라고 한다. 이것이 밀크티의 기원이 되었다.

홍콩의 스타킹 밀크티는 영국의 밀크티를 기본으로 하고 있지만 그와는 조금 다르다. 영국과는 다르게 거름망으로 홍차를 거르고, 우유 대신 무가당 연유를 넣기 때문이다. 특히 거름망으로 홍차를 여러 번 걸러 주면 차 찌꺼기도 걸러지고 맛과 향이 더 좋아진 다고 한다. 뜨거운 물에 우린 홍차를 여러 번 거름망으로 거른 뒤 무가당 연유와 설탕을

↑ 스타킹 밀크티를 만드는 모습. 왼손 ↑ 스타킹 밀크티를 기다란 거름망 ↗
에 들고 있는 것이 스타킹처럼 보이는 만드는 주방
거름망이다.

완성된 스타킹 밀크티 ·

넣어 주면 스타킹 밀크티가 완성된다. 이 스타킹 밀크티는 홍콩에서 현존하는 가장 오래된 차찬텡茶餐廳인 란퐁윈蘭芳園에서부터 시작되었다. 란퐁윈이 차찬텡이 아닌 따이파이똥大牌檔이었던 시절(따이파이똥과 차찬텡에 대한 자세한 내용은 뒤의 '11. 길거리 음식점'과 '12. 홍콩 스타일 식당 겸 카페' 부분을 참고할 것)에 가게 주인인 람목호林木河 씨가 처음 개발했고, 당시에는 베를 이용하여 특별히 제작한 자루를 사용했다(하지만 현재는 대부분 성글게 짜인 거름망을 사용한다). 처음 개발되었을 당시 란퐁윈의 종업원들은 팔을 높이 들어 올려 차를 여러 번 거르는 등 숙련된 솜씨로 차를 만드는 모습을 보여 줬는데, 이것이 마치 묘기를 보는 것 같았기 때문에 많은 사람들이 환호했다. 길거리 음식점인 따이파이똥大牌檔에서 새롭게 개발된 스타킹 밀크티는 이후 홍콩 특유의 음식문화로 자리 잡게 되었다. 현재 홍콩의 차찬텡에서 판매되는 모든 밀크티는 스타킹 밀크티로 제공되고 있다.

좋은 밀크티는 홍차, 무가당 연유, 설탕의 비율이 중요하며, 이와 함께 홍차를 거르는

영국과 중국의 공존: 광동어를 통해 홍콩의 문화를 읽다

기술 또한 중요하다. 홍차는 반드시 스리랑카 홍차만 사용한다(다른 나라에서 생산된 홍차는 사용하지 않는다). 스타킹 밀크티를 만드는 방법을 소개하면 다음과 같다. 먼저 홍차 잎과 주전자 2개, 거름망, 가열기구를 준비한다. ① 첫 번째 주전자에 거름망을 걸쳐 놓고 거름망 안에 홍차 잎을 넣는다(주전자는 우리나라처럼 동그란 주전자가 아니라 커피포트처럼 약간 기다란 원통형의 주전자이다. 거름망에는 손잡이가 달려 있어 주전자에 걸쳐 놓을 수 있다). ② 뜨거운 물을 거름망 안에 조금 붓고 찻물이 우러나게 한다. ③ 거름망을 두 번째 주전자에 걸쳐 놓고, 첫 번째 주전자에서 우러난 찻물을 거름망을 통해 두 번째 주전자로 옮겨 붓는다. 그리고 그 안에 뜨거운 물을 1리터 정도 붓는다. ④ 주전자 뚜껑을 덮고 주전자를 가열기구 위에 올려놓은 뒤, 몇 분간 데운다(끓이면 안 되고 데우는 정도로만 가열한다). ⑤ 거름망을 이용하여 두 주전자에 차를 번갈아 가며 옮겨 붓는다(이때 왕복 3번을 하는 사람도 있고, 6번을 하는 사람도 있다. 광동어에서는 이렇게 옮겨 붓는 것을 '쫑차撞茶'라고 한다). ⑥ 주전자를 한 번 더 가열기구 위에 올려놓고 데운다. ⑦ 차를 찻잔에 따른 뒤 무가당 연유와 설탕을 넣는다.

사람에 따라 물의 양이나 옮겨 붓는 횟수 등 만드는 방법이 조금씩 다르긴 하지만 전체적인 과정은 대략 비슷하다. 또한 거름망의 길이도 모두 달라서, 처음 TV에서 봤던 것은 밴드 스타킹을 연상시킬 만큼 상당히 길었지만 모두 다 이렇게 길지는 않다. 긴 것도 있고 짧은 것도 있는 것으로 보아, 차를 만드는 사람이 자신의 취향에 맞춰 길이를 선택하는 듯하다.

5. 죽粥, 쪽

홍콩 사람들은 좋은 죽을 먹으면 몸을 보호하고 건강하게 지낼 수 있으며, 병에 걸리지도 않고 장수할 수 있다고 믿는다. 실제로 아침에 일어나면 위를 비롯한 소화기관이 아직 제대로 작동하기 어려운데, 이때 죽을 먹으면 위가 따뜻해지고 비장이 깨어난다. 또한 한밤중 자기 전에 따뜻한 죽을 먹으면 몸과 마음이 편안해진다고 한다.

홍콩에서는 여러 가지 재료를 사용하여 엄청나게 다양한 죽을 만들어 낸다. 죽만 판매하는 죽 전문집은 메뉴가 100개 가까이 되고, 차찬텡 역시 죽 메뉴가 수십 가지나 된다(어느 차찬텡의 죽 메뉴는 모두 59가지로, 죽 이름이 메뉴판을 가득 메우고 있었다). 죽을 만들 때는 먼저 하얀 쌀죽을 만든 뒤 서로 다른 재료를 넣어 각각의 죽을 만든다. 이 하얀 쌀죽을 '쪽따이粥底'라고 하는데, '따이底'는 '기초, 토대'라는 뜻이다. 즉 쪽따이는 죽의 가장 기본이라고 할 수 있다. 손님들은 주문 후 3분 만에 맛있는 죽을 먹을 수 있지

❶ 죽 전문집 벽을 가득 메운 죽 메뉴. 모두 85개이다.
❷ 차찬텡의 죽 메뉴. 현재 메뉴판에 보이는 메뉴의 5분의 3이 죽으로, 59가지나 된다.
❸ 손글씨로 적어 놓은 메뉴가 정겹다. 차찬텡의 벽에 붙은 메뉴는 새로 선보이는 메뉴다.
❹ 나란히 써 놓은 죽 메뉴와 주방에서 열심히 요리하는 요리사

영국과 중국의 공존: 광둥어를 통해 홍콩의 문화를 읽다

만, 주방 안의 요리사들은 저녁 10시부터 다음 날 아침 7시까지 계속해서 이 쪽따이를 만든다. 아침에 손님들이 식사하러 오는 시간까지 밤을 새서 만드는 것이다. 성인 남성 어깨까지 오는 커다란 솥에 쌀과 물을 붓고 계속 저어 가면서 하얀 쌀죽을 끓이는데, 두 시간 정도 끓이면 꽃이 피듯이 쌀알

죽과 아우짜꽈이

이 터지기 시작한다(이를 호이파開花라고 한다. 말 그대로 꽃이 핀다는 뜻이다). 이후 계속 저어 주면서 오랫동안 끓이는데, 쌀을 곱게 다져 놓은 것처럼 쌀알이 보이지 않을 때까지 끓여야 한다. 정말이지 대단한 정성이 아닐 수 없다. 홍콩에서 죽을 먹을 때마다 어떻게 쌀알이 거의 보이지 않는 것인지 정말 궁금했었는데, 그 해답은 바로 요리사들의 정성과 프로정신에 있었다.

이렇게 만들어진 새하얀 쌀죽에 각각 소고기, 생선, 돼지 간 등 여러 종류의 신선한 재료를 넣고 죽을 만든다. 홍콩 사람들은 이러한 신선한 죽을 '썽꾼쪽生滾粥'이라고 한다. 죽은 너무 묽어도 안 되고 너무 되직해도 안 된다. 완성된 죽 위에는 송송 썬 파나 잘게 채 썬 생강 등을 얹어 준다. 때로는 '야우짜꽈이油炸鬼'를 죽에 넣어 섞어 먹기도 한다. 야우짜꽈이는 꽈배기처럼 생긴 갈색의 기다란 밀가루 튀김으로, 속은 비어 있고 겉은 바삭하다. 표준 중국어로는 '요우티아오油條'라고 한다. 여러 가지 죽 중에서 몇 가지를 간단하게 소개하면 다음과 같다.

(1) 저민 소고기죽滑牛粥, 왓(응)아우쪽

'(응)아우牛'는 소고기이고, '왓(응)아우滑牛'는 소고기를 두툼하게 저민 것이다. 왓(응)아우쪽滑牛粥에는 두툼하게 저민 소고기가 푸짐하게 들어 있다. 죽이라서 먹고 나면 얼마 지나지 않아 배가 고플 것 같지만, 소고기가 다량으로 들어 있어

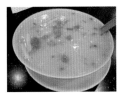
왓(응)아우쪽

아침식사로 먹으면 오전 내내 든든하다.

(2) 날계란을 넣은 다진 소고기죽窩蛋碎肉粥, 워딴쏘위욕쪽

'워딴窩蛋'은 날계란이고, '쏘위욕碎肉'은 다진 고기이다. 쏘위
욕의 쏘위碎는 '잘게 부수다'라는 뜻으로 고기를 잘게 다진
것을 말한다. 워딴쏘위욕쪽窩蛋碎肉粥은 잘게 다진 소고기와
날계란을 넣어 만든 죽으로, 계란을 휘젓지 않아 노른자와
흰자가 모양을 그대로 유지하고 있다.

워딴쏘위욕쪽

(3) 황어완자죽鯪魚球粥, 렝위카우쪽

'렝위鯪魚'는 잉엇과의 물고기인 황어로, 우리나라에서는 회
나 매운탕 등으로 먹는다. '카우球'는 원래 '공'이지만, 음식
이름에 쓰이면 '완자'라는 뜻이 된다. 황어완자로 만든 죽인
렝위카우쪽鯪魚球粥에는 큼지막한 황어완자 여러 개가 그릇
안에 가득 들어 있다.

렝위카우쪽

(4) 작은배죽艇仔粥, 텡짜이쪽

'텡짜이艇仔'는 수상 가옥에서 생활하는 사람들이 사용하던
작은 배로, 이 배에서 죽을 만들어 팔았기 때문에 '텡짜이쪽
艇仔粥'이라는 이름이 붙게 되었다. 죽에는 소고기와 오징어,
해파리, 볶은 땅콩 등이 들어 있다.

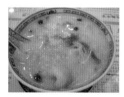
텡짜이쪽

(5) 피단돼지살코기죽皮蛋瘦肉粥, 페이딴싸우욕쪽

페이딴싸우욕쪽皮蛋瘦肉粥은 피단과 소금에 절여 말린 돼지 살코기로 만든 죽이다. 피단은 오리알을 흙과 소금, 쌀겨, 석회 등과 섞어 삭힌 것으로, 일정 기간이 지나면 노른자는 불투명한 까만색으로 변하고, 흰자는 투명한 까만색으로 변한다. 하얀색 삶은 계란에 익숙한 한국 사람들에게는 까맣고 투명한 알이 굉장히 낯설어 보일 수 있다. 상한 것으로 오해할 수도 있지만, 이는 상한 것이 아니라 삭은 것이다. 까만색으로 투명해진 흰자를 먹을 때는 말랑말랑한 젤리의 느낌이 나기도 한다.

페이딴싸우욕쪽

가운데 까만 알이 피단이다.

(6) 꽃게죽蟹粥, 하이쪽

하이쪽蟹粥은 꽃게를 넣어 만든 죽인데, 꽃게의 살만 조금 발라서 넣은 것이 아니라 아예 작은 꽃게 한 마리를 통째로 넣어 만든 것이다. 죽을 먹을 때 게살을 발라 먹는 재미가 쏠쏠하다.

하이쪽

(7) 돼지선지죽豬紅粥, 쮜훙쪽

'쮜훙豬紅'은 '돼지 피'를 말한다. 돼지 피는 원래 '쮜휫豬血'이라고 해야 하지만, 음식 이름에서는 '쮜휫豬血'이라고 하지 않고 '쮜훙豬紅'이라고 한다. 예부터 홍콩 사람들은 피가 불길하다고 여겨 직접 말하는 것을 꺼렸는데, 특히 음식 이름에는 되도록 사용하지 않으려고 했다. 그래서 '피血' 대신 피

쮜훙쪽

를 상징하는 '붉은색紅'으로 바꿔, 돼지 피를 '쮜홍豬紅'이라
고 부르게 되었다. 쮜홍쪽豬紅粥은 굳힌 돼지 피, 즉 돼지 선
지를 넣어 만든 죽을 말한다. 만약 식당의 메뉴판에 '豬紅○'
이라고 쓰여 있다면 이는 모두 '돼지 선지'로 만든 음식이라
고 보면 된다.

가운데 '豬紅粥'이라고 적혀
있는 것이 돼지선지죽이다.

6. 냄비밥煲仔飯, 뽀우짜이판과 냄비요리煲仔菜, 뽀우짜이초이

뽀우짜이煲仔는 토기로 만든 냄비를 말한다. 냄비에 쌀을 넣어 밥을 한 뒤에 식재료를
넣고 다시 끓이면 냄비밥인 뽀우짜이판煲仔飯이 되고, 냄비에 쌀을 넣지 않고 재료만 넣
어 요리하면 냄비요리인 뽀우짜이초이煲仔菜가 된다. 즉 뽀우짜이판은 냄비 안에 밥이
있고, 뽀우짜이초이는 냄비 안에 밥이 없다.

뽀우짜이는 토기로 만든 냄비이지만, 현재는 토기 냄비뿐 아니라 철제 냄비도 사용한
다. 뽀우짜이판은 숯불을 사용하여 약한 불로 대략 30분 정
도 익힌다. 하지만 현재 대부분의 식당에서는 시간을 절약하
기 위해서 처음부터 끝까지 가스레인지로 요리하거나, 밥만
가스레인지로 요리한 뒤 식재료를 넣고 숯불로 요리하기도
한다.

뽀우짜이판. 냄비가 토기로 만
들어졌다.

과거에 뽀우짜이판은 따이파이똥大牌檔에서만 제공했지만,
현재는 차찬텡이나 일반 식당에서도 제공한다(따이파이똥
의 자세한 내용은 뒤의 '11. 길거리 음식점' 부분을 참고할
것). 현재 전통방식으로 뽀우짜이판을 판매하는 곳은 미우
까이廟街(템플 스트리트)가 유명하다. 이곳은 50m에 이르는

뚜껑을 연 뽀우짜이판. 냄비에
쌀을 넣어 밥한 뒤, 밥 위에 각
각의 재료를 얹어 익힌다.

영국과 중국의 공존: 광동어를 통해 홍콩의 문화를 읽다

거리에 뽀우짜이판 식당이 한꺼번에 몰려 있으며, 저녁에는 식당 앞의 거리가 식탁과 의자로 가득 찬다. 그리고 오후 5시부터 새벽까지 그곳에 앉아 식사를 하는 사람들로 시끌벅적해진다.

쌀은 가늘고 기다란 것으로 사용하는데(우리가 안남미라고 부르는 쌀과 흡사하다), 냄비 안에 넣고 끓일 때는 쌀알이 터지거나 두 동강이 나지 않도록 조심해야 한다. 요리할 때는 불의 세기가 무척 중요한데 너무 세거나 너무 약해도 안 된다. 불이 너무 세면 냄비 안의 물이 쉽게 끓어 넘쳐 윤기가 없어지고, 불이 약하면 쌀이 덜 익기 때문이다. 또한 누룽지가 눌릴 정도로 익혀야 하지만 그렇다고 밥을 태워선 안 된다. 뽀우짜이판을 전문적으로 판매하는 식당에서는 20개 정도를 동시에 요리하는데, 이때 요리사는 각 냄비의 시간과 온도를 계속 머릿속으로 계산하면서 요리를 해야 한다. 잠시 한눈이라도 팔았다간 요리가 엉망이 되기 때문이다.

뽀우짜이판을 먹을 때는 뚜껑을 연 뒤 바로 먹으면 안 되고, 밥 위에 간장을 뿌린 뒤 뚜껑을 덮어 놓고 2분쯤 기다려야 한다. 그리고 다시 뚜껑을 연 뒤, 밥과 밥 위에 놓인 식재료를 섞어 먹는다. 뚜껑이 덮인 냄비 안에서 밥과 재료와 간장이 뜨거운 열기와 서로 어우러져 환상의 맛을 만들어 내기 때문이다.

뽀우짜이초이는 밥 없이 식재료만 넣고 요리하는 것으로, 원할 경우 밥은 따로 시켜 먹으면 된다(밥을 시키면 탕도 같이 나온다). 바닥이 깊은 냄비에 요리가 푸짐하게 들어 있어서 한참을 먹어도 음식이 계속 나온다.

뽀우짜이판과 뽀우짜이초이 모두 매우 뜨겁기 때문에, 냄비 바닥 부분에는 은박지를 감아 높이가 꽤 높은 냄비 받침이 받쳐져 있고, 그 아래에는 접시가 하나 더 놓여 있다. 여러 가지 뽀우짜이판과 뽀우짜이초이 중에서 몇 가지를 소개하면 다음과 같다.

냄비의 바닥. 은박지를 감은 냄비 받침에 접시가 한 번 더 받쳐져 있다.

(1) 계란프라이 소고기 냄비밥煎蛋牛肉煲仔飯, 찐딴(응)아우욕뽀우짜이판

찐딴煎蛋은 계란프라이이고, (응)아우욕牛肉은 소고기이다. 이때의 소고기는 덩어리 상태가 아닌 갈아 놓은 소고기를 말하는데, 원반 모양으로 넓게 펴서 밥 위에 얹어 익히면 떡갈비처럼 변한다. 요리할 때는 맨 먼저 냄비에 밥을 하고, 밥위에 소고기를 얹어 익힌 뒤 그 위에 계란프라이를 올린다.

찐딴(응)아우욕뽀우짜이판

(2) 해산물을 넣은 각종 채소 냄비요리海鮮雜菜煲, 호이씬짭초이뽀우

호이씬海鮮은 해산물이고, 짭초이雜菜는 여러 가지 채소를 말한다(雜菜는 한자음으로는 잡채이지만, 한국의 잡채와는 전혀 다르다). 냄비에 새우, 오징어와 같은 여러 해산물과 버섯, 브로콜리, 초이쌈菜心(줄기 부분이 상당히 굵은 채소로, 홍콩 사람들이 즐겨 먹는다) 등 각종 채소를 넣고 끓인다.

호이씬짭초이뽀우

(3) 싸떼소스를 넣은 당면 새우 냄비요리沙嗲粉絲海中蝦煲, 싸떼판씨호이쭝하뽀우

싸떼沙嗲는 중국식 샤부샤부인 훠궈火鍋를 먹을 때 찍어 먹는 사차장沙茶醬소스를 말한다. 냄비에 새우와 가느다란 당면(홍콩 당면은 한국 당면에 비해 꽤 가늘다)을 가득 넣고 싸떼로 맛을 낸다.

싸떼판씨호이쭝하뽀우

(4) 어향소스를 넣은 가지 냄비요리魚香茄子煲, 위향케찌뽀우

어향魚香, 위향은 요리에 사용되는 소스 이름으로, 빨간 고추와 파, 생강, 마늘, 설탕, 소금, 간장 등으로 만든 것이다. 이름에 물고기 어魚 자가 들어 있어 물고기와 무슨 관련이 있나 보다고 생각할 수 있지만, 물고기와는 아무런 관련이 없다. 소스 재료에도 물고기가 들어가지 않는다. 냄비에 두툼하게 채를 썬 가지와 다진 돼지고기를 넣고 만든 요리로, 여기에 두반장소스(콩으로 만든 갈색 소스)를 넣기도 한다.

위행케찌뽀우

7. 국수麵,민

홍콩에서 국수를 요리할 때 사용하는 면의 종류는 여러 가지가 있는데, 대표적인 것이 딴민蛋麵과 호판河粉, 마이씬米線이다. 이 중 딴민은 밀가루로 만든 것이고, 호판과 마이씬은 쌀가루로 만든 것이다.

'딴민'은 밀가루에 오리알이나 계란을 넣어 만든 면으로, 밀가루와 오리알 또는 계란을 2:1의 비율로 넣는다. 알을 깨어 넣고 반죽을 하기 때문에 면의 색깔이 하얗지 않고 노랗다. 밀가루로 만든 면은 일반적으로 면발이 매끄럽지만, 딴민은 이와는 반대로 구불구불하다. 처음 먹었을 때는 조금 단단한 느낌이 들어서 면이 아직 다 익지 않은 줄로만 알았다. 하지만 계속 먹다 보니 '아, 원래 면발이 많이 꼬들꼬들하구나. 그래서 덜 익은 것처럼 느껴졌구나' 하고 알게 되었다. 홍콩을 대표하는 국수 중의 하나인 완탄민雲呑麵(완탄국수) 역시 이 딴민으로 만든 것이다.

'호판'은 쌀로 만든 면으로, 씻은 쌀을 갈아서 가루로 만든 뒤 물과 섞어 액체 형태로 만든다. 그런 다음 이 액체를 얇은 피 형태로 쪄 내서 널찍하게 썬 것이다. 1㎝ 정도 넓이의 넓고 평평한 면발이 호판의 가장 큰 특색이다. 베트남 쌀국수의 느낌이 나기도 하지만, 호판은 베트남 쌀국수보다 면이 조금 더 넓다. 쫀득한 맛이 일품이며, 면을 볶아서 볶음국수로 먹거나 탕을 부어 탕면으로 먹기도 한다. 호판으로 만든 국수 중에 가장 유명한 것이 '꼰차우(웅)아우호乾炒牛河(소고기볶음 호판)'이다.

'마이씬' 역시 쌀가루로 만든 면으로, 스파게티 면처럼 자른 단면이 동그랗게 생겼다. 모양은 마이씬과 스파게티 면이 유사하지만 색깔은 서로 다르다. 노란색인 스파게티 면과는 달리 마이씬은 하얀색이기 때문이다. 여러 가지 국수요리 중에서 대표적인 것을 소개하면 다음과 같다.

(1) **완탄국수**雲呑麵, 완탄민

일종의 새우만두인 완탄雲呑은 겉을 감싸고 있는 얇은 피 안에 새우가 가득 들어 있다. 완탄피는 일반 만두피와는 달리 보들보들하고 부드러운 것이 특징이며, 완탄을 한 입 넣는 순간 입 안으로 미끄러지듯 빨려 들어간다.

완탄민

완탄민雲呑麵은 완탄과 딴민蛋麵이 결합된 국수요리로, 돼지 뼈, 새우 머리와 껍질, 해산물 등을 고아 탕(국물)을 만든다. 완탄과 딴민, 탕 이 세 가지가 어우러져 만들어진 완탄민은 홍콩의 대표적인 국수요리이다.

완탄(웅)아우남민

완탄뿐 아니라 소살코기牛腩, (웅)아우남를 함께 넣어 만들기도 하는데, 이 '완탄 소살코기 국수'는 광동어로 '완탄(웅)아우남민雲呑牛腩麵'이라고 한다.

(2) **간장 볶음국수**豉油皇炒麵, 씨야우웡차우민

광동어에서 씨야우豉油는 '간장'을 뜻하고, 씨야우웡豉油皇은 '간장의 황제'를 뜻한다. 이 '간장의 황제'는 간장에 물과 소금, 설탕, 참기름, 치킨파우더 등 여러 가지 조미료를 첨가해 만든 것으로, 요리사마다 만드는 비법이 각각 다르다. 씨야우웡차우민豉油皇炒麵

영국과 중국의 공존: 광동어를 통해 홍콩의 문화를 읽다

은 딴민에 씨야우웡을 넣고 볶다가 부추와 숙주를 넣어 함께 볶은 국수이다. 다른 국수요리와는 달리 고기나 해산물을 넣지 않고 채소만 넣어 만든다. 요리 이름의 가운데 글자인 '웡皇'을 '웡王'으로 쓰기도 하는데, 두 글자가 발음도 같고 성조도 같고 뜻도 같기 때문에(두 글자 모두 '임금'이라는 뜻), 이렇게 바꿔 쓰는 듯하다.

씨야우웡차우민

(3) XO소스 해산물 볶음국수 XO海鮮炒麵, 엑스오호이씬차우민

XO소스는 해산물과 고추로 만든 홍콩 특유의 소스로, 홍콩의 유명한 요리사인 웡웽치黃永幟가 1980년대에 발명한 것이다(웡웽치는 '양지감로楊枝甘露, 옝찌깜로우'도 발명한 사람이다. 양지감로에 대한 자세한 내용은 뒤의 '10. 디저트' 항목을 참조할 것). XO소스는 이후 1990년대에 이르러 홍콩 전역에서 보편적으로 사용하는 소스가 되었다.

엑스오호이씬차우민

그런데 왜 소스 이름이 'XO소스'일까? 1970~1980년대에는 홍콩의 경제가 급속도로 발전하면서 유럽의 유명한 술들이 홍콩으로 수입되어 들어왔는데, 프랑스 코냑도 그중의 하나였다. 코냑은 최상품을 'Extra Old'라고 하여 'XO'라고 불렀다. 이 무렵 홍콩에서 웡웽치가 만든 새로운 소스 역시 최상품이라는 뜻으로, 그 이름에 'XO'를 붙여 XO소스라고 하게 되었다(물론 소스에는 술이 전혀 들어가지 않는다). XO소스로 해산물과 딴민을 볶은 국수요리를 엑스오호이씬차우민XO海鮮炒麵이라고 한다. XO소스는 광동어로 엑스오쟹XO醬이라고 하지만 요리 이름에는 '쟹醬'을 넣지 않고 'XO'라고만 한다.

(4) 소고기볶음 호판乾炒牛河, 꼰차우(응)아우호

소고기볶음 호판은 홍콩의 대표적인 국수요리 중의 하나로, 호판과 소고기, 숙주, 간장 등을 넣고 볶은 요리이다. 소고기와 숙주를 각각 따로 볶아서 덜어 낸 뒤, 호판을 볶다가 간장을 넣은 후 먼저 볶아 낸 소고기와 숙주를 넣고 다 같이 볶는

꼰차우(응)아우호

다. 요리 색깔이 진한 갈색을 띠는 이유는 간장을 넣었기 때문이다. 요리할 때는 센 불에 재빨리 볶아야 하며, 동시에 간장이 골고루 스며들 수 있도록 해야 한다. 그렇다고 너무 빨리 볶으면 면이 끊어질 수 있기 때문에 주의해야 한다. 또한 기름을 너무 많이 넣거나 적게 넣어도 안 되는데, 이 때문에 소고기볶음 호판을 보면 요리사가 실력이 있는지 없는지를 단번에 알 수 있다고 한다. 요리 이름에는 호판河粉 두 글자를 다 쓰지 않고, '호河' 한 글자만 썼다. '호河'라고 썼지만 강(물)과는 전혀 상관없다. 앞에서 말했듯이 '쌀가루로 만든 면'이기 때문이다.

(5) 생선완자 호판魚蛋河, 위딴호

위딴魚蛋은 생선과 전분을 섞어 만든 생선완자를 말하는데, 가시와 껍질을 발라낸 생선살을 곱게 간 다음 공 모양으로 작고 동글동글하게 만든다. '딴蛋'은 새알이라는 뜻으로, 생선완자가 새알처럼 동글동글하게 생겼기 때문에 '위딴魚蛋'이라고 한다. 위딴호魚蛋河는 생선완자魚蛋와 호판河을 넣은 뒤 탕을 부어 만드는 요리다. 이름에는 소고기볶음 호판과 마찬가지로 호판河粉 두 글자를 모두 쓰지 않고 '호河' 한 글자만 쓴다.

위딴호

완자 아래에 국수가 가득 들어 있다.

영국과 중국의 공존: 광동어를 통해 홍콩의 문화를 읽다

(6) 생선완자 마이씬魚蛋米線, 위딴마이씬

생선완자 마이씬 역시 위의 생선완자 호판처럼 생선완자를 넣고 탕을 부어 만드는 요리다. 하지만 이 두 국수요리의 차이점은 하나는 마이씬을 넣고, 하나는 호판을 넣는다는 것이다. 마이씬은 면발이 스파게티 면처럼 자른 단면이 동그랗고, 호판은 면발이 넓고 평평하다.

위딴마이씬

8. 토스트多士, 또씨

토스트toast의 어원은 '(햇빛에) 말리다, 굽다'라는 뜻의 라틴어 '토레레torrere'에서 왔다. 이 단어로부터 고대 프랑스어인 '또스떼tostée'가 생겨나게 되었고, 이후 또스떼tostée가 중세 영어에 유입되어 '구운 빵 조각'이라는 뜻의 '토스트toast'가 생겨나게 되었다. 또한 영국 사람들은 마른 빵을 커다란 술잔에 넣어 술과 함께 마셨는데, 여기에서 토스트toast가 '구운 빵 조각'뿐 아니라 '건배, 원샷'의 의미로도 확장되었다. '마른 빵인 토스트가 입에 들어올 때까지 마신다'라는 뜻에서 이러한 술과 관련된 뜻이 생기게 되었다고 한다. 현재 영어에서 사용되는 toast에는 이렇게 '구운 빵'과 '건배'의 두 가지 뜻이 있다. 토스트 역시 영국 식민지 시절 홍콩이 받아들인 서양음식 중의 하나로, 홍콩 사람들이 즐겨 먹는 음식으로 자리 잡았다. 광동어에서는 토스트를 음역하여 '또씨多士'라고 한다.

(1) 프렌치토스트西多士, 싸이또씨

프렌치토스트는 계란과 우유를 섞은 혼합물에 식빵을 담갔다가 건져 내어 노릇노릇하게 구운 토스트를 말한다. 구워 낸 식빵 위에는 시럽이나 꿀, 버터, 과일 등을 얹어 먹는다.

싸이또씨

광동어에서는 프렌치토스트를 '싸이또씨西多士'라고 한다. 그런데 궁금한 건 왜 '프렌치 토스트'를 프랑스가 아닌 서양西이라고 번역했느냐 하는 점이다. 글자를 자세히 보면 첫 번째 글자 싸이西에 프랑스가 숨어 있다. 그렇다고 프랑스가 서양 국가이기 때문에 이렇게 쓴 것은 아니다. 번역할 당시에는 프렌치토스트의 정식 명칭이 '팟란싸이또씨法蘭西多士'였다. 여기서 '팟란싸이法蘭西'는 프랑스를 음역한 것으로, 중국이 서양에 문호를 개방한 직후에는 프랑스를 이렇게 불렀다(현재는 팟꿕法國이라고 한다). 이후 토스트 이름에서 앞의 두 글자 '팟란法蘭'을 생략해 '싸이또씨西多士'라고 부르게 되었고, 이보다 더 간단하게 '싸이또西多'라고도 한다.

그렇다면 프랑스에서는 이 프렌치토스트를 뭐라고 부를까. '빵 뻬르뒤pain perdu'라고 하는데, '빵pain'은 '빵'이라는 뜻이고 '뻬르뒤perdu'는 '잃어버린, 못쓰게 된'이라는 뜻이다. 즉 '잃어버린 빵, 못쓰게 된 빵'이다. 이게 도대체 무슨 뜻일까. 프렌치토스트처럼 달콤하고 맛있는 빵에 이런 부정적인 이름을 붙이다니, 그리고 이게 프렌치토스트하고 무슨 상관이 있는 걸까. 여기에는 두 가지 설이 있다. 빵을 완전히 다른 요리로 만들어 버려서 '잃어버린 빵'이라는 설(빵이 원래의 모습을 잃어버렸다는 뜻으로 보인다)과 오래되어 딱딱해져서 못쓰게 된 빵을 재활용한 요리라고 해서 '못쓰게 된 빵'이라는 설이다. 딱딱해진 빵은 계란과 우유 혼합물에 담가서 부드럽게 만들 수 있다. 실제로 딱딱해진 빵이 부드러운 빵보다 혼합물을 더 잘 흡수하기 때문에, 오래된 빵으로 요리하는 것이 더 맛이 좋다고 한다.

프렌치토스트는 그 이름 때문에 프랑스에서 처음 발명이 되었을 것으로 생각되지만, 사실은 로마에서 맨 처음 만들어졌다. 4세기 무렵의 로마요리를 기록한 책에 이미 프렌치토스트와 유사한 요리가 등장했다고 한다. 프렌치토스트는 프랑스요리가 아니라 이탈리아요리였던 셈이다.

홍콩의 프렌치토스트는 구워 내는 유럽식의 전통 프렌치토스트와는 다르게 기름에 튀

영국과 중국의 공존: 광동어를 통해 홍콩의 문화를 읽다

긴다. 또한 식빵 2장을 사용하여 빵 사이에 땅콩버터나 잼을 발라서 식감을 더욱더 좋게 한다. 2장으로 겹친 식빵을 계란과 우유 혼합물에 담근 뒤 기름에 튀겨 내는데, 식빵 위에 버터를 얹어 먹기도 하고, 잼이나 꿀, 시럽, 연유를 발라 먹기도 한다. 홍콩의 차찬텅에서는 프렌치토스트를 스타킹 밀크티나 레몬차, 커피 등과 곁들여 세트 메뉴로 판매하기도 한다. 프렌치토스트는 이렇듯 홍콩 사람들에게 매우 사랑받는 서양음식 중의 하나이다.

(2) 베이컨과 소시지, 더블 계란프라이를 곁들인 토스트煙肉

腸仔雙蛋多士, 인욕챵짜이쌩딴또씨

인욕챵짜이쌩딴또씨

이름이 상당히 긴 이 토스트는 베이컨과 소시지, 계란프라이 2개가 토스트와 함께 나온다. 음식 이름을 보면 어떤 재료를 사용했는지 바로 알 수 있는데, 베이컨을 뜻하는 '인욕煙肉'

은 연기煙로 익힌 고기肉라는 뜻으로, 베이컨의 제조 과정을 잘 나타내 주고 있다. 소시지는 곱게 간 돼지고기나 소고기를 동물의 창자에 채운 가공식품으로, 창자를 뜻하는 '챵짜이腸仔'에서 창자를 사용하여 소시지를 만들었음을 알 수 있다. '쌩딴雙蛋'은 원래 2개雙의 계란蛋이라는 뜻인데, 이 요리에서는 프라이로 조리된 계란 2개를 말한다. 계란 프라이는 찐딴煎蛋이기 때문에 계란프라이 2개는 찐쌩딴煎雙蛋이라고 해야 하지만(쌩찐딴雙煎蛋이라고 하지 않는다), 찐煎을 생략하고 쌩딴雙蛋이라고만 한다.

굳이 토스트에 곁들여 먹지 않더라도, 소시지와 계란프라이 2개는 시험 보는 날 아침식사로 많이 애용된다. 그 이유는 음식 모양 때문인데, 소시지는 길게 세워 놓으면 숫자 '1'처럼 보이고 계란프라이 2개는 'OO'처럼 보인다. 따라서 소시지와 계란프라이 2개를 서로 나란히 놓으면 숫자 '100'이 되기 때문에, 시험에서 백 점을 맞으라는 의미에서 시험 당일 아침에 자주 먹는다.

(3) 생선커틀릿과 계란프라이를 곁들인 버터토스트 魚柳煎蛋

牛油多士, 위라우찐딴(응)아우야우또씨

위라우魚柳는 저민 생선을 말하는데, 이 요리에서는 저민 생
선에 빵가루를 묻혀 튀긴 생선커틀릿을 말한다(쉽게 말해 생
선가스이다). 찐딴煎蛋은 앞에서 말한 것과 같이 계란프라이

위라우찐딴(응)아우야우또씨

를 가리키며, 이 요리에서도 계란프라이가 2개 제공되지만 찐쐥딴煎雙蛋 혹은 쐥딴雙蛋
이라고 하지 않고 그냥 찐딴煎蛋이라고만 한다. (응)아우야우牛油는 버터이고, (응)아우
야우또씨牛油多士는 버터 바른 토스트를 말한다.

9. 샌드위치 三文治, 쌈만찌

샌드위치는 잘 알려진 것처럼 18세기 후반에 영국의 귀족 '샌드위치 백작' 덕분에 만들
어졌다. 백작은 카드놀이를 너무나 좋아해서 침식을 잊고 항상 카드에 빠져 살았다. 배
가 너무 고팠지만 카드놀이는 멈출 수 없었기 때문에, 하루는 하인에게 빵 사이에 로스
트비프(구운 소고기)를 끼워 오라고 했다. 이것이 샌드위치의 시초이다. 빵에 소고기
를 끼웠기 때문에 포크와 나이프 없이도 손에 들고 간편하게 먹을 수 있었으며, 또한 손
에 기름이 묻지 않아서 먹으면서 카드놀이를 할 수도 있었다. 이렇게 해서 만들어진 새
로운 음식에 이 음식을 처음 생각해 낸 사람의 이름을 붙여 '샌드위치'라고 부르게 되
었다.

하지만 엄밀하게 말하면 샌드위치는 백작의 이름이 아니다. 샌드위치는 영국의 도시 이
름으로 '샌드위치 백작'은 이 지역을 다스렸던 백작 직위의 영주를 칭한다('Sandwich'
는 고대 영어의 'Sandwic'에서 파생되었으며, 이는 'Sand village' 즉 '모래로 가득한 마
을'이라는 뜻이다). 샌드위치 백작의 본명은 '존 몬터규John Montagu'로 제4대 샌드위치

영주였다. 이렇게 백작에 의해 새롭게 만들어진 음식에 그가 다스렸던 지역의 이름을 붙여 '샌드위치'가 탄생하게 되었다. 샌드위치 백작의 11대 후손은 현재 '샌드위치 백작 Earl of Sandwich'이라는 샌드위치 체인점을 운영하고 있다고 한다.

샌드위치의 원조 국가인 영국에서는 특히 샌드위치를 즐겨 먹는데, 가장 인기 있는 것이 BLT샌드위치다. BLT는 베이컨bacon, 상추lettuce, 토마토tomato를 넣어 만든 샌드위치로, 각 재료의 앞 글자를 따서 이름 지은 것이다. 또한 샌드위치는 홍콩의 차찬텡에서 없어서는 안 되는 대표적인 메뉴이다.

(1) 클럽샌드위치 公司三文治, 꽁씨쌈만찌

샌드위치 중에서 가장 푸짐하고 화려한 것이 클럽샌드위치이다. 세 겹의 식빵 사이에 햄, 베이컨, 치즈, 계란프라이, 토마토, 채소 등 각각의 재료들을 한가득 넣어 만든 샌드위치이기 때문이다. 완성된 샌드위치에는 알록달록한 이쑤시개를 꽂아 식빵과 재료를 고정시킨다.

꽁씨쌈만찌

클럽샌드위치는 19세기 말 뉴욕의 새러토가스프링스Saratoga Springs에 있던 한 도박 클럽에서 처음 만들어졌기 때문에, '클럽'이라는 이름이 붙었다(새러토가스프링스는 감자칩이 탄생한 곳으로도 유명하다). 영어 이름은 클럽샌드위치이지만, 광동어에서는 '회사'라는 뜻의 '꽁씨公司'를 써서 '꽁씨쌈만찌公司三文治'라고 한다. 과거 홍콩에서는 화이트칼라들이 점심시간에 너무 바빠 제대로 식사할 시간도 없었다. 그래서 차찬텡에서 판매하는 이 푸짐하고 먹음직스러운 샌드위치를 회사로 포장해 간 뒤, 업무를 보면서 먹고는 했다. 이로 인해 차찬텡에서는 '회사에서 먹는 샌드위치'라는 뜻에서 '꽁씨쌈만찌'라고 부르기 시작했고, 이후 홍콩에서는 계속해서 이러한 명칭으로 부르고 있다. 현재 차찬텡에서는 샌드위치에 계란프라이 대신 두툼한 계란부침을 넣기도 한다.

(2) 치즈참치샌드위치芝士吞拿魚三文治, 찌씨탄나위쌈만찌

광동어에서 찌씨芝士는 치즈이고, 탄나위吞拿魚는 참치이다. 찌씨는 영어의 치즈cheese를 음역한 것이고, 탄나위는 참치 tuna, 투나를 음역한 것이다. 하지만 탄나위는 엄밀히 말하면 음역에 뜻을 결합한 것으로, '투나tuna'를 음역한 '탄나吞拿'와 물고기를 뜻하는 '위魚'가 합쳐져 있다. 찌씨탄나위쌈만찌芝士吞拿魚三文治는 식빵 사이에 치즈와 참치, 상추를 넣어 만든다.

찌씨탄나위쌈만찌

(3) 런천미트샌드위치餐肉三文治, 찬욕쌈만찌

'찬욕餐肉'은 단어를 처음 보는 순간, 이게 무슨 고기인지 의아해진다. 욕肉을 썼기 때문에 분명히 소고기, 돼지고기, 닭고기 같은 고기일 텐데, 도대체 찬욕이 무슨 고기인지 가늠하기 어렵다. 정답은 가공된 통조림 고기 즉 '런천미트'이다. 찬욕의 정식 명칭은 응찬욕午餐肉인데, 이는 외래어인 '런천

찬욕쌈만찌

미트luncheon meat'를 의역한 것이다. 즉 '오찬'에 해당하는 '런천luncheon'을 '응찬午餐'으로 번역하고, '고기'에 해당하는 '미트meat'를 '욕肉'으로 번역했다. 샌드위치 이름으로 쓸 때는 '응찬'에서 '응'을 생략하고 '찬'만 써서 '찬욕'이라고 한다(우리가 잘 알고 있는 스팸도 런천미트에 해당하는 것으로, 스팸은 상표 이름이다). 찬욕쌈만찌餐肉三文治는 식빵 사이에 런천미트를 넣어 만든 샌드위치를 말한다.

10. 디저트甜品, 팀빤

디저트는 달콤한甜 맛이 일품品이어서 그런지 홍콩에서는 디저트를 '팀빤甜品'이라고

한다. 홍콩의 팀빤은 단순히 식사 후에 먹는 후식 개념이 아니라, 홍콩을 대표하는 음식문화 중의 하나이다. 또한 달콤한 맛과 선명한 색감, 아기자기한 모양으로 인해 먹는 즐거움과 보는 즐거움을 동시에 느낄 수 있다. 팀빤에는 수십 가지가 있는데, 망고 푸딩과 에그 타르트, 망고 팬케이크와 같

팀빤 메뉴

은 서양식 디저트와 통쏘위 같은 홍콩식 디저트가 있다.

통쏘위糖水는 '달콤한糖 액상水 디저트'를 말하는 것으로, 식사 후에 먹기도 하지만 야식으로도 먹는다. 걸쭉하게 끓이기도 하고 맑게 끓이기도 하는데, 이름에 물 수水 자가 들어 있어서 액체 성분만 있을 것 같지만 보통 여러 가지 재료를 함께 넣어 만든다. 그래서 광둥어에서는 '통쏘위를 먹다'라는 뜻에서 '쎅통쏘위食糖水'라고 한다. 보통 광둥어에서는 액체

통쏘위 메뉴

성분을 섭취할 때는 '먹다'라고 하지 않고 '마시다飮, 얌'라고 하는데, 통쏘위에는 액체 성분뿐 아니라 여러 가지 재료가 함께 들어 있기 때문에 '먹다食, 쎅'라고 한다.

홍콩 사람들은 예전부터 여러 가지 한약재와 과일, 그리고 팥이나 녹두 등을 넣어 통쏘위를 만들어 먹었다. 특히 홍콩은 무덥고 습한 지역이기 때문에 더위로부터 몸을 보호해 줄 식품이 필요했는데, 이들 통쏘위에는 몸의 열기를 내려 주고 더위에 지친 피부를 편하게 진정시켜 주는 효과가 있었다. 또한 홍콩 사람들은 계절에 따라 각각 다른 통쏘위를 먹었는데, 여름에는 몸의 열기를 내려 주는 것을 먹고, 가을에는 열기로 고갈된 폐의 기운을 원활하게 해 주는 것을 먹었다. 그리고 겨울에는 혈액순환을 원활하게 해 주고 신체의 기능과 저항력을 높여 주는 것을 먹었다. 이렇게 하면 여름에는 더위를 쫓고, 겨울에는 추위를 막을 수 있었다고 한다. 홍콩의 수많은 디저트 중에서 대표적인 몇 가지를 소개하면 다음과 같다.

(1) 망고 푸딩芒果布甸, 몽꿔뽀우띤

푸딩은 오랫동안 자주 항해를 해야 했던 영국 선원들이, 먹
다 남은 빵 부스러기에 계란과 밀가루 등을 넣고 만든 것에
서 유래했다고 한다. 요즘에는 계란과 우유, 설탕을 잘 섞은
뒤, 오븐에 굽거나 살짝 쪄서 만든다. 홍콩을 대표하는 디저
트 중의 하나인 망고 푸딩은 망고와 젤라틴, 설탕, 크림, 우
유 등을 넣고 만든다. 이때 망고는 갈아서 넣는데, 어떤 것은
망고 푸딩 사이에 망고를 통째로 넣기도 한다. 망고로 만든
팀빤은 한국에서 맛볼 수 없는 색다른 매력이 있다.
광동어에서 망고mango는 몽꿔芒果라고 하고, 푸딩pudding은
뽀우띤布甸이라고 한다. 두 단어 모두 음역한 것이다.

몽꿔뽀우띤

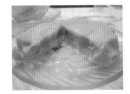

푸딩 안에 망고가 들어 있는
모습

(2) 망고 팬케이크芒果班戟, 몽꿔빤껙

팬케이크는 밀가루와 계란, 버터, 우유, 설탕 등을 섞은 뒤,
프라이팬에 얇게 구워 낸 납작한 빵을 말한다. 보통 핫케이
크라고도 한다. 영국에서는 잼이나 시럽 등을 얹어서 디저트
로 먹거나 고기 등과 함께 주요리로 먹지만, 미국에서는 보
통 아침식사로 먹는다.

그런데 홍콩식 팬케이크는 이와는 많이 다르다. 납작하지 않
고 부풀어 오른 듯 상당히 두툼하기 때문이다. 홍콩에서는

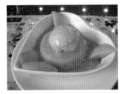

가장자리에 망고를 놓아 모양
을 낸 또 다른 몽꿔뽀우띤

몽꿔빤껙

서양식 팬케이크에 안주하지 않고, 자신들만의 방식으로 새로운 스타일의 팬케이크를
만들어 냈다. 일단 홍콩식 팬케이크는 크레이프처럼 두께가 굉장히 얇은데, 이렇게 얇
게 구운 팬케이크에 휘핑크림을 얹고 그 위에 두껍게 썰어 놓은 망고를 얹는다. 그다음

동그란 팬케이크의 네 면을 가운데를 향해 접으면(보자기 싸듯이 접으면 된다), 망고 팬케이크가 완성된다. 이처럼 서양식 팬케이크는 구워진 그대로 먹는 반면, 홍콩식 팬케이크는 얇게 구운 다음 그 안에 과일을 넣고 쌈 싸듯이 싸 먹는다는 점이 서로 다르다. 광동어에서 망고mango는 망고 푸딩에서 말한 것처럼 몽꿔芒果라고 하고, 팬케이크 pancake는 빤꿱班戟이라고 한다. 빤꿱 역시 몽꿔처럼 음역한 것인데, '빤班'은 영어의 팬 pan을 음역한 것이고, '꿱戟'은 케이크cake를 음역한 것이다.

(3) 에그 타르트蛋撻, 딴탓

에그 타르트는 계란 노른자와 우유, 생크림 등을 섞어서 얇은 밀가루 반죽 안을 채운 뒤 오븐에 구워 낸 것이다. 원조는 포르투갈로, 포르투갈 리스본의 제로니모스 수도원Mosteiro dos Jerónimos에서 맨 처음 만들기 시작했다. 18세기 이전 수도원에서는 계란 흰자를 이용하여 수도복과 수녀복에 풀을

딴탓

먹였다. 수사와 수녀들이 옷깃을 빳빳하게 세우기 위해 계란 흰자를 사용한 것인데, 이로 인해 남게 된 계란 노른자를 에그 타르트로 만들어 팔았다고 한다. 이후 1820년대에 일어난 자유주의운동의 여파로 포르투갈 전역의 수도원이 문을 닫게 되었고, 에그 타르트 조리법은 인근의 설탕정제공장에

위에서 바라본 딴탓. 윤기 흐르는 샛노란 딴탓이 먹음직스러워 보인다.

팔리게 되었다. 그 후 리스본에 사는 클라리냐Clarinha 가족이 에그 타르트 조리법을 구매한 뒤, 1873년에 '파스테이스 드 벨렘pasteis de belem'이라는 빵집을 개업하였다. 그리고 수도원에서 만들던 에그 타르트를 그대로 재현해 내는 데 성공했다. 현재까지도 이 빵집은 전통 에그 타르트를 판매하고 있으며, 이 조리법을 아는 요리사는 단 세 명뿐이라고 한다.

포르투갈의 에그 타르트 못지않게 홍콩의 에그 타르드도 싱딩히 유명하다. 하지만 두 나라의 에그 타르트는 만드는 방법도 다르고 맛도 다르다. 포르투갈의 에그 타르트는 페이스트리 반죽(파이 등을 만드는 데 사용하는 반죽)을 사용하기 때문에 한 겹 한 겹 바스러지는 느낌이 나는 반면, 홍콩의 에그 타르트는 타르트 반죽을 사용하기 때문에 쿠키처럼 단단하고 바삭한 느낌이 난다.

1940년대 홍콩에서는 고급 서양 식당에서만 에그 타르트를 팔았지만, 제2차 세계대전 이후에는 뼁쌋冰室에서도 팔기 시작했다. 뼁쌋은 차찬텡茶餐廳의 전신으로, 일부 뼁쌋에서는 빵공장까지 갖추어 놓고 에그 타르트를 만들어 팔기도 했다(차찬텡에 관한 자세한 내용은 뒤의 '12. 홍콩 스타일 식당 겸 카페' 부분을 참고할 것). 이때의 에그 타르트는 지금의 에그 타르트에 비해 상당히 컸다고 한다. 하지만 1990년대에 이르러 빵공장을 갖춘 차찬텡이 점점 줄어들어(이 당시에는 뼁쌋이 이미 차찬텡으로 바뀌었다), 대부분의 차찬텡에서는 직접 만들어 팔지는 않고, 다른 빵공장에서 에그 타르트를 주문해서 팔았다.

에그 타르트의 광동어인 '딴탓蛋撻'은 의역과 음역이 혼합되어 있다. 첫 번째 글자 '딴蛋'은 계란egg을 의역한 것이고, 두 번째 글자 '탓撻'은 타르트tart를 음역한 것이다. 특히 '탓撻'은 세 글자인 타르트를 한 글자인 '탓'으로 간편하게 발음하고 있다.

(4) 고구마를 넣은 액상 디저트番薯糖水, 판쒸통쏘위

판쒸番薯는 고구마라는 뜻으로, 이 디저트의 주재료는 고구마이다. 겨울에는 고구마뿐 아니라 얇게 저민 생강을 넣기도 하는데, 생강에 몸을 따뜻하게 해 주는 효과가 있기 때문이다. 고구마만 넣은 액상 디저트는 '판쒸통쏘위番薯糖水'라고 하지만, 생강을 함께 넣은 고구마 액상 디저트는 '로우쨍판

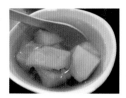
로우쨍판쒸통쏘위

쒸통쏘위老薑番薯糖水'라고 한다. 로우쨍老薑은 생강이라는 뜻이다.

(5) 연밥 단팥죽蓮子紅豆沙, 린찌홍따우싸

린찌홍따우싸

린찌蓮子는 연밥이고, 홍따우싸紅豆沙는 단팥죽이다. 이를 합친 '린찌홍따우싸蓮子紅豆沙'는 연밥을 넣은 단팥죽을 말한다. 여기서 연밥은 연꽃의 열매를 가리키는 것으로 한약재로도 사용된다.

홍따우紅豆는 글자 그대로 읽으면 빨간 콩인데, '팥'을 가리킨다. 팥이 붉은색이기 때문에 홍따우紅豆라고 하는 것이다. 그렇다면 초록빛 녹綠 자에 콩 두豆 자를 쓴 '록따우綠豆'는 뭘까? 그렇다. 녹두다.

홍따우싸는 혈액순환을 원활하게 해 주고 신체의 기능을 향상시켜 주기 때문에, 예전에는 주로 겨울에 많이 먹었다고 한다. 하지만 요즘은 계절에 관계없이 즐겨 먹고 있다.

(6) 양지감로楊枝甘露, 옝찌깜로우

옝찌깜로우

양지감로는 홍콩의 유명한 요리사인 웡웽치黃永幟가 대형 체인음식점 '레이윈짜우吥利苑酒家'에서, 1987년 싱가포르에 낼 첫 번째 해외 체인점을 준비하던 중 개발한 디저트이다(웡웽치는 XO소스도 개발한 사람이다. XO소스에 대한 자세한 내용은 앞의 '7. 국수' 부분을 참고할 것). 1년 내내 무덥고 습한 싱가포르의 기후에 맞는 새로운 디저트를 개발하다가, 더위를 식힐 수 있는 차가운 디저트를 만들게 된 것이다. 양지감로는 망고와 자몽, 포멜로pomelo(감귤류의 일종으로 광동어에서는 싸틴야우沙田柚라고 한다. 참고로 대만에서는 원딴文旦이라고 한다), 사고sago(야자나무에서 채취한 흰 전분을 아주 작은 구슬 모양으로 가공한 것으로 광동어에서는 싸이나이西米라고 한다), 크림을 넣고 만든다. 이로 인해 부드럽고 시원하면서 달콤한 맛이 난다.

양지감로는 더운 여름에 특히 인기가 많지만, 계절에 상관없이 즐겨 먹는다. 차찬텡이나 디저트 전문점뿐 아니라 편의점이나 슈퍼마켓에서도 구입할 수 있는데, 플라스틱병에 담긴 음료로도 출시하여 판매하고 있기 때문이다. 이 밖에 양지감로 아이스크림과 아이스바도 있으며, 제과점에서는 양지감로 케이크와 월병 (차게 얼려 먹는 뺑페이윗뺑冰皮月餠)도 판매하고 있다.

편의점과 슈퍼마켓에서 판매하는 옝찌깜로우

양지감로라는 이름은 관음보살과 관련이 있다. 관음보살의 손에는 버드나무 가지楊枝가 꽂힌 물병이 들려 있는데, 이 병에 들어 있던 이슬露을 '양지감로楊枝甘露'라고 불렀다. 전해 오는 말에 의하면, 인삼 열매를 훔쳐 먹었다고 비난을 받던 손오공이 분을 이기지 못하고 인삼나무를 뿌리째 뽑아 못쓰게 만들어 버리자, 관음보살이 물병에 든 양지감로로 죽은 인삼나무를 살려 내었다고 한다. 이렇듯 '양지감로'라는 새로운 디저트의 이름은 인삼나무를 살려 낸 관음보살의 양지감로에서 비롯하였다.

11. 길거리 음식점大牌檔, 따이파이똥

홍콩의 길거리 음식점인 따이파이똥大牌檔은 두 번째 글자를 '牌파이' 대신 '排파이'로 쓰기도 한다. 글자는 다르지만 발음은 '파이'로 똑같기 때문이다. 따이파이똥의 역사는 홍콩이 영국의 통치를 받던 1950년대로 거슬러 올라간다. 영국령 홍콩정부는 1847년부터 영세 상인들에게 영업허가증을 발급해 주었는데, 1921년부터는 한자리에서 고정적으로 장사하는 상인들과 여러 곳으로 이동하면서 장사하는 상인들을 구분하여 허가증을 발급했다. 고정된 자리에서 장사하는 상인들에게 발급되는 허가증은 '따이파이大牌'

라고 불렀고, 이동하면서 장사하는 상인들에게 발급되는 허가증은 '씨우파이小牌'라고 불렀다. 이후 '따이파이大牌'와 음식을 파는 '노점상檔, 똥'이 합쳐져 '따이파이똥大牌檔'이 라는 말이 생겨났는데, 이는 '고정된 자리에서 음식을 파는 노점상'을 가리켰다.

홍콩 특유의 길거리 음식문화를 간직한 따이파이똥은 제2차 세계대전이 끝난 이후부터 시작되었다. 당시 영국령 홍콩정부에서는 전쟁 중에 부상당하거나 사망한 공무원의 가족들에게 일할 수 있는 기회를 제공하고 있었는데, 공공장소에서 작은 음식 노점상을 할 수 있도록 이들에게 특별 영업허가증을 발급해 주었다. 허가받은 사람들은 철제 컨테이너 안쪽에 조리기구 등을 갖추고, 컨테이너 밖 길거리에는 접었다 폈다 할 수 있는 탁자와 의자를 가져다 놓고 음식을 팔았다. 이들은 정부에서 발급한 영업허가증을 잘 보이는 곳에 걸어 놓아야 했는데, 음식 노점상인 따이파이똥의 영업허가증은 다른 노점 상의 영업허가증에 비해 상당히 컸다. 그래서 고정된 자리에서 음식을 판다는 뜻뿐만 아니라, '큰大 허가증牌의 노점상檔'이라는 뜻에서도 따이파이똥이라 불렀다고 한다.

영국 점령 초기에는 중국인들이 대부분 쌩완과 쫑완, 완짜이 일대에 몰려 살았다. 이곳에서부터 따이파이똥이 생겨나기 시작했다. 그러나 1980년대에 실시한 시내 재정비 사업에서 영국령 홍콩정부는 따이파이똥의 위생환경이 불량해 쉽게 전염병이 발생할 수 있다고 생각하여 더 이상 영업허가증을 발급하지 않았다. 또한 기존의 영업허가증을 소지한 사람이더라도 본인이나 배우자가 사망한 후에는 자녀에게 물려주지 못하도록 했다. 이로 인해 많은 점포가 문을 닫게 되었고, 따이파이똥은 점점 줄어 현재 20여 곳밖에 남지 않게 되었다. 2005년에는 쫑완에 위치한 '만원민까民園麵家'라는 유명한 따이파이똥이 문을 닫게 되었는데, 주인이 세상을 떠나자 정부가 영업허가증을 회수했기 때문이다. 이로 인해 매스컴과 많은 시민들이 홍콩 특유의 음식문화에 대해 다시 한 번 관심을 가지게 되었고, 영업이 끝나기 직전까지 수많은 사람들이 이곳을 다녀가기도 했다. 이후 만원민까民園麵家는 원래 자리의 건너편에 차찬텡의 형태로 계속 영업을 이어 가고 있다.

따이파이똥에서는 서양음식과 중국음식을 모두 판매한다. 종류도 많아서 국수, 죽, 토스트, 샌드위치, 밀크티, 커피 및 각종 디저트를 판매한다(현재의 차찬텡과 유사하다). 하지만 초기의 따이파이똥은 점포 하나에 딱 한 가지 음식만 팔았다. 예를 들면 이 집에서는 국수만 팔고 저 집에서는 밀크티만 팔고 하는 식이었다. 그러나 여러 점포가 나란히 늘어서 있었기 때문에 손님들은 이 집도 가고 저 집도 가면서 먹고 싶은 것을 다 먹을 수 있었다(여기저기 다니면서 먹는 방식이 불편했기 때문에, 이후에는 한자리에서 모든 것을 다 먹을 수 있는 형태로 바뀐 듯하다).

이전의 따이파이똥은 배수시설도 제대로 갖추지 못

따이파이똥과 메뉴

하는 등 위생 상태가 상당히 좋지 않았다. 따이파이똥에서는 손님들에게 차를 한 컵씩 무료로 제공했는데, 대부분의 사람들은 식탁에 꽂혀 있는 젓가락이나 숟가락을 컵 안에 넣고 세척을 했다(젓가락을 컵 중앙에 똑바로 세운 뒤 손바닥을 젓가락 옆면에 대고 비빈다. 추운 날 손바닥을 서로 비비는 것처럼 하면 된다). 배수시설이 열악한 곳이라 설거지를 제대로 했을 리 없다는 생각에 모두들 이렇게 했던 것 같다. 이후 위생 상태가 개선되었음에도 불구하고 홍콩 사람들의 이러한 습관은 변하지 않았다. 지금까지도 이러한 습관은 계속되어 젓가락을 컵에 넣고 세척하는 모습을 차찬텡에서 쉽게 볼 수 있다.

식사 전 홍차가 담긴 컵에 식기를 넣고 세척한다.

영국과 중국의 공존: 광동어를 통해 홍콩의 문화를 읽다

12. 홍콩 스타일 식당 겸 카페茶餐廳, 차찬텡

홍콩 서민들이 주로 애용하는 차찬텡茶餐廳은
홍콩에서만 볼 수 있는 홍콩 특유의 로컬 식당
으로, 홍콩 전역 어디에서나 쉽게 찾아볼 수 있
다. '차茶와 음식餐을 맛볼 수 있는 곳廳'이라는
뜻의 명칭에서 알 수 있듯이, 이곳에서는 차도
마시고 식사도 할 수 있다. 즉 식당 겸 카페인

차찬텡 간판

것이다. 식당 겸 카페라면 식사와 차 두 가지를 다 해야 할 것 같지만, 식사를 하지 않고
차만 마셔도 상관없다. 실제로 차찬텡에서는 두세 명이 잠시 얘기를 나누면서 차만 마
시고 가는 경우도 많다.

홍콩의 음식문화를 제대로 느낄 수 있는 차찬텡은 수십 종류에 달하는 가지각색 음식
과 저렴한 가격이 특히 매력적이다. 완탄민, 탕면, 볶음면, 볶음밥, 죽, 채소요리, 육류
요리, 샌드위치, 토스트, 각종 음료와 디저트까지, 거의 모든 음식이 이곳에 다 있다. 앞
에서 소개한 각 항목의 여러 가지 음식들도 차찬텡에 모두 다 있다. 그러다 보니 차찬텡
에는 서로 다른 음식 이름들이 조그마한 글씨로 앞뒤 빼곡하게 적힌 메뉴판이 2, 3개는
기본으로 놓여 있다.

차찬텡은 원래 삥쌋冰室이라고 불리던 차가운 음료 전문점에서 출발하였다. 예전에 삥
쌋에서는 음료만 팔 수 있었을 뿐 음식은 팔 수 없었다. 음식은 찬쌋餐室이라고 불리던
곳에서 샌드위치와 같은 서양식 음식만을 팔았다. 하지만 제2차 세계대전 이후에는 삥
쌋에서도 이러한 서양식 음식을 판매하는 게 가능해졌다. 음식 가격이 상당히 비쌌던
찬쌋과는 달리 삥쌋은 가격이 저렴했다. 당시 삥쌋에서는 샌드위치와 토스트, 커피, 밀
크티 등을 판매했는데, 일부 삥쌋은 빵공장까지 갖추어 놓고 뽀로빠우菠蘿包와 에그 타

르트蛋撻, 딴탓 등을 만들어 팔기도 했다. 여기서 뽀로빠우는 소가 들어 있지 않은 빵으로, 노릇노릇한 색깔과 울퉁불퉁한 표면이 파인애플처럼 보인다 하여 뽀로빠우라고 불린다(광동어에서 뽀로菠蘿는 파인애플이다). 다만 우리나라의 붕어빵처럼 이름과 모양만 파인애플일 뿐 파인애플은 전혀 들어 있지 않다. 뽀로빠우뿐 아니라 이를 응용한 뽀로야우菠蘿油도 있다. 이는 뽀로빠우에 칼집을 낸 뒤 그 사이에 얇게 저민 차가운 버터 조각을 끼워 넣은 것이다. 이름에서의 야우油는 (응)아우야우牛油, 즉 버터를 말한다. 이후 뼁쌋에서 제공하는 음식들은 그 종류가 점점 증가하여 현재의 차찬텡의 모습을 갖추게 되었다. 또한 서양음식뿐 아니라 중국음식도 함께 팔았다.

파인애플처럼 울퉁불퉁하게 생긴 뽀로빠우

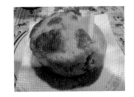

뽀로야우. 오른쪽에 삐죽이 솟아 있는 것이 버터 조각이다.

한국인에게도 잘 알려진 란퐁윈蘭芳園은, 현존하는 홍콩의 가장 오래된 차찬텡으로 1952년부터 영업을 시작했다. 원래 란퐁윈은 길거리 음식점인 따이파이똥大牌檔으로 첫출발하였지만, 1952년부터는 영업 형식을 바꾸어 차찬텡으로 운영하고 있다(참고로 홍콩 최초의 차찬텡은 1946년에 개업한 '란횅꼭蘭香閣 차찬텡'이다).

차찬텡은 일반적으로 아침 7시에 문을 열지만 이보다 더 이른 5~6시에 문을 여는 곳도 있다. 영업 시간도 보통은 다음 날 새벽 1시까지이지만 사람들의 왕래가 많은 몽콕 같은 곳에서는 24시간 영업을 하는 곳도 있다. 점심이나 저녁처럼 사람들이 많이 몰려드는 시간에는 합석을 하기도 하는데, 이를 광동어에서는 '땁토이搭枱'라고 한다. 차찬텡에서는 식사를 하는 도중에 갑자기 모르는 사람이 내 앞에 와서 불쑥 앉는 경우가 있다. 이럴 때는 놀랄 필요 없이 그냥 하던 식사를 계속하면 된다. 이와는 반대로 내가 다른 사람 앞자리에 앉게 되는 경우도 있다. 차찬텡에서는 이처럼 합석이 기본이기 때문에 종업원이 식사하고 있는 손님에게 와서 일일이 "합석을 해도 되겠습니까"라고 묻지 않는다. 어떤 때는 서로 모르는 사람들이 4인석 테이블에 함께 앉기도 한다(총 네 사람). 맨 먼저 혼자 온 사람이 테이블에 앉아 식사를 하고 있으면, 잠시 후 둘이서 온 다른 사람들이 이 자리에 합석한다(이 둘은 마주 보면서 앉지 않고 먼저 온 사람 맞은편에 서로 옆으로 나란히 앉는다). 그리고 또 혼자서 온 세 번째 사람이 맨 먼저 온 사람 옆에 합석한다.

처음에는 굉장히 어색하고 어딘지 모르게 불편했지만, 적응이 되니 바쁜 시간에 서로 시간을 절약할 수 있어서 상당히 합리적이라는 생각이 들었다. 이렇게까지는 아니더라도, 한국에도 이러한 합석문화는 필요하지 않을까 생각된다. 한국은 자리가 날 때까지 손님이 밖에서 기다려야 하기 때문에, 식당 안에서 식사하는 사람은 밖에서 기다리는 사람들 때문에 마음이 급해져서 빨리 먹느라 정신이 없다. 게다가 식당 주인은 손님이 숟가락을 놓기가 무섭게 그릇을 치우고 행주로 식탁을 닦느라 바쁘다. 이렇게 모두가 정신없는 것보다는 차라리 양해를 구하고 합석을 하는 것이 더 좋은 방법이라고 생각된다.

영업 시작 시간부터 오전 11시까지는 아침식사를 제공한다. 아침식사는 '쪼우찬早餐'이라고 하며 이 시간대에 제공하는 메뉴가 따로 정해져 있다. 물론 아침식사 시간대의 메뉴를 주문하지 않고, 영업 시작부터 끝날 때까지 하루 종일 판매하는 메뉴쌩찬, 常餐를 주문해도 상관없다. 메뉴판도 아침식사 메뉴판이 따로 있는데, 오전 11시가 지나면 치워 버린다.

주문할 때는 자신이 좋아하지 않는 재료를 넣지 말라고 하거나 조금만 넣어 달라고 말할 수 있다. 이때 '~는 넣지 마세요'는 '짜우~走~'라고 하면 되고, '조금만 넣어 주세요'는 '씨우~少~'라고 하면 된다. 예를 들어 '얼음은 빼 주세요'는 '짜우삥走冰'이라고 하면 되고, '설탕은 조금만 넣어 주세요'는 '씨우팀少甜'이라고 하면 된다.

차찬텡에서는 팁을 받지 않으며, 홍콩의 일반 식당들과는 달리 직접 카운터에 가서 계

❶ 차찬텡에서 아침식사를 하는 사람들 ❷ 점심시간 손님들로 꽉 찬 치찬텡 ❸ 아침식사 메뉴판
❹ 메뉴판. 음식 이름이 가득 적혀 있다. ❺ 벽을 메운 메뉴들 ❻ 옹기종기 모여 있는 양념통과 젓가락들.
오른쪽의 까만 네모통에 똑같이 까만 젓가락이 가득 꽂혀 있다.

❼ 주문을 하면 음식 이름 없이 해당 가
격만 달랑 적어 놓기도 한다. 또한 종합
을 적지 않고 주문한 음식의 가격을 각
각 적는다. 두 가지 음식을 시켰더니 이
렇게 가격을 두 개로 따로 적어 주었다. ❽ 계산서를 손님이 앉은 자리의 식
탁 유리에 끼워 두기도 한다. ❾ 바코드가 찍힌 최신식 계산서
를 주는 곳도 있다.

산을 해야 한다(차찬텡을 제외한 홍콩의 다른 식당들은 대체로 앉은 자리에서 직접 계

산을 하며, 이럴 경우 10%의 팁이 계산서에 포함되어 있다).

영국과 중국의 공존: 광동어를 통해 홍콩의 문화를 읽다

10
홍콩의 재래시장

초기의 홍콩 재래시장은 대부분 거리를 중심으로 생겨났기 때문에, 거리에 위치한 시장이라는 뜻에서 '까이씨街市'라고 불렀다. 현재까지도 까이씨라고 부르는 재래시장에서는 주로 신선한 채소와 생선, 육류 등의 식재료를 판매하고 있으며, 의류나 잡화를 판매하기도 한다. 대형 슈퍼마켓의 등장으로 재래시장을 이용하는 사람들이 많이 줄어들긴 했지만, 식재료가 신선하고 가격도 흥정할 수 있기 때문에 여전히 많은 사람들이 재래시장을 찾고 있다.

1. 빡꼭 재래시장北角街市, 빡꼭까이씨

빡꼭 재래시장은 홍콩섬 노스포인트北角, 빡꼭의 트램 종점에 위치한 시장으로, 특이하게도 트램 철로가 시장 한가운데를 뚫고 지나간다. 트램이 겨우 지나갈 정도의 공간만 비워 두고 철로 양옆으로 장이 서는데, 사람들은 철로를 이리저리 건너다니며 정면에서 트램이 다가와도 좀처럼 비킬 생각을 안 한다. 트램 운전사도 사람들에게 비키라고

트램 철로 양옆으로 길게 늘어선
노점상과 점포들

트램 위층에서 내려다본 시장 풍경
정면에서 들어오는 트램과 그 앞을
아무렇지 않게 지나다니는 사람들

하지 않고 알아서 비켜 가겠거니 하면서 천천히 운행한다. 트램이 원래 느릿느릿 움직이기는 하지만, 여기 재래시장에서는 더 천천히 움직이는 것 같다. 아마도 종점이라서 그런 것 같기도 하고, 지나다니는 사람들을 배려해 그런 것 같기도 하다. 이렇듯 트램이 시장 한가운데를 통과하게 된 것은 1953년부터라고 한다.

원래 이곳이 위치한 거리의 이름은 '춘엥까이春秧街'로, '춘엥春秧'은 글자 그대로 풀이하면 '봄에 돋아나는 새싹, 볏모'라는 뜻이다. 하지만 거리 이름의 '춘엥'은 봄이나 새싹하고는 전혀 관계가 없다. 사람 이름이기 때문이다. '춘엥'은 복건福建 출신의 사업가 꿕춘엥郭春秧의 이름이다.

16세에 동남아시아로 간 뒤 설탕사업으로 거부가 된 꿕촌옝은 1921년 홍콩의 빠꼭에 6천9백여㎡의 부지를 확보하고, 이곳에 설탕공장을 건설할 계획을 세운다. 하지만 이 시기에 홍콩에서 대규모의 노동자 동맹파업이 일어난 데다 설탕 가격 또한 지속적으로 하락하는 바람에 공장 건설의 계획을 접고, 그 대신 이 넓은 부지를 홍콩 시민들을 위한 주택용지로

꿕촌옝

사용할 뜻을 세운다. 1933년에 영국령 홍콩정부는 그에 대한 감사의 표시로 이곳을 '촌옝까이'로 이름 짓고 그의 공적을 널리 알렸다.

이곳은 주상복합형 건물 1층에 자리 잡은 점포들과, 트램 철로 바로 옆에 길게 줄지어 가판대를 차려 놓은 노점상들이 함께 어우러져 시장을 형성하고 있다. 촌옝까이가 건설된 무렵, 이 일대는 홍콩으로 이주한 중국 내륙의 사람들이 많이 거주하고 있었는데, 그중에서도 복건 사람들이 가장 많았고 상해 사람들이 그다음으로 많았다. 그래서 이곳을 '작은 복건小福建' 또는 '작은 상해小上海'라고 불렀으며, 현재까지도 민남어閩南語 (복건성이나 대만에서 사용하는 방언)나 상해어上海語로 의사소통하는 사람들을 종종 볼 수 있다.

그 당시 거리 양쪽에 세워진 건물의 1층에서는 복건과 상해에서 직접 들여온 식료품들을 판매했다. 그리고 건물 앞쪽의 길거리에서는 수많은 상인들이 길게 줄지어 노점을 차렸다. 이곳 촌옝까이에서는 박리다매의 방식으로 인근 지역의 시장보다 훨씬 싸게 판 데다, 중국 본고장의 식료품들을 직접 들여와 판매했기 때문에 많은 사람들이 이곳에 와서 식재료를 구입해 갔다.

촌옝까이가 건설된 후 80년이 넘은 지금까지, 이곳에서는 옛날 방식 그대로 건물 1층 점포와 건물 앞 노점에서 많은 사람들이 장을 펼치고 있다. 트램을 타고 가다 종점에 다다를 무렵이면 양쪽으로 길게 뻗은 재래시장이 나타나는데 이곳이 바로 촌옝까이, 즉

영국과 중국의 공존: 광동어를 통해 홍콩의 문화를 읽다

↑ / 건물 1층은 점포, 그 위는 주거 공간이다.

건물 앞, 트램 철로 옆 노점상

빡꼭 재래시장이다. 종점 진행 방향으로 왼쪽에서는 과일, 채소, 생선, 육류 등의 식재료들을 판매하고, 오른쪽에서는 의류, 문구, 장난감, 이불 등의 생필품들을 판매한다. 빡꼭 재래시장은 트램과 사람이 함께 어우러진 곳이자 빡꼭에서 제일 번화한 곳이다. 그래서 그런지 이곳은 늘 넘치는 활력으로 가득 차 있다.

2. 레이원까이 재래시장利源街街市, 레이원까이까이씨

레이원까이 재래시장은 센트럴의 레이원까이利源街에 형성된 시장으로, 레이원까이는 레이원똥까이利源東街(레이원 동쪽 거리)와 레이원싸이까이利源西街(레이원 서쪽 거리)로 나뉜다. 이 두 거리는 바로 옆에 나란히 위치하고 있기 때문에 이렇듯 동東과 서西로 구분하여 부르고 있는데, 이 둘을 합해 레이원똥싸이까이利源東西街(레이원 동쪽과 서쪽 거리)라고 부르기도 한다.

동쪽에 위치한 레이윈똥까이는 거리의 이름
을 서양 사람이 아닌 중국 사람 이름으로 지은
홍콩 최초의 거리이다. 19세기 말 센트럴 지역
에 간척사업이 진행되고 있을 무렵, 깜레이윈
金利源이라는 거상이 이 지역의 땅을 손에 넣
게 되었고, 그 후 이곳에 건물을 세우고 자신
의 이름을 따서 거리 이름을 짓게 되었다. 거

레이윈까이 재래시장

리는 1894년에 완공되었고, 이때 4층 높이의 주상복합형 건물도 함께 세워졌다. 깜레
이윈은 후에 레이윈싸이까이 건설도 추진하려고 하였으나 자원 부족으로 실행하지 못
하다가, 1906년에야 비로소 다른 거상 레이나이포우李乃普의 도움을 받아 목적을 달성
할 수 있었다.

레이윈똥까이는 또한 '신문의 거리報紙街, 뽀우찌까이'라고도 불렸는데, 20세기 초에 홍콩
3대 신문사 중의 하나인 성보成報, 쎙뽀우의 본사를 포함하여 여러 곳의 신문사가 이곳에
있었기 때문이다. 1950년대에 이르러 점차 포목, 피혁, 수입품을 판매하는 노점상이 생
겨났고, 이후에는 의류나 손가방, 액세서리 등 여성 관련 제품을 판매하는 시장으로 변
모하였다. 그래서 이곳을 '센트럴 일대의 레이디스마켓'이라고 부르기도 한다(레이디
스마켓에 대한 자세한 내용은 뒤의 '5. 노위얀까이' 부분을 참고할 것). 서쪽에 위치한
레이윈싸이까이 역시 레이윈똥까이와 마찬가지로 1950년대에 이르러 하나둘씩 노점
상이 생겨나기 시작했는데, 이곳에서는 주로 포목과 시계, 의류, 신발 등을 판매했다.

이 두 거리는 모두 고층 건물 사이에 위치한 좁은 거리인 데다, 양쪽으로 점포들이 자리
잡고 있기 때문에, 아주 좁은 골목길을 방불케 한다. 거리뿐만 아니라 점포들도 상당히
작아서 두세 사람이 겨우 서 있을 만한 공간에 물건들을 빼곡히 진열해 놓은 곳도 많다.

영국과 중국의 공존: 광둥어를 통해 홍콩의 문화를 읽다

↑ 레이윈뚱까이
○ 벨트 점포
↓ 시계 수리점

↑ 레이윈싸이까이
○ 넥타이 점포
↓ 좁은 거리 양쪽으로 자리한 점포들

↑ 포목점
○ 여성 의류
↓ 레이윈까이의 좁은 통로

이렇게 작은 점포들이 다닥다닥 사이좋게 길게 줄지어 늘어서 있는데, 각 점포의 점유 공간이 아주 작아서 그런지 그 많은 점포들이 이 협소한 골목에 다 들어온다. 좁은 공간을 잘 살려 많은 사람들이 서로 어울려 사는 홍콩 사람들의 지혜가 느껴지는 곳이다.

3. 낏찌까이 재래시장結志街街市, 낏찌까이까이씨

낏찌까이 재래시장은 센트럴의 낏찌까이結志街(게이지 스트리트)에 형성된 재래시장으로, 낏찌까이 근처에는 세계에서 가장 긴 에스컬레이터인 미드레벨 에스컬레이터中環 至半山自動扶梯, 쯍완찌뿐싼찌똥푸타이가 있다. 또한 홍콩 최초의 혁명조직이었던 보인문사 輔仁文社, 푸얀만쎄도 이곳 낏찌까이에 있었다.

1892년 3월 13일 혁명가 양구운楊衢雲, 옝코위완에 의해 설립된 보인문사는, 당시 홍콩에서 서양식 교육을 받은 중국인들이 중국 내륙의 변화와 개혁에 관심을 가지고 민중을 계몽하기 위해 창설한 사회단체이다. 이 보인문사는 삼민주의를 창시한 중국 혁명의 지도자 손중산孫中山, 쏜쯍싼(쑨원)이 창설했던 흥중회興中會, 헹쯍우이의 전신으로, 흥중회는 청나라 타도 및 민주국가 수립을 목표로 1894년 하와이에서 설립한 근대 혁명단체를 말한다. 1895년 2월 손중산은 홍콩으로 건너와 보인문사와 연합하여 흥중회의 조직을 확대했다.

도심 한복판에 위치한 낏찌까이 재래시장   미드레벨 에스컬레이터에서 내려다본 풍경

↑ 정육점
○ 소금에 절인 오리알
↓ 채소 가게

↑ 생선 가게
○ 과일 가게
↓ 말린 해산물 가게

↑ 계란 가게
○ 홍콩에서는 바나나를 주로 왼쪽과 같이 매달아 놓고 판다. 가게 바로 옆에 유명한 차찬텡인 란퐁윈(蘭芳園)이 보인다.
↓ 꽃 가게

    홍콩의 도심 한복판인 센트럴에서 식재료를 판매한다고 하면 대부분 대형 슈퍼마켓을 떠올릴 것이다. 하지만 낏찌까이에는 슈퍼마켓이 아닌 재래시장이 있다. 그것도 건물 안에 일정한 규격의 점포가 나란히 붙어 있는 시장이 아니라, 햇빛과 바람을 느끼며 장을 볼 수 있는 노천시장이 있다. 게다가 금융 중심지에 어떻게 이런 활기찬 재래시장이 있을 수 있을까 싶을 정도로 다양하고 신선한 식재료들이 즐비하다. 소, 돼지, 양, 닭, 오리, 거위와 같은 각종 육류뿐 아니라 생선, 조개, 새우, 가재와 같은 해산물도 판매한다. 이 밖에 계란과 소금에 절인 오리알, 채소, 과일, 말린 해산물 등도 팔고 있으며, 여러 가지 조미료와 예쁜 꽃도 팔고 있다.

4. 싼틴떼이까이 재래시장新塡地街街市, 싼틴떼이까이까이씨

싼틴떼이까이 재래시장은 구룡반도의 야우마떼이油麻地에 위치한 싼틴떼이까이新塡地街에 형성된 재래시장이다. 싼틴떼이까이는 1880년에 진행된 간척사업에 의해 생겨난 거리로, 공사에 참여한 사람들은 모두 중노동형을 선고받은 죄수들이었다. 그래서 이 거리를 '레클러메이션 스트리트Reclamation Street'라고 이름 짓고, 광동어로는 '쳉까이까이懲戒街(징계의 거리)'라고 하였다. '레클러메이션reclamation'에는 '간척, 개간'이라는 뜻도 있지만, '교화, 교정'이라는 뜻도 있기 때문이다. 그 후 1910년에 홍콩정부가 구룡반도의 모든 거리를 전면적으로 정비하면서 이 거리의 광동어 이름을 '싼틴떼이까이新塡地街(새롭게 매립한 거리)'로 바꾸어 부르게 되었다. 아무래도 '징계의 거리'가 좋은 뜻이 아니다 보니 거리 이름으로 적합하지 않다고 판단했던 것 같다. 하지만 영어 이름은 바꾸지 않고 광동어 이름만 바꾸었는데, 위에서 말한 것처럼 영어의 '레클러메이션 reclamation'에는 '간척, 개간'의 뜻도 있으므로 굳이

바꿀 필요가 없었던 것으로 보인다.

시장에서는 채소, 과일, 계란, 말린 해산물, 견과류, 잡곡, 약초, 할머니 옷 등을 판다. 그리고 특이하게도 다른 재래시장에서는 볼 수 없었던, 여자들이 시집갈 때 가져가는 혼수 물품들을 판다. 상점에 진열된 물건들을 보면 이곳이 어르신들이 많이 찾

싼틴떼이까이 거리 표지판. 바로 뒤는 양로원(護老院)이다.

↑ 싱싱한 채소들
↓ 말린 해산물

↑ 가판대에 가득 쌓인 포도
↓ 봉지에 넣어 상점 가득히 쌓아 놓은 잡곡과 견과류

↑ 정육점
↑ 각종 한약재가 잔뜩 걸려 있다.

↑ 할머니들이 입으시는 겨울옷
↓ 홍콩식 구운 오리(씨우압)를 손질하는 요리사

↑ 천장에 매달린 동글동글한 물건은 여자들이 시집갈 때 가지고 가는, 희(囍) 자가 쓰인 코코넛이다.
↓ 음력설 분위기가 물씬 나는 시장 점포

↑ 홍콩식 바비큐요리(씨우메이) 점포
↓ 음력설 무렵 사탕 가게. 비가 와서 진열 상품 위에 비닐을 둘러놓았다.

는 시장이라는 것을 짐작할 수 있는데, 시골 할아버지들이 이런저런 물건들을 가져다 집 앞마당 한편에 모아 놓은 것처럼 여러 가지 물건들이 제각각 쌓여 있는 곳이 꽤 많기 때문이다. 물론 가지런히 상품들을 정리해 놓은 상점도 많지만 말이다. 어쨌든 이곳에서는 도심지의 시장이 아닌 시골 장 같은 색다른 느낌이 들며, 격식에 구애받지 않고 사는 삶의 여유도 느낄 수 있다.

5. 노위얀까이 女人街

한국 사람들에게 '레이디스마켓'으로 잘 알려진 노위얀까이는 몽콕旺角의 통초이까이通菜街에 위치한 재래시장이다. 노위얀까이에서 '까이街'라는 글자만 보고 노위얀까이라는 거리를 지도에서 아무리 찾아봐야 찾을 수가 없다. 노위얀까이는 거리 이름이 아니라 시장 이름이기 때문이다.

노위얀까이가 위치한 몽콕의 통초이까이는 원래 '통초이通菜'라는 채소를 재배하던 곳이었는데, 1926년에 도로로 개발되었다. 통초이는 줄기 부분이 원통형으로 생긴 속이 텅 빈 채소다. 생긴 모습 때문에 표준중국어에서는 '콩씬차이空心菜(마음속이 비어 있는 채소)'라고 한다. 몽콕이 발전하면서 통초이까이는 상업지구로 바뀌었으며, 1970년대에는 이곳에 많은 노점상들이 생겨났다. 그 당시 이들이 판매하던 물품들이 대부분 여성 의류나 액세서리와 같은 여성 관련 제품이었기 때문에 이곳을 '레이디스마켓Ladies' Market'으로 부르게 되었고, 광동어로는 '노위얀까이女人街(여인의 거리)'라고 하게 되었다.

1970년대 홍콩에서는 노점상들이 통초이까이를 비롯한 많은 길거리에서 영업허가 없이 장사를 했다. 그

노위얀까이가 위치한 통초이까이

영국과 중국의 공존: 광동어를 통해 홍콩의 문화를 읽다

↑ 차이나 드레스
↓ 동전지갑과 파우치

↑ 반짝반짝 큐빅이 박힌 여성용 바지들
↓ 팔찌를 비롯한 각종 여성 장신구

↑ 핸드백
↓ 알록달록 목도리

↑ 군복 입은 모택동과 오바마
↓ 중국의 여러 소수민족 인형들

↑ '아이 러브 홍콩'이 쓰인 각종 티셔츠
↓ 찻주전자와 찻잔

↑ 어린이 중국 전통복장
↓ 헬로키티를 비롯한 각종 열쇠고리

렇기 때문에 이들은 도시의 미관을 해칠 뿐 아니라 시민들에게 불편을 끼치고 심지어는 위험을 초래하기도 했다. 이러한 이유로 영국령 홍콩정부는 이들을 규제하기 위해 1975년 3월에 구룡반도 20개 지역에서 '노점상 영업허가 구역 계획'을 추진하게 되었고, 그중 통초이까이를 제일 먼저 노점상 영업허가 구역으로 지정하였다. 이후 이곳은 여성 의류와 화장품, 가방, 시계, 액세서리와 같은 여성 제품들뿐만 아니라, 남성 의류와 장난감 그리고 각종 생활용품들까지 다양하게 판매하기 시작했다. 그리하여 여성들만 찾는 시장이 아닌, 남녀노소 누구나 즐겨 찾는 시장이 되었다. 영업은 정오부터 시작하지만 해 질 무렵이 되어서야 사람들이 모여들면서 비로소 시장이 북적북적해진다. 보통 밤 11시까지 영업을 계속한다.

6. 미우까이 廟街

미우까이는 구룡반도의 야우마테이油麻地, 야우마떼이에 위치한 거리 이름으로, 한국 사람들에게는 '템플 스트리트Temple Street'라는 이름의 야시장으로 잘 알려져 있다. 저렴한 물건들을 많이 판매하는 이곳에서는 주로 남성 관련 제품을 취급하기 때문에 '멘스 스트리트Men's Street'라고도 하는데, 광동어로는 '남얀까이男人街'라고 한다. 여성 관련 제품을 주로 판매하는 레이디스마켓을 '노위얀까이女人街(여인의 거리)'로 부르는 것처럼, 남성 관련 제품을 판매하는 이곳을 '남얀까이男人街(남자의 거리)'라고 부르는 것이다. 또한 미우까이는 서민을 위한 저렴한 물건들을 판매하는 데다 밤에만 시장이 열리기 때문에 '홍콩 서민들의 나이트클럽'으로 불리기도 한다.

미우까이는 1887년에 이미 존재했던 거리로, 당시에는 야우마테이의 틴하우 사원天后廟을 기준으로 남과 북 두 군데로 나뉘어 있었다. 남쪽은 '사원의 남쪽 거리'라는 뜻에서 '미우남까이廟南街'라고 불렸고, 북쪽은 '사원의 북쪽 거리'라는 뜻에서 '미우빡까이廟北

街'라고 불렸다. 이렇듯 '사원의 거리'를 뜻하는 미우까이廟街는 틴하우 사원에서 비롯된 이름이다.

1920년대부터는 틴하우 사원 맞은편 광장이 휴게 공간으로 사용되면서, 사원 근처에 잡화나 간식거리를 판매하는 노점상들이 많아졌다. 1975년 3월에는 영국령 홍콩정부가 '노점상 영업허가 구역 계획'을 추진하면서, 원래 이곳에 있던 노점상들을 체계적으로 관리하기 시작했다. 이를 통해 600여 개의 노점상이 허가 구역에서 영업을 하게 되었다. 노점상은 원래 해 질 무렵부터 장사를 할 수 있었지만, 1998년부터는 정오부터 장사가 가능해졌다. 하지만 대부분은 여전히 저녁이 되어서야 장사를 시작한다.

이들이 판매하는 물품은 남성 의류와 시계, 가방, DVD, 수공예품, 다기세트, 옥, 골동품, 염가의 전자제품 등 상당히 다양하다. 또한 시장 근처에는 점을 봐 주는 곳도 있고,

↑ 미우까이
↓ 붓을 판매하는 노점상

↑ 미우까이 야시장
↓ 점을 봐 주는 부스

↑ 야우마테이의 틴하우 사원
↓ 손금과 관상도 볼 수 있다.

거리공연을 하는 사람들도 있다. 초기에는 이곳에서 무술공연도 하고 약도 팔았다고 한다(우리나라에서도 옛날 시골장터에서 약장수들이 차력 쇼를 보여 준 뒤, "애들은 가라"를 외치며 약을 팔았는데 홍콩에서도 이와 비슷한 형식으로 약을 팔았던 것 같다).

또한 미우까이에는 홍콩 특색의 먹거리 노점상들이 즐비하다. 해산물을 비롯하여 냄비밥(煲仔飯, 뽀우짜이판(자세한 내용은 제9장 중 '6. 냄비밥과 냄비요리' 부분을 참고할 것)과 각종 국수 등 여러 가지 음식들이 현지 주민과 관광객들의 발길을 사로잡는다. 저녁이 되면 식당으로 바뀌어 버린 길 한복판에서 수많은 사람들이 모여 앉아 즐겁게 식사를

❶ 해산물 노점상 ❷ 거리 한복판에 앉아 즐겁게 식사를 하는 사람들 ❸ 2010년에 세워진 패방. 다른 재래시장과는 달리 미우까이 야시장에서만 볼 수 있다. ❹ 대낮의 미우까이 모습. 해 질 무렵부터 열리는 시장의 특성상 이 시간에는 노점상도 사람도 거의 없어 한산하기만 하다. ❺ 드라마 〈미우까이 · 엄마 · 형제(廟街 · 媽 · 兄弟)〉의 포스터

영국과 중국의 공존: 광동어를 통해 홍콩의 문화를 읽다

한다. 그 많은 사람들이 길 한가운데에 촘촘히 붙어 앉아 식사를 하고 있는 것을 보면, 흡사 무슨 잔칫날 같은 느낌이 들기도 한다.

미우까이 야시장에는 다른 재래시장에 없는 것이 하나 있다. 바로 패방牌坊, 파이퐁이다. 패방은 중국 전통의 건축 양식 중의 하나로 문짝 없는 문을 가리킨다. 2010년 12월 18일에 세워진 이 패방은 높이 10.5m, 넓이 8.9m에 달하며, 300만 홍콩달러(우리 돈 약 4억 5천만 원)를 들여 만들어졌다. 미우까이는 또한 영화와 드라마 촬영지로도 유명하여, 이곳을 배경으로 많은 홍콩의 영화와 드라마가 제작되었다. 특히 2000년에 방영된 드라마 〈미우까이 · 엄마 · 형제廟街 · 媽 · 兄弟〉는 아예 제목에 미우까이가 들어 있다.

7. 꽃시장花墟, 파호위

홍콩에서는 꽃시장을 '파호위花墟'라고 하며, 이곳은 몽콕의 플라워마켓 로드花墟道, 파호위또우에 위치해 있다. 파호위는 홍콩 최대 규모의 화훼花卉시장으로, 세계 각지에서 수입된 꽃들이 모두 이곳으로 모인다. 파호위는 원래 플라워마켓 로드가 아닌 바운더리 스트리트界限街, 까이한까이에 도매시장의 형태로 자리하고 있었다. 그런데 1955년 11월 1일, 이곳에 대규모 화재가 발생하여 400여 채의 목조 가옥이 몽땅 불타 버리고 말았다. 그리하여 영국령 홍콩정부에서는 2년 후 이곳에 파호위공원花墟公園, 파호위공원을 만들고, 파호위를 현재의 플라워마켓 로드로 옮겨 가게 했다.

원래 파호위가 있던 자리인 바운더리 스트리트는 1860년부터 1898년까지 영국과 중국의 경계가 되었던 곳이다. 그래서 거리 이름도 경계를 뜻하는 '바운더리boundary'로 지어졌다. 1860년 체결한 북경조약으로 중국은 영국에 구룡반도의 바운더리 스트리트 이남을 분할하였다. 그로 인해 이 거리를 경계로 남쪽은 영국이 관할하게 되었고, 북쪽은 중국이 관할하게 되었다(자세한 내용은 제2장 중 '2. 제2차 아편전쟁과 북경조약, 구룡

플라워마켓 로드에 위치한 꽃시장   이전의 꽃시장 자리였던 바운더리 스트리트

반도와 신계지의 분할' 부분을 참고할 것). 영국과 중국의 경계였던 이곳은 아침 6시에
관문을 열고, 해 질 무렵에 관문을 닫았다.

이후 홍콩은 1900년대에 이르러 대량으로 꽃을 공급하게 되었는데, 그때부터 꽃을 재
배하는 농민들이 매일같이 이곳에 모여들어 노점을 벌였다. 특히 관문을 닫은 후인 자
정 무렵부터 장사를 시작하여 이곳을 '파호위花墟'라고 부르게 되었다. '호위墟'는 '공터'
라는 뜻으로, 그 당시 사람들은 장이 파하고 난 뒤의 텅 빈 시장을 '호위씨墟市'라고 불렀
다. 꽃시장도 이와 마찬가지로 관문을 닫은 후의 빈 공터에서 꽃을 팔았기 때문에, '꽃花
을 파는 공터墟'라는 뜻으로 '파호위花墟'라고 부르게 된 것이다.

플라워마켓 로드에 위치한 현재의 꽃시장에는 90여 개의 도소매 상점과 10여 개의 원
예용품점이 있으며, 이른 아침부터 영업을 시작한다. 아침에는 주로 운반되어 온 꽃을
한가득 쌓아 놓고, 손을 바쁘게 움직이며 다듬는 작업을 한다. 매년 음력설農曆新年, 농력
싼닌과 발렌타인데이情人節, 쳉얀찟, 어머니날母親節, 모우찬찟에는 꽃을 사기 위해 몰려나
온 사람들로 꽃시장 전체가 초만원이 된다. 특히 음력설 무렵에는 2주 전부터 꽃을 사
러 나온 사람들로 인산인해를 이루는데, 음력설이 점차 가까워올수록 사람들의 숫자는
점점 더 불어나 발 디딜 틈조차 없어진다(자세한 내용은 제8장 중 '1. 음력설' 부분을 참
고할 것).

영국과 중국의 공존: 광동어를 통해 홍콩의 문화를 읽다

❶ 근처 새공원에서 내려다본 꽃시장 ❷ 꽃집 앞에 진열되어 있는 다양한 종류의 꽃들 ❸ 가지런히 정렬된 꽃 ❹ 알록달록 탐스러운 꽃 ❺ 여러 색깔의 장미 ❻ 서양란 ❼ 꽃다발도 판매한다. ❽ 꽃을 사면 종이나 신문지에 싸 준다. ❾ 진열장 속 여러 종류의 회분들 ❿ 음력설에 꽃시장을 가득 채운 금귤나무

11
홍콩 도심 속 공원

1. 빅토리아공원維多利亞公園, 와이또레이아꽁원

홍콩섬의 코즈웨이베이銅鑼灣, 통로완에 위치한 빅토리아공원은 홍콩에서 가장 큰 도심 공원으로, 홍콩 민주화운동의 중심지이자 홍콩 사람들을 하나로 모으는 집결지이다. 빅토리아공원은 빅토리아 여왕의 이름을 따서 지은 것으로, 광동어로는 '와이또레이아 꽁원維多利亞公園'이라고 한다. 홍콩 사람들은 이를 간단하게 줄여 '와이윈維園'이라고 부른다. 원래 이곳은 육지가 아닌 바다였던 곳으로, 선박들이 태풍을 피하던 장소였다. 하지만 제2차 세계대전 이후에 바다를 메워 육지로 만드는 대규모 간척사업이 진행되면서, 이곳은 공원으로 바뀌게 되었다. 당시에 첫 번째로 간척사업을 시작한 곳이 바로 이 빅토리아공원이었는데, 일제 침략 시기에 파괴된 건물들의 철거 잔해를 사용하여 공원을 조성하였다고 한다.

공원의 정문을 들어서면 빅토리아 여왕 동상이 바로 눈앞에 보인다. 이 동상은 1887년 빅토리아 여왕의 재위 50주년을 기념하여 영국령 홍콩정부가 영국에 주문 제작하여 들

영국과 중국의 공존: 광동어를 통해 홍콩의 문화를 읽다

여온 것으로, 1890년에 완성되었다. 제작 후에는 런던에서 먼저 전시된 다음 홍콩으로 들어왔으며, 초기에는 센트럴에 위치한 황후상 광장皇后像廣場, 윙하우쩽꿩챵에 세워졌다. 하지만 일제 침략 시기에는 일본군이 여왕의 동상을 녹여 군수물자로 사용하려고 일본으로 약탈해 가기도 하였다. 여왕의 동상이 흔적도 없이 사라질 위기에 놓여 있었지만, 작업이 착수되기 전 천만다행으로 일본이 무조건항복으로 패망했고, 동상은 무사히 홍콩으로 귀환하였다. 그 후 여왕의 동상은 새롭게 건설한 빅토리아공원에 안치되었다.

1954년 8월에 공사를 시작하여 1957년 10월에 완공된 이 공원은, 총면적이 19만 ㎡(참고로 여의도공원은 23만 ㎡)로 수영장, 테니스장, 축구장, 농구장, 놀이터, 조깅 트랙 등의 여러 편의시설이 갖추어져 있다. 또한 모형 보트를 조정할 수 있는 연못과 100명을 수용할 수 있는 노천 음악회장, 그리고 2만 ㎡에 달하는 넓은 잔디밭도 있다. 빅토리아공원은 넓은 데다 교통도 편리하기 때문에 많은 대규모 행사들이 열리고 있다. 빅토리아공원 6.4 촛불집회와 7.1 시위행진, 홍콩 방송국의 시티포럼 등이 모두 이곳에서 열린다.

빅토리아공원 6.4 촛불집회는 6.4 사건 중에 희생된 사람들을 애도하는 추모 행사로, 1990년부터 지금까지 매년 6월 4일이면 '홍콩시민지원 애국민주운동연합회'의 주최로 빅토리아공원에서 진행된다. 6.4 사건은 우리가 잘 알고 있는 '천안문 사건'으로, 1989년 6월 4일 북경의 천안문 광장에서 민주화를 요구하며 연좌시위를 벌이던 시민과 학생, 노동자들을 중국정부가 무력으로 진압한 대규모 유혈참사 사건을 말한다. 당시 진압 과정에서 계엄군의 무차별 발포로 수천 명이 사망하거나 부상당했다. 빅토리아공원 6.4 촛불집회는 아시아에서 열리는 최대 규모의 6.4 사건 추모 행사로, 매년 참가자는 수만 명에 이른다.

7.1 시위행진은 2003년부터 지금까지 매년 열리는 대규모 행사로, 홍콩의 사회운동 단체인 '민간인권진선民間人權陣線'이 주관하고 있다. 2003년 홍콩정부가 홍콩판 국가보안

❶ 빅토리아공원　❷ 빅토리아 여왕 동상
❸ 빅토리아 여왕 동상 앞의 안내 표지문. 1887년 빅토리아 여왕의 재위 50주년을 기념하여 제작되었다고 쓰여 있다.
❹ 꽃밭과 야자수 사이에 위치한 빅토리아 여왕 동상　❺ 빅토리아공원의 실내 수영장 입구
❻ 축구장　❼ 농구장　❽ 놀이터

영국과 중국의 공존: 광동어를 통해 홍콩의 문화를 읽다

❶ 조깅 트랙
❷ 모형 보트를 조정할 수 있는 연못
❸ 노천 음악회장
❹ 잔디밭
❺ 분수대

법이라고 불리는 '기본법 제23조'의 제정을 추진하려고 하자 이에 분노한 홍콩 시민들이 거리로 쏟아져 나와 시위행진을 했다. 시위에 참석한 홍콩 시민들은 입법을 강력히 반대하며 홍콩의 민주화를 요구했는데, 이때 참석한 50만 명의 사람들 모두가 비폭력 원칙을 고수하며 질서 정연하게 시위를 이어 나갔다. 이 시위행진은 홍콩의 중국 반환 경축 행사가 열리던 7월 1일에 맞추어 진행되었기 때문에, '7.1 시위행진'이라고 불리게 되었다. 결국 이로 인해 기본법 제23조의 입법은 철회되었고, 7.1 시위행진은 홍콩 민주항쟁의 상징이 되었다. 2003년부터 매년 7월 1일이면 열리는 7.1 시위행진의 출발 지점이 바로 이 빅토리아공원이다.

시티포럼은 홍콩 방송국에서 매주 일요일마다 진행하는 시사프로그램으로, 빅토리아공원에서 현장 생중계로 방송된다. 1980년에 처음 시작된 이 프로그램은 한국의 국회의원 격인 입법회의원과 정부 관료들을 초청하여, 여러 가지 사회 문제에 대한 그들의 의견을 경청하는 시간을 갖는다. 그런데 홍콩의 자치와 민주주의를 주장하는 범민주파

의원들이 발언을 할 때면, 그들을 향해 마구 험한 말을 내뱉으며 욕설을 퍼붓는 사람들이 있다. 이들은 목소리를 크게 내기 위해 확성기를 사용하는가 하면, 초대 손님을 태우고 온 방송국 차량을 지팡이로 파손하는 일도 서슴지 않는다. 대부분 노년 남성들로 구성된 이들은 빅토리아공원 하면 바로 연상되는 사람들이기 때문에, 홍콩 사람들은 이들을 가리켜 '와이원아빡維園阿伯(빅토리아공원 할배)'이라고 부른다. '와이원維園'은 '빅토리아공원'의 줄임말이고, '아빡阿伯'은 노년 남성을 가리키는 말이다. '아빡阿伯'은 원래 아버지의 형님, 즉 큰아버지를 가리키는 말이지만, 노년 남성을 부르는 호칭으로도 사용된다. 이들을 가리키는 '와이원아빡維園阿伯'은 우리말로 '빅공 할배' 정도로 줄여 부를 수 있겠다.

빅토리아공원에서는 위에서 말한 빅토리아공원 6.4 촛불집회, 7.1 시위행진, 시티포럼뿐 아니라, 음력설 전의 음력설 풍물시장과 3월의 홍콩화훼전시회, 중추절의 중추절 등 불축제, 12월의 홍콩국제공업출품전시회도 매년 열리고 있다(음력설 풍물시장과 중추절 등불축제에 관한 자세한 내용은 '제8장 홍콩의 전통명절과 축제'를 참고할 것). 또한 2008년부터는 스탠다드차타드 홍콩마라톤대회의 결승점으로도 이용되고 있다. '홍콩마라톤' 또는 '홍콩국제마라톤'이라고도 하는 이 대회는, 스탠다드차타드은행에서 협찬하기 때문에 '스탠다드차타드 홍콩마라톤대회'라고 불린다.

2. 홍콩 조지 5세 기념공원香港佐治五世紀念公園, 횽꽁쪼찌응싸이께이님공원

& 구룡 조지 5세 기념공원九龍佐治五世紀念公園, 까우롱쪼찌응싸이께이님꽁원

홍콩에는 두 개의 '조지 5세 기념공원'이 있는데, 하나는 홍콩섬에 있고 다른 하나는 구룡반도에 있다. 위의 빅토리아공원처럼 조지 5세 기념공원 역시 영국 왕의 이름을 따서 지어졌다. 참고로 조지 5세는 빅토리아 여왕의 손자이자 에드워드 7세의 차남이며, 현

영국 여왕인 엘리자베스 2세의 할아버지다.

조지 5세는 1936년 1월에 승하했는데, 영국령 홍콩정부는 이 무렵에 새로 짓거나 계획 중인 공원에 조지 5세의 이름을 넣기로 결정하였다. 마침 이 시기에 공사가 완성된 홍콩섬의 공원에는 '홍콩 조지 5세 기념공원'이라고 이름 붙이고, 공사를 계획 중이던 구룡반도의 공원에는 '구룡 조지 5세 기념공원'이라고 이름 붙였다.

홍콩 조지 5세 기념공원은 홍콩섬 싸이옝푼西營盤에 위치해 있으며, 위에서 말한 것처럼 조지 5세가 승하한 1936년에 건립되었다. 하지만 공원이 정식으로 문을 연 것은 18년이 지난 1954년이었다. 공원 안에는 '홍콩아동보호협회 토머스 유아학교'가 있는데, 이는 일종의 유치원이다. 1963년에 개교한 이 유아학교는 홍콩에서 유일하게 공원 안에 설립된 학교로, 20세기 중반의 사회 저명인사였던 윌리엄 토머스William Ngartse Thomas Tam(1900~1976)의 이름을 따서 지었다. 공원에는 유아학교 이외에 축구장과 농구장, 놀이터도 있다.

구룡 조지 5세 기념공원은 구룡반도의 조던佐敦, 쪼똔에 위치해 있으며, 1940년 10월에 첫 삽을 뜬 후, 8개월 만인 1941년 6월에 완공되었다. 이름만 보았을 때는 영국적인 느낌이 강할 것이라고 생각되지만, 의외로 중국적인 색채가 강한 공원이다. 초록색 기와를 얹은 정문과 정자, 그리고 정자의 붉은 기둥까지 이름과 상반되는 공원의 모습에 처음에는 잘못 찾아간 줄 알았다. 조지 5세라는 이름으로 인해 당연히 현대식 공원일 거라 생각했기 때문이다. 저기 길 건너편 초록 기와 건물이 설마 조지 5세 공원일까 싶어 분명 지도가 잘못됐거나 공원이 다른 곳으로 이전했거나 둘 중의 하나일 거라고 생각했다. 하지만 정문에 붙은 표지판을 보니 그곳이 바로 조지 5세 공원이었다.

이렇듯 영국적인 이름과 중국적인 외형을 두루 갖춘 구룡 조지 5세 기념공원은 총면적이 약 8천7백 ㎡로 다른 공원들에 비해서는 작지만, 당시 구룡 지역에서는 가장 규모가 큰 공원이었다. 게다가 구룡 지역 최초로 중국식 궁전 양식을 모방하여 만든 원림園林

↑ 홍콩섬에 위치한 홍콩 조지 5세 기념공원 ↑ 홍콩 조지 5세 기념공원의 풍경 ↑ 공원 안 토머스 유아학교
↓ 축구장 ↓ 농구장 ↓ 놀이터

(자연경관을 그대로 옮겨 놓은 듯한 일종의 중국식 정원) 공원이었다. 또한 완공 초기
에는 패방牌坊(중국 전통의 건축 양식 중 하나로 문짝 없는 문) 형식의 청동문이 있었고,
공원 중앙에는 조지 5세의 동상이 세워져 있었다고 한다. 하지만 공원이 건설되고 난 6
개월 뒤, 홍콩이 일제에 의해 함락되었고 공원 안의 시설도 전부 훼손되어 버렸다. 이
때 조지 5세의 동상도 공원의 시설들과 함께 일제에 의해 철거되었다. 일제 패망 후인
1954년 3월 21일, 공원이 다시 복원되어 개방되었다. 현재는 3개의 중국식 정자와 어린
이들을 위한 놀이터가 있으며, 공원 한편에는 농구와 축구를 할 수 있는 운동장이 갖추
어져 있다.

❶ 구룡 조지 5세 기념공원
❷ 공원 정문
❸ 공원 안 정자
❹ 정자 안에서 장기를 두는 어르신들
❺ 정자 안에 마련된 탁자와 의자. 각자 여유로운 시간을 보내고 있다.

↑ 공원 내 조그마한 육각 정자
↓ 공원 안에 마련된 운동시설

↑ 공원에 심어진 여러 종류의 나무들
↓ 놀이터

↑ 멋지게 가지를 뻗은 나무
↓ 공원 바로 옆의 운동장

3. 홍콩공원香港公園, 헝꽁꽁윈

금융의 중심지 센트럴의 초고층 빌딩들 바로 옆에 인공 호수와 폭포, 분수, 온실(식물관), 조류관, 놀이터, 올림픽 광장, 혼인 등기소 등을 갖춘 멋진 공원이 하나 있다. 바로 홍콩공원이다. 홍콩공원에는 출입구가 모두 11곳이 있는데, 그중 한 곳은 빅토리아 피크로 올라가는 가장 빠른 교통수단인 피크트램 출발역 바로 옆에 있다.

공원의 호숫가에는 빨간색의 예쁜 꽃들이 줄지어 있고, 호수 안에는 군데군데 커다란 돌들이 물에 잠긴 채 윗부분만 빼꼼히 물 밖을 향해 있다. 그런데 자세히 보면 거북이들이 돌 위에서 일광욕을 하려는 듯 서로 몇 겹씩 겹쳐서 엉켜 있다. 저런 불편한 자세로 어떻게 저리 오래 있나 싶을 정도로 꼼짝도 하지 않고, 거북이들은 계속 그렇게 동작 그만 자세를 유지한다.

홍콩공원은 원래 빅토리아 군영軍營이 있던 자리로, 빅토리아 군영은 1843년에 건설된 홍콩 최초의 영국군 군영이었다. 1979년 홍콩에 주둔했던 영국 군대가 빅토리아 군영의 토지를 영국령 홍콩정부에 반환하자, 홍콩정부는 군영의 하반부는 상업지구로, 상반부는 공원으로 건설하기로 한다. 지금의 홍콩공원은 과거 빅토리아 군영의 상반부에 해당하는 지역으로, 8만 ㎡의 부지에 모두 3억 9천8백만 홍콩달러(우리 돈 약 597억 원)를 들여 건설한 것이다. 건설비용 중 일부는 '영국 왕실인준 홍콩마사회'에서 찬조했으며, 1991년 5월 23일에 제27대 홍콩총독 데이비스 윌슨 경Sir David Clive Wilson의 참석 하에 공원 제막식이 열렸다.

홍콩공원은 산비탈에 건설되었기 때문에 지세가 상당히 험준하고 가파르다. 그래서 원래 있던 나무들을 제거하지 않고 공원을 개방할 때 대부분 그대로 남겨 두었는데, 이 나무들 중 일부는 '명목名木'의 명단에 이름을 올리기도 했다. 이 이름난 나무들은 개인, 회사, 단체들의 후원을 받아 보호, 관리되고 있다.

↑홍콩공원 입구　　　　　↑홍콩공원 안내도　　　　↑공원 입구의 분수
○인공폭포　　　　　　　　○인공호수　　　　　　　　○몇 겹씩 층을 쌓아 올리며 일광욕을
↓공원 안 온실　　　　　　↓온실 내부　　　　　　　　하고 있는 거북이들
　　　　　　　　　　　　　　　　　　　　　　　　　　↓공원 안 놀이터

　한없이 여유로운 공원 안에서 고개를 들어 주위를 둘러보면, 중국은행 본사나 중국공
상은행, 리포센터 같은 현대식 고층 빌딩들이 바로 눈앞에서 보인다. 공원 안에는 1842
년부터 1910년 사이에 지어진 군영 건물들이 아직도 곳곳에 남아 있는데, 플래그스태
프 하우스旗桿屋, 케이꼰옥와 로린슨 하우스羅連信樓, 로린쏜라우, 웨이블 블록華福樓, 와폭라
우, 카셀스 블록卡素樓, 카쏘우라우과 같은 건물들이 그 예이다. 위의 건물들을 광동어로
번역할 때는 대부분 음역을 했지만, 플래그스태프 하우스만은 의역을 했다. 즉 '플래그

올림픽 광장　　　　　　　　　　　　홍콩공원에서 바라본 중국공상은행(좌)과 중국은행(우)

스태프flagstaff'를 '깃대'라는 뜻으로 번역해, '플래그스태프 하우스'를 '케이꼰옥旗桿屋(깃대의 집)'이라고 했다(케이꼰旗桿은 '깃대'고 옥屋은 '집'이다).

플래그스태프 하우스는 현존하는 홍콩의 가장 오래된 영국 식민지 시대의 건축물로, 당시에는 삼군사령관三軍司令官의 관저로 사용되었으나 1984년부터는 다기박물관茶具文物館으로 사용되고 있다. 로빈슨 하우스는 영국군 부사령관의 관저로 사용되다가 1980년대부터는 홍콩공원 사무소와 혼인 등기소로 사용되고 있다. 웨이블 블록은 기혼 영국군 장교들의 기숙사였지만 1991년에 교육센터로 바뀌었다. 또한 기혼 병사들의 기숙사였던 카셀스 블록은 1992년에 홍콩비주얼아트센터로 바뀌었다. 식민지 시대의 역사를 고스란히 간직하고 있는 이 건물들은 모두 홍콩의 역사건축물로 지정되었다.

공원에서의 또 하나의 볼거리는 75종의 새 600여 마리가 마음껏 날아다니는 조류관이다. 여기에서는 다른 공원의 조류관과는 달리, 철망에 갇히지 않고 자유롭게 날아다니는 새들을 감상할 수 있다. 특히 목조 구름다리를 건너면서 예쁜 새들을 바로 눈앞에서 자세히 볼 수 있다. 1992년 9월에 문을 연 조류관의 이름은 '에드워드 유드 조류관'으로, 제26대 홍콩총독인 에드워드 유드 경Sir Edward Youde의 이름을 따서 지었다.

❶ 플래그스태프 하우스
❷ 1897년 삼군사령관 관저였을 때 모습
❸ 현재 혼인 등기소로 사용되고 있는
로린슨 하우스
❹ 로린슨 하우스 내부
❺ 공원 풍경. 왼쪽에 보이는 분홍색 건물
이 로린슨 하우스이다.
❻ 웨이블 블록
❼ 카셀스 블록

참고로 에드워드 유드 경은 1982년부터 1986년까지 홍콩총독을 역임한 바 있는데, 재임기간이던 1986년 12월에 경제무역대표단을 인솔하여 북경에 갔다가 심장병 발작으로 급사하였다. 이로 인해 그는 홍콩총독 중 유일하게 재임기간 중 사망한 총독이 되었다. 홍콩 사람들은 그의 죽음이 풍수와 관련된 것이라고 믿었는데, 이는 중국은행 본사와 연관이 있다. 70층 높이의 이 초고층 건물은 1982년에 기획하고, 1985년에 착공하여 1990년 5월 17일에 완공되었다. 건물 외관의 다이아몬드 형상은 마디마다 높이 올라가는 죽순을 형상화했는데, 이는 대나무처럼 위로 향해 뻗어 가는 성장과 역량, 기개를 상징한다. 하지만 홍콩 사람들은 이 기다랗고 뾰족한 건물을 보고 한 자루의 검을 떠

❶ 사과를 먹고 있는 알록달록한 앵무새
❷ 새하얀 깃털에 눈 가장자리가 파란 새
❸ 해군을 연상시키는 늠름한 새
❹ 새를 가까이서 관찰할 수 있는 목조 구름다리
❺ 공원을 거니는 홍콩 사람들
❻ 공원에서 태극권을 연마하는 모습
❼ 공원을 찾은 사람들을 위한 음수대도 마련되어 있다.

올렸고, 특히 검의 끝이 홍콩총독부를 향해 있다고 믿었다. 건물이 한창 지어지고 있을
1986년 당시, 총독인 에드워드 유드 경이 북경에서 갑자기 죽음을 맞이하자 사람들은
충격에 빠졌다. 그리고 그의 죽음은 홍콩 사회에 많은 파장을 몰고 왔다. 참고로 중국은
행 본사는 중국 광동 출신의 미국 화교 건축가인 아이오 밍 페이Ieoh Ming Pei, 貝聿銘, 뿌이
윗맹가 설계한 것이다. 아이오 밍 페이는 파리 루브르박물관의 유리 피라미드를 설계한

영국과 중국의 공존: 광동어를 통해 홍콩의 문화를 읽다

것으로도 유명하다.

조류관의 바로 옆에 위치한 태극정원에는 의사들과 간호사들의 추모비 및 이들의 두상이 세워져 있다. 이들은 2003년 홍콩 전역에 사스가 창궐했을 당시 의료활동을 펼치다 순직한 의료인들이다. 의사들 중에는 30대의 젊은 의사들이 많아 보는 이의 마음을 아프게 한다.

2003년 사스 당시 순직한 의사, 간호사들의 추모비와 두상

4. 홍콩동식물공원香港動植物公園, 횡꽁뚱쩻맛꽁원

1871년에 완공된 홍콩동식물공원은 홍콩에서 가장 오래된 공원으로, 총면적은 5만 6천 ㎡에 달한다. 빅토리아 피크太平山, 타이펭싼의 북쪽 산비탈에 위치해 있는 이 공원은 가장 높은 곳이 해발 100m, 가장 낮은 곳이 해발 62m로 그 높이가 38m나 차이 난다. 공원은 처음에 '식물공원植物公園, 쩻맛꽁원'이라고 불렸으나, 1975년에 이르러 '홍콩동식물공원香港動植物公園'이라는 정식 명칭으로 바꾸어 불리게 되었다. 이 공원에 대한 구상은 일찍이 1848년부터 시작되었으며, 1860년에 공사를 시작하여 1864년에는 홍콩 시민들이 이용할 수 있도록 시설들을 개방하였다.

당시 산에 건립된 이 공원은 상중하의 3개의 층으로 구분되어 있었는데, 중간층에는 분수대가 있었다. 19세기에 이르러서는 많은 서양 어린이가 이곳을 찾아와 뛰어놀았으며, 해 질 무렵이면 공원에서 서양음악이 연주되기도 했다. 이곳에서는 또한 새를 기르고 과수원을 운영하기도 했다. 공원 상층부에는 제7대 홍콩총독이었던 아서 케네디 경의 동상이 세워져 있었다. 그는 재임 당시 공원을 전면적으로 개방할 수 있도록 힘쓰고, 여러 방면에서 홍콩의 발전에 지대한 공헌을 했다. 동상은 케네디 경이 홍콩총독을 퇴

홍콩동식물공원 정문 입구　　　　　정문에서 바라본 공원 내부　　　　　　　공원 안내도

공원 안에서 바라본 입구의 패방　　　　　　　　구불구불한 가지 뒤로 보이는 고층 빌딩

임한 이후인 1883년에 세워졌다.

초기의 홍콩동식물공원은 중국에서 채집한 미지의 식물들을 영국 런던에 있는 식물원 큐가든Kew Gardens에 보내는 역할을 했다. 영국이 다른 해외 식민지에 세운 식물원에서는 식물에 관한 연구가 활발했던 데 반해 이곳에서는 연구에 별다른 진전이 없자, 1878년 공원 내에 식물표본실이 설립되었다. 참고로 큐가든은 큐왕립식물원Royal Botanic Gardens, Kew이라고도 하며, 1759년 개원한 이래 여러 세기에 걸쳐 광범위하게 식물들을 수집하고, 이와 관련된 자료들을 보유하여 식물 연구에 크게 공헌해 왔다. 큐가든은 2003년 유네스코 세계문화유산으로 등재되었다.

공원 내의 식물표본실은 일제 침략 시기에 싱가포르식물원으로 옮겨 가게 되었으며,

공원의 이름 또한 일본군에 의해 '대정공원大正公園'으로 바뀌게 되었다. 참고로 대정공원의 '대정大正'은 일본의 제123대 천황인 다이쇼 천황大正天皇의 이름으로, 한국에서도 일제강점기에 일본인들이 부산 지역에 대정공원을 세운 바 있다. 홍콩에서 일본군은 공원의 이름을 바꾼 것도 모자라 급기야는 1942년 말에 공원을 신사神社로 바꾸어 버렸다. 또한 구리헌납운동의 일환으로 공원에 세워져 있던 케네디 경의 동상을 철거한 후 일본으로 가져갔다. 이때 홍콩상하이은행의 상징인 두 마리 사자상도 함께 약탈되었다. 이들을 녹여 군수물자의 원료로 사용하려고 한 것인데, 일제 패망 후 두 마리 사자상은 미군에게 발견되어 안전하게 홍콩으로 돌아왔지만, 케네디 경의 동상은 일제의 만행을 끝내 피하지 못했다.

케네디 경 동상 철거 사건이 일어나기 전인 1941년, 홍콩 개항 100주년이던 이 해에 영국령 홍콩정부는 공원에 영국 왕의 동상을 세울 계획을 하고 있었다. 하지만 일제의 방해로 뜻을 이루지 못하다가 전쟁이 끝난 1958년에야 비로소 계획을 실행할 수 있게 되었다. 영국 왕이었던 조지 6세의 동상을 세우게 된 것인데, 동상이 세워진 자리는 케네디 경 동상이 있던 바로 그 자리였다. 조지 6세는 현재 영국 여왕인 엘리자베스 2세의

조지 6세 동상 아래의 안내 표지문. '홍콩 개항 100주년에 동상을 세워 이를 기념한다'라고 쓰여 있다.

조지 6세 동상

↑온실 입구 ↑온실 내부 ↑공원 안 놀이터
○새장 ○새장 속의 빨간 새들 ○홍학들
↓꽃밭 ↓오른쪽 팔로 매달려 있는 오랑우탄 ↓원숭이

포유류 및 파충류를 기르고 있는 신공원 풍경 울창한 숲 속 같은 공원 내부

영국과 중국의 공존: 광동어를 통해 홍콩의 문화를 읽다

아버지로, 제2차 세계대전 당시 죽을 고비를 넘기며, 버킹엄궁에 남아 불안에 떠는 국민들과 위험에 처한 영국을 끝까지 지켜 낸 왕으로 유명하다. 콜린 퍼스가 주연한 영화 〈킹스 스피치The King's Speech〉의 주인공이 바로 이 조지 6세이다.

현재 공원은 알바니 로드雅賓利道, (응)아빤레이또우를 중심으로 동쪽과 서쪽 두 곳으로 나뉘어 있다. 공원의 동쪽은 '구舊공원'으로 불리는 곳으로 온실과 놀이터, 분수대가 있으며, 40개의 새장에 300마리의 새들이 살고 있다. 조지 6세의 동상 역시 이곳 구공원에 있다. 서쪽은 '신新공원'으로 불리는 곳으로 원숭이, 오랑우탄 등 70마리의 포유류와 거북이, 악어 등 20마리의 파충류가 있다. 알바니 로드가 구공원과 신공원 사이를 가로지르고 있어서 양쪽으로 이동하기가 불편하기 때문에, 공원에서는 짧은 터널을 연결하여 두 곳을 건너가기 쉽게 해 놓았다. 이 터널 안에는 홍콩동식물공원의 역사가 담긴 사진들이 전시되어 있어 공원의 변천 과정을 차례대로 살펴볼 수 있다. 이 외에도 공원 전역에는 900여 종의 식물들이 자생하고 있는데, 대부분이 열대식물과 아열대식물들이다. 그래서 공원 여기저기를 거닐다 보면 울창한 숲 속에 와 있는 듯한 착각에 빠지기도 한다.

5. 구룡공원九龍公園, 까우롱공원

구룡반도의 침사추이尖沙咀, 찜싸쮜위에 위치한 구룡공원은 원래 영국군 군영인 횟필드 군영이 있던 자리다. 1860년 구룡반도가 영국에 할양된 이후, 영국은 침사추이 일대에 군대를 주둔시키고 1892년에는 정식으로 횟필드 군영을 설치하였다. 이 횟필드 군영은 일제 침략 시기에 강제수용소로 뒤바뀌는 수모를 겪기도 했지만, 일본이 패망한 이후에는 다시 원래대로 군영으로 사용되었다. 그러다가 1967년 영국군이 이곳을 철수한 뒤에는 공원으로 변모하였다. 공원 안의 디스커버리 플레이그라운드歷奇樂園, 렉케이록원

↑ 구룡공원
↓ 횟필드 군영 시절의 대포

↑ 구룡공원 안내도
↓ 횟필드 군영 시절의 보루

에는 횟필드 군영 시절의 유적인 보루와 대포가 전시되어 있다.

약 11만 7천9백 ㎡ 부지에 건설된 구룡공원은 1970년 6월 24일, 제24대 홍콩총독 데이비드 트렌치 경의 참석하에 제막식을 거행하였다. 1980년대 초에는 '영국 왕실인준 홍콩마사회'로부터 3억 홍콩달러(우리 돈 약 450억 원)를 찬조받아 재건공사를 진행하였으며, 1989년 2월에는 확장공사를 마무리해 지금의 넓이인 총면적 13만 3천 ㎡로 확대하였다.

구룡공원은 또한 '홍콩박물관(지금의 홍콩역사박물관)'이 임시로 있었던 곳이기도 하다. 당시 홍콩박물관으로 사용되었던 건물은 1910년에 지어진 영국군의 병영, 즉 군인들의 숙소였다. 홍콩박물관이 지금의 자리인 채팀 로드 사우스漆咸道南, 찻함또우남로 이전하기 전까지, 이곳은 1983년부터 1998년까지 15년 동안 임시 박물관으로 사용되었

영국과 중국의 공존: 광동어를 통해 홍콩의 문화를 읽다

다. 홍콩박물관이 이전한 후 2005년부터는 '홍콩문물탐지관'으로 바뀌어 사용되고 있다(홍콩역사박물관과 홍콩문물탐지관에 관한 자세한 내용은 '제12장 홍콩의 박물관'을 참고할 것).

구룡공원 한가운데는 중국식 정원이 있고, 정원을 중심으로 그 주변에는 수영장, 새장, 호수, 분수, 광장, 놀이터, 체육관 등이 있다. 수영장은 실내 수영장과 야외 수영장 두 가지가 있다. 특히 실내 수영장은 올림픽 국제 규격의 온수 실내 수영장으로, 메인 수영장과 2개의 연습용 수영장, 그리고 다이빙 수영장까지 갖춰져 있다. 수영장은 중간에 한두 시간의 휴식 시간을 제외하고는 아침 6시 반부터 밤 10시까지 줄곧 일반에 개방된다.

시민들이 마음껏 운동을 할 수 있도록 배려해 놓은 덕분에 새벽에 공원에 가면 운동하는 사람들을 만날 수 있다. 태극권을 하는 사람, 조깅을 하는 사람, 빠르게 걷는 사람, 가볍게 스트레칭을 하는 사람, 수영을 하는 사람 등등 모두 열심히 운동을 하며 각자의 하루를 시작한다. 태극권을 하러 광장에 모인 어르신들은 모두 빨간 유니폼을 갖춰 입고, 앞에 선 선생님의 지도에 따라 열심히 몸을 단련한다. 처음에는 착착 순서에 맞춰 따라 하지만 점점 시간이 지날수록 자신의 리듬과 속도에 맞추게 되어, 질서 정연한 태극권이 어느새 자유로운 '태극무'가 되어 버린다.

비 오는 날 평일의 한적한 공원 풍경

중국식 정원

❶ 구룡공원 수영장 입구 ❷ 야외 수영장 ❸ 새장 전경 ❹ 새들이 노니는 호수
❺ 공원에서 그림을 그리는 시민. 일요일이면 이렇게 그림을 그리는 사람들을 볼 수 있다.
❻ 공원에서 즐겁게 노는 아이들 ❼ 놀이터 미끄럼틀. 여러 명이 한꺼번에 내려올 수 있다.
❽ 공원에서 열심히 태극권을 연마하는 어르신들 ❾ 일요일 공원 안의 필리핀 근로자들. 함께 모여 즐겁게 노래를 부르고 있다.

↖구룡공원과 모스크 사이의 공간에 모인 이슬람 출신 가사도우미들
↑홍콩의 유명 만화 작가들의 대표작 캐릭터들

↖ 홍콩의 유명 애니메이션 주인공 맥덜(麥兜, 막따우)

일요일에는 동남아시아 출신의 근로자들과 가사도우미들이 공원에 모여 함께 노래를 부르기도 하고 집에서 챙겨 온 먹거리들을 먹기도 하면서 즐거운 시간을 보낸다. 홍콩은 가사도우미들에게 휴일을 확실하게 보장해 주고 있기 때문에, 이렇듯 일요일이면 각 가정의 가사도우미들이 공원에 나와 서로 담소를 나누며 휴일을 즐긴다. 공원에는 이 밖에도 홍콩의 유명 만화 작가들의 핸드프린팅과 그들의 대표작 캐릭터들도 전시되어 있다.

6. 구룡성채공원九龍寨城公園, 까우롱짜이쎙꽁원

구룡성채공원의 전신은 '구룡성채九龍寨城'로, 성채寨城는 성벽으로 둘러싸인 도시라는 뜻이다(寨城의 한자음은 '채성'이지만, 이해하기 쉽게 여기에서는 '성채'라고 했다. 이하 본문의 채성을 성채라고 한다). 이곳은 송나라 시기부터 존재했던 곳으로, 당시에는 관방의 염전을 관리했던 곳인 동시에 군대 주둔지였다. 하지만 그때까지만 해도 성벽

↘ ↑ 구룡성채의 외관과 내부 모습
(2015년 12월~2016년 2월의 홍콩
문물탐지관 특별전시에서 촬영)

←위에서 내려다본 구룡성채(《九龍
城探訪－City of Darkness》에서 발
췌)

을 두른 도시는 아니었다. 이후 19세기에 이르러 비로소 성벽에 둘러싸인 도시로 변모

하게 되었는데, 이는 영국과 관계가 깊다. 1841년 영국이 홍콩섬을 점령하자 이곳 일대

는 중국 해안경비에 있어 점점 중요한 역할을 하게 되었다. 이에 청나라정부는 이곳을

지키고자 1846년에 견고한 성벽을 두르고 6개의 망루와 4개의 성문을 설치하였다. 2만

6천 ㎡에 달하는 구룡성채는 1847년에 완성되었다. 성채에는 관아에 해당하는 아문衙

門이 설치되었고, 사병의 숙소와 화약 창고, 무기 창고도 함께 설치되었다. 1898년에는

구룡반도와 신계가 영국에 함락되었지만 이 지역만은 유일하게 청나라 관할하에 있었

다. 그로 인해 청나라 관원들은 계속해서 이곳에서 사무를 볼 수 있었다. 하지만 1899

영국과 중국의 공존: 광동어를 통해 홍콩의 문화를 읽다

년 5월 영국군이 구룡성채를 점령한 뒤 청나라 관료와 병사들을 쫓아내 버렸고, 그 후 이 일대는 황폐해져 사람이 거의 살지 않는 곳이 되어 버렸다.

일제 침략 시기에는 일본군이 구룡성채의 성벽을 완전히 허물어 버린 뒤, 부서진 성벽의 잔해들을 가져다 카이딱啓德 공항의 확장공사에 사용해 버렸다. 아마도 일본으로 군수물자를 실어 나르기 위해 공항을 확장한 것으로 보이는데, 멀쩡한 성벽을 무너뜨려 공항 확장에 사용해 버린 것이다.

제2차 세계대전이 끝난 후에는 노숙자들이 하나둘씩 성채로 몰려들어 와 거주하기 시작했다. 특히 1949년 중화인민공화국이 성립되며 중국이 공산화되자, 중국의 수많은 난민들이 홍콩으로 쏟아져 들어왔다. 그들이 홍콩에서 거주했던 곳이 바로 이 구룡성채로, 이후 이곳은 완전한 빈민가로 전락했다. 정부가 이곳을 방치하고 관리하지 않는 틈을 타서 높은 층집들이 우후죽순으로 늘어났고, 제한된 공간에 되도록 많은 사람들이 살아야 했기 때문에 건물들이 다닥다닥 빽빽이 들어차게 되었다. 그러다 보니 불법 증축은 기본이었고 통로는 좁디좁은 데다 햇빛도 제대로 들어오지 않았다. 공간만 있으면 일단 사람이 살 건물을 올려야 했기 때문에, 조망권이라는 것은 있을 수가 없었다. 햇빛이 안 들어오니 당연히 어둡고 음습했고 여기에 환기까지 되지 않아 위생 상태는 최악이었다. 1987년에 실시한 영국령 홍콩정부의 통계 조사에 의하면 이곳에는 모두 3만 3천 명이 살고 있었는데(구룡성채 총면적 0.026㎢), 인구밀도가 1,255,000명/㎢으로 전 세계에서 가장 높았다. 참고로 2014년 기준 서울의 인구밀도는 17,134명/㎢으로, 당시 구룡성채의 인구밀도는 2014년 서울에 비해 73배나 높았다. 이렇게 열악한 환경으로 인해 이곳은 점점 범죄의 온상이 되었으며, 성매매와 도박, 마약이 이곳의 일상이 되어 버렸다. 성채 안에는 성매매 장소, 도박장, 아편관, 헤로인관, 개고기 식당들이 즐비했고 싸구려 무면허 치과들도 곳곳에 자리 잡고 있었다.

구룡성채가 이렇게 골치 아픈 곳이 되어 버리자, 영국령 홍콩정부는 이곳을 철거한 뒤

❶ 구룡성채공원 남문 입구   ❷ 공원 안내도   ❸ 공원 이용 수칙   ❹ 멋진 정원 내부
❺ 작은 돌멩이들을 깔아 만든 길   ❻ 부채처럼 가지를 뻗은 공원 안의 나무

공원으로 바꿀 계획을 세운다. 그리하여 1987년 철거계획을 선포하고 1993년에 철거
작업을 시작한 뒤, 1994년 4월에 철거작업을 완료하였다.

이 시기 철거작업 중에 발굴된, 구룡성채 시기의 주춧돌과 성벽의 토대, 배수로, 비석,
대포 등의 유적들은 모두 지금까지 공원에 보존되어 있다. 발굴된 유적 중에서 가장 주
목을 끄는 것은 '남문南門'과 '구룡성채九龍寨城'가 새겨진 화강암 현판이다. 이 두 개의
화강암 현판은 일제 침략 시기에 시민들이 몰래 뜯어내어 성안에 묻어 둔 것인데, 일제
에 의해 훼손될 것을 염려하여 이렇게 성안에 감추어 두었다고 한다.

1994년 4월에 철거작업을 마친 구룡성채는 한 달 후인 1994년 5월에 구룡성채공원 건

영국과 중국의 공존: 광동어를 통해 홍콩의 문화를 읽다

❶ 물 위에 떠 있는 듯한 정자 ❷ 공원 안 조그마한 돌다리 ❸ 아담한 육각 정자 ❹ 북문으로 향하는 산책길
❺ 12가지 동물의 석상을 설치해 놓은 통록원(童樂苑) ❻ 한 척의 배를 연상시키는 이층으로 지어진 누각

구룡성채 시기의 성벽 토대 철거작업 중 발견된 화강암 현판 '남문'과 '구룡성채'

공원 안의 아문. 입구에 '암스하우스(ALMSHOUSE)'라고 쓰여 있다.

아문 내부 ↑
아문 앞의 대포 ↓

설공사를 시작하고, 이듬해인 1995년 8월에 완공되었다. 같은 해인 1995년 12월 22일
에는 제28대 홍콩총독 크리스 패턴Chris Patten(재임기간 1992~1997년)의 주관하에 개
막식이 열렸다.

구룡성채공원은 명말청초明末淸初 시기 양자강 이남의 원림園林 형식으로 설계되었으
며, 모두 8개의 경관지구로 나뉜다. 홍콩에서 제작된 사극들은 모두 여기서 촬영된 것
이 아닐까 싶을 정도로 중국의 고전적인 분위기가 잘 살아 있다. 고층 건물로 가득 찬
홍콩 도심에서, 이처럼 수려한 자연경관을 감상할 수 있는 공원이 있다는 것이 믿기지
않는다. 만약 공원을 거니는 사람들이 청나라 시대의 복장을 하고 있었다면 마치 그 시
대에 와 있는 듯한 착각이 들었을 것이다.

공원의 중앙에 위치한 아문은 구룡성채가 만들어질 당시에 세워졌다. 아문으로 들어가
는 입구에는 '암스하우스ALMSHOUSE'라고 쓰여 있는데, 이는 '노인을 돌보는 빈민구호
소'라는 뜻이다. 이곳이 가난하고 의지할 데 없는 노인들을 수용하고 돌봐 주는 빈민구

호소였던 사실을 잘 보여 주고 있다. 또한 아문 앞 뜰 양쪽에는 1802년에 제작된 대포가 각각 놓여 있다.

7. 싸틴공원沙田公園, 싸틴꽁원

3년의 시간과 7천5백만 홍콩달러(우리 돈 약 112억 5천만 원)를 투입하여 만든 싸틴공원은 1988년 8월 24일에 문을 열었다. 신계新界, 싼까이의 싸틴沙田 지역에 위치해 있으며, 총면적은 8만 ㎡에 달한다. 원래의 명칭은 싸틴중앙공원으로, 공원 옆에는 성문하城門河라는 강이 흐르고 있다. 매년 단오절이면 성문하에서 용선경기가 열린다.

공원은 메인 광장을 포함하여 예술통로와 북원北園, 그리고 남원南園으로 이루어져 있다. 이 중 예술통로는 주말과 공휴일에만 개방하고 있으며, 임시로 마련된 가판대에서는 홍콩 예술가들의 회화, 조각, 서예, 도예 등의 창작품들을 전시, 판매한다. 또한 예술통로는 담장화원과 두견원杜鵑園, 석산화원石山花園, 시화원時花園 등 공원 안의 여러 정원들과 연결되어 있다. 남원 안에는 18m에 이르는 폭포가 세차게 흘러내리며, 중국식 정원으로 꾸며져 있는 북원에는 아치형의 돌다리와 감빛 지붕의 아담한 정자가 운치

싸틴공원 입구

공원 옆으로 흐르는 강 성문하

❶ 싸틴공원 정문 ❷ 예술통로 입구 ❸ 음력설 무렵의 예술통로
❹ 북원 풍경. 아치형 다리와 조화를 이루는 연못이 보인다. ❺ 북원 안의 정자 ❻ 공원 안 풍경

있게 자리하고 있다.

공원에는 이 외에도 노천극장, 놀이터, 분수대, 자전거 대여소 등 시민들을 위한 시설들

이 잘 갖추어져 있다. 또한 공원 전역에는 10여만 포기에 이르는 400여 종의 식물이 자

라고 있으며, 이 중에는 희귀 품종도 상당수 포함되어 있다. 주말 오전에는 공원 한쪽에

서 태극권을 비롯하여 태극검과 태극창을 연마하는 사람들을 볼 수 있다. 또 다른 쪽에

서는 사교춤을 신나게 추는 중년 여성들도 보인다. 이렇듯 모두들 공원에 나와 주말을

알차고 즐겁게 보낸다.

영국과 중국의 공존: 광동어를 통해 홍콩의 문화를 읽다

❶ 사부의 지도 아래 태극권을 연마하는 사람들
❷ 사교춤 연습에 여념이 없는 어머님들
❸ 자전거 대여소
❹ 강가를 누비는 차양 달린 세발자전거
❺ 공원에서 바라본 성문하와 력원교

싸틴공원은 다른 공원들과는 달리 자전거를 대여해 주고 있는데, 강가에 위치해 있는 공원의 특성상 자전거를 타고 강가를 마음껏 달릴 수 있다. 특별히 공원 측에서 시민들을 위해 마련해 놓은 것 같다. 두 사람이 앞뒤로 타고 달릴 수 있는 2인용 자전거와 베트남의 씨클로(자전거를 개조해서 만든 인력거)를 연상하게 하는 차양 달린 세발자전거가 준비되어 있다. 공원에 맞닿아 있는 강물과 이를 가로지르는 멋진 다리 력원교瀝源橋, 렉원키우, 그리고 강 건너 보이는 주거단지는 다른 공원에서는 볼 수 없는 풍경이자 싸틴공원만의 매력이다.

12
홍콩의 박물관

1. 홍콩역사박물관 香港歷史博物館, 횅꽁렉씨뽁맛꾼

홍콩역사박물관은 1962년 설립된 홍콩박물미술관香港博物美術館에서부터 맨 처음 시작되었다. 1975년 7월에 홍콩박물미술관이 홍콩박물관香港博物館과 홍콩예술관香港藝術館으로 분리되었고, 이때 홍콩박물관은 구룡공원의 임시 거처로 옮겨졌다. 당시 홍콩박물관의 임시 거처는 1910년에 지어진 영국군의 병영, 즉 군인들의 숙소였다. 홍콩박물관은 이곳에서 1983년부터 15년 동안 운영되다가, '홍콩역사박물관'으로 이름을 바꾸고 1998년 7월에 지금의 자리인 채텀 로드 사우스漆咸道南, 찻함또우남로 이전한 뒤 정식으로 개관하였다. 한편, 홍콩박물미술관에서 분리된 또 다른 박물관인 홍콩예술관은 현재 침사추이의 스타의 거리 바로 옆에 위치해 있다. 이들의 변천 과정을 간단하게 살펴보면 다음과 같다.

홍콩박물미술관 → 홍콩박물관 → 홍콩역사박물관

↘ 홍콩예술관

홍콩역사박물관에서는 4억 년 전부터 지금까지 계속되어 온 홍콩 역사에 관한 모든 것을 수많은 문물을 통해 보여 주고 있다. 총 3억 9천만 홍콩달러(우리 돈 약 585억 원)를 투입하여 건립한 홍콩역사박물관은 총면적 17,500㎡에 상설전시실만 7,000㎡에 달한다. 이 밖에 1,000㎡ 넓이의 특별전시실과 강연장도 함께 갖추고 있다.

박물관 입구에 들어서면 특이하게도 에스컬레이터를 타고 아래층으로 내려가야 한다. 그래서 아래층을 지하로 생각할 수 있겠지만 이곳은 지하가 아닌 G층(우리식의 1층)이고, 박물관 입구가 1층(우리식의 2층)이다. 즉 우리식으로 말하면 정문 입구가 1층이 아니라 2층인 것이다. 정문 이외에 채텀 로드 사우스와 마주한 방향에 입구가 하나 더 있다. G층에 위치한 이곳은 장애인을 위한 전용 입구로, 에스컬레이터를 탈 필요 없이 바로 들어갈 수 있다. 정문에서는 휠체어를 탄 사람이 에스컬레이터를 타고 내려갈 수 없기 때문에, 이렇게 따로 입구를 마련해 놓았다. 홍콩은 이렇듯 장애인을 위한 시설이 곳곳마다 잘 갖추어져 있다(장애인 배려에 관한 자세한 내용은 제6장 중 '5. 지하철' 부분

↑ 홍콩역사박물관

박물관 입구 ↗

장애인을 위한 입구를 따로 마련하여 불편함이 없도록 하고 있다. →

을 참고할 것).

박물관은 '홍콩 이야기香港故事, 횡꽁꾸씨'라 불리는 상설전시와 주기적으로 열리는 특별전시로 기획되어 있다. 상설전시인 '홍콩 이야기'는 2개 층에 총 8개의 전시실로 이루어져 있다. 모두 4,000여 점의 문물을 전시하고 있으며, 각 전시실에서는 관련 영상물을 상영하여 관람객들이 해당 시기의 홍콩 역사를 좀 더 쉽게 이해할 수 있도록 돕고 있다. 6~10분 정도의 영상물들은 광동어, 표준중국어, 영어순으로 번갈아 가며 계속 상영된다.

2개 층으로 나뉜 전시실은 G층(우리식의 1층)과 2층(우리식의 3층)에 있다. 1층(우리식의 2층)을 사이에 두고 위아래로 분리되어 있는데, 박물관 입구인 1층에는 특별전시실과 기념품 가게, 그리고 식당 등이 있다. G층에는 제1관~제4관이 있고, 2층에는 제5관~제8관이 있다.

8개의 전시실은 '자연생태환경(제1관)'과 '역사 이전 시기의 홍콩(제2관)', '한漢나라부터 청淸나라까지(제3관)', '홍콩의 민속(제4관)', '아편전쟁과 홍콩의 할양(제5관)', '홍콩 개항과 초기의 발전(제6관)', '일제 침략 시기(제7관)', '현대 도시와 홍콩 반환(제8관)' 이렇게 모두 8개의 주제로 분류되어 있다.

에스컬레이터를 타고 내려가면 맨 처음 제1관인 '자연생태환경'에 들어서게 된다. 이 전시실은 '지표면의 형태와 기후' 그리고 '동식물'이라는 두 가지 주제로 구성되어 있다. 수많은 암석과 화석의 표본을 통해 끊임없는 지질활동이 남긴 흔적과 4억 년 동안의 암석층 변화에 대해 자세히 알 수 있다. 각종 암석을 진열해 놓은 좁은 터널을 지나면 나무가 우거진 숲이 눈앞에 펼쳐진다. 각종 조류와 파충류, 포유류 표본들이 놓여 있는 숲속은, 새소리와 동물소리들이 어우러져 박물관이 아닌 자연에 와 있는 듯한 느낌을 준다. 6천 년 전에 이미 홍콩에 존재했던 동식물과 그 주변의 자연환경을 이곳에서 확인할 수 있다.

❶ 박물관에 견학 온 어린이들
❷ 상설전시인 홍콩 이야기(香港故事)
❸ 홍콩의 역사는 4억 년 전부터 시작되었다.
❹ 각종 화석 표본들
❺ 석기를 이용해 물고기를 손질하는 신석기 시대 인류
❻ 나무와 돌로 집을 짓는 사람들
❼ 청동기 시대에 사용했던 도기
❽ 청동도끼

제2관 '역사 이전 시기의 홍콩'에서는 신석기 시대 인류의 생활상을 재현해 냈다. 42m
길이로 펼쳐진 모래사장 위에서 불을 이용해 요리를 하는 사람, 석기를 이용해 물고기
를 손질하는 사람, 나무와 돌로 집을 짓는 사람 등 당시의 모습을 그대로 보여 주고 있
다. 문헌자료에 의하면 홍콩에서는 6천 년 전에 이미 인류가 생활하고 있었다고 한다.
또한 바다와 인접한 홍콩의 지리적인 특성상, 당시의 사람들은 해변의 모래언덕 위에
서 거처했다고도 한다. 전시실에서는 신석기 인류의 생활 이외에, 홍콩에서 출토된 신
석기와 도기陶器, 청동기문물도 전시하고 있다.

제3관인 '한漢나라부터 청淸나라까지'에서는 한나라부터 청나라까지의 역사와 문물을

소개하고 있다. 한국이나 중국의 박물관에서 자주 볼 수 있는 흙으로 빚은 도자기들과 백자, 그리고 깨진 청화백자들도 전시되어 있다. 그런데 특이하게도 벽과 천장을 벽돌로 쌓아 만든 전시실이 나온다. 바로 한나라 시기의 분묘인 '레이쩽 주택 한나라 분묘李鄭屋漢墓, 레이쩽옥흔모우'를 재현해 놓은 곳이다. 이 분묘는 1955년에 레이쩽 주택李鄭屋邨, 레이쩽옥천이라는 공공주택단지에서 발견되어, '레이쩽 주택 한나라 분묘'라고 불리고 있다. 분묘는 십자형으로 벽돌을 쌓아 올린 뒤 둥근 아치형으로 천장을 만들었는데, 이러한 무덤 양식은 동한東漢 시기에 유행하던 것이라고 한다. 58점의 부장품과 50점의 도기, 8점의 청동기가 발견되었지만, 희한하게도 사람 뼈는 전혀 발견되지 않았다. 전시실에는 레이쩽 주택 한나라 분묘를 작게 축소해서 만든 모형 분묘도 있다.

이 밖에도 제3관에는 송宋나라의 마지막 황제인 조병趙昺의 초상화도 있다. 6살에 황위에 오른 뒤 몽고군의 침입을 피해 홍콩으로 피난 온 어린 황제는 다음 해에 7살의 나이로 생을 마감한다. 원나라 군대가 조병과 육수부陸秀夫라는 충신을 일제히 포위하고 다가오자, 적의 포로가 되는 것을 원하지 않았던 육수부가 조병을 업고 바다로 투신하였기 때문이다. 이에 앞서 육수부는 처자식을 먼저 바다에 뛰어들게 하고, 어린 황제를 등에 업고서 끈으로 자신과 황제를 함께 묶은 뒤 바다로 뛰어들었다.

'홍콩의 민속'을 전시하는 제4관에는 흥미로운 볼거리가 많다. 19세기 이전 홍콩에는 북송北宋(960~1127) 이후부터 계속 홍콩에서 거주하던 본지인本地人과 객가인客家人, 수상인水上人, 복료인福佬人 이렇게 4개 민족이 함께 어울려 살고 있었다. 제4관에는 이들의 생활과 풍습 등을 소개하고 있는데, 웬만한 어린아이는 들어가서 목욕을 해도 될 만큼 커다란 나무통도 있고(여기에는 모형 새우젓이 담겨 있다), 빨간 돛을 단 홍콩을 상징하는 전통배 덕크링Duckling도 있다. 소금에 절인 물고기를 대나무 돗자리에 널어 놓거나 배에 걸어 말리는 광경도 볼 수 있고, 혼례를 치를 때 신부가 준비하는 혼수와 예복, 그리고 붉은 가마를 타고 시집가는 신부의 행렬도 볼 수 있다.

영국과 중국의 공존: 광동어를 통해 홍콩의 문화를 읽다

한나라 시기의 문물들

레이쩽 주택 한나라 분묘 모형. 십자형의 구조에 아치형의 둥근 천장은 한나라 시기에 유행하던 무덤 양식이다.

송나라의 마지막 황제 조병

명나라 시기의 문물들

이 밖에 광동 오페라라고 불리는 월극粵劇, 윗켁과 일곱 자매 탄신일七姐誕, 찻쩨딴, 만두산에 올라 만두 따 오기搶包山, 챵빠우싼, 어린아이들의 유명인 분장 퍼레이드飄色巡遊, 피우쎅촌아우도 모형으로 형상화해 놓았다. 이 중 만두산에 올라 만두 따 오기와 어린아이들의 유명인 분장 퍼레이드는 무사태평을 기원하는 축제 '타이펭쳉찌우太平清醮'의 하이라이트다(이에 대한 자세한 내용은 '제8장 홍콩의 전통명절과 축제'를 참고할 것).

제5관 '아편전쟁과 홍콩의 할양'에서는 아편전쟁이 발발하게 된 원인과 과정, 그리고 그 영향에 대해 소개하고 있다. 전시실에 들어서면 임칙서林則徐의 전신 석상이 보인다. 영국 상인들이 소유한 아편을 몰수한 뒤 태워 버리고, 아편 상인들을 국외로 추방

↑ 19세기 무렵 홍콩에 거주하던 4개 민족들의 평상복
↓ 빨간 돛을 단 홍콩 전통배 덕크링

↑ 객가인이 거주했던 가옥
↓ 소금에 절인 생선을 말리는 모습

↑ 모형 새우젓을 담아 놓은 커다란 나무통
↓ 신부의 예복

↑ 붉은 가마를 타고 시집가는 신부
↓ 만두산에 올라 만두를 따는 경기인 챙빠우싼

↑ 광동 오페라고 불리는 월극
↓ 아이들의 분장 퍼레이드인 피우쎅촌야우 행렬

↑ 일곱 자매 탄신일
↓ 피우쎅촌야우에서 선녀로 분장한 어린이

영국과 중국의 공존: 광동어를 통해 홍콩의 문화를 읽다

위층에서 바라본 제4관(홍콩의 민속)의 풍경

했던 사람이 바로 임칙서다. 전시실에는 소각한 아편 찌꺼기를 바다로 흘려 보내는 엄지손톱 크기의 사람 모형도 있다(아편 소각에 관한 자세한 내용은 '제2장 홍콩의 역사'를 참고할 것). 이 밖에 전시실에는 솟아나는 샘의 문과 둥근 대리석 기둥도 있다. 솟아나는 샘의 문은 원래 쏘위항하우水坑口라는 곳에 있던 것으로, 1841년 1월 25일 영국군이 최초로 홍콩섬에 상륙했을 당시에 세운 것이다. 영어로는

'Possession Point'라고 하는데, 이는 '점령한 지점'이라는 뜻이다. 광동어 이름인 '쏘위항하우水坑口'는 '물웅덩이'라는 뜻으로, 이곳에 홍콩 사람들이 물을 길어 먹던 큰 물웅덩이가 있었기 때문에 이렇게 불렸다. 둥근 대리석 기둥은 중국에서 초대 상무감독商務監督을 역임했던 영국의 윌리엄 존 네이피어 경Sir William John Napier을 기념하기 위하여 세운 것이다. 또한 전시실 한쪽에는 제1차 아편전쟁 당시 청나라 군대가 영국군에 대항하였던 보루도 재현되어 있다. 벽을 성벽처럼 쌓아 올리고, 군데군데 대포도 설치해 놓았다.

제6관 '홍콩 개항과 초기의 발전'에 들어서면, 왼쪽에 3층 높이의 고풍스러운 유럽식 건축물이 우뚝 서 있다. 건물 바로 맞은편 항구에는 서양식 유람선이 물가에 정박해 있고, 물 위에는 중국식 어선이 떠 있다. 두 척의 배 건너편으로 옛날 구룡반도의 모습도 보인다. 건물 뒤편으로 들어서면 식민지 시기 홍콩의 거리가 펼쳐진다. 거리 양쪽에 늘어선 상점들을 보고 있으면 1900년대 초기의 홍콩에 와 있는 듯한 착각이 들고, 박물관 안이 어두워 자연스레 '별들이 소곤대는 홍콩의 밤거리' 느낌이 물씬 난다. 당시의 분위기를 재현한 식료품 가게, 의상실, 전당포, 약방, 중국식 이층 찻집들 사이를 거닐다 보면, 영

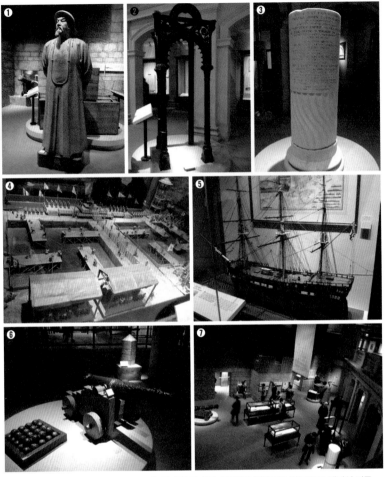

❶ 임칙서 석상　❷ 솟아나는 샘의 문　❸ 윌리엄 존 네이피어 경을 기념하여 만든 둥근 대리석 기둥
❹ 소각한 아편 찌꺼기를 바닷물에 흘려 보내는 사람 모형　❺ 영국 동인도회사의 범선
❻ 제1차 아편전쟁 당시를 재현한 전시실　❼ 제5관(아편전쟁과 홍콩의 할양)의 전경

화 세트장에 와 있는 것 같은 기분도 든다. 이 외에도 식민지 시기에 사용했던 전화기와

우표 등이 전시되어 있어, 당시 홍콩 사람들의 생활상을 좀 더 쉽게 이해할 수 있다.

제7관 '일제 침략 시기'에서는 일본의 침략을 받은 뒤 3년 8개월 동안 암흑의 세월을 보

영국과 중국의 공존: 광동어를 통해 홍콩의 문화를 읽다

❶ 3층 높이의 유럽식 건축물　❷ 홍콩 개항 초기 항구의 모습
❸ 영국 식민지 시기의 식료품 가게　❹ 의상실　❺ 전당포　❻ 약방
❼ 1862년에 통용되었던 2센트 우표(사진 속의 여인은 빅토리아 여왕)
❽ 식민지 시기의 전화

냈던 홍콩의 모습에 대해 살펴볼 수 있다. 1941년 12월 25일 크리스마스 오후에 홍콩을 함락시킨 일본은 우리나라에 했던 것처럼 홍콩 사람들과 영국군에게도 무자비한 탄압을 강행했다. 그 기간 동안 홍콩 사람들은 공포에 떨며 비참한 생활을 해야만 했다. 1945년 8월 15일 일본이 무조건항복을 선언한 이후 홍콩은 다시 이전의 생활을 되찾을 수 있었다.

제8관 '현대 도시와 홍콩 반환'에서는 1950년대 이후 도시화된 홍콩의 모습을 보여 주고 있다. 이 시기 홍콩은 공업과 금융, 무역업 등에서 비약적인 발전을 했다. 도시화 시

일본이 무조건항복을 선언한 이후 홍콩 시내를 행진하는 영국군들

일본이 항복한 후, 영국의 국기 유니언 잭을 다시 게양하는 모습

도시화 시기의 홍콩 가정집

1960년대 영화관, 잡화점, 이발소

기의 홍콩 가정집과 1960년대의 영화관, 잡화점, 이발소 등이 전시실에 재현되어 있다. 또한 홍콩이 중국으로 반환되기까지의 과정도 함께 소개하고 있다.

2. 홍콩문물탐지관香港文物探知館, 횅꽁만맛탐찌꾼

구룡공원 안에 위치한 홍콩문물탐지관은 원래 군인들의 숙소였다. 구룡공원 역시 처음에는 공원이 아니라 군영이었다. 1892년 이곳에 설치되었던 휫필드 군영이 1967년 영국군의 철수 이후 공원으로 바뀐 것이다. 휫필드 군영 시절인 1910년에는 S61과 S62로 불리는 영국군의 병영, 즉 군인들의 숙소를 지었는데, 그 숙소가 지금의 홍콩문물탐지관이다. 군인들이 사용하던 숙소는 1983년부터 1998년까지 15년 동안 홍콩박물관으로

영국과 중국의 공존: 광동어를 통해 홍콩의 문화를 읽다

사용되었고, 홍콩박물관이 채텀 로드 사우스로 이전하고 난 후 2003년에는 보수공사를 진행하였다. 그리고 2년 후인 2005년부터는 홍콩문물탐지관으로 사용되었다(채텀 로드 사우스로 이전한 홍콩박물관은 홍콩역사박물관으로 이름이 바뀌었다. 자세한 내용은 앞의 '1. 홍콩역사박물관' 부분을 참고할 것). 즉 군인들의 숙소→홍콩박물관→홍콩문물탐지관 순서로 바뀌었다. 문물탐지관 앞뜰에는 노천카페도 있어서, 관람을 마치고 잠시 쉬어 가기에도 좋다.

G층의 특별전시실 입구에는 중세 시대 수도원에 세워졌을 법한 커다란 청동대문이 서 있다. 이 대문은 원래 1935년 센트럴의 홍콩상하이은행 본사에 설치되었던 정문이었는데, 이후 은행 책임자의 개인 저택으로 옮겨졌다. 1990년대에 이르러서는 저택의 소유자가 여러 번 바뀌고 결국 저택을 철거하게 되면서 홍콩문물탐지관에 기증되었다.

G층에서 에스컬레이터를 타고 1층으로 올라가면, 왼쪽에 상설전시실이 있다. 상설전시실은 '문물탐색으로의 여행文物探索之旅'이라는 주제로 고고편考古篇과 문물건축편文物建築篇 두 가지로 구분되어 있다.

고고편은 '문물복도文物廊'와 '고고문물의 정수考古文物選粹', '선사 시대史前時期', '한나라 시기漢代', '명나라 시기明代'로 나뉜다. 고고편에 들어서면 맨 먼저 '문물복도'라 불리는 긴 복도가 나오는데, 이곳에서는 신석기 시대부터 청대까지의 유물들을 한눈에 볼 수 있다. '고고문물의 정수' 전시실에서는 홍콩의 여러 유적지에서 출토된 1,600여 점의 고고문물들을 전시하고 있다. '선사 시대' 전시실에는 점토로 빚은 것으로 보이는 남녀의 흉상이 있고, 그 옆에는 두개골도 함께 놓여 있다. 아마도 두개골의 형태를 근거로 선사 시대 사람의 얼굴을 그대로 재현한 듯하다. 그런데 희한하게도 요즘 사람들의 모습과 별 차이가 없다. 게다가 남녀의 구별도 그다지 뚜렷해 보이지 않는다. 처음에 얼핏 봤을 때는 둘 다 남자인 줄 알았다. 그리고 특이한 것은 남녀 모두 옥으로 만든 귀걸이와 목걸이를 하고 있다는 점이다. 이미 그 당시에 옥이 있었고, 옥을 이용하여 장신구를 만들

❶ 홍콩문물탐지관 ❷ 전시실에서 바라본 문물탐지관의 앞뜰 ❸ 문물탐지관 앞뜰의 노천카페
❹ G층의 전경 ❺ G층 평면도 ❻ G층 특별전시실 입구의 청동대문

어 착용할 줄도 알았던 것 같다.

홍콩문물탐지관에서 가장 인상 깊었던 것은 '명나라 시기' 전시실의 자기 조각들이다. 이곳에서는 수많은 청화백자 조각들로 바닥을 가득 채우고, 그 위에는 강화유리를 깔아 놓아 관람객들이 발밑에서 바로 관람할 수 있도록 해 놓았다. 이를 통해 깨진 자기들이 창의적인 예술작품으로 다시 태어나고 있었다. 깨진 자기들은 조각난 그대로 진열장에 전부 진열하기도 곤란하고, 그렇다고 그 많은 조각들을 아무렇게나 방치하기도 곤란하다. 그런데 이 훌륭하고 멋진 아이디어는 깨진 자기들을 홍콩문물탐지관 안에서

영국과 중국의 공존: 광동어를 통해 홍콩의 문화를 읽다

❶ 상설전시실 '문물탐색으로의 여행' 입구
❷ 고고편의 도입부인 '문물복도' 전시실
❸ 문물복도에 전시된 송(宋) 대 유물. '영혼을 담는 병(魂瓶)'이라는 이름으로 미루어 보아 장례 때 사용했던 물품인 듯하다.
❹ '고고문물의 정수' 전시실
❺ 고고문물의 여러 문양들
❻ '선사 시대'와 '한나라 시기', '명나라 시기' 전시실이 나란히 위치해 있다.

❼ ❽ '선사 시대' 전시실의 남녀 흉상

가장 돋보이는 전시품으로 뒤바꾸어 놓았다. 창의적인 사고의 중요성을 다시 한 번 깨닫게 된 순간이었다.

또 다른 상설전시인 문물건축편은 '중국건축中式建築'과 '서양건축西式建築', '현대건축現代建築', '보수와 활성화復修及活化' 전시실로 구분되어 있다. 이곳에서는 홍콩의 전통건축과 서양식 건축, 현대식 건축의 출현 배경, 그리고 각 건축의 특징을 보여 준다. 또한 '보수와 활성화' 전시실에서는 건축물의 보존과 보수 방법 등에 대해 소개하고 있다.

❶ '명나라 시기' 전시실의 바닥을 가득 메운 청화백자 조각들 ❷ 또 다른 상설전시실인 문물건축편 ❸ 문물건축편의 '중국건축', '서양건축', '현대건축' 전시실 ❹ 홍콩의 중국식 전통가옥 ❺ 서양식 건축물이 들어신 식민지 시기의 센트럴 ❻ 영국시 현대건축 양식으로 지어진 시티홀. 그 앞에서 웨딩 촬영을 하는 신부와 그림을 그리는 아이들 ❼ '보수와 활성화' 전시실

3. 홍콩문화박물관香港文化博物館, 헝꽁만파뽁맛꾼

멀리서 바라보면 물 위에 떠 있는 고궁처럼 보이는 홍콩문화박물관은 중국 전통의 사합원四合院 형식으로 건축되었다. 사합원은 동서남북 네 면을 방으로 둘러싸고 중앙에는 정원을 두는 건축방식이다. 동서남북 4면의四 건물이 서로 모여슴 가운데 정원院을 둘러싸는 구조이기 때문에 사합원이라고 한다. 위에서 내려다보면 한자의 '口구' 혹은 '回회'처럼 보인다.

영국과 중국의 공존: 광동어를 통해 홍콩의 문화를 읽다

박물관은 6개의 상설전시실과 6개의 특별전시실로 구성되어 있다. 2000년 12월에 개관한 박물관은 8억 홍콩달러(우리 돈 약 1,200억 원)를 투입하여 건립되었으며, 전시실의 면적은 7,500㎡에 달한다. 모두 3개 층으로 이루어져 있는데, 상설전시실은 G층에서 2층까지 각 층에 있고, 특별전시실은 1층과 2층에만 있다.

상설전시실은 G층에 '아동탐지관兒童探知館'과 '김용관金庸館'이 있고, 1층에는 '월극문물관粤劇文物館'과 '신계문물관新界文物館', '조소앙예술관趙少昂藝術館'이 있으며, 2층에는 '서전당중국예술관徐展堂中國藝術館'이 있다.

'아동탐지관'은 4~10세 아동들을 위한 전시관으로, 대자연의 신비와 고고학에 흥미를 느낄 수 있도록 구성해 놓았다. 전 세계적으로 유명한 홍콩의 마이포米埔, 마이뽀우 습지를 비롯하여 여러 가지 새와 곤충 및 해양생물들을 탐구할 수 있으며, 신계 지역의 전통 농촌 생활도 체험해 볼 수 있다.

↖홍콩문화박물관 ↑사합원의 가운데 정원

←G층의 넓은 로비

'김용관'은 20세기의 가장 영향력 있는 무협소설 작가인 김용을 위해 마련한 전시관으로, 2017년 3월 1일에 문을 열었다. 김용의 본명은 사량용査良鏞, 차량용으로, 필명인 김용金庸은 그의 이름 사량용査良鏞에서 마지막 글자 '鏞용'을 '金김'과 '庸용'으로 파자(한자의 자획을 분해)한 것이다. 홍콩의 대표적인 신문 '명보明報'를 창간한 인물로도 유명한 김용은 1950년대부터 무협소설을 쓰기 시작했다. 한국에서도 유명한 《사조영웅전射鵰英雄傳》, 《신조협려神鵰俠侶》, 《의천도룡기倚天屠龍記》, 《소오강호笑傲江湖》, 《녹정기鹿鼎記》 등 수많은 작품을 집필하였으며, 대부분의 작품들이 영화와 드라마로 제작되었다. '김용관'에서는 그의 친필 원고와 《사조영웅전》 병풍, 그리고 안경과 같은 개인 물품 등 300여 점의 소장품을 전시하고 있다. 또한 소설 창작 과정과 그의 소설이 홍콩문화에 미친 영향에 대해서도 소개하고 있다. 김용은 중국 현대시의 개척자인 서지마徐志摩의 외사촌 동생이기도 하다.

'월극문물관'은 광동 오페라라고 불리는 월극에 대한 모든 것을 소개하고 있다. 화려한 무대 장치와 공연 모습, 휘황찬란한 의상들과 소품들, 공연 시 사용되었던 악기들, 무대 뒤의 분장실, 배우들의 사진, 공연을 소개한 신문, 그리고 월극을 녹음한 레코드관까지 광동 특유의 희곡 예술에 대해 자세하게 살펴볼 수 있도록 전시해 놓았다.

'신계문물관'에서는 신계 지역의 역사에 대해 소개하고 있다. 신계의 자연환경과 선사 시기 생활, 무역과 해안경비, 어촌마을의 모습, 영국 식민지 시기의 행정, 신시가지 발전 등 신계 지역의 역사와 변천에 대해 알 수 있다. 또한 이곳에는 영국 식민지 시기의 금빛 찬란한 홍콩 문장紋章도 전시되어 있다.

'조소앙예술관'에서는 중국의 유명한 화가인 조소앙趙少昻의 대표작과 친필 원고 등을 전시하고 있다. 이곳에서는 작품의 보호를 위해 사진 촬영이 금지되어 있다. 그리고 '서전당중국예술관'에서는 홍콩의 유명한 사업가이자 자선사업가이면서 예술품 수집가인 서전당徐展堂이 기증한 진귀한 중국의 역대 도자기와 도기공예품, 청동기, 티베트문물

❶ 아동탐지관 ❷ 아동탐지관의 '마이포 습지' 구역 ❸ 아동탐지관의 '해저화원' 구역
❹ 아동탐지관의 '농촌 생활' 구역 ❺ 20세기 가장 영향력 있는 무협소설 작가 김용
❻ 김용의 친필 원고와 안경, 만년필 ❼《사조영웅전》병풍
❽ 드라마와 영화로 제작된 김용의 작품들 ❾ 만화로 출판된 김용의 작품들
❿ 김용 캐리커처

❶ 화려한 월극 무대
❷ 월극 공연 모습
❸ 휘황찬란한 월극 의상
❹ 월극 공연 시 사용되었던 악기들
❺ 월극 분장실

등을 전시하고 있다.

특별전시는 매번 다른 주제로 전시를 하는데, 마침 박물관을 찾았을 때는 이소룡 특별전과 중국전통아동복식 특별전을 하고 있었다. 이소룡 특별전은 '무술, 예술, 인생-이소룡武·藝·人生― 李小龍'이라는 주제로 2013년 7월 20일부터 2018년 7월 20일까지 5년 동안 진행되었다. 2013년 7월 20일은 이소룡이 사망한 지 정확히 40주년이 되는 날이었다(그는 1973년 7월 20일에 서른둘의 젊은 나이로 세상을 떠났다). 미국 샌프란시스코에서 태어난 이소룡은 홍콩에서 성장했다. 당대의 고수 엽문葉問의 제자이자 절권도截拳道의 창시자이기도 한 그는 태어난 다음 해부터 영화에 출연하였으며, 1970년대에

영국과 중국의 공존: 광동어를 통해 홍콩의 문화를 읽다

❶❷❸ 신계 지역 전통의 가옥, 의복, 농기구
❹ 영국 식민지 시기의 홍콩 문장
❺ 서전당중국예술관에 전시되어 있는 중국 각 시기의 도자기들
❻ 서전당중국예술관의 좌불석상
❼ 서전당중국예술관의 목조관음상

는 〈당산대형唐山大兄〉, 〈정무문精武門〉, 〈맹룡과강猛龍過江〉, 〈용쟁호투龍爭虎鬥〉, 〈사망유희死亡遊戲〉에서 주연을 맡았다. 이소룡 특별전은 홍콩문화박물관과 미국 이소룡 기금회의 공동기획으로 마련되었다. 국내외 수집가들과 단체에게서 대여한 600여 점

이소룡 특별전

멋지게 발차기 하는 이소룡 동상

❶ 중국전통아동복식 특별전
❷ 섬세하게 수놓인 아동 의복. 장명부귀(長命富貴)라는 글귀가 선명하다.
❸ 19세기 말 20세기 초 당시의 아동 의복
❹ 중국 전통의 아동화

의 소장품들이 특별전 기간 동안 전시되었다. 전시품과 저작권 보호를 위해 사진 촬영

이 금지되어 있었기 때문에 전시실 안에서는 사진을 찍을 수가 없었다. 하지만 박물관

입구에 세워 놓은 이소룡의 멋진 발차기 포즈 동상은 다행히 촬영이 가능했기에 사진으로 담아 올 수 있었다.

중국전통아동복식 특별전(2015.12.18~2016.3.21)에서는 19세기 말부터 20세기 초까지의 아동 의류, 모자, 망토, 턱받이, 신발 등이 전시되어 있었다. 의학이 발달하지 못했던 시대에는 아이들이 요절하는 경우가 많았기 때문에, 아이들을 보호하고 축복해 주기 위해서 어른들은 아이들의 의복 등에 상서로운 문양을 수놓곤 했다. 불길한 것은 내쫓고 길한 것은 불러들이기 위함이었다. 이러한 바람이 전시된 옷들에 고스란히 묻어나 있었다. 특별전에 전시된 옷들은 아이들의 옷이라고는 믿기지 않을 만큼 그 문양이 너무나도 아름다웠다. 꼼꼼하고 섬세하게 놓인 자수에서 아이가 무병장수하기를 바라는 어른들의 간절한 마음이 그대로 느껴졌다.

4. 홍콩의학박물관香港醫學博物館, 횡꽁이혹뽁맛꾼

홍콩의학박물관에는 홍콩 의학에 관한 문물과 문헌들이 전시되어 있다. 이러한 전시품들은 특히 영국 식민지 시기 이후의 것들로, 홍콩 의학이 어떻게 발전해 왔는지 자세하게 알 수 있다. 홍콩의학박물관의 전신은 1906년에 설립된 '홍콩세균학연구소'이다. 이 연구소는 홍콩 최초로 의학실습을 위해 설립된 기관이었는데, 당시 유행하던 페스트를 퇴치하기 위해 세워졌다. 초기에는 질병만을 전문적으로 연구하다가, 후에는 질병을 예방하고 백신을 개발하는 업무도 함께 진행하였다. 제2차 세계대전 이후에는 '홍콩병리연구소'로 이름을 바꾸고 연구 범위를 넓혀 갔다. 이후 병리연구소가 다른 곳으로 이전함에 따라 1973년부터는 연구소 건물을 정부의 창고 용도로 사용하였다. 이 건물은 1990년에 홍콩법정고적으로 지정되기도 하였다.

1995년에는 홍콩의학박물관학회가 건물을 인계한 뒤, 다음 해인 1996년 3월부터 홍콩

홍콩의학박물관 입구   홍콩의학박물관

의학박물관으로 사용하였다. 영국에서 유행하던 에드워드 양식(빨간 벽돌과 화강암을 사용한 건축 양식)으로 건립된 홍콩의학박물관은, 지붕에 중국식 기와를 올려 영국과 중국의 건축 양식이 융합되도록 지어졌다. 방에는 창을 넓게 달아 햇빛이 충분히 들어올 수 있도록 했는데, 창이 넓어 환기하기가 수월했기 때문에 항상 위생적인 상태를 유지할 수 있었다. 질병 퇴치를 위한 연구소 건물이었으므로, 건물을 지을 당시 이렇듯 위생에 관해 상당히 신경을 썼다.

현재 홍콩의학박물관은 모두 3개 층의 11개 전시실로 이루어져 있다. 지하와 지상의 2개 층으로 구성되어 있는데, 홍콩 의학의 역사와 질병 퇴치 과정에 대해 소개하고 있다. 특히 페스트 퇴치와 천연두 백신에 관한 내용을 전시하는 곳에서는 밀랍 인형으로 당시의 상황을 재현해 놓았다.

G층(우리식의 1층)에서는 인체의 구조와 움직임을 3D 화면으로 보여 준다. 혈관이나 근육 등 우리 몸을 구성하고 있는 부분들을 이 3D 화면을 통해 쉽게 이해할 수 있다. 또한 여러 종류의 의료기구들도 전시하고 있으며, 2003년 수많은 사람들의 목숨을 앗아간 사스SARS에 대해서도 자세히 알려 주고 있다. 홍콩 전체를 통째로 마비시켰던 이 전염병은 원래 2002년 11월 중국의 순덕順德 지역에서 처음 발병했다. 이후 2003년에 중

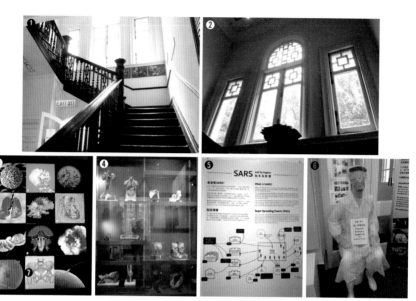

❶ 1층(우리식의 2층)으로 올라가는 계단　❷ G층과 1층(우리식의 1층과 2층) 계단 사이의 스테인드글라스
❸ 인체의 구조　❹ 신체 각 부분의 모형들　❺ 사스 감염경로에 관한 내용
❻ 사스 창궐 당시 의료진의 보호장비. 머리에서부터 얼굴 전체를 투명 비닐로 감쌌다.

국 중산대학에서 퇴직한 한 의대 교수가 중국에서 사스와 관련된 일을 하다가, 감염이
된 채로 홍콩에 들어왔고 그로 인해 급속도로 퍼져 나가게 된 것이었다. 홍콩에 오기 전
교수는 폐렴 증세가 나타나자 항생제만 먹고 병원에는 들르지 않았다. 그러다 병세가
호전된 것처럼 느껴지자 친척의 결혼식에 참석하기 위하여 가족과 함께 홍콩으로 들어
왔다. 호텔에서 하룻밤 묵는 사이, 그곳의 투숙객들이 그에게 감염되었고 감염된 사람
들이 또다시 다른 사람들을 감염시켰다. 호텔의 특성상 해외에 거주하는 사람들이 많
았던 관계로, 이 질병은 해외까지 급속도로 전염되었다. 교수는 이튿날 갑자기 병세가
악화되어 병원 응급실로 옮겨졌는데, 이곳 병원에서 다시 기하급수적으로 병이 퍼져
홍콩은 그야말로 아비규환이 되었다.
당시 홍콩의 의료진들은 이 새로운 전염병의 정체가 무엇인지 잘 몰랐다고 한다. 새롭

게 나타난 질병이라 그에 대한 정보가 부족했기 때문이다. 중국에서 처음 사스가 발병했을 당시, 중국정부는 이 새로운 질병에 대한 보도를 전면 금지시키며 발병 사실을 은폐했다. 그래서 홍콩 의료진들도 이 질병에 대해 모를 수밖에 없었다. 만약 그때 중국정부에서 사스를 제대로 알리고 신속한 조치를 취했더라면, 홍콩에서 이토록 극단적인 사태는 발생하지 않았을 거라는 견해가 지배적이다. 사스가 휩쓸고 간 이후 홍콩에서는 1,755명이 감염되고 299명이 사망했다. 중국은 이보다 더 많은 5,327명이 감염되고 348명이 사망했으며, 전 세계적으로는 8,000여 명이 감염되고 774명이 사망했다. 실제로 전염병을 전파한 중국이 홍콩보다 더 많이 감염되고 더 많이 사망했지만, 홍콩만 부각이 된 채 전염병 국가로 낙인찍혀 버렸다.

다시 박물관 얘기로 돌아와서, 1층(우리식의 2층) 전시실의 계단을 다 올라간 후 문이 열린 방 안을 들여다보니, 황비홍 복장에 변발을 한 남자 2명이 진지한 표정을 짓고 있다. 자세히 보니 사람이 아니라 밀랍 인형이다. 두 사람 앞에는 배가 갈린 쥐가 놓여 있고(역시 실물이 아니라 모형이다), 그 옆에는 쥐를 담는 동그란 철제 상자도 놓여 있다. 쥐를 해부하는 모습을 재현한 것인데, 앞에서도 말했듯이 홍콩의학박물관은 처음부터 박물관이 아니라 페스트를 퇴치하기 위한 세균학연구소로 사용되었다. 1800년대 홍콩은 위생 상태가 말도 못할 정도로 열악했다. 돼지와 쥐, 사람이 한방에서 같이 지냈으며, 방 한쪽에서는 음식도 해서 먹었다. 즉 방과 돼지우리, 부엌을 한 공간에서 모두 해결했다. 이렇게 비위생적인 환경에서 지냈으니 전염병이 발생할 수밖에 없었을 것이다. 1894년 홍콩에서 발병한 페스트로 2,500여 명의 사망자가 났다. 이에 영국령 홍콩정부는 세균학연구소를 세워 페스트를 퇴치하기 위한 조치에 들어갔다. 페스트가 최고조에 달했을 때는 매년 만 마리의 쥐를 해부했다고도 한다. 소독작업을 비롯하여 여러 가지 위생 조치를 강화한 덕분에, 1923년 이후에는 홍콩에서 더 이상 대규모의 페스트는 발생하지 않았다(그렇다고 쥐가 완전히 없어진 것은 아니었다).

영국과 중국의 공존: 광동어를 통해 홍콩의 문화를 읽다

박물관 1층(우리식의 2층)의 구실험실. 변발을 하고 있는 두 사람이 실험을 하고 있는 모습이 보인다. 해부된 쥐의 모형과 바로 옆에 쥐를 담던 철제 상자도 보인다. ↑ ╱

전봇대에 설치된 상자에서
쥐를 수거해 가는 공무원

박물관에는 재미있는 사진이 하나 걸려 있는데, 정부 소속의 도시계획과 직원이 왼손에는 커다란 철제 상자를 들고, 오른손으로는 집게로 쥐를 들어 올리고 있는 사진이다. 아마도 쥐를 상자에 넣으려는 모양이다. 사진 속의 헤어스타일과 복장으로 봐서는 페스트가 유행했던 1800년대가 아니라 1900년대 중반으로 보인다. 그런데 장소를 보니 길거리이다. 자세히 보니 쥐도 전봇대 같은 곳에 부착된 철제 상자에서 '꺼내고' 있다. 홍콩은 1940~1950년 무렵에 페스트까지는 아니지만 쥐가 자주 출몰했다고 한다. 그래서 길가의 전봇대에 쥐 담는 상자를 설치해 놓고, 사람들이 그곳에 쥐를 넣으면 담당자가 모인 쥐를 수거해 갔다고 한다(한국도 1970년대까지 쥐가 상당히 많아서 "쥐를 잡자"라며 쥐 잡기 캠페인을 벌였었다).

박물관에는 전족纏足으로 인해 뒤틀린 발의 모형도 전시되어 있다. '전纏'은 '얽매다, 둘둘 감다'라는 뜻으로, 전족纏足은 '발을 꽁꽁 동여매다'라는 뜻이다. 즉 여성들의 발을 천으로 꽁꽁 동여매어 더 이상 발이 자라지 못하게 하던 풍습을 말한다. 이러한 악습은 송나라 때 시작되어 명, 청 시대에 유행했는데, 10cm가 넘지 않아야 예쁘다고 생각했기 때문에 여자아이들은 서너 살만 되면 전족을 해야만 했다. 정상적으로 자랄 수 없는 발은 오그라들고 뒤틀린 데다, 발등은 낙타 등처럼 솟아오르고 발가락은 발바닥 쪽으로 쏠리게 되어 매우 흉측한 모습으로 변할 수밖에 없었다. 아름다움이라는 이름 뒤에 얼마나 많은 중국 여성들이 고통을 받으며 살아갔을지 가히 짐작하고도 남는다.

지하층(B/F)을 들어서면 옆으로 누워 있는 소와, 소의 배에 손을 얹고 무언가를 하고 있는 의사가 보인다(이 역시 모형이다). 소의 배에 우두 바이러스를 접종하는 모습인데, 바로 천연두 백신을 만드는 과정이다. 우두 바이러스를 접종한 후 2주가 지나면, 천연두 백신을 채취할 수 있다고 한다. 참고로 천연두 백신을 발견한 사람은 영국의 의사 에드워드 제너Edward Jenner이다. 제너는 젖소의 젖을 짜는 여자들이 천연두에 걸리지 않거나 걸려도 미약하게 앓고 지나간다는 사실을 알게 되었다. 이에 착안하여 소와 접촉해 우두(소의 천연두)를 앓게 된 사람들은 천연두에도 면역력을 가지게 될 거라는 생각을 하게 되었다. 그는 자신의 추론을 확인하기 위하여 1796년에 사상 최초로 우두법을 실험하였다. 소젖 짜는 여인의 손에서 채취한 우두 고름을 8세 소년에게 접종한 것이었다. 얼마 뒤 천연두 고름을 소년에게 주입했지만 소년은 천연두에 걸리지 않았다. 이러한 우두접종법은 천연두 예방접종의 시초가 되었고, 이를 기반으로 천연두 백신을 개발할 수 있었다.

지하층에는 이 외에도 서양의학이 처음 도입되었을 당시에 사용되었던 것으로 보이는 수술용 침대와 치과 진료대, 그리고 구급약 상자도 있다. 또한 중국 전통의학에 관한 문물들도 전시되어 있는데, 중국풍의 한약방으로 꾸며 놓은 공간에는 중국 전통약재들이 진열되어 있다. 바로 옆에는 674개의 혈자리를 모두 표시해 놓은 황동으로 만든 인체 축소 모형도 있다.

·─전족으로 인해 뒤틀린 발의 모형
→전족을 한 여인들이 신던 신발. 한
뼘도 채 되지 않는다.

❶ 소의 배에 우두 바이러스를 접종하는 모습 ❷ 수술용 침대 ❸ 치과 진료대
❹ 중국 전통약재들 ❺ 674개의 혈자리를 모두 표시한 인체 축소 모형
❻ 구급약 상자 ❼ 엄마의 자궁 속에 들어 있는 태아 모형

5. 홍콩과학관香港科學館, 횅꽁포혹꾼

홍콩역사박물관 맞은편에 위치해 있는 홍콩과학관은 1991년 4월 18일에 개관했다. 4층 높이에 17개의 전시실로 이루어져 있으며, 상설전시실의 총면적은 6,500㎡에 달한다. 빛과 소리, 역학, 자석, 전기, 생명과학, 전기통신, 교통, 식품과학, 에너지 등 여러 가지 주제의 과학기술을 소개하고 있으며, 모두 500여 점의 전시품이 있다. 과학에 흥미를 느끼고 여러 가지 과학의 원리를 이해할 수 있도록, 전시품의 70%는 관람객들이 직접 체험해 볼 수 있게 꾸며 놓았다.

홍콩과학관에서 가장 눈길을 끄는 것은 단연 '에너지머신'이다. 홍콩과학관 중앙에 자리 잡고 있는 에너지머신은 같은 유형의 전시품 중 세계에서 가장 크다. 22m의 높이에 타워 A와 타워 B로 구분되어 있다. 에너지머신을 연결하는 레일은 총길이 1.6㎞에 달하며, 그 위를 굴러다니는 여러 개의 붉은 공들은 합성섬유로 제작되었다. 지름 19㎝에 무게 2.3㎏인 공이 레일을 따라 구르면 각종 악기가 각기 다른 소리를 내고, 네온등은 빛을 낸다. 이 모든 것은 위치에너지가 운동에너지, 소리에너지, 빛에너지로 바뀌는 모습을 보여 주는 것이다. 공이 레일을 따라 한 바퀴를 다 돌 때까지는 1분 30초가 걸린다. 에너지머신은 하루에 4번(11시, 1시, 3시, 5시)만 작동한다.

G층의 '생명과학관'에 들어서면 거대한 공룡뼈대가 보인다. 이 외에도 고생물을 비롯하여 인체의 구조 및 각 기관의 기능, 인간과 동물의 골격, 전통의학과 현대의학 등에 대해 설명하고 있다. 바로 옆의 '생물다양성 전시관'에서는 지구상에 존재하는 다양한 생물들을 소개한다. 이 밖에 거울을 여러 가지 형태로 배치해 놓아 사물이 홀쭉하게 보이거나 팽창해 보이기도 하고, 또는 좌우나 상하가 바뀌어 보이는 '거울세계'가 있다.

1층의 '자석전기관'에서는 자석과 전기의 기본 성질과 작동원리에 대해 알려 주고 있다. 같은 층의 '소리관'에서는 소리의 기본원리에 대해 소개하고 있는데, 여러 기구들을

영국과 중국의 공존: 광동어를 통해 홍콩의 문화를 읽다

❶ 홍콩역사박물관 맞은편의 홍콩
과학관
❷ 홍콩과학관
❸ 홍콩과학관 로비
❹ ❺ 위에서 내려다본 에너지머신
타워 A와 타워 B

설치한 후 그곳에서 나오는 소리를 들을 수 있도록 꾸며 놓았다. 가장 특이한 것은 아주 조그맣고 동글동글한 스티로폼 알갱이들이 잔뜩 들어 있는 기다란 원형 유리관이다. 음악이 들리면 그 소리에 맞추어 유리관 속의 스티로폼 알갱이가 일제히 춤을 추면서 움직인다. 이는 정상파Standing Wave를 눈으로 볼 수 있게 만들어 놓은 것으로, 정상파는 한정된 공간 안에 갇혀 제자리에서 진동하는 형태의 파동을 말한다. 물리적인 힘뿐만 아니라 소리도 물체를 움직일 수 있다는 것을 이렇게 직접 보여 주고 있다.

1층에는 이 밖에 '직업안전건강관'도 있는데, 이곳은 전시실이라기보다는 안전교육장 같은 느낌이 든다. 전시실에 들어서면 2~3초 후 비명소리와 함께 무언가 바닥에 '쿵' 하고 떨어지는 소리가 들린다. 깜짝 놀라서 주위를 돌아보면 아무것도 없다. '작업 현장에는 항상 위험이 도사리고 있으니 안전에 주의해야 한다'라는 메시지를 소리를 통해 전

←거대한 공룡뼈대
←DNA 구조

←각기 다른 동물들
의 뇌 비교
←생물진화연대표

←여러 종류의
나비들
←거울세계

달하고 있는 것이다. 전시실 한쪽에는 건축공사 현장을 재현해 놓고 안전장비를 잘 착용한 사람들의 모습도 보여 주고 있다. 이를 통해 보호장비를 제대로 갖추어야만 사고발생 시 부상의 정도를 최소화할 수 있음을 알려 준다. 바로 옆에서는 무거운 짐을 들때의 올바른 자세를 밀랍 인형의 시범과 그림으로 보여 준다. 처음에는 왜 과학관에서이러한 것들을 전시하고 있을까 하고 의아했지만, 보고 난 후에는 어릴 때부터 안전에

❶ 자석전기관
❷ 직접 체험해 보고 있는 어린이
❸ 소리관의 여러 기구들
❹ 정상파를 눈으로 볼 수 있는 원형 유리
관
❺ 직업안전건강관에 전시된 건축공사 현
장. 안전장비를 제대로 착용하고 작업을 하
고 있다.

관한 내용들을 미리 알아 두는 것이 좋겠다는 생각이 들었다. 특히 관람객의 대부분이
어린이인 과학관에서 이렇듯 자연스럽게 안전을 교육시키는 것도 좋은 방법인 것 같다.

2층의 '교통관'에서는 교통수단 및 이와 관련된 기술과 과학의 원리를 소개하고 있다.
천장에는 홍콩 최초의 여객기인 캐세이퍼시픽 항공의 DC-3 여객기가 매달려 있고, 그
아래에는 커다란 돛단배가 물 위에 떠 있다.

같은 층의 '식품과학관'에서는 각종 음식들의 구성성분을 분석하는 동시에, 균형 잡힌
식단과 건강과의 관계에 대해 설명하고 있다. 진열장 안을 가득 채운 먹음직스러운 음
식들을 보면서, 본인이 균형 잡힌 식사를 하고 있는지도 테스트해 볼 수 있다. 그 옆에
서는 맥주, 식빵, 라면, 간장의 제조 과정에 관한 영상이 계속 상영된다.

또한 같은 층의 '전기통신관'에서는 신속하게 발전하고 있는 전기통신기술의 원리에
대해 소개하고 있다. 이 밖에 전보, 전화를 거쳐 무선전화와 무선통신에 이르기까지 전
기통신기술의 변화와 발전에 대해서도 알려 준다. 전시실에는 전화교환대와 에디슨이

1879년에 만든 전화기가 있으며, 전화기에 대고 색깔을 말하면 말한 그대로 색깔이 바
뀌는 입술(빨강, 노랑, 초록 세 가지 색깔만 가능)도 있다.

3층은 어린이들을 위한 놀이방이다. 여러 가지 놀이를 하면서 자연스럽게 과학을 접할
수 있도록 꾸며 놓았다. 또한 플라스틱 사용을 자제하자는 입체 포스터도 붙어 있는데,
이곳에는 어린이들과 함께 보호자들이 많이 오기 때문에 어른들이 보고 실천할 수 있
도록 이러한 포스터를 붙여 놓은 듯하다. 홍콩과학관에는 이렇듯 과학과 관련된 전시

·2층 천장에 전시된
홍콩 최초의 여객기
→물 위에 떠 있는 커
다란 돛단배

균형 잡힌 식사를 하고 있는지 테스트 중인 관람객들　　　전화교환대　　　에디슨이 1879년에 만든 전화기

전화기에 대고 색깔을 말하면, 입술이 빨간
색, 노란색, 초록색으로 각각 변한다.

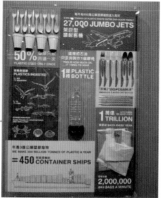

▸어린이들을 위한 놀이방
▸플라스틱 사용 자제를
권하는 입체 포스터

품만 진열되어 있는 것이 아니라, 생활 속에서 실천해 나갈 수 있는 공익적인 내용들이
함께 전시되어 있다.

6. 홍콩해안경비박물관香港海防博物館, 횡꽁호이퐁뽁맛꾼

홍콩해안경비박물관은 다른 박물관들과는 다르게 정문이 있고 이 정문을 지나 한참을
가야만 박물관에 도착한다. 정문에서부터 경사진 길을 걸어 올라가면 박물관 건물이
나오는데, 그 건물에서 엘리베이터를 타고 8층에서 내린 뒤 또 얼마쯤 걸어가야 전시실
이 나온다. 산꼭대기에 전시실이 위치해 있기 때문이다.

지하철역에서부터 박물관 정문까지도 한참을 걸어가야 한다. 8월의 어느 더운 여름날,
머리 위로 내리꽂히는 햇빛을 모두 맞으며 20여 분(다리 긴 사람은 15분)을 걸어갔다.
너무 한참을 걷다 보니, 지금 가고 있는 길이 맞는 건가 싶어 계속 지도를 들여다봤다.
게다가 이곳은 번화가가 아니어서 일요일인데도 사람들이 거의 보이지 않았다.

홍콩섬 북동쪽의 싸우께이완筲箕灣에 위치한 홍콩해안경비박물관은 백 년의 역사를 지

닌 레이위문鯉魚門 포대 위에 건설되었다. 레이위문은 홍콩 해협 중의 하나로(이름에 문 門이 들어가지만, 문하고는 전혀 상관없는 해협 이름이다), 예로부터 전략적 요충지였 다. 영국군은 1844년에 홍콩섬 북동쪽에 병영을 세웠지만, 전염병이 유행하는 바람에 많은 병사들이 병사하게 되었고, 이후 병영은 방치되었다. 40년이 지난 후 이 자리에 다 시 포대를 건설할 계획이 세워지지만, 계속 지지부진하기만 하고 제대로 실행되지는 못했다.

1885년이 되던 해에 영국군은 프랑스와 러시아의 위협을 방어하기 위해 레이위문과 맞 닿아 있는 육지에 레이위문 포대를 설치하기로 결정한다. 모든 방위체계의 핵심인 보 루堡壘는 영국황실 공병대에서 설계하고 건설했는데, 그들은 먼저 포대를 건설할 장소 에서 7,000㎡ 분량의 진흙을 퍼낸 뒤, 지하실 18칸과 사병들의 숙소, 탄약 저장고, 포탄 저장실, 석탄 창고를 지었다. 그리고 퍼낸 진흙으로 다시 그곳을 막아서 보루가 완전히 은폐되도록 했다. 모든 작업은 1887년에 완료되었고, 이렇게 해서 레이위문 포대가 탄 생하게 되었다.

보루의 중앙에는 노천광장이 있어서 사병들의 집합 장소로 사용되었다. 보루 안에는 은폐형 대포 2문이 설치되어 있었고, 주위에는 참호도 설치되어 있었다. 영국군은 이 외에도 보루 주변에 여러 개의 포대를 구축했으며, 1892년부터 1894년까지는 해변에 브레넌 어뢰 발사기지도 건설하였다. 브레넌 어뢰는 당시 세계에서 가장 큰 위력을 갖 춘 수중무기로, 발명가이자 기계공학자인 루이스 브레넌Louis Brennan이 1877년에 발명 한 것이다.

하지만 이후 30여 년간 홍콩은 외국 세력의 공격을 받지 않았기 때문에, 레이위문의 해 안경비무기는 줄곧 사용되는 일이 없었다. 게다가 1930년대에는 무기기술이 발전한 데 다 다른 새로운 포대도 계속해서 증가했기 때문에, 홍콩의 해안경비에 있어서 레이위 문 포대의 중요성은 점차 감소하였다.

영국과 중국의 공존: 광동어를 통해 홍콩의 문화를 읽다

↑ 홍콩해안경비박물관 정문
↓ 산꼭대기에 위치한 홍콩해안경비박물관 전시실

↑ 박물관 건물에서 엘리베이터를 타고 올라간 다음, 얼마쯤 더 걸으면 전시실에 도착한다.
↓ 홍콩해안경비박물관의 전시실 입구. 가운데 쓰인 1887은 레이위문 포대가 설치된 해를 뜻한다.

그러던 1941년 12월 8일, 일본이 홍콩을 침공하여 신계와 구룡 지역이 함락되었다. 수비군은 즉시 레이위문의 방어체제를 강화하고, 일본군이 구룡을 통해 레이위문으로 침략해 오는 것을 막았다. 당시 수비군은 일본군의 기습침투를 여러 번 격퇴했지만, 끝내 그들을 막지 못하여 레이위문 요새를 일본군에게 빼앗기고 말았다. 이때가 1941년 12월 19일이었다. 3년 8개월이 지난 1945년에는 일본의 무조건항복으로 레이위문 요새를 탈환했지만, 이곳은 더 이상 전략요충지 역할을 하지 못하게 되어 영국군의 훈련장으로 바뀌게 되었다. 이후 1987년에는 이곳의 모든 군사시설을 철수하였다.

하지만 1993년에 관계 당국에서 레이위문 포대의 역사적 가치와 건축의 특색을 인정하

❶ 과거 노천광장이었던 공간 ❷ 전시실에서는 명나라부터 일제 침략 시기까지 홍콩의 방위 역사를 소개하고 있다.
❸ 영국군 제복 ❹ 19세기 말 홍콩 주둔 영국군들의 숙소 ❺ 탄약 저장고
❻ 1941년 홍콩의용방위군이 일본군과 전투 중인 장면 ❼ 1880년대 대포

여, 포대를 복원한 뒤 그 자리에 홍콩해안경비 역사에 관한 박물관을 건설하기로 결정
하였다. 그리하여 3억 홍콩달러(우리 돈 약 450억 원)를 투입한 홍콩해안경비박물관이
2000년 7월 25일에 정식으로 개관하게 되었다.

박물관에 소장된 전시품들은 모두 400여 점으로, 실내 공간뿐 아니라 야외에도 전시되

영국과 중국의 공존: 광동어를 통해 홍콩의 문화를 읽다

❶ 제2차 세계대전 당시 영국에서 생산된 탱크
❷ 은폐형 대포
❸ 브레넌 어뢰
❹ 영국황실 포병들이 거주했던 숙소 건물의 잔해
❺ 브레넌 어뢰 발사기지

해안선을 따라 걸으며 바라본 멋진 바다 풍경

박물관 쪽에서 바라본 바다 풍경

어 있다. 전시실로 탈바꿈한 보루에서는 명나라와 청나라, 식민지 시기, 일제 시기의 홍콩 방위 역사에 대해 소개하고 있고, 야외에서는 대포와 탱크, 어뢰와 같은 군사무기들과 탄약고, 어뢰 발사기지, 사정거리 측정기 등의 군사시설들을 전시하고 있다. 정문을 들어서면 왼쪽에는 대포와 탱크, 정찰차가 있고, 전시실 상층부의 야외에는 은폐형 대포와 브레넌 어뢰 등이 있다. 산꼭대기에 있는 전시실에서 관람을 마친 뒤 밖으로 나와 해안선을 따라 걸으면, 중앙 포대와 영국황실 포병들의 숙소 잔해(이 건물은 1910년에 건설되었다), 브레넌 어뢰 발사기지가 차례로 보인다. 홍콩해안경비박물관에서는 이처럼 영국 식민지 시절의 군사시설과 함께 멀리 펼쳐진 멋진 바다 풍경을 감상할 수 있다.

7. 홍콩해양박물관 香港海事博物館, 횡꽁호이씨뽁맛꾼

침사추이의 스타페리 선착장에서 페리를 타고 센트럴 선착장에 도착하면, 바로 옆에 홍콩해양박물관이 보인다. 홍콩해양박물관에 갈 때는 페리를 타고 가는 것을 추천한다. 페리도 타고, 바다 풍경도 감상하고, 내리자마자 바로 박물관에 도착할 수 있어서 1석3조이기 때문이다.

홍콩해양박물관은 현재 센트럴에 있지만, 원래는 스탠리에 있는 머레이 하우스 G층에 있었다(머레이 하우스에 관한 자세한 내용은 '제13장 홍콩의 식민지 시기 역사건축물'을 참고할 것). 2005년에 머레이 하우스에서 처음 개관했다가, 2013년에 센트럴 부두로 옮겨 온 것이다. 현재 15개 전시실에서 모두 1,200여 점의 소장품을 전시하고 있다.

박물관에서는 고대 중국에서부터 영국의 식민지를 거쳐 현대에 이르기까지, 홍콩 해양의 역사와 문화를 여러 각도로 소개하고 있다. 전시실로 내려가는 계단의 벽에는 홍콩을 상징하는 전통배 덕크링Duckling을 찍은 사진이 흑백으로 펼쳐져 있다. 해양박물관답게 전시실에는 수많은 모형 선박들이 진열되어 있다. 여러 종류의 중국 선박과 도자기로 구워 만든 배, 그리고 우리의 거북선과 세계 각국의 선박들을 볼 수 있다.

전시실에는 전복껍데기가 군데군데 붙어 있고 오랜 세월 바다 밑에 가라앉아 있다 나온 듯한 항아리들도 전시되어 있다. 그런데 가운데 두 항아리에는 무언가가 들어 있다. 왼쪽 항아리에 들어 있는 것은 육두구이고, 오른쪽 항아리에 들어 있는 것은 계피이다. '너트메그nutmeg'로도 불리는 육두구는 여러 음식에 사용되는 유명 향신료로, 인도네시

페리에서 바라본 홍콩해양박물관　　　　　　　　　　　　물 위에 떠 있는 듯한 홍콩해양박물관

아의 몰루카제도가 원산지이다. 육두구는 독성을 지니고 있기 때문에 사용에 주의해야 하는데, 일정량을 넘게 복용할 경우 시신경이나 미각이 마비되며 심한 경우 사망에 이를 수도 있다. 드라마 〈대장금〉에서 장금이가 미각을 잃게 된 것도 바로 이 육두구를 과다 복용했기 때문이다. 15세기 중세 유럽에서는 향신료에 대한 수요가 급격히 늘어나, 많은 유럽 국가들이 금보다 귀한 향신료를 구하기 위해 앞다투어 바닷길 개척에 나섰다. 이로써 대항해 시대가 열리게 되었다. 전시실의 육두구와 계피는 이러한 대항해 시대를 상징하는 것이다.

또한 전시실에는 벽면을 가득 채운 가로 276.5cm, 세로 91.5cm의 기다란 그림이 걸려 있다. 서양의 사실주의 기법으로 그려진 이 그림은 일구통상一口通商(무역항을 한 곳으로 제한하는 통상무역)이 행해졌던 중국 광주廣州에서의 국제무역을 그림으로 표현해 놓은 것이다. 1757년부터 건륭황제는 모든 연해의 무역항을 폐쇄하고 광주廣州만 개방하도록 했는데, 이때부터 주강珠江 일대에 외국의 상점들이 들어서게 된다. 그림에는 영국, 네덜란드, 프랑스, 스웨덴, 덴마크 상점들이 보이고, 그 앞에는 해당 국가들의 국기가 걸려 있다. 또한 강물에는 여러 척의 선박이 떠 있고, 강가에는 서양 상인들과 청나라 관원, 선원, 어민, 부두 노동자들이 저마다 자신이 맡은 일을 하고 있다.

❶ 홍콩을 상징하는 전통배 덕크링
❷ 한나라 시기에 바다에서 장례를 치르던 배의 모형
❸ 도자기로 구워 만든 배의 모형   ❹ 명·청 시기에 사용했던 선박의 모형
❺ 우리나라의 거북선   ❻ 고대 중국의 여러 가지 선박 모형들
❼ 세계 각국의 선박 모형들   ❽ 육두구(좌)와 계피(우)가 들어 있는 항아리
❾ 차와 도자기를 구하기 위해 중국에 온 유럽 국가들
❿ 일구통상이 행해졌던 중국 광주의 모습을 그린 그림

이 밖에 박물관에는 모의 조타실도 있고, 항해 시 사용되었던 물품들도 전시되어 있다.

우주복처럼 헬멧을 쓰는 잠수복도 있으며, 천장에는 까만 고무 잠수복에 커다란 물안

경을 쓴 실물 크기의 잠수부 모형도 매달려 있다. 또한 천장에는 윈드서핑용 요트 모형

영국과 중국의 공존: 광동어를 통해 홍콩의 문화를 읽다

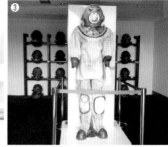

❶ 모의 조타실
❷ 항해 시 사용되었던 물품들
❸ 우주복처럼 헬멧을 쓰는 잠수복
❹ 까만 고무 잠수복에 커다란 물안경을 쓴 실물 크기의 잠수부 모형
❺ 윈드서핑용 요트 모형
❻ 전시실 한쪽에 마련된 강연장
❼ 박물관에서 바라본 풍경

이 매달려 있는데, 요트의 돛 오른쪽 아래에는 올림픽을 상징하는 오륜기가 그려져 있다. 참고로 홍콩은 1996년 애틀랜타 올림픽에서 레이라이싼李麗珊 선수가 윈드서핑 종목으로 금메달을 딴 바 있다. 이때의 메달은 올림픽에서 따낸 홍콩 최초의 메달이자 금메달이었다. 레이라이싼 선수가 금메달을 딴 후, 홍콩의 윈드서핑은 세계적으로 유명해졌다. 홍콩해양박물관에는 이처럼 바다에 관한 모든 것이 전시되어 있다.

8. 손중산기념관孫中山紀念館, 쒼쯍싼께이님꾼

센트럴에 위치한 손중산기념관은 중국 혁명의 지도자이자 중국 근대화의 아버지인 손중산孫中山, 쒼쯍싼(쑨원, 1866~1925)을 기념하기 위해 설립된 박물관이다. 중화민국中華民國과 중국국민당中國國民黨을 창설한 손중산은 삼민주의三民主義를 제창한 인물이기도 하다. 그의 원래 이름은 문文이었으나 후에 중산中山으로 개명했다. 자字는 재지載之이고, 호號는 일신日新 또는 일선逸仙이다.

광동성廣東省에서 태어나 어릴 적부터 청나라 타도를 꿈꾸었던 손중산은 13세이던 1879년에 하와이 호놀룰루로 건너갔다. 그 후 미국의 민주주의를 배운 뒤 1883년에 홍콩으로 건너왔다. 이후 손중산은 중앙서원中央書院에서 중등교육을 마치고, 1887년에 홍콩 최초의 의학학교인 홍콩 중국인 서양의학학교香港華人西醫書院에 입학하였다(이 학교에 관한 자세한 내용은 제5장 중 '2. 홍콩총독'의 18번 항목을 참고할 것). 이후 1892년에 의학학교를 졸업했는데, 손중산의 혁명사상은 홍콩에서 재학하던 이 시기에 배양되었다고 한다. 홍콩은 그의 혁명사상이 싹트고 자라난 곳인 동시에 혁명활동의 중심지였다.

손중산은 의학학교 졸업 후 잠시 의사 생활을 했지만 곧 그만두고, 1894년에 미국 하와이 호놀룰루에서 청나라 타도 및 민주국가 수립을 목표로 흥중회興中會를 설립하였다. 1895년 2월에는 홍콩에 흥중회 지부를 결성하였고, 1905년에는 중국혁명동맹회中國革命同盟會를 설립하였다. 또한 신해혁명辛亥革命이 일어난 다음 해인 1912년에는 중화민국中華民國을 건국함과 동시에 임시 대총통臨時大總統으로 추대되었다. 이후 임시 대총통 자리를 원세개袁世凱(위안스카이)에게 넘겨주고 사임한 뒤, 여러 번 망명 생활을 하였다. 1919년에는 상해에서 중국국민당中國國民黨을 창설하고 1924년에 북벌군을 일으키지만, 다음 해인 1925년에 북경에서 사망하였다.

손중산 선생

홍콩에서 발행된 혁명 관련 신문들.
왼쪽에 손중산 선생의 사진도 보인다(홍콩역사박물관 소장).

손중산기념관은 원래 홍콩의 거상이었던 호똥何東의 동생 호깜퉁何甘棠이 살던 저택이었다. 그래서 이곳을 '깜퉁의 저택'이라는 뜻으로 '깜퉁따이甘棠第'라고도 한다. 따이第는 제1第一, 제2第二와 같이 순서나 차례를 나타내지만, 큰 저택을 나타내기도 한다.

4층 높이의 깜퉁따이는 빨간 벽돌과 화강암을 사용한 에드워드 양식으로 건축되었다. 1914년에 건설된 이 건축물은 개인 주택으로는 처음으로 철근을 사용하고 발전소를 설치하였다. 또한 홍콩에 현존하는 20세기 초기의 몇 안 되는 건축물이기도 하다. 활 모양의 베란다와, 2층과 3층(우리식으로 3층과 4층)을 떠받치고 있는 그리스풍의 원형 돌기둥이 인상적이다. 나무로 만든 계단과 스테인드글라스, 그리고 복도 바닥에 깔린 고풍스러운 타일은 100년이 넘는 지금까지도 잘 보존되어 있다. 연회장으로 사용되었던 방은 크림색과 금색이 고급스럽게 어우러져 있어 영화에서 보던 어느 영국 백작의 대저택 같은 느낌을 준다.

호깜퉁은 1950년 숨을 거둘 때까지 계속 이곳에서 지냈으며, 깜퉁따이는 1960년 쩽鄭씨 성을 가진 사람에게 매각되었다가 이후 또다시 기독교단체에 매각되었다. 2002년에는 건물을 허물고 재건할 계획이었으나 지역의회와 주민들의 강력한 반대에 부딪혀 무

❶ 손중산기념관　❷ 위층으로 올라가는 나무 계단. 멋진 스테인드글라스도 보인다.
❸ 복도 바닥에 깔린 고풍스러운 타일　❹ 크림색과 금색이 고급스럽게 어우러진 연회장
❺ 손중산 선생 동상 쪽에서 바라본 손중산기념관　❻ 손중산 선생의 흉상　❼ 기념관 앞의 손중산 선생 전신 동상
❽ 건물의 외벽에 금색 글씨로, 위에서부터 'KOM TONG HALL, 1914, 甘棠第'라고 쓰여 있다.

　영국과 중국의 공존: 광동어를 통해 홍콩의 문화를 읽다

산되었다. 홍콩정부도 깝통따이의 역사적 가치를 인정하여 그대로 보존할 계획을 세우고, 9,100만 홍콩달러(우리 돈 약 136억 원)를 들여 보수공사를 진행하였다. 이후 손중산 탄생 140주년이 되던 2006년에 손중산기념관으로 정식 개관하였다.

손중산기념관 바로 앞에는 선생의 전신 동상이 서 있다. 우리가 사진으로 자주 접했던, 짧은 머리에 콧수염을 기른 중년 남성의 모습이 아니라 머리를 길게 땋아서 등 뒤로 늘어뜨린 젊은 청년의 모습이다. 기념관 안에는 우리에게 익숙한 모습의 흉상도 있다.

기념관에서는 손중산 선생의 일생과 업적에 대해 소개하고 있는데, 상설전시실은 '손중산과 근대 중국孫中山與近代中國' 및 '손중산 시기의 홍콩孫中山時期的香港'이라는 두 가지 주제로 나뉘어 있다. 전시실에는 그의 친필 서신과 당시의 사진, 임시 대총통 당선인 공고와 중화민국 대총통 선언서, 청나라 마지막 황제 부의溥儀의 퇴위 조서, 손중산과 송경령宋慶齡의 혼인서약서, 수련의 시절에 사용했던 현미경과 해부학 과목 시험 답안지, 의학학교 졸업식에서 제공된 만찬 메뉴 등 150여 점의 소장품이 전시되어 있다. 전시품은 사진 촬영이 금지되어 있기 때문에, 아쉽게도 사진으로 담아 올 수 없었다. 손중산기념관은 1990년에 홍콩 2급 역사건축물로 지정되었다가 2010년에 홍콩법정고적으로 두 단계 승격되었다.

13
홍콩의 식민지 시기 역사건축물

홍콩은 역사적인 가치가 있는 건축물에 4가지로 등급을 매겨 보존·관리하고 있으며, 법적으로도 보호하고 있다. 이들 건축물들은 홍콩법정고적, 홍콩 1급 역사건축물, 홍콩 2급 역사건축물, 홍콩 3급 역사건축물의 4가지로 구분된다. 다음의 본문에서 홍콩 식민 지 시기의 역사건축물에 관한 내용은 건물의 설립연도를 기준으로 그 시기가 가장 이 른 것부터 순서대로 기술하였다.

1. 구 프랑스 외방선교회 빌딩前法國外方傳道會大樓, 친팟꿱(응)오이퐁췬또우우이따이라우

홍콩섬의 센트럴에 위치한 구 프랑스 외방선교회 빌딩은 1843년에 건설되었다. 3층 높 이의 이 건물은 영국의 에드워드 양식으로 건축되었다. 빨간 벽돌과 화강암을 사용한 에드워드 양식은 1901년부터 1914년까지 약 15년간 영국에서 유행하던 건축 양식이 다. 흰색과 초록색의 이중창, 그리고 화강암으로 만든 베란다가 인상적인 이 건물은, 건 설 초기에는 '존스턴 하우스Johnston House'라고 불렸다. 또한 제1대 총독인 헨리 포틴

영국과 중국의 공존: 광동어를 통해 홍콩의 문화를 읽다

거 경과 제2대 총독인 존 데이비스 경의 관저로도 사용되었다. 1846년에 데이비스 경이 거주지를 케인 로드堅道, 낀또우로 옮긴 후에는 건물의 용도가 여러 번 바뀌었는데, 처음에는 홍콩상하이은행의 구내 식당으로 사용되었다가 이후에는 러시아 영사관으로 사용되었다. 1879년에는 홍콩상하이은행의 이사 에마누엘 베릴리오즈Emanuel Raphael Belilios의 소유가 되었으며, 1890년에는 건물의 이름을 '비컨즈필드 하우스Beaconsfield House'로 바꾸었다. 이렇게 이름을 바꾼 이유는 당시의 영국수상이자 제1대 비컨즈필드 백작이었던 벤저민 디즈레일리Benjamin Disraeli를 기념하기 위해서였다. '비컨즈필드 백작'은 영국 귀족 작위 중의 하나로, 빅토리아 여왕의 신임을 받던 벤저민 디즈레일리가 1876년에 서훈을 받으면서 제정된 작위이다. 벤저민 디즈레일리는 영국의 수상을 두 차례 역임한 바 있다.

1915년에는 프랑스 파리외방선교회에서 비컨즈필드 하우스를 구입한 뒤 보수공사를 진행하였다. 건물은 행정 총본부로 사용되었으며, 1917년 3월에 공사가 완료된 뒤부터 현재까지 당시의 모습을 계속 유지하고 있다. 프랑스 파리외방선교회는 역사상 가장 먼저 해외로 진출하여 선교활동을 펼친 천주교단체로, 1659년 파리에서 설립되었다. 홍콩이 영국의 식민지가 되었을 무렵, 프랑스 파리외방선교회는 이미 홍콩에서 선교활동을 하고 있었다. 또한 비컨즈필드 하우스를 구입하여 보수공사를 진행하던 무렵에는 홍콩뿐 아니라 중국의 서남부, 광동, 광서, 동북, 그리고 베트남에 이르기까지 여러 지역에서 광범위하게 선교활동을 펼쳤다.

일제 침략 시기에 일본군은 이 건물을 일본 헌병총사령부로 사용하기도 했다. 하지만 1945년 8월 일본이 패망하자, 일본에게 함락되기 직전 보정사사장輔政司司長(한국의 국무총리에 해당)이었던 프랭클린 김슨 경Sir Franklin Charles Gimson이 이곳에 임시홍콩정부 총본부를 수립하였다. 1953년에는 영국령 홍콩정부가 이 건물을 다시 사들여 홍콩교육부 총본부로 사용하였으며, 1965년에는 빅토리아성(현재의 홍콩섬 중서부와 완짜

❶ 구 프랑스 외방선교회 빌딩
❷ 정문
❸ 흰색과 초록색의 이중창과 화강암으로 만든 베란다가 인상적이다.
❹ 프랑스 외방선교회 로고. 1917년에 건물이 완성되었다.
❺ 대법원 빌딩 쪽에서 바라본 구 프랑스 외방선교회 빌딩
❻ 바로 아래에서 올려다본 구 프랑스 외방선교회 빌딩

이 일대)의 지방법원으로 사용하였다. 1980년에는 홍콩최고법원香港最高法院으로 사용
되다가 1983년에는 영국령 홍콩정부의 정보부 건물로 사용되었다. 이후 1997년부터
2015년까지는 홍콩종심법원香港終審法院으로 사용되기도 하였다. 참고로 홍콩최고법

영국과 중국의 공존: 광동어를 통해 홍콩의 문화를 읽다

원과 홍콩종심법원은 모두 한국의 대법원에 해당하는데, 영국의 식민지 시절에는 대법원을 홍콩최고법원이라고 불렀고, 중국으로 반환된 이후부터는 홍콩종심법원이라고 부르고 있다. 반환 이후에 홍콩최고법원은 홍콩고등법원香港高等法院으로 이름이 바뀌었으며, 역할 또한 종심법원 바로 아래의 하위 법원으로 바뀌게 되었다. 즉 대법원에서 고등법원으로 강등되었다(홍콩최고법원과 홍콩종심법원에 대한 자세한 내용은 뒤의 '9. 대법원 빌딩' 부분을 참고할 것).

현재 구 프랑스 외방선교회 빌딩은 홍콩법정고적으로 지정되어 있으며, 다른 건물들과는 달리 홍콩의 통치자, 외국의 영사, 선교사, 교육부 관원, 정보부 관원, 법관 등 여러 계층의 수많은 사람들이 거쳐 간 유서 깊은 건물이다.

2. 머레이 하우스美利樓, 메이레이라우

빅토리아 여왕 재위 시절(1837~1901년) 유행했던 빅토리아 양식으로 건설된 머레이 하우스는, 그리스 복고주의 양식을 연상하게 하는 고풍스러운 석조 건물이다. 화강암으로 지은 이 3층 높이의 건물은 서양식의 원형 돌기둥에 중국식의 기와지붕을 얹어 서양과 중국의 건축 특색이 함께 어우러져 있다. 이러한 양식은 영국의 식민지였을 당시 홍콩에서 자주 볼 수 있었던 식민지 초기의 건축 양식이다.

홍콩섬의 남단 스탠리赤柱, 첵취에 위치하고 있는 머레이 하우스는 원래 센트럴에 있었다. 홍콩이 영국의 식민지가 된 직후, 센트럴에 머레이 군영이라는 홍콩 주둔 영국군의 군영이 세워졌고 그 안에 장교들의 숙소도 함께 세워졌다. 1844년에 건설된 장교들의 숙소가 바로 이 머레이 하우스다. 머레이는 영국 군대와 관련된 모든 공사를 책임졌던 조지 머레이 경Sir George Murray의 이름으로, 실제로 센트럴의 많은 군사시설들에 그의 이름이 붙여졌다. 장교들의 숙소인 이곳은 원래 'Officer's Mess'라고 불렸으나 후에

3층 높이의 머레이 하우스

서양식의 원형 돌기둥에 중국식의 기와지붕을 얹었다.

'Murray House'로 바꾸어 불리게 되었다.

일제 침략 시기에 머레이 하우스는 일본군 최고사령부로 사용되었다. 또한 일본군은 머레이 하우스에 여러 개의 수감실을 만든 뒤 사형장으로도 이용하였다. 이때 사형당한 사람이 모두 4천여 명에 이르렀는데, 이 때문에 머레이 하우스는 병원 다음으로 사망한 사람이 가장 많은 건물이 되어 버렸다. 일본이 패망한 뒤 머레이 하우스는 영국령 홍콩정부의 여러 부서 사무실로 사용되었으며, 1975년부터 1982년까지는 재산세 및 토지세 관할 부서의 총본부로 사용되기도 하였다. 전해 오는 말에 의하면 일본군이 머레이 하우스에서 대규모 학살을 자행했기 때문에 귀신이 자주 출몰했다고 한다. 이곳이 귀신이 나오는 집이라는 소문이 무성해지자, 영국령 홍콩정부에서는 악령을 몰아내는 퇴마의식을 공개적으로 진행하기도 하였다. 재미있는 것은 1963년과 1974년 두 차례에 걸친 퇴마의식이 TV로도 중계되었다는 점이다.

1982년에는 머레이 하우스의 토지를 매각했는데, 중국은행 측에서 1억 홍콩달러라는 거금을 들여 매입했다. 중국은행 건물의 신축공사를 위해 머레이 하우스는 철거될 운명이었다. 그러나 건물이 지니는 역사적 가치가 컸기 때문에 영국령 홍콩정부에서는 건물을 완전한 상태로 보존하기로 결정하고 다른 곳으로 옮기기로 했다. 하지만 당시

영국과 중국의 공존: 광동어를 통해 홍콩의 문화를 읽다

에는 옮겨 갈 장소를 정하지 못했기 때문에, 일단 건물 전체를 하나하나 해체한 뒤 보관해 두기로 하였다. 모두 3천여 개에 달하는 화강암 벽돌과 돌기둥이 해체되었고, 여기에 일일이 번호가 매겨진 후 정부의 창고로 옮겨졌다. 당시의 벽돌에는 일본군과 전쟁을 치렀던 과거의 탄흔이 그대로 남아 있다.

1990년에 이르러 머레이 하우스를 스탠리로 옮기기로 결정하고, 1998년에는 벽돌들을 조립하여 머레이 하우스를 복원시켰다. 그리고 1999년에 드디어 대중에게 새롭게 선보이게 되었다. 하지만 안타깝게도 그 모습이 예전과는 많이 달라져 있었다. 센트럴의 원형 그대로 복원을 하려고 하였으나 애석하게도 해체된 후에 굴뚝이 소실되어 버렸기 때문이다. 그 대신 하이 스트리트高街, 꼬우까이에 위치한 정신병원 건물의 굴뚝으로 이전의 굴뚝을 대체하였다. 하이 스트리트의 정신병원은 1892년 싸이옝푼西營盤에 세워진 병원으로, 머레이 하우스와 여러 가지 공통점이 있다. 이 병원 역시 100여 년의 역사를 지니고 있으며 일제 침략 시기에 사형장으로 사용되었고 귀신이 출몰한다는 소문이 무성했다. 아마도 이러한 공통점 때문에 병원의 굴뚝을 가져다 사용한 것으로 보인다. 현재 이 병원은 싸이옝푼의 사회복합단지로 바뀌어 더 이상 병원으로 사용되지 않고 있다.

머레이 하우스 안의 복도에는 이전에 없던 둥그런 아치 모양의 천장이 새로 만들어졌다. 밖에는 제2차 세계대전 당시 영국군의 주력함이었던 타마함의 깃대를 설치해 놓았다(타마함에 대한 자세한 내용은 뒤의 '3. 성 요한 대성당' 부분을 참고할 것). 그리고 머레이 하우스 우측에는 야우마떼이油麻地의 상하이 스트리트에서 가져온 여러 개의 직사각형 돌기둥을 세워 놓았다. 돌기둥에는 그곳의 전당포였던 동창 전당포의 상호(同昌大押)가 쓰여 있다.

머레이 하우스는 현존하는 홍콩의 식민지 건축물 중 역사가 오래된 건물에 속한다. 센트럴에 있을 당시만 하더라도 홍콩 1급 역사건축물로 지정되어 있었다. 하지만 스탠리

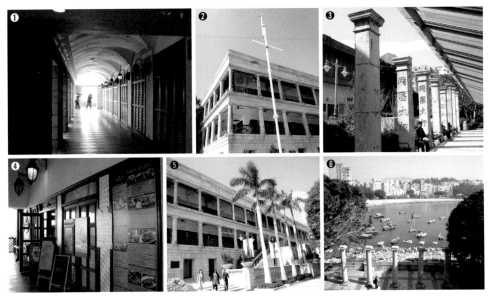

❶ 아치 모양의 복도 천장 ❷ 제2차 세계대전 당시 타마함에 속해 있던 깃대 ❸ 전당포의 상호가 쓰인 직사각형 놀기능
❹ ❺ 현재 머레이 하우스에는 식당과 의류업체가 입점해 있다. ❻ 머레이 하우스에서 바라본 바다 전경

로 이전한 이후에는 보수공사에 사용된 건축자재가 이전 것만 못했고, 군영이나 정부
부서로서의 역할도 하지 못한 채 단순한 관광지로 변해 버렸기 때문에, 더 이상 역사건
축물로 지정되지 않았다. 현재 머레이 하우스 안에는 여러 식당들이 자리 잡고 있으며,
2015년부터는 스웨덴의 의류업체인 H&M이 입점해 있다. 170여 년의 역사를 가진 머
레이 하우스에 이와 전혀 어울리지 않는 의류업체가 입점하게 된 사건으로 홍콩 사람
들 사이에서는 많은 논란이 있었다.

3. 성 요한 대성당聖約翰座堂, 쎙옉혼쪼통

홍콩섬의 센트럴에 위치한 성 요한 대성당은 구 프랑스 외방선교회 바로 옆에 위치해

　　　　　　　　영국과 중국의 공존: 광동어를 통해 홍콩의 문화를 읽다

있다. 홍콩 성공회 소속의 성 요한 대성당은 홍콩섬 교구의 주교좌성당이다. 주교좌성당은 주교가 관장하는 교구 내 중심 성당으로, 성당 안에 주교좌(주교좌성당에서 주교가 의식을 거행할 때 앉는 의자)가 마련되어 있다. 성 요한 대성당은 1847년에 공사를 시작하여, 1849년에 완공되었다. 더불어 같은 해에는 축성식도 함께 거행되었다.

빅토리아 시기의 고딕 양식으로 건설된 이 성당은 홍콩에서 가장 오래된 서양식 교회 건축물인 동시에, 홍콩에서 유일하게 부동산 자유보유권(무기한으로 토지를 보유할 수 있는 권리)을 보장받은 곳이기도 하다. 고딕 양식은 유럽 성당에서 흔히 볼 수 있는 건축 양식으로, 12세기부터 15세기까지의 중세문화를 대표한다. 높은 천장과 수직 첨탑, 크고 긴 스테인드글라스 창문이 고딕 양식의 특징이다. 성당은 모두 세 채의 건물로 이루어져 있는데, 1849년에 건설된 본당과 1924년에 건설된 부속 건물, 그리고 1956년에 완공된 집무 건물로 이루어져 있다. 성 요한 대성당은 현재 홍콩법정고적으로 지정되어 있다.

성 요한 대성당의 나무문은 타마함 선체의 목재를 이용하여 만들어졌다. 타마함은 영국의 군함으로 영국 식민지 시절 홍콩에 주둔하고 있던 영국군의 주력함이었다. 하지만 홍콩전투(제2차 세계대전의 태평양전쟁 초기에 영국군과 일본군이 홍콩에서 벌인 전투, 1941.12.8~25)에서 일본군이 중국대륙을 거쳐 홍콩으로 쳐들어오자, 수세에 몰린 영국군은 일본군이 사용하지 못하도록 홍콩의 모든 군함을 폭파하여 침몰시켜 버렸다. 이때 타마함 역시 폭침되었는데, 이 타마함 제작에 사용되었던 목재를 이용하여 성당의 문을 만들었다.

제2차 세계대전 기간에는 성당의 기능이 완전히 마비되었다. 특히 일제 침략 시기에는 일본인의 클럽으로 사용되는 수모를 겪기도 하였다. 일본이 패망한 후에는 로널드 홀 Ronald Owen Hall 주교를 비롯한 여러 사람들이 성당을 다시 일으켜 세우기로 뜻을 모으고, 바자회 등의 방식으로 이미 바닥난 성당의 재정을 효과적으로 회복해 나갔다.

❶ 성 요한 대성당 ❷ 중세 시기 유럽의 성당을 연상시킨다. ❸ 높이 우뚝 솟은 대성당
❹ 성 요한 대성당의 내부. 고풍스러운 선풍기와 전등이 천장의 양쪽에 매달려 있다.
❺ 중앙 제단 위의 스테인드글라스 창문. 십자가에 매달린 예수님이 보인다. ❻ 성당 바닥에 길게 깔려 있는 타일

수많은 신도들이 성당에 와서 예배를 드리고, 전 세계의 많은 관광객들이 성당을 찾아
오지만 성당 안에는 에어컨이 설치되어 있지 않다. 에어컨에서 생성되는 물기로 인해
성당 내부가 흰개미들의 습격을 받을 수 있기 때문이다. 흰개미들은 목재를 갉아 먹는
습성이 있는데, 습기가 많은 목조 구조물들은 특히 그 피해가 심각하다.

성당에는 주교 전용 의자 이외에 주임사제와 의전사제(교회법에 의해 정해진 기독교의
특정 성직자단체 일원)의 의자가 놓여 있다. 또한 영국 식민지 시기에 영국 왕실의 휘장
을 주조해 만든 의자도 놓여 있다. 이 의자는 홍콩총독과 홍콩을 경유하는 도중 이곳에
들러 예배를 드리던 영국 왕실 구성원을 위해 만든 것이다. 홍콩이 중국으로 반환되기

영국과 중국의 공존: 광동어를 통해 홍콩의 문화를 읽다

전에는 성당 안에 영국 국기도 걸려 있었으나 현재
는 철거되고 없다.

성당 앞 공원에는 작은 비석이 하나 놓여 있는데, 이
는 홍콩 의용군단 소속이었던 한 병사를 위해 세워
졌다. 제2차 세계대전 기간 중 맥스웰Maxwell이라는
병사가 일본군에 의해 총상을 입게 되었는데, 그의
동료가 완짜이灣仔에서 성 요한 대성당으로 그를 옮
겨 왔다. 주임사제가 그를 위해 축성을 해 주었고, 그
뒤 병사는 이곳에서 잠들어 대성당 앞에 묻혔다.

제2차 세계대전 중, 일본군의 총을 맞고
사망한 병사 맥스웰을 위한 비석

성당에서는 매일 아침과 저녁 두 차례의 예배가 열린다. 주로 영어로 예배를 진행하지
만 광동어와 표준중국어 그리고 필리핀어로도 진행한다. 아마도 홍콩에 거주하는 수많
은 필리핀 가사도우미들을 위해 이렇게 필리핀어 예배도 마련한 것으로 보인다.

성당에서는 장애인의 취업을 돕기 위해서, 자선단체와 협력하여 사회적 기업 커피숍을
설립하기도 하였다. 성 요한 대성당 근처에 세운 목조 가건물에서, 학습장애가 있는 장
애인들의 직업훈련을 돕는 'The Nest Coffee Shop'이 바로 그것이다. 2013년 11월에

대성당 앞마당의 플리마켓

대성당 바로 옆의 서점. 빨간색 차양에 'St John's
Cathedral Bookstore(성 요한 대성당 서점)'라고 쓰여 있다.

문을 연 이 커피숍은 '새 둥지'라는 뜻의 'The Nest'로 이름 지어졌는데, 여기에는 직업 훈련을 받은 사람들이 기술을 익힌 뒤 되도록 빨리 둥지를 떠나 높이 날 수 있기를 바라는 마음이 담겨 있다. 또한 그들이 다른 사람들과 어울려 함께 살아가는 법을 배우기를 바라고 있다. 이 밖에 성당 바로 옆에는 성경을 비롯한 여러 종교 관련 서적과 물품을 판매하는 서점이 있다.

4. 구 홍콩총독부前港督府, 친꽁똑푸

홍콩섬의 센트럴에 위치한 구 홍콩총독부는 영국 식민지 시기에 홍콩총독의 관저로 사용되었지만, 1997년 중국에 반환된 이후에는 홍콩특별행정구의 행정장관 관저로 사용되고 있다. 160여 년의 역사를 지닌 구 홍콩총독부는 홍콩법정고적으로 지정되었으며, 현재는 홍콩예빈부香港禮賓府, 횡꽁라이빤푸로 불린다.

센트럴의 산비탈에 위치한 구 홍콩총독부는 저 멀리로 빅토리아 항구가 내려다보이고, 앞쪽에는 센트럴의 전경이 한눈에 들어온다. 또한 주위에는 정부청사와 성 요한 대성당, 그리고 홍콩동식물공원과 홍콩공원이 자리하고 있다. 식민지 시기 행정의 중심지였던 이곳은 이렇게 지리적으로도 우세한 위치에 있었다. 이곳이 위치한 거리는 상층부 앨버트 로드上亞厘畢道, 쌩아레이빳또우로, 거리 이름에서의 앨버트는 빅토리아 여왕의 남편 앨버트 공의 이름에서 따온 것이다. 구 홍콩총독부는 1851년 10월에 공사를 시작하여 4년이 지난 1855년에 완공되었다. 이후 제4대 총독인 존 보우링 경을 비롯하여 모두 25명의 총독이 이곳을 관저로 사용하였다. 역대 총독 28명 중 제1대~제3대의 총독 3명은 총독부가 완성되기 이전에 총독을 역임하였으므로 이곳에 거처하지 못했다. 참고로 제1대 총독과 제2대 총독은 구 프랑스 외방선교회 빌딩을 관저로 사용하였다(자세한 내용은 앞의 '1. 구 프랑스 외방선교회 빌딩' 부분을 참고할 것). 총독부는 총독들

영국과 중국의 공존: 광동어를 통해 홍콩의 문화를 읽다

구 홍콩총독부

의 관저 이외에 정무를 보거나 외국 국빈들을 접대하는 공간으로도 이용되었다. 초기에는 대부분 영국 왕실과 관련된 주요 인사들만 접대하였으나, 제7대 총독인 아서 케네디 경이 취임한 이후에는 중국인 상인들도 총독부의 행사에 참여할 수 있게 되었다.

총독부는 2층 높이의 건물로 건축 초기에는 신고전주의 양식으로 지은 건물 한 채뿐이었다. 하지만 역대 총독들이 취임 이후에 계속해서 보수하거나 증축하였다. 그중 제일 큰 공사는 제10대 총독인 윌리엄 데보 경의 재임기간(1887~1891)에 진행되었다. 당시에는 총독부에서 주최하는 행사가 점점 많아졌기 때문에 더 많은 공간이 필요했다. 이에 데보 경은 건물을 증축하기로 결정하고, 총독부 건물 동쪽으로 확장공사를 실시하였다. 설계부터 공사까지 3년이 소요되었고, 1891년에 이르러 확장공사가 마무리되었다. 새롭게 확장된 건물은 원래의 총독부 면적과 거의 비슷했으며, 사교를 위한 공간으로 사용되었다. 위층은 연회장으로 사용되었으며, 아래층은 만찬장으로 사용되었다. 총독부가 세워진 지 80년이 지난 1930년대에는 건물이 점점 낡아지자 새로운 총독부를 건설하자는 의견이 제시되었다. 하지만 경제적인 문제와 제2차 세계대전이 겹쳐 더 이상 논의되지 못했다.

영국 식민지 시절에는 총독부가 홍콩의 많은 시위활동이나 거리행진의 종착점 역할을 하였다. 시위행렬은 스타페리 선착장이나 황후상 광장을 출발하여 총독부로 모여들었고, 시위대가 이곳에서 성명을 발표하면 홍콩 경찰은 그들이 제출한 청원서를 받아 주었다. 이처럼 영국은 자국민도 아닌 식민지 백성들의 시위를 금지하지 않은 것은 물론, 시위대가 총독부에 접근할 수 있도록 허가해 주었고 그들의 청원서까지 받아 주었다.

일제 침략 시기에는 영국인이 아닌 일본인이 홍콩총독으로 재임하였다. 일본인 총독은 총독부에 거처하지는 않지만 총독부 건물은 그대로 사용하였다. 대신 대규모의 공사를 진행하였는데, 건물의 형태를 이전과는 달리 일본식으로 개조해 버렸다. 건물 꼭대기에 탑처럼 생긴 작은 건물을 세웠으며, 일본식 기와지붕을 얹고 돌기둥을 세웠다. 내부에는 일본식 창문을 설치하고 바닥에는 다다미도 깔았다. 또한 일본식 다도실을 만들어 초기에 띠었던 유럽풍 건축물의 특색을 많이 없애 버렸다. 일본 특색의 건물로 바뀌어 버린 이 건물은 1944년에 완성되었다. 하지만 1년 뒤인 1945년 8월 15일에 일본이 무조건항복을 선언했고, 한 달이 지난 9월 16일에는 바로 이 총독부 건물에서 항복 문서 조인식이 거행되었다. 조인식에 사용되었던 긴 탁자는 현재 홍콩역사박물관에 전시되어 있다.

일본이 패망한 후 총독부는 이전과 마찬가지로 영국인 총독들의 관저로 사용되었다. 일본의 침략 직전 홍콩의 총독이었던 제21대 총독 마크 영 경(재임기간 1941년, 1946~1947년) 역시 1946년에 다시 관저로 돌아왔다. 그는 총독부에 설치되어 있던 많은 일본식 설비들을 철거하였으나, 공사의 어려움 때문에 일본식 지붕과 건물 꼭대기의 탑처럼 생긴 작은 건물은 그대로 남겨 두었다. 건물이 처음 세워진 1855년 당시의 모습을 그대로 간직하고 있는 것은 현재 정문 양측의 수위실뿐이다.

1997년부터 행정장관의 관저로 사용되고 있는 총독부는 이름도 홍콩예빈부香港禮賓府, 헹꽁라이빤푸로 바뀌었다. 전해 오는 말에 의하면 초대 행정장관이었던 똥낀와董建華는 영국이 관저 내부에 감시 장치를 설치했을지도 모른다고 생각하여 이곳을 거처로 사용하지 않았다고 한다.

건물의 기와지붕과 오른쪽의 탑처럼 솟은 작은 건물은 일제 침략 시기에 일본이 원래의 건물을 개조한 것이다.

그 대신 외국 국빈들을 접대하는 장소로만 사용했는데, 이 때문에 이곳을 예빈부禮賓府(국빈들에게 예를 갖추어 접대하는 장소)라고 부르게 되었다고 한다. 이 소문은 믿거나 말거나 한 카더라 통신이기 때문에 홍콩 사람들도 그 진위에 대해서는 알 수 없다고 한다. 하지만 후임 행정장관 쩡얌퀀曾蔭權은 이곳을 관저로 사용하기로 선포하고 1,000여만 홍콩달러(우리 돈 약 15여억 원)를 들여 보수공사를 진행하였다.

평소에는 총독부를 일반에게 개방하지 않고 특별한 날에만 개방한다. 초기에는 1년에 한 번만 개방했지만 이후에는 1년에 여섯 번 개방했다. 그중에 한 번은 두견화(진달래꽃)가 만발하는 시기인 3월 혹은 4월이었다. 하지만 총독부의 모든 시설을 전부 개방하지는 않았다. 또한 총독부를 개방하는 날은 입장료를 받았는데, 그 수익은 대부분 자선단체에 기부되었다. 현재는 1년에 두 번 개방하고 있으며 홍콩 사람들은 무료로 입장할 수 있다. 개방 날짜는 개방 일주일 전에 정부의 홈페이지나 언론을 통해 공개된다.

↑구 홍콩총독부 연회장 ↓응접실 　　　　　　　　　　만찬장

5. 구 홍콩 해경 총본부前香港水警總部, 친행꽁쏘위껭쫑뽀우

침사추이의 캔톤 로드廣東道, 꿩똥또우에 위치한 구 홍콩 해경 총본부는 1842년부터 1854년까지 포대炮臺, 파우토이로 사용된 곳이다. 1884년에는 이곳에 2층 높이의 홍콩 해경 총본부를 건설했고, 1920년대에는 3층 높이로 증축했다. 당시에는 빅토리아 양식의 석조 건물로 지어진 메인 빌딩을 비롯하여 타임 볼 타워時間球塔, 씨깐카우탑, 마구간, 구룡소방서, 소방서 기숙사의 총 5개 건물로 구성되어 있었다.

특히 메인 빌딩의 남쪽에 위치한 2층 높이의 타임 볼 타워는 1885년부터 1907년까지 빅토리아 항구를 오가는 많은 선박들에게 시간을 알려 주며 정밀도 높은 천문시계의 역할을 했다(1884년에 건설된 타임 볼 타워는 다음 해인 1885년 1월 1일부터 작동을 시작했다). 항해 시에는 시간이 1분만 틀려도 20㎞의 오차가 생길 수 있기 때문에 정확한 시간을 아는 것이 매우 중요했다. 타임 볼 타워의 꼭대기에는 커다란 공 모양의 타임 볼이 위아래로 오르내리며 시간을 알려 주었는데, 매일 오전 수동으로 타임 볼을 막대 끝까지 올리고 나면, 정확히 오후 1시가 되었을 때 다시 아래로 내려오기 시작했다고 한다. 타임 볼 타워가 원기둥 모양으로 생겼기 때문에 당시에는 둥근 건물이라는 뜻에서 원옥圓屋이라고 부르기도 했다. 하지만 1907년 쏜호우싼訊號山에 신호탑이 세워지면서 그곳으로 타임 볼이 옮겨 갔다. 이로 인해 텅 빈 채로 남겨진 타임 볼 타워는 더 이상 시간을 알려 주는 역할을 할 수 없게 되었다.

일제 침략 시기에는 해경 총본부가 일본군 지휘본부로 사용되기도 했으며, 당시에는 일본군이 건물 지하에 지하통로를 만들어 놓기도 했다. 1994년에는 홍콩법정고적으로 지정되었고, 1996년에는 해경 총본부가 홍콩섬의 싸이완호西灣河로 이전하게 되어 건물만 이곳에 남게 되었다. 이후 구 해경 총본부 건물은 2003년에 실시된 발전 권한 공개입찰에서 3억 5천만 홍콩달러(우리 돈 약 525억 원)를 제시한 홍콩의 쳉꽁長江그룹에

영국과 중국의 공존: 광동어를 통해 홍콩의 문화를 읽다

❶ 구 해경 총본부(1881 헤리티지)
❷ 지상에서 바라본 구 해경 총본부
❸ 4층 높이에서 바라본 구 해경 총본부
❹ 구 해경 총본부에 설치되어 있는 대포
❺ 타임 볼 타워. 커다란 공 모양의 타임 볼이 위아래로 오르내리며
빅토리아 항구를 오가는 많은 선박들에게 시간을 알려 주었다.
❻ 타임 볼을 조정하는 기계 장치에 대한 설명. 타임 볼 타워는 2층
높이의 탑이기 때문에 그 안에 계단도 설치되어 있다.
❼ 타임 볼을 조정하는 기계 장치. 타임 볼 타워의 2층에 놓여 있다.

↑ 호화 호텔로 변신한 구 해경 총본부의 상층부
↓ 상점으로 바뀐 구룡소방서 기숙사

↑ 쇼핑몰로 바뀐 구 해경 총본부의 하층부
↓ 새 봄을 맞이하여 구 해경 총본부 앞에 장식된 조형물

↑ 이전의 마구간 건물. 현재는 식당으로 바뀌었다.
↓ 불빛 가득한 구 해경 총본부의 야경

게 최종 낙찰되었다. 쳉꽁그룹은 역사적 가치가 있는 이곳을 보호하기 위해 원래 건축물을 최대한 보존하는 방향으로 계획을 세웠다. 이후 10억 홍콩달러(우리 돈 약 1,500억 원)를 투자하여 구 해경 총본부를 쇼핑몰을 겸한 고풍스러운 호화 호텔로 바꾸어 놓았다. 이곳이 바로 1881 헤리티지1881 Heritage이다. 참고로 쳉꽁그룹은 우리에게 리카싱으로 잘 알려진 홍콩 갑부 레이까쌩李嘉誠이 운영하는 기업이다.

구 해경 총본부는 원래 산에 위치하고 있었기 때문에 쳉꽁그룹에서는 이곳의 산을 평지로 만들 계획을 세우고, 건물 주위의 나무들을 70%가량 베어 버리려고 했다. 이로 인해 한때 도시계획위원회의 반대에 부딪히기도 했지만, 원래 계획대로 나무를 벨 수 있게 되어 최종적으로 18그루의 나무만 남겨 놓게 되었다. 이후 1881 헤리티지는 2009년에 완공되었으며, 해경 총본부 시절의 메인 빌딩은 호텔로 바뀌었다. 또한 마구간은 식당으로 바뀌었고, 소방서는 패션 상점으로 바뀌었다. 이와 더불어 호텔 측에서는 더 이

영국과 중국의 공존: 광동어를 통해 홍콩의 문화를 읽다

상 사용하지 않고 있던 타임 볼 타워를 수리하고, 타임 볼도 새롭게 제작하였다(영국의 그리니치 천문대와 뉴질랜드 리틀턴의 타임 볼 스테이션, 홍콩 천문대의 자료를 참고하여 타임 볼을 다시 만들었다). 그리고 탑 안에 기계 장치도 새로 장착하여 당시의 타임 볼 타워의 느낌을 최대한 살려 놓았다.

6. 구 우유회사 창고 舊牛奶公司倉庫, 까우(응)아우나이꽁씨총푸

센트럴에 위치한 구 우유회사 창고는 1892년에 건립된 3층 높이의 벽돌 건물로, 현재 홍콩 1급 역사건축물로 지정되어 있다. 1886년에 스코틀랜드 출신 의사 패트릭 맨슨 Patrick Manson이 5명의 홍콩 상인과 함께 데어리 팜Dairy Farm이라는 우유회사를 창립했는데, 6년 후에는 우유를 저장할 수 있도록 창고도 만들었다. 열대의학의 아버지로 불리는 맨슨은 모기가 말라리아를 옮기는 주요 매개체라는 사실을 맨 처음 발견하였으며, 이 외에도 폐디스토마, 사상충 등의 연구에 크게 기여하였다. 또한 맨슨의 참여로 1887년에는 '홍콩 중국인 서양의학학교'도 설립되었다(홍콩 중국인 서양의학학교에 관한 내용은 제5장 중 '2. 홍콩총독'의 18번 항목을 참고할 것).

맨슨은 3만 홍콩달러를 들여 우유회사를 창립하였다. 초기에는 영국에서 들여온 젖소 80마리를 폭푸람薄扶林(홍콩섬 서쪽에 위치)에 있는 목장에서 키웠다. 우유회사에서는 매일 폭푸람으로 직원을 보내 수레에 우유를 싣고 센트럴까지 오게 했다. 하지만 수레를 끌고 오는 길이 너무 멀어 우유를 운송하는 시간이 상당히 많이 걸렸고, 그로 인해 신선한 우유를 공급하기가 어려웠다. 당시에는 우유사업이 꽤 잘되긴 했지만, 판매되지 않고 남는 우유도 있었는데 이러한 경우에는 우유가 상하기 쉬웠다. 이에 우유회사는 운송 시간도 단축하고 우유의 품질도 보존하기 위해, 센트럴에 위치한 하층부 앨버트 로드下亞厘畢道, 하아레이빳또우에 창고를 짓게 되었다. 당시의 우유 창고는 대부분 얼음을 보관하는 얼음 창고의 역할을 했으며, 얼음은 캐나다에서 배로 운송해 왔다.

1896년에는 본사도 이곳으로 이전하여 이름은 비록 우유회사 창고였지만 회사 사무실의 역할도 겸하게 되었다. 이후 계속해서 사업이 번창해 나가자 센트럴에 소매점 1호를 열게 되었다. 이뿐만 아니라 창고 안에 도축장이나 제과생산공장, 우유 소매센터, 육류와 유제품공장 등을 만들면서 창고 안의 시설들은 점점 더 많아졌다. 1913년에는 회장의 거주지도 이곳으로 옮겨 오게 되었는데, 회장은 건물의 맨 위층을 자신의 거처로 사용하였다.

일제 침략 시기에는 일본군이 창고 안의 모든 것을 약탈해 가서 창고가 아무것도 없이 텅 비게 되었다. 또한 일본군은 창고 안의 식품 보관 냉장고를 시체 보관용으로 사용해 버리는 끔찍한 짓을 저지르기도 했다. 일본 패망 후 1970년대까지 우유회사 창고는 다시 본사로 사용되었고, 1970년대 말에는 본사가 다른 곳으로 이전하여 창고는 빈 상태로 남겨졌다. 하지만 1982년에 홍콩외국기자클럽이 건물의 북쪽으로 와서 자리 잡았고, 다음 해인 1983년 12월에는 프린지클럽이 건물의 남쪽에 자리 잡았다.

창고의 북쪽에 자리한 홍콩외국기자클럽香港外國記者會, 횅꽁(응)오이꿱께이쩨우이은 원래 1943년 중국의 중경重慶에서 설립되었다. 자유롭게 취재하고 보도할 수 있는 권리를 쟁취하기 위해 만들어진 이 단체는 중경에서 남경南京으로, 남경에서 상해上海로 옮겨 다니다가 1949년 중국공산당이 정권을 장악한 이후에는 홍콩으로 들어왔다. 홍콩으로 건너온 이후에도 자신들만의 공간을 가지지 못해 여러 곳을 전전했는데, 1982년에 최종적으로 구 우유회사 창고에 안착하게 되었다. 이곳에 자리 잡기 2년 전인 1980년, 기자클럽의 회장인 도날드 와이즈Donald Wise는 당시 홍콩총독이었던 머레이 맥리호스 경 Sir Murray MacLehose(재임기간 1971~1982년)에게 서신을 보내 머레이 하우스美利樓, 메이레이라우를 사용할 수 있게 해 달라고 부탁하였다. 6주 후에 총독이 답장을 보내 머레이 하우스가 아닌 다른 곳을 제안했는데 그곳이 바로 구 우유회사 창고였다. 그 후 지금

구 우유회사 창고의 북쪽 건물. 현재 홍콩외국기자클럽(FCC)으로 사용되고 있다.

공사 중(좌, 중)과 공사 전후(우)의 프린지클럽

까지 이곳의 북쪽은 줄곧 홍콩외국기자클럽으로 사용되고 있다. 이곳 입구에는 FCC라고 쓰여 있는데, 이는 외국기자클럽의 영문명인 The Foreign Correspondents' Club의 앞 글자를 딴 것이다.

창고의 남쪽에 자리한 프린지클럽藝穗會, (응)아이쏘위우이은 예술 창작을 지원하는 홍콩의 비영리단체 겸 자선단체이다. 홍콩의 많은 예술가들에게 공연 무대와 전시 장소를 제공하고 있으며, 이들이 마음껏 창작활동을 할 수 있도록 협조와 지원을 아끼지 않고 있다. 프린지클럽이 이곳에 들어왔을 때는 건물의 훼손 정도가 심각하여 대규모 보수공사를 진행하였다. 또한 건물 전체를 지금과 같은 붉은색과 하얀색의 줄무늬로 바꾸어 놓았다. 이렇듯 맨 처음에는 우유회사 창고로 세워졌던 건물이 100년이라는 시간이 흐른 후에는, 10여 차례에 걸친 보수공사 끝에 생명력이 넘치는 예술 공간으로 새롭게 태어나게 되었다.

7. 웨스턴마켓西港城, 싸이꽁쌩

웨스턴마켓은 홍콩에서 가장 역사가 오래된 실내 시장으로, 1990년에 홍콩법정고적으로 지정되었다. 이곳은 원래 성완시장上環街市, 썽완까이씨의 북쪽 건물로, 성완시장은 남쪽 건물과 북쪽 건물로 형성되어 있었다. 1858년에 지어진 남쪽 건물은 1980년에 철거되었고, 현재는 1906년에 지어진 북쪽 건물만 남아 있다. 이 북쪽 건물 자리에는 원래 해양부海事處가 업무를 보던 건물이 있었는데, 장소가 비좁아 매일 쏟아지는 선박관리 업무를 처리하기가 불편해지자 센트럴로 이전했다. 이후 해양부가 사용하던 건물은 철거하고, 이 자리에 새롭게 건물을 지어 성완시장의 북쪽 건물로 사용하기 시작했다. 이 건물이 후에 웨스턴마켓으로 바뀐 것이다. 즉 맨 처음에는 해양부 건물로, 그다음에는 새 건물을 지어 성완시장의 북쪽 건물로, 마지막에는 웨스턴마켓으로 사용한 것이다.

성완시장의 북쪽 건물(현재의 웨스턴마켓)은 빨간 벽돌과 화강암을 사용한 영국의 에드워드 양식으로 건설되었다. 수수하면서도 고풍스러운 이국적인 건물의 외벽은 빨간색과 하얀색 줄무늬로 멋을 냈다. 정문의 대형 아치와 아치형의 창틀이 서로 조화를 이루고 있으며, 내부는 널찍하게 만들어 공간을 잘 활용할 수 있도록 했다. 또한 G층과 1층(우리식의 1층과 2층) 사이는 천장으로 가로막혀 있지 않고 뚫려 있어서 1층에서 G층이 바로 내려다보인다.

웨스턴마켓은 원래 2개의 층으로 이루어졌지만, 보수공사 시에 2개 층을 추가로 증축하여 총 4층 건물이 되었다. 건물의 지붕 일부에는 중국식의 둥근 기와를 얹어 놓았는데, 이는 동서양의 건축 양식이 융합된 것으로 영국 식민지 초기 홍콩의 건축 양식을 잘 보여 주고 있다.

1989년에는 성완시장 인근에 도시행정 빌딩이 들어서자 성완시장 북쪽 건물의 상점들이 그해 8월에 도시행정 빌딩으로 옮겨 갔다. 이로 인해 성완시장 북쪽 건물은 1989년

웨스턴마켓. 빨간색과 하얀색 줄무늬가 인상적이다.

1906년에 지은 웨스턴마켓 건물. 예전에는 성완시장의 북쪽 건물로 사용되었다.

❶ 아치형 입구

❷ G층과 1층이 천장 없이 뚫려 있다.

❸ 1층에서 G층이 바로 내려다보인다.

❹ G층의 공예품점과 액세서리 가게

❺ 층 전체가 포목점인 1층

❻ 100여 년 전 건축 당시의 모습을 그대로 간직한 더 그랜드 스테이지

❼ 결혼 피로연을 준비 중인 더 그랜드 스테이지

9월부터 텅 빈 상태로 남게 되었다. 하지만 2년 뒤인 1991년에 토지개발회사에서 보수 공사를 진행한 뒤 웨스턴마켓으로 이름을 바꾸었고, 이후 근처에서 영업하던 상점들이 이곳에 입점하게 되었다. 그중에는 몇 대째 대를 이어 온 상점들도 있는데, 이들은 주로 골동품이나 특색 있는 공예품들을 판매하고 있다.

웨스턴마켓의 G층(우리식의 1층)에는 공예품점과 액세서리 가게, 디저트 가게, 제과점 등이 있고, 1층(우리식의 2층)은 층 전체가 각종 원단을 판매하는 포목점이다. 과거 포목 판매로 유명했던 일명 파뽀우 거리花布街(꽃무늬 천 거리, 거리의 원래 이름은 웽온까이永安街였다)가 도시계획사업으로 철거되자, 대부분의 포목 노점상들이 이곳으로 옮겨왔다. 또한 2층과 3층(우리식의 3층과 4층)에는 100여 년 전 건축 당시의 모습을 간직하고 있는 '더 그랜드 스테이지The Grand Stage'라는 레스토랑이 있다. 이곳에서는 결혼 피로연도 열리고 있는데, 광동어에서는 이 레스토랑의 이름을 뜻으로 번역하여 '따이모우토이大舞臺(큰 무대)'라고 부른다.

8. 세인트 앤드류 교회聖安德烈堂, 쎙온딱릿통

구룡반도에 위치한 교회 중 역사가 가장 오래된 세인트 앤드류 교회는 성공회 소속의 교회로, 원래는 홍콩에 거주하는 외국인을 위해 설립된 교회였다. 하지만 현재는 신자의 90% 이상이 홍콩 사람이며 예배는 이전과 같이 영어로 진행된다.

1897년 성공회에서 구룡반도에 교회를 설립할 것을 건의했고, 1899년에는 빅토리아 교구의 주교인 조지프 호어Joseph Charles Hoare가 직접 이 일대를 시찰했다. 그리고 1904년에 폴 채터 경Sir Paul Chater이 3만 5천 홍콩달러를 기부하면서 현재의 네이던 로드彌敦道, 네이뜬또우에 교회를 설립하게 되었다(네이던 로드에 대한 자세한 내용은 '제5장 홍콩의 거리 이름'을 참고할 것).

세인트 앤드류 교회가 세워지기 전 이곳에는 이미 목조 건물로 지어진 작은 교회가 하나 있었다. 그 교회가 있던 자리에 세인트 앤드류 교회를 세우기로 결정하고, 1904년에 공사를 시작하여 1906년에 완공하였다. 아울러 같은 해 10월 6일에는 축성식도 거행하였다. 1909년에는 사제를 위한 숙소가 세워졌고, 다음 해에는 교회 일을 돌보는 사람들을 위한 거처가 마련되었다. 1913년에는 강당 건물도 세워졌는데, 1977년에 7층짜리 건물로 재건축되었다.

1914년에는 제1차 세계대전이 발발하여 교회 역시 어려운 시기를 맞았다. 교회의 신도 대부분이 휫필드 군영의 병사들이었는데, 이 시기에 이들이 모두 다른 지역에 가서 복무하는 바람에 교회에 나올 수가 없었기 때문이다. 그로 인해 교회의 재정이 크게 악화되었고 교회 운영에 많은 어려움이 생기게 되었다. 참고로 세인트 앤드류 교회는 구룡공원九龍公園의 맞은편에 위치하고 있는데, 구룡공원은 1967년까지만 해도 휫필드 군영으로 사용되었다(구룡공원과 휫필드 군영에 관한 자세한 내용은 제11장 중 '5. 구룡공원' 부분을 참고할 것). 이렇듯 세인트 앤드류 교회는 휫필드 군영에서 아주 가까운 곳에 있었기 때문에 신도의 대부분이 휫필드 군영의 병사들이었다.

일제 침략 시기에는 어이없게도 주임사제가 수감되는 일이 발생했다. 교회는 일본 신사로 뒤바뀌었으며, 사제의 숙소는 신사의 주지와 일본 정보요원의 거처로 사용되었다. 하지만 일본의 패망 이후 교회는 다행히 원상태로 회복되었다. 1978년에는 교회 바로 옆에 크리스천센터가 설립되었고, 사제의 숙소는 청소년센터와 회의실로 바뀌었다. 1997년에는 250만 홍콩달러(우리 돈 약 3억 7천5백만 원)를 들여 대규모 보수작업을 진행하였으며, 같은 해에 홍콩 2급 역사건축물로 지정되었다. 또한 2006년에는 원래의 모습이 잘 보존된 역사건축물에 수여하는 '유네스코 아시아 태평양 지역 문화유산 보호상'을 획득하기도 했다.

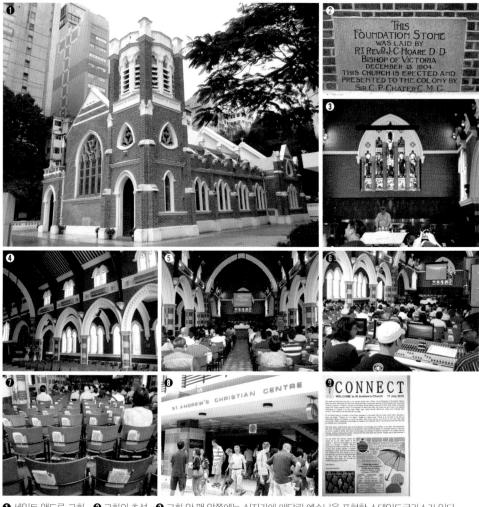

❶ 세인트 앤드류 교회　❷ 교회의 초석　❸ 교회 안 맨 앞쪽에는 십자가에 매달린 예수님을 표현한 스테인드글라스가 있다.
❹ 교회 창문　❺ 일요일 교회 안 풍경　❻ 예배 시간 음향효과 담당팀　❼ 의자 등받이마다 주보와 펜이 꽂혀 있다.
❽ 크리스천센터 앞에 신도들이 모여 있다.　❾ 교회 주보

　　영국과 중국의 공존: 광둥어를 통해 홍콩의 문화를 읽다

9. 대법원 빌딩舊最高法院大樓, 까우쪼위꼬우팟윈따이라우

센트럴의 잭슨 로드昃臣道, 짝싼뜨우에 위치한 대법원 빌딩은 웅장한 돌기둥이 건물을 지탱하고 있는 신고전주의 양식의 화강암 건물이다. 1898년 입법부에서 황후상 광장皇后像廣場, 웡하우쨍꿩챵 바로 옆에 대법원 건물을 세우기로 결정하고 1900년에 공사를 시작했다. 1903년에는 당시 총독이었던 헨리 블레이크 경이 정초식을 거행하기도 했지만, 공사에 참여할 수 있는 석공들과 화강암의 부족으로 인해 공사가 계속 지연되었다. 이후 1911년에야 비로소 공사 시작 11년 만에 건물이 완공되었는데, 이 때문에 식민지 초기 건축물 중에서 공사기간이 가장 긴 건물이 되어 버렸다.

대법원 빌딩은 홍콩의 더운 날씨에 맞추어 베란다가 특별히 널찍하게 만들어졌다. 이는 강렬한 햇빛이 직접 실내로 들어오지 못하게 차단하는 역할을 한다. 건물 꼭대기의 반구 모양의 지붕은 두 겹의 강철 구조로 이루어져 있으며, 지붕 위에는 조그마한 탑 모양의 조형물도 있다. 이 반구 모양의 지붕과 그 위의 탑 모양 조형물은 왕관의 모습과 흡사하다.

또한 페디먼트(건물 맨 위쪽의 삼각형 부분) 꼭대기에는 2.7m 높이의 테미스 여신상이 세워져 있다. 그리스 신화에 등장하는 테미스 여신은 질서와 정의를 지배하는 율법의 신으로, 앞날을 예견하는 지혜와 능력을 지녔다고 한다. 테미스는 두 눈을 가린 채 오른손에는 저울을 들고 왼손에는 칼을 들고 있는데, 이는 어느 한쪽으로도 치우치지 않는 공평무사를 상징한다.

테미스 여신상 아래의 페디먼트에는 영국 왕실의 휘장이 새겨져 있다. 영국을 상징하는 사자와 유니콘이 양옆에 서 있으며, 바로 아래에는 영국 군주의 표어인 'DIEU ET MON DROIT(신과 나의 권리)'도 쓰여 있다. 또한 사자와 유니콘 옆에는 여신들이 앉아 있는데, 사자 옆에는 진리의 여신인 베리타스Veritas가 앉아 있고, 유니콘 옆에는 자비와 관용의 여신인 클레멘티아Clementia가 앉아 있다. 그리고 이들 양옆에는 동그라미 안에 각각 'E'와 'R'이 새겨져 있다. 이는 'Edward Rex(에드워드 국왕)'의 약자로 이 건물이 에드워드 7세가 재위하던 시절에 건설된 것임을 나타낸다.

페디먼트 아래에 새겨진 'ERECTED AD MDCCCCX'는 '서기 1910년에 세워졌다'라는 뜻이다. MDCCCCX는 로마 숫자로서 M은 1,000을, D는 500을, C는 100을, X는 10을 나타낸다. 여기에서는 C가 네 번 겹쳤기 때문에 400을 나타내게 되는데, 위의 숫자를 모두 합하면 1910이 된다. 대법원 빌딩이 완공된 시기는 1911년이기 때문에, 1910년은 건물의 완공 시기가 아니라 위의 문구를 새겨 넣은 시기인 듯하다. 아마도 1910년에 건물을 완공하기로 했으나 계획에 차질이 생겨 1911년에 완공한 것으로 보인다.

1912년 1월 15일에는 당시 총독이었던 루가드 경이 제막식을 거행하였다. 법원은 영어로 'court'라고 하는데, 홍콩 사람들은 '코트'라는 영어 발음이 광동어의 '꼿葛'과 비슷하다고 여겨 대법원 빌딩最高法院大樓, 쪼위꼬우팟윈따이라우을 '따이꼿라우大葛樓'라고도 불렀다.

일제 침략 시기에 대법원 빌딩은 일본군의 헌병 본부로 사용되었으며, 건물 안에는 고문실도 설치되었다. 하지만 일제 패망 이후에는 예전처럼 대법원 건물로 계속 사용되었다. 1978년에는 대법원 빌딩 바로 옆의 센트럴 지하철역 공사로 건물이 훼손되었고, 이에 법원에서는 업무를 중단하고 긴급 복구작업에 들어갔다. 또한 공사 중에 발생되는 소음 때문에 법원의 여러 업무가 지장을 받게 되자, 1980년에는 구 프랑스 외방선교회 빌딩으로 대법원을 이전했다가 1984년에는 또다시 애드미럴티에 위치한 대법원 건물最高法院大樓로 이전했다. 애드미럴티에 위치한 대법원 건물은 법조계의 건의를 받아들여 슈프림 코트 로드法院道, 팟윈또우에 새롭게 지은 것이다. 거리의 영어 이름인 슈프림 코트 로드Supreme Court Road, 즉 대법원 거리는 이 거리에 새로 지은 대법원에서 따왔다. 하지만 광동어 이름은 대법원 거리가 아닌 '법원의 거리法院道, 팟윈또우'이다.

영국과 중국의 공존: 광동어를 통해 홍콩의 문화를 읽다

• ←대법원 빌딩. 건물 꼭대기에 왕관 모양의 지붕과 테미스 여신상이 보인 다.
→웅장한 화강암 기둥이 대법원의 위 엄을 말해 주는 듯하다.

• 테미스 여신상과 영국의 상징인 사 자와 유니콘. 양옆에는 진리의 여신 인 베리타스와 자비·관용의 여신인 클레멘티아도 있다.
→페디먼트 아래에 'ERECTED AD MDCCCCX'라고 새겨져 있다.

대법원이 이전한 이후 잭슨 로드의 대법원 빌딩은 1984년까지 리모델링공사가 진행되 었고, 그 뒤 1985년부터 2011년까지 26년 동안 입법부 빌딩으로 사용되었다. 2011년부 터 2014년까지 다시 한 번 리모델링공사가 진행되었으며, 2015년부터 현재까지는 건 물이 처음 세워졌을 때처럼 대법원 빌딩으로 사용되고 있다. 똑같은 대법원이지만 현 재는 홍콩종심법원香港終審法院, 횡꽁쯩쌈팟원으로 불린다. 영국 식민지 시기에는 대법원 을 '홍콩최고법원'이라고 불렀지만, 중국으로 반환된 이후에는 '홍콩종심법원'으로 바 꿔 부르게 되었기 때문이다. 영어 명칭도 홍콩최고법원일 당시에는 'Supreme Court'였 지만, 종심법원으로 바뀐 후에는 'Hong Kong Court of Final Appeal'로 바뀌었다.

여기서 주의할 것은 단순히 이름만 바뀐 것이 아니라 법원의 역할도 달라졌다는 점이 다. 영국 식민지 시절에는 없었던 홍콩종심법원이 새롭게 등장하여 대법원의 역할을 하게 되었으며, 홍콩최고법원은 '홍콩고등법원香港高等法院'으로 이름이 바뀐 뒤 홍콩종 심법원 바로 아래의 하위 법원으로 강등되었다.

한편 홍콩최고법원은 홍콩고등법원으로 역할이 바뀐 이후에도 계속해서 슈프림 코트 로드에 위치한 대법원 빌딩에서 업무를 보게 되었다(중국으로 반환된 이후 이 빌딩의 이름 역시 홍콩고등법원 빌딩으로 바뀌었다). 그렇다면 중국 반환 이후 1997년부터 2015년까지 홍콩종심법원은 어디에서 업무를 보았을까. 바로 영국 식민지 시절에도 잠시 이전했던 곳인 구 프랑스 외방선교회 빌딩이다. 잭슨 로드의 대법원 빌딩, 즉 최초의 대법원 빌딩이자 현재의 대법원 빌딩은 홍콩법정고적으로 지정되어 있다. 조금 복잡해 보이는 대법원 빌딩의 역사는 다음과 같다.

연도	용도
1912~1941년	홍콩최고법원(당시 대법원)
1941~1945년	일본군 헌병본부
1945~1980년	홍콩최고법원(당시 대법원)
1980~1984년	리모델링
1985~2011년	입법부
2011~2014년	리모델링
2015년~	홍콩종심법원(현 대법원)

또한 대법원으로 사용되었던 건물들은 다음과 같다.

연도	건물명
1912~1941년	홍콩최고법원 빌딩(센트럴의 잭슨 로드)
1941~1945년	일제 침략 시기로 업무 중단
1945~1980년	홍콩최고법원 빌딩(센트럴의 잭슨 로드)
1980~1983년	구 프랑스 외방선교회 빌딩
1984~1997년	홍콩최고법원 빌딩(애드미럴티의 슈프림 코트 로드)
1997~2015년	구 프랑스 외방선교회 빌딩
2015년~	홍콩종심법원 빌딩(센트럴의 잭슨 로드)

영국과 중국의 공존: 광동어를 통해 홍콩의 문화를 읽다

❶ 대법원 빌딩의 콜로네이드
(많은 기둥이 일정한 간격으로
세워진 기다란 복도)
❷ 대법원 빌딩 창문
❸ 대법원 빌딩 입구
❹ 대법원 빌딩 입구의 표지판
❺ 대법원 안내 표지판

10. 침사추이 시계탑尖沙咀鐘樓, 찜싸쪼위쫑라우

침사추이의 해변 산책로 입구에는 높다랗게 우뚝 서 있는 시계탑이 하나 있다. 바로 한국 사람들에게 잘 알려진 침사추이 시계탑이다. 빨간 벽돌과 화강암으로 건축된 이 시계탑은 영국에서 유행하던 에드워드 양식으로 지어진 것이다. 기다란 몸체는 사각형이지만 탑의 윗부분은 팔각형이며, 그 위는 반구 모양으로 설계되어 있다. 44m의 높이에 탑의 맨 꼭대기에는 7m 높이의 피뢰침도 설계되어 있다.

광동어 이름은 침사추이 시계탑尖沙咀鐘樓, 찜싸쪼위쫑라우이지만 영어 이름은 홍콩 시계
탑Hong Kong Clock Tower이다. 아마도 이 시계탑이 홍콩을 대표하는 건축물이기 때문에
이렇게 이름 지은 듯하다. 시계탑의 정식 명칭은 '전 구룡광주철도 시계탑前九廣鐵路鐘
樓'이다. 과거에는 홍콩의 구룡九龍반도와 중국 광동성의 광주시廣州市를 오가던 구룡광
주철도가 있었는데, 그 철도의 구룡반도 종착역이 이곳에 위치해 있었고 시계탑도 이
곳에 있었기 때문이다. 시계탑이 위치한 구룡반도 종착역의 이름은 구룡역九龍站이었
다. 침사추이에 있었기 때문에 침사추이 기차역尖沙咀火車站이라고도 불렸다. 이 구룡
역은 1913년에 공사를 시작하여 1916년 3월 28일에 완공되었으며, 구룡역의 일부였던

←우뚝 솟아 있는 시계탑. 네 면
에 모두 시계가 부착되어 있다.
→과거의 시계탑. 바로 옆에 구
룡광주철도의 구룡역으로 사용
되었던 기차역이 보인다.

←야자수와 함께 어우러진 현재
의 시계탑 풍경
→시계탑 주위의 만남의 광장

영국과 중국의 공존: 광동어를 통해 홍콩의 문화를 읽다

시계탑은 이보다 조금 앞선 1915년에 완공되었다.

시계탑이 건설된 초기에는 탑의 한쪽 면에만 시계가 부착되었으나, 1920년에는 탑의 네 면 전체에 시계가 부착되었다. 이 시계들은 1921년 3월 22일 오후에 정식으로 작동되기 시작했다. 일제 침략 시기에는 시계 작동이 멈추었지만, 일제가 패망한 이후인 1945년 10월 3일부터는 예전처럼 다시 시계가 작동되었다.

1975년에는 구룡역이 홍함紅磡으로 옮겨 가는 바람에 역사로 쓰이던 건물이 1978년에 철거되었다. 대신 이전의 기차역 자리에는 홍콩우주박물관香港太空館, 횡꽁타이홍꾼과 홍콩문화센터香港文化中心, 횡꽁만파쭝쌈가 들어서게 되었다. 비록 기차역은 사라졌지만, 다행히도 시계탑만은 그 자리에 계속 남아 있다. 추억의 장소이자 만남의 장소로 많은 사람들이 즐겨 찾는 이 시계탑은 홍콩법정고적으로도 지정되었다. 2001년 9월부터 2003년 12월까지는 매주 일요일에 시계탑 내부를 개방하기도 하였다. 하지만 참관하는 사람이 적어 그 후로는 개방하지 않고 있다.

11. 블루 하우스藍屋, 람옥

홍콩섬의 완짜이에 위치한 블루 하우스Blue House는 이름에서 알 수 있듯이 건물 전체가 파란색이다. 광동어 역시 '파란 집'이라는 뜻으로 '람옥藍屋'이라고 한다. 온통 파란색 페인트가 칠해진 이 건물은 영국령 홍콩정부가 건물의 외벽을 칠할 당시, 물류 창고에 파란색 페인트밖에 남아 있지 않아서 건물을 모두 파란색으로 칠했다고 한다. 우리나라 같았으면 누가 건물을 저렇게 몽땅 시퍼런 색으로 칠해 놓았느냐고 담당자를 크게 질책했겠지만, 홍콩에서는 이런 것쯤은 아무런 문제가 되지 않았던 것 같다. 오히려 후에 역사건축물로까지 인정받게 되었으니 말이다. 만약 당시에 파란색이 아닌 다른 색을 칠했다면 어땠을까. 물류 창고에 까만색이나 빨간색 페인트만 남아 있었다면 아마도 블랙 하우스나 레드 하우스가 되었을 것이다. 하지만 개인적인 생각으로는 온통 까맣거나 빨간 건물보다는 파란 건물이 훨씬 나은 것 같다.

블루 하우스는 19세기 중엽부터 20세기 중엽까지 유행했던 '통라우唐樓'라는 건축 양식으로 지어졌으며, 총 4층 높이에 베란다도 갖추어져 있다. 통라우는 중국식 가옥과 서양식 가옥이 혼합된 형태로, 홍콩이 영국의 식민지가 된 직후인 19세기 중엽부터 출현하기 시작했다. 초기의 통라우는 2~3층 건물이었으며, 철제로 만든 베란다가 있는 곳도 있었다. 19세기 말에 이르러서는 3~4층이 보편화되었고, 각 층의 높이는 4m 정도

↑ 블루 하우스   블루 하우스의 파란 대문 ↗
↑ 블루 하우스의 역사

블루 하우스의 역사를 담은 사진들 ·

되었다. 현재 홍콩에는 베란다를 갖춘 통라우가 몇 채 남아 있지 않은데, 그중의 하나가 블루 하우스다. 놀랍게도 100년이 다 되어 가는 지금까지도 건물 안에는 여러 가구가 살고 있다. 블루 하우스는 현재 홍콩 1급 역사건축물로 지정되어 있다.

블루 하우스 자리에는 원래 2층짜리 병원 건물이 있었다. 이 병원은 '화타병원華佗醫院' 또는 '완짜이 이웃집 병원灣仔街坊醫院'이라고도 불렸는데, 1886년 문을 닫은 이후에는 화타華佗(고대 중국의 명의)를 모시는 사원으로 바뀌었다. 그러다 1922년에는 당시의 건물을 허물고 새롭게 4층짜리 건물을 지었다. 그것이 바로 오늘날까지 보존되고 있는 블루 하우스이다. 이전 건물과 마찬가지로 새로 지은 블루 하우스에도 화타를 모시는 화타 사원華佗廟이 있었다. 이 사원은 1950년대에 이르러 임조林祖, 람쪼우라는 사람이 운영하는 무술도장으로 바뀌었고, 1960년대에는 임조의 아들 임진현林鎮顯, 람짠힌에 의해 진료소로 또 한 번 바뀌었다. 참고로 임조는 황비홍黃飛鴻, 웡페이홍의 제자였던 임세영林世榮, 람싸이윙의 조카다. 임진현 진료소와 같은 층인 G층(우리식의 1층)에는 광화호廣和號라는 잡화점과 연흥주장聯興酒莊이라는 양조장이 있었지만 1980년대에 문을 닫았다.

블루 하우스의 1층(우리식의 2층)에는 선어상회鮮魚商會라는 상인단체와 동네 아이들을 무료로 교육시켜 주던 경함의학鏡涵義學이라는 교육기관이 있었다. 또한 2층과 3층

블루 하우스 G층의 임진현 진료소

(우리식의 3층과 4층)에는 일제가 홍콩을 침략하기 이전 완짜이의 유일한 영어 학교였던 일중서원一中書院, 얏쭝쒸원이 있었다.

현재 블루 하우스의 G층에는 예전 홍콩 사람들의 주거 생활을 엿볼 수 있는 '홍콩 이야기관香港故事館, 횡꽁꾸씨꾼'이 있다. 그다지 크지 않은 공간에 꾸며 놓은 일종의 홍콩 민속

↑ 홍콩 이야기관
↓ 내부의 한쪽 벽면

홍콩 이야기관의 내부 ↑
견학 온 학생들과 선생님, 안내원 ↓

관인데, 이곳은 원래 '완짜이 민간 생활관'이 있던 자리이다. 세인트 제임스 세틀먼트St. James' Settlement라는 홍콩의 자선단체가 2007년에 세운 완짜이 민간 생활관은 옛날 완짜이 주민들의 생활용품들을 전시해 놓았던 곳으로, 완짜이의 문화를 많은 사람들에게 알리는 것이 목적이었다. 이후 2012년 3월부터는 홍콩의 문화를 알리는 홍콩 이야기관으로 범위를 넓혀 홍콩의 문화를 전파하고 있다. 참고로 세틀먼트는 종교단체나 공공단체가 일정 지역에 들어가 주민들의 복지 향상을 돕는 사회사업을 가리키는 것으로, 세인트 제임스 세틀먼트는 홍콩 성공회의 주교가 1949년에 세운 자선단체이다.

영국과 중국의 공존: 광동어를 통해 홍콩의 문화를 읽다

12. 국왕서원英皇書院, 영웡쒀원

1926년에 설립된 국왕서원은 90년이 넘는 전통을 지닌 명문 학교로, 홍콩섬의 본햄 로드般咸道, 뿐함또우에 위치해 있다. 광동어 이름인 '영웡英皇'은 영국 국왕을 뜻하며, '쒀원書院'은 중등학교를 뜻한다. 홍콩의 중등학교는 한국의 중고등학교에 해당한다. 한국은 중학교와 고등학교 과정이 분리되어 있지만, 홍콩은 이 두 과정이 통합되어 있다(홍콩의 학교에 관한 자세한 내용은 제3장 중 '3. 교육' 부분을 참고할 것).

국왕서원의 영어 이름은 King's College인데, college만 보면 단과대학으로 오해할 수 있다. 하지만 college는 단과대학이 아니라 영국의 이튼 칼리지Eton College처럼 학교 이름 뒤에 쓰여 중등학교를 나타낸다. 이튼 칼리지는 1440년 헨리 6세가 설립한 영국의 명문 사립 중등학교이다. 과거 홍콩이 영국의 식민지였기 때문에 교육제도 역시 영국의 제도를 도입하여 중등학교를 college라고 한다.

남학생만 입학할 수 있는 국왕서원의 전신은 1857년에 설립된 싸이꼭 학당西角學堂이다. 싸이꼭西角에 위치하고 있었기 때문에 싸이꼭 학당이라고 불렸는데, 이 학교는 1879년 싸이옝푼西營盤으로 이전한 뒤 학교 이름도 싸이옝푼 학당西營盤學堂으로 바꾸었다. 1900년대 초부터는 싸이옝푼 학당의 학생들이 점점 늘어나 모든 학생들을 수용할 수 없게 되자 본햄 로드로 학교를 이전하기로 결정하고, 1922년에는 학교 이름을 국왕서원英皇書院, 영웡쒀원으로 한 번 더 바꾸었다.

붉은 벽돌과 화강암으로 지은 에드워드 양식의 국왕서원 건물은 1923년에 정초식을 거행하고 1926년에 완공하였다. 개교하기 전 1927년 2월부터 12월까지 10개월 동안, 국왕서원은 상해방위대로 차출된 군인들의 기숙사 겸 병원으로 사용되었다. 당시 상해방위대는 상해에 거주하고 있던 영국 국민을 보호하는 임무를 수행하고 있었다. 다음 해인 1928년부터는 학교 건물로 사용할 수 있게 되어, 3월 5일에 제막식을 거행하고 정식

❶ 국왕서원 ❷ 국왕서원의 정문 ❸ 정문에 'King's College'와 '英皇書院'이라고 쓰여 있다.
❹ 정문 위쪽에 새겨진 영국 왕실의 휘장 ❺ 본햄 로드에서 바라본 국왕서원

으로 개교하였다. 당시 총독이었던 세실 클레멘티 경이 제막식을 주관하였다. 국왕서원은 당시 홍콩의 여러 학교 중에서 가장 규모가 크고, 가장 시설이 좋은 학교였다. 24개의 교실이 있었으며, 학생은 모두 720명이었다. 교사들은 모두 영국에서 건너왔는데, 이들은 전부 케임브리지대학과 옥스퍼드대학, 런던대학을 졸업한 사람들이었다. 1933년에는 학생이 총 982명으로 증가하였으며, 1940년대에는 29개의 교실과 강당, 운동장, 도서관, 실험실, 미술실, 체력 단련실, 화랑 등 여러 시설들을 갖추었고 학교 안에 수영장도 있었다.

하지만 일제 침략 시기에 국왕서원은 학교와는 전혀 관계없는 마구간으로 사용되었고,

영국과 중국의 공존: 광동어를 통해 홍콩의 문화를 읽다

건물 또한 심각하게 훼손되었다. 이 시기에 학교의 중요한 기록들이 거의 소실되었으며, 교장 선생님은 감옥에 갇히고 교사 2명은 포로수용소에 갇히는 일도 발생했다. 또한 학교 기능도 마비되어 학생들은 학업을 중단할 수밖에 없었다. 하지만 일제가 패망한 후에는 복구작업과 확장공사를 진행하여 지금의 모습이 완성되었다. 현재는 약 800명의 학생들이 이곳에서 공부하고 있으며, 1940년대에 비해 많은 시설들이 증설되었다. 화학 실험실, 물리 실험실, 생물 실험실 등 과학 실험실이 세분화되었고 미디어 학습센터, 비주얼 아트실, 컴퓨터실 등 IT 교육에 필요한 여러 시설들이 갖추어졌다. 현재 국왕서원은 홍콩법정고적으로 지정되어 있다.

참고문헌

[문헌]

김규회, 《상식의 반전 101》, 서울: 끌리는책, 2012

나카지마 미네오 저, 김유곤 역, 《홍콩의 미래》, 서울: 우석, 1997

동양학연구학회, 《홍콩은 어디로 가는가》, 서울: 우석, 1997

두산동아백과사전연구소, 《두산세계대백과사전》, 서울: 두산동아, 1997

드니 이요 저, 김주경 역, 《홍콩》, 서울: 시공사, 1998

베티 웨이·엘리자베스 리 저, 이은주 역, 《홍콩》, 안양: 휘슬러, 2005

신성곤·윤혜영, 《한국인을 위한 중국사》, 파주: 서해문집, 2004

야마구치 오사무 저, 남혜림 역, 《중국사, 한 권으로 통달한다》, 서울: 행담, 2006

유영하, 《홍콩이라는 문화 공간》, 서울: 아름나무, 2008

유영하, 《홍콩》, 파주: 살림, 2008

유영하, 《중국 민족주의와 홍콩 본토주의》, 부산: 산지니, 2014

윤덕노, 《음식잡학사전》, 서울: 북로드, 2007

이호영, 《국어음성학》, 파주: 태학사, 1996

임계순, 《중국의 여의주 홍콩》, 서울: 한국경제신문사, 1997

임계순, 〈19세기 후반기 국제 항구도시, 홍콩의 서양인사회〉, 《중국사연구》 제44집, 245-277, 2006

정은희, 《홍차 이야기》, 파주: 살림, 2007

조은정, 《장국영의 언어》, 서울: 도서출판 문, 2011

조은정, 〈19세기 전후 서양선교사들의 '粵方言 학습교재'에 나타난 近代 월방언 어휘의 특징〉, 《중국
　　　언어연구》 제35집, 67-101, 2011

조은정, 〈서양선교사들의 '粵方言 학습교재'를 통해 살펴본 19세기 전후와 現代 월방언의 차이점〉,
　　　《중국언어연구》 제42집, 61-88, 2012

조은정, 〈19세기 전후 서양선교사들의 '粵方言 학습교재'를 통해 살펴본 近代시기 홍콩과 광동의 사

회상〉,《중국어문논총》제57집, 43-78, 2013

조은정,《열공 광동어 회화 첫걸음》, 서울: 디지스, 2013

조은정,《열공 광동어 회화 첫걸음 실전편》, 서울: 디지스, 2014

조은정,〈홍콩의 주요 거리 이름으로 살펴본 粵方言 차용어의 유형 및 그 특징〉,《중국어문논총》제 65집, 59-98, 2014

조은정,〈홍콩의 지하철역과 주요 거리 이름으로 살펴본 香港政府粵語拼音의 표기방법과 문제점〉, 《중국어문논총》제69집, 149-176, 2015

조은정,〈서양선교사들의 粵方言 학습교재를 통해 살펴본 近代시기 홍콩의 학교〉,《중국어문논총》 제75집, 117-142, 2016

조은정,〈서양 선교사들의 粵方言 학습교재를 통해 살펴본 近代시기 홍콩의 재판과 형벌〉,《중국학 연구》제79집, 347-373, 2017

조은정,〈서양 선교사들의 粵方言 학습교재를 통해 살펴본 19세기 전후 홍콩의 기후 상황〉,《중국어 문학논집》제115호, 7-33, 2019

중국어문학연구회,《중국문화의 이해》, 고양: 학고방, 2000

하마시타 다케시 저, 하세봉·정지호·정혜중 역,《홍콩》, 서울: 신서원, 1997

高添強 編著,《香港今昔》, 香港: 三聯書店, 1994

高華年,《廣州方言研究》, 香港: 商務印書館, 1980

孔碧儀 編著,《廣東話會話寶典》, 香港: 萬里機構, 2012

孔碧儀 編著,《說好廣東話》, 香港: 萬里機構, 2015

孔碧儀 編著,《識聽廣東話》, 香港: 萬里機構, 2015

孔碧儀 編著,《初學廣東話》, 香港: 萬里機構, 2011

邱秀堂,《老夫子香港采風》, 香港: 吳興記書報社, 2009

劉蜀永,《簡明香港史》, 香港: 三聯書店, 2009

李新魁,《廣東的方言》, 廣東: 廣東人民出版社, 1994

李新魁, 黃家教, 施其生, 麥耘, 陳定方,《廣州方言研究》, 廣東: 廣東人民出版社, 1995

李如龍,《漢語方言的比較研究》, 北京: 商務印書館, 2001

李如龍,《漢語方言學》, 北京: 高等教育出版社, 2001

弗蘭克, 韋爾什,《香港史》, 香港: 中央編譯出版社, 2009

徐振邦,《捐窿捐罅香港地》, 香港: 書名號, 2008

徐振邦, 《穿街過巷香港地》, 香港: 恩與美文化, 2009

徐振邦, 陳志華 編著, 《圖解香港手冊》, 香港: 中華書局, 2009

蕭國健, 沈思 編著, 《香港市區文化之旅》, 香港: 萬里機構, 2001

葉子林 編著, 《新界·舊事—遺跡, 建築與風俗》, 香港: 萬里機構, 2007

饒玖才, 《香港地名探索》, 香港: 天地圖書, 2003

袁家驊 等著, 《漢語方言概要(第二版)》, 北京: 文字改革出版社, 1989

爾 東, 《追尋香港古蹟》, 香港: 明報出版社, 2007

爾 東, 《趣談九龍街道》, 香港: 明報出版社, 2006

爾 東, 《趣談新界街道》, 香港: 明報出版社, 2006

爾 東, 《趣談香港街道》, 香港: 明報出版社, 2010

爾 東, 《香港歷史之謎》, 香港: 明報出版社, 2001

任正文, 《一個人的集體回憶—香港歷史漫步》, 香港: 天地圖書, 2008

張洪年, 《香港粵語語法的研究》, 香港: 香港中文大學出版社, 1972

鄭德華, 炎子, 《歲月留情—漫畫香港史》, 香港: 三聯書店, 1992

鄭寶鴻 編著, 《新界街道百年》, 香港: 三聯書店, 2002

鄭寶鴻 編著, 《港島街道百年》, 香港: 三聯書店, 2000

鄭寶鴻, 佟寶銘 編著, 《九龍街道百年》, 香港: 三聯書店, 2000

丁新豹, 《香港歷史散步》, 香港: 商務印書館, 2009

鄭定歐, 張勵妍, 高石英 編者, 《粵語(香港話)教程》, 香港: 三聯書店, 2005

周子峰, 《圖解香港史》, 香港: 中華書局, 2010

曾子凡, 《廣州話·普通話語詞對比研究》, 香港: 香港普通話研習社, 1995

陳萬雄, 張倩儀, 《中華文明傳真(清)—中華民族新生的陣痛》, 香港: 商務印書館, 2001

陳瑞璋, 《香港探索系列—認識中國傳統節日和風俗》, 香港: 萬里機構, 2001

詹伯慧 主編, 《廣東粵方言概要》, 廣東: 暨南大學出版社, 2002

何耀生, 《叮叮！電車之旅》, 香港: 明報出版社, 2006

何耀生, 《香港風俗及節令文化》, 香港: 明報出版社, 2006

Chow Bun Ching, *Cantonese for everyone*, 《大家嘅廣東話》, Hong Kong: The Commercial
    Press, 2009

Chow Bun Ching, *Spoken Cantonese for International Students*, Hong Kong: Greenwood

Press, 2009

グレッグ・ヅラード, イアン・ランボット(Greg Girard, Ian Lambot) 著, 尾原美保 譯, 《九龍城探訪－City of Darkness》, 東京: 株式会社 イースト・プレス, 2015

[지도]

傑富, Alvin, 侯傳龍, 《2016香港大地圖》, 香港: 萬里機構, 2015

金楠, 韋寧, 《會說話的地圖: 香港篇》, 香港: 萬里機構, 2011

通用圖書有限公司, 《香港九龍縱橫遊路街道圖》(地圖), 香港: 通用圖書有限公司, 未詳

香港特別行政區政府 地政署測繪處, 《香港島》(地圖), 香港: 政府物流服務署印刷, 2011

[팸플릿과 리플릿]

古蹟周遊樂 Heritage Fiesta 2015

九龍寨城公園 리플릿

孫中山紀念館 리플릿

維修資助計劃 Financial Assistance for Maintenance Scheme

香港科學館 리플릿

香港 文物探知館 리플릿

香港歷史博物館 리플릿

香港醫學博物館 리플릿

[인터넷 자료]

네이버 지식백과 http://terms.naver.com

뉴스핌, 2018.2.2, 美의원들, '우산혁명' 조슈아 웡 노벨평화상 후보에 추천 http://www.newspim.com/news/view/20180202000036

뉴시스, 2018.2.6, 홍콩 최고법원, 조슈아 웡 등에 대한 2심 징역형 기각… 1심 봉사형 회복 http://www.newsis.com/view/?id=NISX20180206_0000224316&cID=10101&pID=10100

대한민국 외교부 http://www.mofa.go.kr

서울열린데이터광장의 서울 인구밀도 http://stat.seoul.go.kr/jsp3/stat.db.jsp?cot=017&srl_dtl=10001

연합뉴스, 2018.1.24, 홍콩 '우산 혁명' 지도자 조슈아 웡 보석으로 풀려나 http://www.yonhapnews
.co.kr/bulletin/2018/01/24/0200000000AKR20180124180300074.HTML? input=1195m

위클리 홍콩 http://www.weeklyhk.com

조선일보, 2014.2.8, [인문학으로 배우는 비즈니스 영어] toast http://srchdb1.chosun.com/pdf/i_
service/pdf_ReadBody.jsp?ID=2014020800002

주 홍콩 대한민국 총영사관 http://overseas.mofa.go.kr/hk-ko/index.do

코트라 해외시장뉴스 http://news.kotra.or.kr/kotranews/index.do

EBS 〈원더풀 사이언스〉 백신과 항생제 http://clipbank.ebs.co.kr/clip/view?clipId=VOD_201111
02_00113

康樂及文化事務署 http://www.lcsd.gov.hk

古物古蹟辦事處 http://www.amo.gov.hk

九龍公園 http://www.lcsd.gov.hk/tc/parks/kp

九龍寨城公園 http://www.lcsd.gov.hk/tc/parks/kwcp

舊牛奶公司倉庫與藝穗會 https://kwantailo.wordpress.com

萬佛寺 http://www.10kbuddhas.org/index.do

灣仔玉虛宮 http://zewei.com/Fengshui/travel07.htm

麵 https://www.youtube.com/watch?v=RP24xUiRShE

寶蓮禪寺 http://www.plm.org.hk/home.php

煲仔飯 https://www.youtube.com/watch?v=spv9C4D6ObA

絲襪奶茶 https://www.youtube.com/watch?v=2Q9auxPSfA0

沙田公園 http://www.lcsd.gov.hk/tc/parks/stp

西港城 https://westernmarket.com.hk

聖安德烈堂 http://www.standrews.org.hk

聖約翰座堂 http://www.stjohnscathedral.org.hk

孫中山紀念館 http://www.lcsd.gov.hk/CE/Museum/sysm

雅虎香港 https://hk.answers.yahoo.com/question

英皇書院 http://www.kings.edu.hk/contact-us

元宵節 http://bodhi.takungpao.com.hk/ptls/wenhua/2015-03/2934273.html

粵文維基百科 https://zh-yue.wikipedia.org/wiki

영국과 중국의 공존: 광동어를 통해 홍콩의 문화를 읽다

維基百科 https://zh.wikipedia.org/wiki

維多利亞公園 http://www.lcsd.gov.hk/tc/parks/vp

前法國外方傳道會大樓 http://www.amo.gov.hk/b5/monuments_37.php

前港督府, 香港禮賓府 http://www.ceo.gov.hk/gh/chi

前香港水警總部-時間球塔 http://www.master-insight.com/%E9%81%BA%E4%B8%96%E7%
8D%A8%E7%AB%8B%E7%9A%84%E8%A8%8A%E8%99%9F%E5%A1%94

終審法院大樓 http://www.hkcfa.hk/en/home/index.html

粥 https://www.youtube.com/watch?v=68oPc4NzaEU

天星小輪有限公司 http://www.starferry.com.hk/tc/home

尖沙咀鐘樓 http://www.amo.gov.hk/b5/monuments_43.php

七姐誕 http://www.hkhikers.com/Seven%20Sisters.htm

八達通 http://www.octopus.com.hk

八達通手錶 http://sketto.com.hk

香港公園 http://www.lcsd.gov.hk/tc/parks/hkp

香港科學館 http://www.lcsd.gov.hk/CE/Museum/Science

香港動植物公園 http://www.lcsd.gov.hk/tc/parks/hkzbg

香港旅遊發展局 http://www.discoverhongkong.com

香港歷史博物館 http://hk.history.museum

香港文物探知館 http://www.amo.gov.hk/b5/hdc.php

香港文化博物館 http://www.heritagemuseum.gov.hk

香港民風大典 http://zh-hk.hongkong.wikia.com/wiki

香港賽馬會 http://www.hkjc.com/home/chinese/index.asp

香港醫學博物館 http://www.hkmms.org.hk/zh/home-zh

香港電車 http://www.hktramways.com/tc

香港政府一站通 https://www.gov.hk

香港地鐵, MTR http://www.mtr.com.hk

香港天文台 http://www.hko.gov.hk/cis/climahk_c.htm

香港鐵路大典 http://hkrail.wikia.com/wiki

香港特別行政區政府運輸署 http://www.td.gov.hk/tc/home/index.html

香港巴士資源中心 http://www.hkbric.net

香港便覽-宗敎與風俗 https://www.gov.hk/tc/about/abouthk/factsheets/docs/religion.pdf

香港海防博物館 http://www.lcsd.gov.hk/CE/Museum/Coastal

華人廟宇委員會 http://www.ctc.org.hk

[사진 출처]

제1장 홍콩의 지리와 자연환경

아콴이 길을 안내하는 그림 https://commons.wikimedia.org/wiki/File:%E9%98%BF%E7%BE%A
4%E5%B8%B6%E8%B7%AF%E5%9C%96(Coloured).png

빅토리아 항구에서 바라본 홍콩섬의 야경 http://www.mjjq.com/pic/20070511/200705111341269
04.jpg

역대 홍콩기 https://zh.wikipedia.org/wiki/%E9%A6%99%E6%B8%AF%E6%97%97%E5%B9%9
F%E5%88%97%E8%A1%A8

영국 식민지 시기의 홍콩 문장 https://commons.wikimedia.org/wiki/File:Coat_of_arms_of_
Hong_Kong_(1959%E2%80%931997).svg

홍콩 휘장 https://commons.wikimedia.org/wiki/File:Regional_Emblem_of_Hong_Kong.svg

제2장 홍콩의 역사

아편을 피우는 중국인들 https://ja.wikipedia.org/wiki/%E3%83%95%E3%82%A1%E3%82%A4%
E3%83%AB:Chinese_Opium_smokers.jpg

아편중독자들이 나란히 누워 있는 아편굴 http://www.china-mike.com/china-tourist-attrac
tions/hong-kong/history-timeline-part2/

뼈와 가죽만 남은 아편 중독자들 http://buzzap.jp/news/20111220-opium-addicts-photographs/

임칙서 https://commons.wikimedia.org/wiki/File:Portrait_of_Lin_Zexu.jpeg

호문에서의 아편 소각 장면 https://commons.wikimedia.org/wiki/File:Destruction_of_opium_
in_1839.jpg

남경조약 체결 장면 https://commons.wikimedia.org/wiki/File:The_Signing_of_the_Treaty_of_
Nanking.jpg

애로호에서 영국 국기를 끌어내리는 청나라 관원 https://zh.wikipedia.org/wiki/File: Chinese_offi cers_tear_down_the_British_flag_on_the_arrow.JPG

제2차 아편전쟁 중 중국 광주로 진격하는 영·프 연합군 https://zh.wikipedia.org/wiki/
File:Second_Opium_War-guangzhou.jpg

심천하 지도 https://commons.wikimedia.org/wiki/File:Map_of_The_Convention_for_the_
Extension_of_Hong_Kong_Territory_in_1898_-_2.jpg

빅토리아 감옥의 여러 건물 중 한 곳 https://zh.wikipedia.org/wiki/File:Victoria_Prison_hall_C%
26D_201012.JPG

빅토리아 감옥 입구 https://commons.wikimedia.org/wiki/File:Victoria_Prison.jpg

빅토리아 감옥 내부 http://yes-news.com/34276/%e9%80%b1%e6%9c%ab%e5%9f%8e%e5%b8
%82%e9%81%8a%e6%8e%a2%e7%b4%a2%e4%b8%ad%e7%92%b0%e7%9a%84%e4%b
b%8a%e6%98%94%e4%b8%8b

여성 죄수가 수감되었던 빅토리아 감옥 건물 https://commons.wikimedia.org/wiki/File:HK_
Victoria_Prison_Hall_D_Female_Section.JPG

가발을 쓴 영국의 법관들 http://roll.sohu.com/20130703/n380582264.shtml

홍콩고등법원 앞의 법조인들 http://www.crghill.com/news/index.php/Index/detail/id/464.html

바닥에 누워 있는 페스트 환자들 http://twpcentre.weshare.hk/oceandeep3000/articles/756944

가옥들을 조사하는 위생국 직원들. 페스트로 인해 텅 빈 홍콩의 거리. 소독약을 뿌리는 위생국 직원들
https://www.thepaper.cn/newsDetail_forward_1452445_1

상해의 노동자와 학생들이 거리로 몰려나와 시위하는 모습. 상해 남경로에 세워진 5.30참안 기념비.
상해 노동자들의 파업을 지지하는 광동의 노동자와 상인, 학생들. 사기참안 발생 당시의 현장.
사기참안 발생 후 운송되는 시신들 https://lsw123.tian.yam.com/posts/124991770

홍콩과 중국 광주 노동자들의 대규모 노동자 파업 http://dangshi.people.com.cn/BIG5/17813782.
html

제21대 홍콩총독 마크 영 경 https://commons.wikimedia.org/wiki/File:Mark_Young_in_1930s.
png

중국대륙을 통해 홍콩으로 쳐들어오는 일본군 https://zh.wikipedia.org/wiki/File:Battle_of_HK_
01.jpg

침사추이를 공격하는 일본군 https://zh.wikipedia.org/wiki/File:Battle_of_HK_03.jpg

홍콩에 입성 중인 일본군 https://zh.wikipedia.org/wiki/File:Battle_of_HK_06.jpg

항복 문서에 서명하는 일본 외무대신 https://zh.wikipedia.org/wiki/File:Shigemitsu-signs-surrender.jpg

방직공장. 선풍기공장 http://www.master-insight.com/%e9%a6%99%e6%b8%af%e6%88%b0%e5%be%8c%e5%b7%a5%e6%a5%ad%e7%99%be%e8%8a%b1%e9%bd%8a%e6%94%be-2/

시계를 조립하는 시계장인. 인형공장 http://weshare.com.hk/oceandeep3000/articles/756962

홍콩의 금융 중심지 센트럴의 1989년 모습 http://www.ibiblio.org/hkpa/Scenic/ftp/hk1989a.jpg

공산주의 지지자들이 모택동 어록을 손에 들고 홍콩총독부로 몰려가 시위하는 모습 https://theinitium.com/article/20170426-opinion-rayyep-673

홍콩의 한 건물에 모택동을 지지하는 구호를 붙여 놓고 시위하는 모습 https://hk.news.appledaily.com/local/daily/article/20090925/13246782

폭탄테러를 진압하기 위해 나선 홍콩 경찰들 http://news.discuss.com.hk/viewthread.php?tid=25767037

람빠과 그의 자동차 http://www.epochtimes.com/b5/17/2/21/n8833714.htm

악수하는 마거릿 대처와 조자양 http://riverflowing09.blogspot.kr/2015/05/1984JointDeclaration.html

마거릿 대처 https://upload.wikimedia.org/wikipedia/commons/2/20/Margaret_Thatcher.png

조자양 http://www.epochtimes.com/b5/5/1/17/n783675.htm

등소평 https://zh.wikipedia.org/wiki/File:Deng_Xiaoping_and_Jimmy_Carter_at_the_arrival_ceremony_for_the_Vice_Premier_of_China._-_NARA_-_183157-restored(cropped).jpg

홍콩반환식 http://disappearinghkg.blogspot.kr/2013/07/199771hk-people-hk-affairs-1st-july-1997.html

우산혁명 로고 https://togetter.com/li/733477

시위에 참가한 수많은 사람들. 홍콩 사람들이 간절히 바라는 홍콩의 민주화 http://talking-english.net/honkong-yellow-umbrella

우산을 쓴 시위대 http://www.zakzak.co.jp/society/foreign/images/20141001/frn1410011700004-p1.jpg

시위대 위로 떨어지는 최루탄 http://imgs.ntdtv.com/pic/2014/9-29/p5397473a347900926.jpg

최루액을 분사하는 경찰과 우산으로 막아 내는 시위대 http://davidli.pixnet.net/blog/post/4398837

영국과 중국의 공존: 광동어를 통해 홍콩의 문화를 읽다

1-%e9%9b%a8%e5%82%98%e9%9d%a9%e5%91%bd%e9%9d%9e%e6%96%b0%e5%89
%b5%ef%bc%8c%e9%a6%99%e6%b8%af%e4%b9%8b%e5%89%8d%e6%9c%89%e6%8
b%89%e8%84%ab%e7%b6%ad%e4%ba%9eumbrella-

조슈아 웡 https://www.nikkan-gendai.com/articles/image/news/154276/15021
우산혁명의 주역들 http://hd.stheadline.com/news/realtime/hk/1114943

제3장 홍콩의 생활

철망으로 만든 '새장집' https://hk.news.appledaily.com/local/daily/article/20090831/13156964
관처럼 좁은 '관집'과 구조 http://blog.sciencenet.cn/blog-39946-1077826.html
만세사표로 칭송받는 공자 https://commons.wikimedia.org/wiki/File:%E5%AD%94%E5%AD%9
0%E8%81%96%E8%B9%9F%E5%9C%96.png

제5장 홍콩의 거리 이름

빅토리아 여왕 https://commons.wikimedia.org/wiki/File:Queen_Victoria_by_Bassano.jpg
에드워드 7세 https://commons.wikimedia.org/wiki/File:Edouard_VII_1894.jpg
조지 5세 http://peopleus.blogspot.com/2012/04/king-george-v.html
엘리자베스 2세 https://commons.wikimedia.org/wiki/File:Queen_Elizabeth_II_March_2015.jpg
앨버트 공 https://commons.wikimedia.org/wiki/File:Albert,_Prince_Consort_by_JJE_
Mayall,_1860.png
콘노트 공작 http://www.unofficialroyalty.com/prince-arthur-duke-of-connaught
글로스터 공작 https://commons.wikimedia.org/wiki/File:Dukeofgloucester.jpg
에드워드 왕자 https://commons.wikimedia.org/wiki/File:Bundesarchiv_Bild_102-13538,_
Edward_Herzog_von_Windsor.jpg
에드워드 왕자의 어린 시절 https://commons.wikimedia.org/wiki/File:Edward_VIII_boy.jpg
마거릿 공주 http://www.zwbk.org/zh-tw/Lemma_Show/88368.aspx
역대 홍콩총독 사진 https://zh.wikipedia.org/wiki/%E9%A6%99%E6%B8%AF%E7%B8%BD%E7
%9D%A3
피크트램 메이 로드 정류장과 표지판 http://hkrail.wikia.com/wiki/%E6%A2%85%E9%81%93%E
7%AB%99

제7장 홍콩의 사원

팟퉁문 틴하우 사원 https://cn.tripadvisor.com/Attraction_Review-g294217-d6513180-Reviews
-Fotangmen_Tianhou_Gumiao-Hong_Kong.html

틴하우 탄신일의 모습 https://www.hongkongnavi.com/special/5021286

가마 탄 틴하우 신상의 행렬 http://hk.on.cc/hk/bkn/cnt/news/20160422/bkn-201604221027115
40-0422_00822_001.html

용춤 http://orientaldaily.on.cc/cnt/news/20110425/00176_023.html

사자춤 https://commons.wikimedia.org/wiki/File:2009-04-18_Heaven_Goddess_056.jpg

알록달록 화려한 장식물 파파우 https://commons.wikimedia.org/wiki/File:2009-04-18_Heaven
_Goddess_003.jpg

형형색색의 깃발을 꽂은 어선 http://hkgimages.com/pics/picture/hkgimages-070509-123313

제8장 홍콩의 전통명절과 축제

음력설에 먹는 떡 닌꼬우 http://milly527.mysinablog.com/index.php?op=ViewArticle&articleId
=2177322

무를 채 썰어 만든 떡 로빡꼬우 http://lifestyle.etnet.com.hk/column/images/stories/123/2012/01/
1317670413_b277fc63d3_o.jpg

만두 모양의 땅콩과자 꼭짜이 https://www.xinshipu.com/zuofa/194556

비단잉어 모양의 떡 깜레이닌꼬우 https://www.discuss.com.hk/viewthread.php?tid=8926256&
extra=page%3D1&filter=0&orderby=dateline&ascdesc=desc&page=1

머리카락처럼 생긴 팟초이 http://www.twwiki.com/wiki/%E5%AF%A7%E5%A4%8F%E4%BA
%94%E5%AF%B6

팟초이와 호우씨로 만든 요리 http://koyaukau886.blogspot.kr/2014/01/blog-post_4362.html

음력설 사탕 상자 췬합 https://hk.ulifestyle.com.hk/topic/detail/202627/%e4%b8%80%e5%b9%
b4%e5%8f%88%e8%a6%8b%e9%9d%a2-%e6%96%b0%e5%b9%b4%e5%85%a8%e7%9
b%92%e7%b6%93%e5%85%b8%e7%b3%96%e6%9e%9c

나란히 줄지어 걸려 있는 원소절 등불 http://bodhi.takungpao.com.hk/ptls/wenhua/2015-03/293
4273.html

통원 https://cook1cook.com/recipe/2318

피우쎅촌야우 http://hk-fun.blogspot.kr/2010/10/blog-post.html, http://news.tsbtv.tv/2013/0
412/9575.shtml, http://www.prdculture.org:82/gate/big5/www.prdculture.org/show_
article.php?BAS_ID=37147, https://news.mingpao.com/pns/%E6%95%99%E8%82%B2/
article/20180525/s00011/1527186087973/%E9%BD%8A%E4%BE%86%E8%AE%80%E6
%99%82%E4%BA%8B-%E5%A4%AA%E5%B9%B3%E6%B8%85%E9%86%AE-%E9%
A3%84%E8%89%B2%E5%B7%A1%E9%81%8A, http://www.pageposer.com.hk/2013/
05/2013.html

챙빠우싼에 올라가 만두를 따는 모습 http://www.itishk.com/2013/02/bun-scrambling-compe
tition-at-cheung-chau-island/, http://www.epochtimes.com/b5/11/5/11/n3254087.
htm

펭온빠우 http://www.openrice.com/zh/hongkong/p-%E5%B9%B3%E5%AE%89%E5%8C%85
-%E5%BA%B7%E8%98%AD%E9%A4%85%E5%BA%97-p234372

굴원 https://commons.wikimedia.org/wiki/File:%E6%A5%9A%E4%B8%89%E9%97%BE%E5%
A4%A7%E5%A4%AB%E5%B1%88%E5%8E%9F.jpg

단오의 대표음식 '쫑' https://www.xinshipu.com/zuofa/625594

용머리가 달린 배, 용선 http://xionsi.blog.163.com/blog/static/16462763820115181195274/

용선경기 https://commons.wikimedia.org/wiki/File:Eastern_District_Dragon_Boat_Race_-_200
8-06-01_10h27m16s_SN201415.JPG

용선경기를 관람하기 위해 모여든 사람들 http://www.metrodaily.hk/metro_news/%E7%AB%AF
%E5%8D%88%E5%9B%9E%E6%AD%B8-%E9%BE%8D%E8%88%9F%E8%B3%BD%E
6%B6%88%E9%98%B2%E5%86%A0-%E7%A4%BE%E6%B0%91%E9%80%A3%E5%B8
%B6%E5%81%87%E7%B2%BD%E5%90%91cy%E7%A4%BA%E5%A8%81

따이오우에서 열리는 단오절 용선 퍼레이드 http://www.yinghotravel.com/new/%e9%a6%99%e
6%b8%af%e7%b3%bb%e5%88%97%e5%9c%98%e5%8f%8a%e9%85%92%e5%ba%97%
e5%83%b9%e7%9b%ae

단오절에 해변에서 수영하는 사람들 https://hk.news.appledaily.com/local/daily/article/20070620
/7233182

종이로 만든 쟁반 '찻쩨푼' http://www.hkhikers.com/images/Seven%20Sisters/Seven%20Sisters
%2006.JPG

일곱 자매에게 제를 올리는 모습 http://www.hkhikers.com/images/Seven%20Sisters/Seven%20 Sisters%2009.JPG

씬찌 사원 http://www.hkhikers.com/images/Seven%20Sisters/Seven%20Sisters%2005.JPG

씬찌 사원에서 일곱 자매에게 올린 제수용품 http://www.hkhikers.com/images/Seven%20Sisters/ Seven%20Sisters%2008.JPG

길가에서 종이돈을 태우고 향을 피우는 사람들 https://hk.entertainment.appledaily.com/entertain ment/daily/article/20100822/14369710

아귀도 https://matome.naver.jp/odai/2141024486093322801/2141032295269646303

귀신축제를 기념하는 위란쎙우이 https://hk.lifestyle.appledaily.com/nextplus/magazine/article/2 0110818/2_15532306/%E8%8A%B1%E7%89%8C%E5%A4%A7%E7%8E%8B-%E7%92% 80%E7%92%A8%E8%83%8C%E5%BE%8C

'위란쎙우이(盂蘭勝會)'라고 쓰인 등불 https://holdingsintroduction.files.wordpress.com/2012/10 /1345272523-3905975784.jpg

월병 https://www.elle.com.hk/lifestyle/gourmet-news/mooncake/(offset)/2?utm_source=yah oo&utm_medium=organic

얼려 먹는 월병 '삥페이윗삥' http://www.xiachufang.com/dish/100394887

1990년대 이전에 유행했던 뽀우랍 https://forum.eyankit.com/viewthread.php?tid=27685

등불을 들고 즐거워하는 아이들 http://i10000.apdnews.com/2013/0920/2013092010164531045_9 60_600.jpg

평안함을 기원하는 중추절 등불 http://img-cdn.hopetrip.com.hk/2014/0731/201407311132506 99.jpg

빅토리아공원의 중추절 등불축제 https://farm5.static.flickr.com/4345/36605314153_e5a50bdb8e_ b.jpg

러버덕 모양의 중추절 등불 https://kfamily.me/archives/360/%E9%A6%99%E6%B8%AF/%E3%8 0%90%E9%A6%99%E6%B8%AF%E3%80%91%E4%B8%AD%E7%A7%8B%E8%B3%9E %E6%9C%88%E5%A4%9C%E2%80%A72013%E7%B6%AD%E5%9C%92%E7%B6%B5% E7%87%88%E5%B7%A1%E7%A6%AE

불꽃용춤축제 https://www.lordwilson-heritagetrust.org.hk/filemanager/template/common/ images/home/visual/mainv3.jpg

불꽃용의 행진. 불꽃용의 머리 https://www.wowlavie.com/life_unit.php?article_id=AE1701931

온 가족이 모여 식사하는 그림 https://yhl1988.blogspot.kr/2016/12/blog-post_21.html

동지의 푸짐한 상차림 http://angelma0421.blogspot.kr/2015/12/blog-post_22.html, http://eva12
478.blogspot.kr/2013/12/blog-post_1846.html

제9장 홍콩의 음식

눈에 작은 전구가 달린 씨우위쮜 https://read01.com/kEyB4a5.html#.XM6q_oSP5jo

스타킹 밀크티를 만드는 모습 http://hk.apple.nextmedia.com/news/art/20100711/14227656

스타킹 밀크티를 만드는 주방 http://blog.sina.com.cn/s/blog_628c68840100of0e.html

기다란 거름망 https://joycechen68.pixnet.net/blog/post/109280243-%E3%80%90%E7%BE%8E
%E9%A3%9F%E3%80%91%E7%B5%B2%E8%A5%AA%E5%A5%B6%E8%8C%B6%E5%
9C%A8%E5%AE%B6%E8%87%AA%E5%B7%B1%E5%81%9A~--%E5%A5%BD%E5%
96%9D%E5%8F%88%E8%A1%9B%E7%94%9F

완성된 스타킹 밀크티 https://sites.google.com/site/s6bict01

제10장 홍콩의 재래시장

꿕촌옝 https://commons.wikimedia.org/wiki/File:Koeh_Chhun-iong.jpg

드라마 〈미우까이·엄마·형제(廟街·媽·兄弟)〉의 포스터 http://img02.shop-pro.jp/PA01124/009
/product/92658689.jpg?cmsp_timestamp=20150813193228

제12장 홍콩의 박물관

손중산 선생(컬러) https://commons.wikimedia.org/wiki/File:Sun_Yat-sen_2.jpg

손중산 선생(흑백) https://commons.wikimedia.org/wiki/File:%E5%AD%AB%E4%B8%AD%E5
%B1%B1%E5%85%88%E7%94%9F.jpg

제13장 홍콩의 식민지 시기 역사건축물

구 홍콩총독부 연회장 https://zh.wikipedia.org/wiki/File:HK_Government_House_Ball_Room.
jpg

응접실 https://zh.wikipedia.org/wiki/File:HK_Government_House_Living_Room.jpg

만찬장 https://zh.wikipedia.org/wiki/File:Hkgovhousedinningroom.jpg

공사 전후의 프린지클럽 https://commons.wikimedia.org/wiki/File:HK_TheFringeClub.jpg

과거의 시계탑 https://commons.wikimedia.org/wiki/File:KCR_1914.jpeg

이 외에 본문에 수록된 1,100여 장의 사진은 저자가 홍콩에서 직접 촬영하였음.